AF556300

हिंदू धर्म
विश्वकोश

हिंदू धर्म विश्वकोश

महेश शर्मा

प्रभात प्रकाशन, दिल्ली
ISO 9001:2008 प्रकाशक

प्रकाशक • **प्रभात प्रकाशन**
4/19 आसफ अली रोड,
नई दिल्ली–110002

संस्करण • 2018
मूल्य • सात सौ रुपए
मुद्रक • नरुला प्रिंटर्स, दिल्ली

HINDU DHARMA VISHWAKOSH (Encyclopaedia of Hinduism)
by Mahesh Sharma ₹ 700.00
Published by Prabhat Prakashan, 4/19 Asaf Ali Road, New Delhi-2
e-mail: prabhatbooks@gmail.com ISBN 978-93-5048-447-0

अपनी बात

अक्षर-अक्षर जुड़कर शब्द बनता है और शब्द-शब्द जुड़कर वाक्य। कई वाक्य जुड़कर एक अनुच्छेद बनता है और कई अनुच्छेद जुड़कर एक ग्रंथ। यह कोश भी सैकड़ों शब्दों को जोड़कर तैयार किया गया है।

शब्द संवाद के माध्यम हैं। संवाद को समृद्ध करने में शब्दों का अहम योगदान है। हमारे पास शब्दों का जितना बड़ा खजाना होगा, संवाद में हम उतना ही ज्यादा खर्च कर सकेंगे। यहाँ एक दिलचस्प बात और है—यह ऐसा खजाना है, जिसे हम जितना खर्च करेंगे, यह उतना ही बढ़ेगा। अगर आपके शब्दकोश का खजाना छोटा है तो उसे बड़ा और समृद्ध करने में सहायतार्थ यह शब्दकोश प्रस्तुत है।

शब्दकोश कई तरह के होते हैं, जैसे—विज्ञान शब्दकोश, चिकित्सा शब्दकोश, विधि शब्दकोश इत्यादि। इसी क्रम का अगला रूप यह शब्दकोश 'हिंदू धर्म विश्वकोश' है, जिसमें हिंदू धर्म, संस्कृति, संस्कारों, धर्म-ग्रंथों, परंपराओं, त्योहारों, लौकिक मान्यताओं, वैदिक ऋषि-मुनियों, पौराणिक चरित्रों, वैदिक व पौराणिक साहित्य आदि के साथ-साथ वर्तमान संदर्भ में विशिष्ट विभूतियों, व्यक्तित्वों, कृतित्वों, मान्यताओं, दर्शन, सामाजिक परिवेश, परिस्थितियों आदि से जुड़े शब्द भी समाहित किए गए हैं। अनावश्यक विस्तार से बचने के लिए सारगर्भित और सटीक शब्दार्थ दिया गया है।

शब्दकोशों का इतिहास

शब्दकोशों की सर्वप्रथम रचना का श्रेय भारत को जाता है। भारत में शब्दकोशों का संपादन आज से लगभग पाँच हजार वर्ष पहले आरंभ हो गया था। प्रजापति कश्यप द्वारा संकलित 'निघंटु' (शब्दकोश) विश्व का प्राचीनतम शब्दकोश है। निघंटु पर यास्क मुनि की टीका 'निरुक्त' दुनिया का पहला शब्दार्थ कोश एवं विश्वकोश है। इसीशृंखला को आगे बढ़ाते हुए अमरसिंह ने छठी-सातवीं शताब्दी में 'नामलिंगानुशासन' की रचना की, जिसे 'अमरकोष' नाम से जाना जाता है। इसे दुनिया का पहला समानांतर कोश कहा जा सकता है।

चीनी भाषा का शब्दकोश 'ईया' तीन सदी ईसवी पूर्व तैयार किया गया था। आधुनिक शब्दकोश की शुरुआत का श्रेय इंग्लैंड के सैमुएल जॉनसन को जाता है। उन्होंने सन् 1755 में 'सैमुएल जॉनसन डिक्शनरी ऑफ इंग्लिश लैंग्वेज' प्रकाशित की। इसके 51 साल बाद सन् 1806

में और तेजी व नवीनता आई, जब अमेरिका में नोहा वेब्स्टर की 'नोहा वेब्स्टर ए कंपैडियस डिक्शनरी ऑफ इंग्लिश लैंग्वेज' प्रकाशित हुई। इसके बाद कोशों का संपादन और प्रकाशन तेजी से बढ़ा। आज बाजार में हर विषय के पृथक् शब्दकोश आसानी से उपलब्ध हैं।

कोश की रचना-प्रक्रिया

शब्दकोश निर्माण एक श्रमसाध्य कार्य है। जैसे बूँद-बूँद से घड़ा भरता है, उसी प्रकार शब्द-शब्द से कोश बनता है। इस कोश के लिए शब्दों का चयन लिखित साहित्य, लोक-साहित्य, लोक-व्यवहार, लोक-परंपराओं आदि से किया गया है। कोश की भाषा भरसक सरल और सहज रखी गई है, जिससे कि आम पाठक भी इसका यथोचित लाभ उठा सकें। शब्दकोश में पारंपरिक व लोक-प्रचलित शब्दों को ही प्राय: स्थान दिया गया है, जिससे कि शब्दों की प्रासंगिकता बनी रहे।

- 卐 कोश में आए शब्द जीवन के विविध क्षेत्रों से संबद्ध हैं तथा विद्यार्थियों, अध्यापकों, लेखकों, अनुवादकों, संपादकों, पत्रकारों, अधिकारियों, कर्मचारियों आदि सभी के लिए यह कोश समान रूप से उपयोगी सिद्ध होगा, जिन्हें दैनंदिन व्यवहार में इन शब्दों की व्याख्या जानने की नित्य आवश्यकता होती है। साथ ही जिज्ञासु पाठकों की उर्वरता को और बढ़ाने में भी यह कोश निश्चित ही सक्षम होगा, ऐसा हमारा विश्वास है।
- 卐 कोश में कई शब्दार्थ विस्तृत हैं, जैसे 'भारत का इतिहास' वाक्यांश की विस्तृत चर्चा है, जिससे कि पाठकों को तत्संबंधी पूरी जानकारी मिल सके।
- 卐 हिंदू देवी-देवताओं, ऋषि-मुनियों, साधु-संतों से लेकर वर्तमान बाबा रामदेव तक-प्रेरक व्यक्तित्वों को शब्दकोश में समाहित किया गया है।
- 卐 कोश में कुछ दुर्लभ शब्दों को भी स्थान दिया गया है, जैसे खट्वांग-भगवान् शिव का आयुध; मूसल-गदा सदृश आयुध; भिंदिपाल एवं कुंटा-दुर्गा देवी के आयुध इत्यादि।
- 卐 कोश में हिंदू धर्म के अतिरिक्त सिख, जैन तथा बौद्ध धर्म से संबद्ध शब्द भी यथास्थान दिए गए हैं।

शब्द-व्यवस्था

अकारादि वर्णानुसार व्यवस्थित इस शब्दकोश का वर्णक्रम इस प्रकार है-

अ आ इ ई उ ऊ ऋ ए ऐ ओ औ

क ख ग घ च छ ज झ ट ठ ड ढ ण त थ द ध न प फ ब भ म

य र ल व श ष स ह

यह हिंदू धर्म विश्वकोश क्यों?

बाजार में उपलब्ध अनेक हिंदू धर्म शब्दकोशों में यह विश्वकोश इस मायने में भिन्न है कि इसमें पारंपरिक शब्दकोश संकलन से हटकर हिंदू धर्म में मौजूद विभिन्न सभ्यताओं, संस्कृतियों, परंपराओं, धर्मों, पंथों, गुरुओं, देवी-देवताओं, असुरों, पुरातन और नूतन—सभी से जुड़े प्रमुख शब्दों को समाहित किया गया है, जो संबद्ध सभी वर्गों की जिज्ञासा को शांत करेंगे।

अंत में, शब्दकोश सृजन एक सतत प्रक्रिया है। इसमें नए शब्द जुड़ते रहते हैं और यह क्रम अनवरत चलता रहता है। इस महती कार्य में कुछ त्रुटियाँ भी रह सकती हैं। पाठकों से अपेक्षा है कि इस ओर वे हमारा ध्यानाकर्षण कराएँगे। अपेक्षित सुधारों हेतु आपके मूल्यवान सुझावों का सदैव स्वागत है।

साथ ही, उन ज्ञात-अज्ञात स्रोतों का भी हार्दिक आभार, जिनसे इस विश्वकोश के लिए सामग्री जुटाने में सहायता ली गई है।

—महेश शर्मा

अनुक्रम

अंकोरवाट मंदिर–कंबोडिया में स्थित अंकोरवाट मंदिर संसार का सबसे बड़ा हिंदू मंदिर है, जो सैकड़ों वर्ग मील में फैला है। इस मंदिर को कंबोडिया के राष्ट्रध्वज में भी स्थान दिया गया है। इसकी दीवारों पर हिंदू धर्मग्रंथों के प्रसंगों का सुंदर चित्रण है। इनमें नृत्यरत अप्सराएँ, असुरों और देवताओं के बीच अमृत-मंथन आदि दृश्य भी चित्रित हैं। विश्व भर से लाखों पर्यटक इसे देखने आते हैं। यह मंदिर यूनेस्को के विश्व धरोहर स्थलों में शामिल है। यहाँ का सूर्योदय और सूर्यास्त भी दर्शनीय है। हिंदू लोग इसे पवित्र तीर्थस्थान मानते हैं।

अंग–1. वेद का एक भाग। 2. एक प्रजापति। 3. पूर्व में स्थित एक देश का नाम। दुर्योधन ने कर्ण को यहीं का राजा मनोनीत किया था।

अंगज–कामदेव। इन्हें काम-शक्ति का देवता कहा गया है। इनके पाँच बाण कहे गए हैं–सम्मोहन, शोषण, उन्मादन, तापन और स्तंभन। अंग्रेजी भाषा में कामदेव को 'क्यूपिड' कहा जाता है।

अंगजा–सृष्टि के रचनाकार ब्रह्मा की पुत्री।

अंगद–1. किष्किंधा के वानरराज बालि का पुत्र, जो रावण के विरुद्ध श्रीराम के पक्ष में लड़ा था। 2. लक्ष्मण के एक पुत्र का नाम। 3. कंस के भाई गद का एक पुत्र। 4. चाक्षुष मनु के पुत्र पुरु का एक पुत्र।

अंगददेवजी–सिखों के द्वितीय गुरु। गुरु अंगददेव सृजनात्मक व्यक्तित्व के स्वामी थे। उनमें ऐसी आध्यात्मिक क्रियाशीलता थी, जिससे पहले वे एक सच्चे सिख

बने और फिर एक महान् गुरु। गुरु अंगद एक व्यापारी श्री फेरूजी के पुत्र थे। उनकी माता का नाम रामोजी था। बाबा नारायणदास त्रेहन उनके दादा थे, जिनका पैतृक निवास मत्ते-दी-सराय, जो मुक्तसर के समीप है, में था। सन् 1520 में उनका विवाह माता खीवींजी से हुआ। गुरु अंगद ने गुरुमुखी लिपि की एक वर्णमाला भी तैयार की। नवयुवकों के लिए उन्होंने मल्ल-अखाड़े की प्रथा शुरू की। उन्होंने

गुरु नानकजी की जीवनी लिखी और 63 श्लोकों की रचना की, जो 'गुरुग्रंथसाहिब' में अंकित हैं। उन्होंने गुरु नानकजी के विचारों का प्रचार किया और सिख पंथ के आधार को बल प्रदान किया।

अंगराज–1. अंग देश का राजा कर्ण, जो कुंती का सबसे बड़ा पुत्र था। महाभारत

युद्ध में यह कौरवों के पक्ष में लड़ा था और अर्जुन के हाथों वीरगति को प्राप्त हुआ था। 2. अंग देश के राजा लोमपाद, जो भगवान् श्रीराम के पिता राजा दशरथ के परम मित्र थे।

अंगवाक्–नागालैंड की एक बोली। इसे पूर्वी नागा भाषा भी कहते हैं।

अंगहीन–शिवजी द्वारा कामदेव को भस्म कर दिए जाने पर उनका एक यह नाम भी पड़ गया।

अंगारक चतुर्थी–एक हिंदू व्रत, जिसे माघ माह की शुक्ल चतुर्थी को किया जाता है।

अंगिरस–1. दस प्रजापतियों में से एक, इन्हें अथर्ववेद का रचनाकार भी कहा जाता है। अतः इनका 'अथर्वा' नाम भी प्रसिद्ध है। इनका जन्म ब्रह्माजी के मुख से हुआ था। ये उनके मानसपुत्र कहे जाते हैं। इनकी पत्नी का नाम श्रद्धा था, जो कर्दम ऋषि की पुत्री थीं। इनके उतथ्य और बृहस्पति दो पुत्र थे। बृहस्पति बाद में देवगुरु बने। कई ग्रंथों में शुभा, सुरूपा, स्वधा, सति आदि को भी इनकी पत्नी कहा गया है, जिनसे कई पुत्र और पुत्रियाँ हुईं। 2. बृहस्पति का एक नाम। 3. कश्यप ऋषि के एक पुत्र का नाम। 4. साठ संवत्सरों में से छठे का नाम।

अंगिरा–ब्रह्मा के मानसपुत्र महर्षि अंगिरा सप्तर्षियों में एक हैं। अपनी उग्र तपस्या से इन्होंने अपार तेजस्विता प्राप्त कर ली, जिसके सामने अग्निदेव की दीप्ति भी फीकी पड़ने लगी। तब स्वयं अग्निदेव ने उनके सम्मुख उपस्थित हो अपना पद उन्हें अर्पित करने का अनुरोध किया। महर्षि अंगिरा ने अग्निदेव की उत्तमता को सराहते हुए उन्हें यथावत् बने रहने का अनुरोध किया और स्वयं को उनका प्रथम पुत्र मानने का प्रस्ताव किया। अग्निदेव ने इसे स्वीकार कर महर्षि अंगिरा को अपना प्रथम पुत्र होने की मान्यता दी। अपने प्रखर पांडित्य से पीड़ित मानवता के मंगल हेतु महर्षि अंगिरा ने ऐसे प्रभावकारी उपदेश दिए कि चित्रकेतु जैसे प्रतापी राजा भी

अपने पुत्र की मृत्यु के संताप से तप्त शांति का संबल पाकर धन्य हो गए। आत्मा, परमात्मा, पंचभूत तथा सांसारिकता के विषय में महर्षि अंगिरा द्वारा पर्याप्त उपदेश श्रीमद्‌भागवत के माध्यम से समाज को दिए गए हैं, जो गूढ़ दार्शनिक तथ्यों से ओतप्रोत हैं।

अंगुलिमाल–बुद्धकालीन एक दस्यु। यह जिसे मारता, उसकी उँगली काटकर माला में

पिरो लेता था, इसीलिए इसका नाम 'अंगुलिमाल' पड़ा। बुद्ध ने धर्मोपदेश देकर इसके ज्ञानचक्षु खोल दिए और यह बौद्ध भिक्षु बन गया।

अंजन–1. एक पर्वत का नाम। 2. कश्यप ऋषि की पत्नी कद्रू के गर्भ से उत्पन्न एक सर्प का नाम। 3. अंजन या काजल नेत्रों की रोगों से रक्षा करने और उन्हें खूबसूरत दिखाने के लिए लगाया जाता है। यह स्त्रियों के सोलह श्रृंगारों में से एक है। अंजन को शलाका या सलाई से लगाते हैं। इसका उपयोग भारत की स्त्रियों में आज भी प्रचलित है। बहुत से पुरुष भी अंजन का प्रयोग करते हैं।

अंजना–पवनपुत्र हनुमान की माता का नाम। इनके पिता का नाम कुंजर तथा पति का नाम केसरी (वानर) था। पुराणों के अनुसार, एक दिन देवराज इंद्र की सभा में महर्षि दुर्वासा पधारे। उस सभा में पुंजिकस्थला नाम की एक अप्सरा की चंचलता से क्षुब्ध होकर दुर्वासा ने उसे शाप देते हुए कहा, 'तू वानरों की तरह चंचला है, इसलिए वानरी हो जा।' इस शाप के कारण उस अप्सरा को अंजना वानरी के रूप में कुंजर वानर के घर जन्म लेना पड़ा। अंजना का विवाह वानरराज केसरी से हुआ। अंजना ने वायु देवता की तपस्या करके महावीर हनुमान जैसे पुत्र को जन्म दिया।

अंजनानंदन–हनुमान का एक नाम।

अंजनी–1. अंजना का एक नाम। 2. हनुमान की माता। 3. माया।

अंड–1. ब्रह्मांड। 2. कामदेव का एक नाम। 3. अंडे के आकार की पृथ्वी, जिसे विष्णु का व्यक्त रूप कहा गया है।

अंडज–अंडे से उत्पन्न होनेवाले जीव।

अंतःकरण—मन, बुद्धि, चित्त, अहंकार।

अंतःकरण—वह मानसिक शक्ति, जिससे व्यक्ति उचित और अनुचित का निर्णय करता है। सामान्यतया लोगों की यह धारणा होती है कि व्यक्ति का अंतःकरण किसी कार्य के औचित्य और अनौचित्य का निर्णय करने में उसी प्रकार सहायता कर सकता है जैसे उसके कान सुनने अथवा नेत्र देखने में सहायता करते हैं। व्यक्ति में अंतःकरण का निर्माण उसके नैतिक नियमों के आधार पर होता है। अतः अंतःकरण व्यक्ति की आत्मा का वह क्रियात्मक सिद्धांत माना जा सकता है, जिसकी सहायता से व्यक्ति द्वंद्वों के चलते किसी निर्णय पर पहुँचता है।

अंतःक्रिया—वह कार्य, जिससे मन को शुद्ध किया जाता है, जैसे ईश्वर का नाम जपना, मनन, चिंतन आदि।

अंतःपूजन—काल्पनिक चढ़ावा बोलकर ईश्वर की पूजा करना।

अंतःसुख—आत्मिक सुख।

अंतक—1. काल या यमराज। 2. शिवजी का एक नाम, जो अंतक के रूप में प्रलयंकारी है।

अंतर—एक ऋषि का नाम। इन्होंने सौ अश्वमेध यज्ञ किए थे। कहीं-कहीं इनका नाम 'उशना' भी लिखा गया है।

अंतरपुरुष—1. परमेश्वर। 2. आत्मा।

अंतरा—एक अप्सरा का नाम।

अंतराय—योगसिद्धि के दौरान उत्पन्न होनेवाले नौ प्रकार के विघ्नों को 'अंतराय' कहते हैं। ये नौ विघ्न हैं—व्याधि, स्त्यान, संशय, प्रमाद, आलस्य, अविरति, भ्रांतिदर्शन, अलब्ध-भूमिकत्व और अनवास्थित्व।

अंतरिक्ष—1. एक ऋषि का नाम। 2. मुर दैत्य का एक नाम। 3. वैवस्वत मन्वंतर के तेरहवें द्वापर के वेदव्यास का नाम। 4. देवराज इंद्र की पुत्री जयंती के पुत्र ऋषभ के सौ पुत्रों में से एक पुत्र का नाम। 5. पृथ्वी और स्वर्ग के बीच का रिक्त स्थान।

अंतर्दर्शन—आत्म-निरीक्षण या आत्म-चेतना। इसका उद्देश्य मानसिक प्रक्रियाओं का स्वयं अध्ययन कर उनकी व्याख्या करना है। इस पद्धति के सहारे हम अपनी अनुभूतियों के रूप को समझते हैं।

अंतर्दशाह—हिंदू धर्म-शास्त्र कहते हैं कि मृत्यु के पश्चात् मृतक की आत्मा दस दिनों तक प्रेत कहलाती है। इस दौरान उसकी शांति के लिए जो कर्मकांड किए जाते हैं, उन्हें 'अंतर्दशाह' कहते हैं।

अंतर्धान—राजा पृथु के पुत्र विजिताश्व को देवराज इंद्र ने वरदान दिया था कि वह अदृश्य रूप में विचरण कर सकता है, इसलिए उसका एक नाम 'अंतर्धान' पड़ गया। इसकी पत्नी का नाम शिखंडिनी था। मारीच व हविर्धान इनके दो पुत्र थे।

अंतर्वेद—1. ब्रह्मावर्त। 2. गंगा तथा यमुना नदियों के बीच स्थित देश।

अंतर्वेदी—गंगा तथा यमुना नदियों के बीच बसे देश का निवासी।

अंतशिला—एक नदी का नाम, जो विंध्य पर्वत से निकलती है।

अंतश्चेतना—भीतरी आवाज, आत्मा की आवाज या मन की आँखें।

अंतिक—राजा ययाति के पौत्र और यदु के एक पुत्र का नाम।

अंत्य—1. एक देवता का नाम। 2. भृगु ऋषि के एक पुत्र का नाम।

अंत्यभ—1. रेवती नक्षत्र का एक नाम।

2. मीन राशि।

अंत्ययुग–अंतिम युग, कलियुग।

अंत्यायन–भृगु ऋषि के एक पुत्र का नाम।

अंधक–1. कई सिरवाला एक क्रूर दैत्य। दिति और कश्यप इसके माता-पिता थे। शक्ति और बल से चूर होकर यह आँखें होते हुए भी अंधों की तरह डगमगाता हुआ चलता था, इसलिए इसका नाम अंधक पड़ गया। एक बार शिव और पार्वती वन में विचरण कर रहे थे, तभी इसने पार्वती के हरण की कोशिश की। शिव ने इस पर पाशुपतास्त्र से प्रहार किया, जिससे इसके शरीर से रक्त की धाराएँ फूट पड़ीं। जहाँ-जहाँ रक्तबूँद गिरीं, वहाँ-वहाँ अनेक अंधक उत्पन्न हो गए। शिव ने मातृकाएँ उत्पन्न कीं। विष्णुजी भी आ गए। उन्होंने शुष्करेवती नाम की एक मातृका उत्पन्न की, जिसने अंधक का सारा रक्त पी लिया। पराजित होकर वह शिवजी का गण बन गया। 2. शिव पुराण में अंधक या अंधकासुर को शिव-पार्वती का पुत्र कहा गया है। अपने इस पुत्र को शिवजी ने कश्यप-पुत्र दैत्यराज हिरण्याक्ष को दे दिया था। यहाँ इसे नेत्रहीन बताया गया है। इसने ब्रह्माजी की स्तुति की और उनसे नेत्र-ज्योति तथा देव और दानवों के हाथों न मारे जाने का वरदान माँग लिया। ब्रह्माजी ने उसे शिवजी के अतिरिक्त अन्य किसी के द्वारा न मारे जाने का वर दे दिया। बाद में अंधक शिवजी के हाथों मारा गया, जब उसने माता पार्वती पर कुदृष्टि डालने की चेष्टा की।

अंबरीष–इन्होंने मरुभूमि में अश्वमेध यज्ञ किया, जिससे सरस्वती वहाँ बहने लगी। एक वर्ष द्वादशी व्रत भी किया था, तदुपरांत ब्राह्मण भोजन की तैयारी हो रही थी। दुर्वासा ऋषि भी आमंत्रित थे, पर जब वे यमुना-स्नान करने गए तब वहीं ध्यानमग्न बैठे रहे। अंबरीष ने इनकी प्रतीक्षा में केवल जल ग्रहण किया। दुर्वासा आए और क्रोध में अंबरीष का नाश करने पर तुल गए। विष्णु के चक्र ने दुर्वासा द्वारा उत्पन्न कृत्या को नष्ट कर ऋषि का पीछा किया। दुर्वासा इधर-उधर भागते फिरे और अंत में त्रिमूर्ति की शरण में गए, पर सब बेकार। अंत में ऋषि को राजा से क्षमा माँगनी पड़ी, तब प्राण बचे। उसके बाद दुर्वासा ने भोजन किया और आशीर्वाद देकर ब्रह्मलोक को चले गए।

अंबष्ठ–कुवलयापीड के महावत का नाम, जो श्रीकृष्ण द्वारा मारा गया था।

अंबा–काशी-नरेश इंद्रद्युम्न की सबसे बड़ी पुत्री। महाभारत के अनुसार भीष्म पितामह इसे अपने भाई विचित्रवीर्य के लिए हर

लाए थे। अंबा राजा शाल्व से विवाह करना चाहती थी, अत: भीष्म ने उसकी इच्छानुकूल उसे वहीं भेज दिया। पर जब शाल्व ने उसे ग्रहण करने से इनकार कर दिया, तब हताश होकर वह लौट लाई और भीष्म से बदला लेने के लिए तप करने लगी। शिवजी ने प्रसन्न होकर वरदान

दिया कि तू दूसरे जन्म में भीष्म से बदला लेगी। यही दूसरे जन्म में शिखंडी हुई, जिसके कारण भीष्म मारे गए।

अंबिका–काशी-नरेश इंद्रद्युम्न की मँझली पुत्री, जो अंबालिका से बड़ी और अंबा से

छोटी थी। भीष्म पितामह इसे अपने छोटे भाई विचित्रवीर्य के लिए हर लाए थे। बाद में व्यासजी के नियोग करने पर इसके गर्भ से धृतराष्ट्र का जन्म हुआ था।

अंबिकावन–पुराण-प्रसिद्ध एक स्थान, जहाँ जाने से पुरुष स्त्री हो जाते हैं। यह इलावृत्तखंड में स्थित बताया गया है।

अंशुमत्–दिलीप के पिता तथा भगीरथ के पितामह और असमंज के पुत्र।

अंशुमान्–असमंज के पुत्र तथा राजा सगर के पौत्र का नाम। राजा सगर के अश्वमेध यज्ञ का घोड़ा यही ढूँढ़कर लाए थे।

अकंपन–एक राक्षस जो रावण का अनुचर था। खर के वध का समाचार रावण को इसी ने दिया था।

2. हिरण्यकशिपु की सभा के एक असुर का नाम।

अक्रूर–द्वापर युग में वसुदेव के भाई। कंस के कहने पर श्रीकृष्ण और बलराम को यही गोकुल से मथुरा लाए थे। कंस का वध करने के पश्चात् श्रीकृष्ण इनके घर गए थे। वे अक्रूर को अपना गुरु मानते थे। सत्राजित् नामक यादव को सूर्य से मिली स्यमंतक मणि, जिसकी चोरी का कलंक श्रीकृष्ण को लगा था, इन्हीं के पास थी। ये डरकर मणि को लेकर काशी चले गए। स्यमंतक मणि की यह विशेषता थी कि जहाँ वह होती, वहाँ धन-धान्य भरा रहता था। अक्रूर के चले जाने पर द्वारिका में अकाल के लक्षण प्रकट होने लगे। इस पर श्रीकृष्ण का अनुरोध मानकर अक्रूर द्वारिका लौट आए। इन्होंने स्यमंतक मणि श्रीकृष्ण को दे दी। श्रीकृष्ण ने मणि का सार्वजनिक प्रदर्शन करके अपने ऊपर लगा चोरी का कलंक मिटाया।

अक्ष–लंकापति रावण का पुत्र अक्षय कुमार, जिसका वध लंका के बाग उजाड़ते समय हनुमान ने किया था।

अक्षमाला–वसिष्ठ ऋषि की पत्नी। इनका प्रसिद्ध नाम अरुंधती था

अक्षय तृतीया–इसे आखा तीज भी कहते हैं। यह प्रतिवर्ष वैशाख मास में शुक्ल पक्ष की तृतीय को पड़ती है। पौराणिक ग्रंथों में लिखा है कि इस दिन जो भी शुभ कार्य किए जाते हैं, उनका अक्षय फल मिलता है, इसी कारण इसे 'अक्षय तृतीया' कहा जाता है। वैशाख माह की यह तिथि स्वयंसिद्ध मुहूर्तों में मानी गई है। पुराणों के अनुसार इस तिथि की युगादि तिथियों में गिनती होती है। सतयुग और त्रेता युग का प्रारंभ इसी तिथि से हुआ था। भगवान् विष्णु के नर-नारायण, हयग्रीव और परशुराम अवतार इसी तिथि को हुए थे।

अक्षयवट–1. पुराणों में वर्णन आता है कि कल्पांत या प्रलय में जब समस्त पृथ्वी

जलमग्न हो जाती है, उस समय भी वट का एक वृक्ष बच जाता है, जिसके एक पत्ते पर ईश्वर बालरूप में विद्यमान रहकर सृष्टि के अनादि रहस्य का अवलोकन करते हैं। यह वटवृक्ष प्रयाग में त्रिवेणी के तट पर आज भी अवस्थित कहा जाता है। अक्षय वट के प्रसंग चीनी यात्री युवान् च्वांग के यात्रा विवरणों एवं कालिदास के 'रघुवंश' में भी मिलते हैं। 2. इसे भांडीरवट भी कहते हैं। वटवृक्ष की छाया में श्रीकृष्ण-बलराम सखाओं के साथ विविध प्रकार की क्रीड़ाएँ, विशेषतः मल्लयुद्ध करते थे तथा यहाँ पर बलदेवजी ने प्रलंबासुर का वध किया था।

अक्षौहिणी–प्राचीन भारत में सेना का माप। महाभारत के अनुसार, एक अक्षौहिणी में 21,870 रथ, 21,870 हाथी, 65,610 घुड़सवार एवं 1,09,350 पैदल सैनिक होते थे। सैनिकों की कुल संख्या 46,81,920 और घोड़ों की संख्या रथ में जुते हुओं को मिलाकर 27,15,620 हुई। इस संख्या में दोनों ओर के मुख्य योद्धा कुरुक्षेत्र के मैदान में एकत्र ही नहीं हुए, बल्कि वहीं मारे भी गए। इस युद्ध में अठारह अक्षौहिणी सेना नष्ट हो गई थी।

अगस्त्य–ऋग्वेद के सातवें मंडल के तैंतीसवें सूक्त में महर्षि वसिष्ठ ने अपने तथा अगस्त्य ऋषि के वंश के विषय में जो विवरण दिया है, उससे देवलोक की उर्वशी से बड़े पुत्र अगस्त्य तथा छोटे पुत्र वसिष्ठ के पैदा होने का उल्लेख है। महर्षि अगस्त्य अपने काल के उन मनीषियों में एक थे, जिन्हें विशेष अवसरों पर आमंत्रित करके उनके प्रवचन एवं उपदेश बड़े श्रद्धाभाव से सुने जाते थे। अनेक राजाओं एवं ऋषियों ने आर्यों और अनार्यों के टकराव का जहाँ समर्थन किया, वहीं अगस्त्य ने इन दोनों संस्कृतियों के एकीकरण से स्थायी शांति ढूँढ़ने का आह्वान किया। उन्होंने कहा कि देशहित में हम ऋषियों एवं राजाओं को त्याग का परिचय देते हुए दोनों संस्कृतियों के समन्वय का प्रयास करना चाहिए। कहा जाता है कि तमिल का प्रथम व्याकरण महर्षि अगस्त्य के प्रयास से तैयार किया गया। महर्षि अगस्त्य के प्रयास से दक्षिण भारत में आर्य संस्कृति अनार्य से मिलकर ऐसी आत्मसात् हुई कि पूरा दक्षिण आर्य संस्कृति से सराबोर हो गया। संभवतः इन्हीं प्रयासों का फल रहा कि दक्षिण भारतीय विभूतियाँ, जिनमें प्रमुखतः शंकराचार्य, माधवाचार्य, निंबकाचार्य, अनंताचार्य, वल्लभाचार्य आदि

ने वैदिक वाङ्मय एवं भारतीय संस्कृति को समन्वित रूप देकर भारतीय एकता और अखंडता को सुदृढ़ बनाया। अगस्त्य की पत्नी लोपामुद्रा विदर्भ की राजकुमारी थीं, जिन्होंने अगस्त्य के साथ मिलकर उनके समन्वयात्मक अभियान में पूर्ण सहयोग दिया।

अग्नि–हमारे सांस्कृतिक अनुष्ठानों में 'अग्नि' की उपासना का जहाँ विशेष प्रावधान है वहीं 'अग्नि' को साक्षी मानकर दांपत्य जीवन में समाविष्ट होने की पावन परंपरा

भी प्राचीनकाल से प्रचलित है। अग्नि को साक्षी मानकर, सात फेरे लगाकर जिस संकल्प को सुदृढ़ता प्रदान की जाती है, उसका जीवन भर निर्वाह करना अग्नि के प्रति हमारी असीम आस्था एवं श्रद्धा-भक्ति का आदर्श है। अग्निदेव ही आलोक के प्रदाता हैं, ऊर्जा के स्रोत हैं और सृष्टि को शक्ति-संपन्न करनेवाले हैं तथा मानव सभ्यता के विकास के प्रमुख सूत्रधार हैं। सृष्टि के पालक पंच तत्त्वों में अग्नि का प्रमुख स्थान है। तभी तो अग्नि को देवता मानकर असीम श्रद्धा-भक्ति के साथ पूजा-अर्चना की जाती है। अग्नि में आहुति देकर यज्ञ का पावन विधान प्राचीनकाल से ही प्रचलित है, जो आधुनिक युग में भी अत्यधिक लोकप्रिय है।

अग्निकोण–दस दिशाओं में से एक, जो दक्षिण-पूर्व का कोण माना गया है। इसके अधिपति अग्नि हैं, अतः इसका यह नाम पड़ा।

अग्निजिह्वा–अग्निदेव की सात जिह्वाएँ। मुंडकोपनिषद् के अनुसार इनके नाम हैं–काली, कराली, मनोजवा, लोहिता, धूम्रवर्णा, स्फुलिंगिनी और विश्वरूपिणी।

अग्निदेव–भगवान् अग्निदेव को यज्ञ का प्रधान अंग माना जाता है। बिना अग्नि के यज्ञ, पूजन और अन्य संस्कार पूर्ण नहीं होते। भगवान् अग्निदेव संपूर्ण सृष्टि में प्रकाश करनेवाले और पुरुषार्थ प्रदान करने वाले देव हैं। इन्हें सभी देवताओं में श्रेष्ठ और प्रथम माना जाता है। सभी यज्ञों के यही प्रधान पुरोहित माने जाते हैं। देवताओं को पृथ्वी पर होनेवाले समस्त वैदिक और धार्मिक कार्यों का फल भगवान् अग्निदेव ही प्रदान करते हैं। धार्मिक ग्रंथों और पुराणों के अनुसार अग्नि को अंगिरा ऋषि का पुत्र और शांडिल्य ऋषि का पौत्र कहा गया है। 'विष्णु पुराण' में अग्निदेव को भगवान् विष्णु का सबसे बड़ा पुत्र बताया गया है। अग्निदेव की पत्नी का नाम स्वाहा है, जिनसे इन्हें पावक, पवमान और शुचि नामक तीन पुत्रों की प्राप्ति हुई।

अग्निपरीक्षा–पुराणों में अग्निपरीक्षा के कई उदाहरण मिलते हैं। प्राचीनकाल में किसी

अपराधी को आग पर चलाकर/बैठाकर परीक्षा लेते थे। निर्दोष व्यक्ति का आग से कुछ नहीं बिगड़ता था और वह निष्कलंक घोषित होता था। जानकीजी की अग्निपरीक्षा भी इसी विश्वास के कारण हुई थी।

अग्निपुराण–अठारह पुराणों में एक।

अग्निबाण–यह मंत्र की सहायता से चलाया

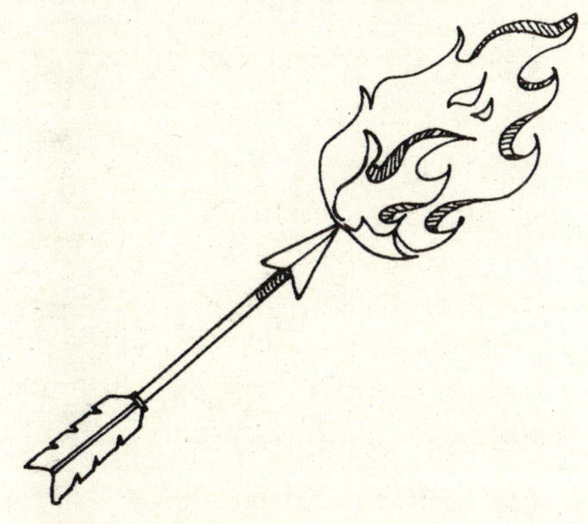

जाता था, जिससे अग्नि की वर्षा होती थी।

अग्निष्टुत्–एक ही दिन में पूरा हो जानेवाला एक यज्ञ। इसका आविष्कार ब्रह्मा ने किया था।

अग्निष्टोम–स्वर्ग प्राप्त करने की इच्छा से किया जानेवाला एक प्रकार का यज्ञ, जिसकी उत्पत्ति ब्रह्मा के प्रथम मुख से हुई, जिसे प्राय: अग्निहोत्री ब्राह्मण ही कर सकते हैं।

अग्निष्वात्त–एक पितृगण का नाम, जिसका निवास वैवस्वत की दिशा में कहा गया है। इनकी पत्नी का नाम स्वधा है।

अघोरपंथ–अघोरपंथ को कापालिक मत, अवधूत या सरभंग मत भी कहते हैं। यह प्राचीन पाशुपत संप्रदाय का अवशेष है। इसके प्रवर्तक स्वयं अघोरनाथ शिव माने जाते हैं। वर्तमान में इसका संबंध नाथ संप्रदाय के (प्रवर्तक गोरखनाथ) हठयोग और तांत्रिक वाममार्ग से है। काशी में इसका बहुत बड़ा अखाड़ा है। वैसे इसका मूल स्थान आबू पर्वत है। इस पंथ के माननेवाले तांत्रिक साधु होते हैं, जो अघोरी कहलाते हैं। ये हाथ में मनुष्य की खोपड़ी लिये रहते हैं और मद्य-मांस का सेवन करते हैं। ये भैरव या शक्ति को बलि चढ़ाते हैं। पहले ये नरबलि भी देते थे। स्पष्टत: ये वाममार्गी शैव होते हैं और श्मशान में रहकर उपासना करते हैं। इनमें जाति-पाँति का कोई भेदभाव नहीं होता। इन्हें औघड़ भी कहते हैं। ये देवताओं की पूजा नहीं करते। इनके शवों पर समाधि बनाई जाती है। अघोरियों की वेशभूषा विचित्र होती है। ये श्वेत और जोगिया वस्त्र (झलामा) पहनते हैं। इनके ग्रंथों में किनाराराम का 'विवेकसार' और टेकमनराम का 'रत्नमाला' ग्रंथ प्रचलित हैं।

अचला-प्रतिमा–स्थानक (खड़ी प्रतिमा), आसन (बैठी) तथा शयन (सोई हुई)।

अच्युत–भगवान् विष्णु एवं उनके अवतारों के नाम। जैनियों के चार श्रेणी के देवताओं

में चौथी अर्थात् वैमानिक श्रेणी के कल्पभव नामक देवताओं के एक भेद को भी अच्युत कहा जाता है।

अजंता–इटारसी से मुंबई जानेवाले रेलमार्ग पर स्थित जलगाँव स्टेशन पर उतरकर अजंता तक पहुँचा जा सकता है। जलगाँव से यह लगभग 55 कि.मी. की दूरी पर है। फरदापुर गाँव के समीप बाघोरा नदी के किनारे-किनारे सह्याद्रि पर्वत की एक पहाड़ी को काटकर 29 गुफाएँ बनाई गई हैं। ये गुफाएँ वर्षाकाल में बौद्ध भिक्षुओं का आवास हुआ करती थीं। ये गुफाएँ न तो आकार-प्रकार में समान हैं और न ही एक धरातल पर हैं। अजंता की गुफाओं की प्रसिद्धि का कारण उनके चित्रों की समृद्धि और सुंदरता है। गुफाओं की भित्तियों पर बने इन चित्रों को विभिन्न रंगों से सजाया गया है। ये सभी गुफाएँ गुप्तकालीन हैं। चित्रों की मुख्य विषय-वस्तु बौद्ध धर्म है। बुद्ध और बोधिसत्त्व के चित्रांकन का आधार जातक कथाएँ तथा बुद्ध का जीवन हैं। इन चित्रों में तत्कालीन नगर, गाँव, तपोवन, राजदरबार और आमोद-प्रमोद भी अंकित हैं। देवता, गंधर्व, किन्नर तथा अप्सराओं के चित्र भी हैं। लता-गुल्मों, पशु-पक्षियों का चित्रांकन इतना सजीव है कि लगता है मानो प्राकृतिक सुषमा निखर उठी हो। अजंता के चित्रों को 'म्यूरल पेंटिंग' कहा जाता है। अजंता का उच्चारण 'अजंटा' भी है।

अज–अयोध्या के सूर्यवंशी राजा। राजा रघु अज के पिता थे। अज की पत्नी का नाम इंदुमती था। दशरथ इनके पुत्र थे।

अजमीढ़–हस्तिन् राजा के एक पुत्र का नाम। इनकी तीन रानियाँ कुरुवंश की थीं नीलिनी,

केशिनी और धूमिनी। प्रियमेधा तथा अन्य ब्राह्मण इन्हीं के वंशज कहे जाते हैं। कण्व तथा बृहदिषु इन्हीं के पुत्र थे।

अजराप्सरा–(अजर-जरारहित = वार्धक्य रहित अप्सराएँ चौबीस हैं।)–अरुणा, अपनाया, विमनुष्या, वरांबरा, मिश्रकेशी, असिपर्णिनी, अलुंबुना, मारीचि, शुचिका, विषुतपर्णा, तिलोत्तमा, अद्रिका, लक्ष्मणा, क्षमा, दिव्या, रंभा, मनोभवा, असिता, सुबाहु, सुप्रिया, सुभुजा, पुंडरीका, अजगंधा तथा सुदती।

अजातशत्रु–उपनिषद् के अनुसार काशी का एक क्षत्रिय राजा, जो बड़ा ज्ञानी था। इसने गार्ग्य-बालाकि ऋषि को बहुत से उपदेश दिए थे।

अजामिल–एक ब्राह्मण का नाम, जो पहले बड़ा कर्मनिष्ठ तथा शास्त्रों के ज्ञान के लिए प्रसिद्ध था। पुराणानुसार अकस्मात् इसका प्रेम एक दासी से हो गया था। यह

कान्यकुब्ज देश में रहता था और दासी से प्रेम होने के उपरांत इसने अपनी पहली पत्नी को छोड़ दिया और निंदित जीविका से जीवन निर्वाह करने लगा। दासी से इसके दस पुत्र थे, जिनमें सबसे छोटे का नाम नारायण था। अजामिल इस बालक के स्नेहपाश में जकड़ा हुआ था और मृत्यु के समय इसी बालक को पुकारने के कारण मोक्ष प्राप्त कर सका। नारायण का नाम लेने से इसके सारे पाप धुल गए। इसने गंगाद्वार में तप भी किया था, जिससे इसे अंत में विष्णुलोक प्राप्त हुआ और यह पाप-मुक्त समझा गया।

अजित–चाक्षुष मनु के समय में हरि का एक अवतार। इसी समय में समुद्र-मंथन हुआ, जिससे अमृत निकला था।

अजितनाथ–दूसरे जैन तीर्थंकर। इनके पिता का नाम जितशत्रु और माता का नाम विजया देवी था। जितशत्रु जब वृद्ध हुए तो राजपाट का भार अजितनाथ को सौंपकर तप करने वन में चले गए। अजितनाथ तन, मन और धन से प्रजा का पालन करने लगे। उनके सद्व्यवहार और न्याय के कारण प्रजा उन्हें प्राणों से अधिक प्रेम करती थी। लोक-व्यवहार के लिए अजितनाथ राज कर रहे थे और परिवार-सुख का आनंद उठा रहे थे, लेकिन असल में उनका मन सदा विराग से भरा रहता था। इन भोगों के प्रति वे कभी आसक्त नहीं हुए।

अणिमा–अष्ट सिद्धियों में सर्वप्रथम। इसी की सहायता से योगी लोग अति सूक्ष्म रूप धारण कर लेते हैं और अगोचर हो जाते हैं।

अणुव्रत–यह लघुव्रत है। जैन धर्म के अनुसार

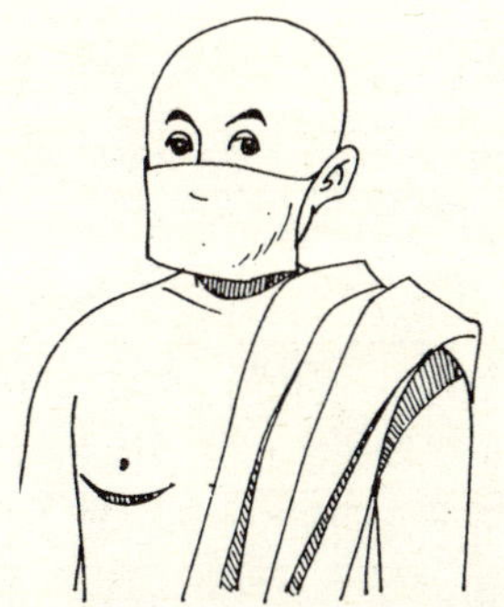

श्रावक अणुव्रतों का पालन करते हैं। महाव्रत साधुओं के लिए बने हैं। दोनों में यही अंतर है, अन्यथा दोनों समान हैं। साधुओं के महाव्रतों की अपेक्षा अणुव्रत लघु व सरल होते हैं। महाव्रतों में सर्वत्याग की अपेक्षा रखते हुए सूक्ष्मता के साथ व्रतों का पालन होता है, जबकि अणुव्रतों का स्थूलता से पालन किया जाता है। अणुव्रत पाँच हैं–1. अहिंसा 2. सत्य 3. अस्तेय 4. ब्रह्मचर्य 5. अपरिग्रह। 1. जीवों की हिंसा के त्याग को अहिंसा कहते हैं। 2. राग-द्वेष युक्त स्थूल असत्य भाषण के त्याग को सत्य कहते हैं। 3. बुरे इरादे से स्थूल रूप से दूसरे की वस्तु अपहरण करने के त्याग को अस्तेय कहते हैं। 4. परस्त्री का त्याग कर अपनी स्त्री में संतोष भाव रखने को ब्रह्मचर्य कहते हैं। 5. धन, धान्य आदि वस्तुओं में इच्छा का परिमाण रखते हुए परिग्रह के त्याग को अपरिग्रह कहते हैं।

अत्याज्य–माता, पिता, पत्नी और पुत्र।

अत्रि–महर्षि अत्रि ब्रह्मा के मानस पुत्र थे। इनकी धर्मपत्नी का नाम अनसूया था, जो अत्यधिक तपस्विनी एवं विदुषी थीं। राम वन-गमन के समय राम, सीता एवं लक्ष्मण अत्रि ऋषि के आश्रम में आए थे, जहाँ सती अनसूया ने सीता को सदुपदेश तथा

आशीर्वाद दिए। महर्षि अत्रि ने भी राम, सीता एवं लक्ष्मण के प्रति स्नेह उड़ेलकर उनका सत्कार किया। महर्षि अत्रि बड़े ज्ञानी एवं वेदज्ञ थे। वेदमंत्रों के भी द्रष्टा थे। वे धर्मशास्त्रकार भी थे। 'अत्रिसंहिता' और 'अत्रिस्मृति' ग्रंथों में मानव-कल्याण की शिक्षाएँ समाहित हैं। महर्षि अत्रि बड़े तेजस्वी, महान् मनीषी, प्रकांड पंडित एवं श्रेष्ठतम समाज-सुधारक के रूप में सदैव वंदनीय हैं। अत्रि और अनसूया की कठोर तपस्या से प्रभावित होकर ब्रह्मा, विष्णु और महेश-तीनों ने एक साथ उन्हें दर्शन दिए थे। जब इन तीनों देवताओं ने वरदान माँगने को कहा तो महर्षि अत्रि और सती अनसूया ने इन तीनों को ही पुत्र रूप में माँगा। अतः ब्रह्मा के अंश से सोम (चंद्रमा), विष्णु के अंश से दत्तात्रेय तथा महेश के अंश से दुर्वासा का जन्म हुआ।

अथर्ववेद–वेद चार हैं, अथर्व इनमें चौथा है।

अथर्वा–सारे संसार में यज्ञों की प्रथा चलानेवाले ऋषि का नाम। इनका विवाह कर्दम ऋषि की पुत्री चिति से हुआ था।

अदिति–पुराणानुसार दक्ष प्रजापति की पुत्री, जो मरीचि के पुत्र कश्यप ऋषि को ब्याही थी। इन्होंने देवताओं को जन्म दिया था। इसलिए इन्हें देवमाता कहा गया है। आदित्य, इंद्र आदि इन्हीं के पुत्र हैं। श्रीकृष्ण की माता देवकी अदिति का अवतार बताई जाती हैं।

अद्रिका–एक अप्सरा का नाम।

अधिरथ–सत्यकर्मा के पुत्र तथा धृतराष्ट्र के सारथि का नाम। इनकी पत्नी का नाम राधा था। इन्होंने कुंतीपुत्र कर्ण का पालन-पोषण किया।

अध्यात्म उपनिषद्–इस उपनिषद् में आत्मतत्त्व एवं अजन्मे रूप में परब्रह्म की समस्त चराचर जगत् में उपस्थिति का वर्णन है।

अनंत–शेषनाग का एक नाम।

अनंतनाथ–चौदहवें तीर्थंकर अनंतनाथ अयोध्या

के राजा थे। एक दिन एक उल्कापात देखकर उन्हें संसार की नश्वरता का बोध हुआ तो उन्होंने राजपाट त्यागकर मुनि-दीक्षा ग्रहण कर ली। दो वर्ष के तप के पश्चात् चैत्र माह की अमावस्या को उन्हें कैवल्य ज्ञान प्राप्त हुआ और वे तीर्थंकर की भाँति पूजनीय हो गए। अपने 30 लाख वर्ष के जीवनकाल में अनंतनाथ के लाखों अनुयायी बने। उन्होंने घूम-घूमकर धर्मोपदेश दिया और जन-कल्याण किया। चैत्र माह की अमावस्या को 6,100 मुनियों के साथ सम्मेदशिखर पर उन्हें निर्वाण प्राप्त हुआ।

अनिरुद्ध–प्रद्युम्न के पुत्र तथा कृष्ण के पौत्र।

अनसूया–अत्रि मुनि की पत्नी। इन्होंने ब्रह्मा, विष्णु एवं महेश को तपस्या करके प्रसन्न किया और ये त्रिदेव क्रमशः सोम, दत्तात्रेय और दुर्वासा के नाम से उनके पुत्र बने। ये पतिव्रत धर्म के लिए प्रसिद्ध हैं। वनवास काल में इन्होंने सीता को पतिव्रत धर्म की शिक्षा दी थी।

अनीश्वरवाद–अनीश्वरवाद दर्शन का वह

सिद्धांत है, जो जगत् की सृष्टि करनेवाले, इसका संचालन और नियंत्रण करनेवाले किसी ईश्वर की सत्ता को स्वीकार नहीं करते; यानी ईश्वरवाद का विपर्यय है। अनीश्वरवाद के अनुसार जगत् स्वयं संचालित और स्वयं शासित है। ईश्वरवादी ईश्वर के अस्तित्व के लिए जो प्रमाण देते हैं, अनीश्वरवादी उनकी आलोचना करके उनको नकार देते हैं। वेद के प्रमाण में विश्वास न करना नास्तिकता है; किंतु ईश्वर में विश्वास न करने से कोई नास्तिक नहीं होता। मीमांसा और सांख्य ईश्वर के अस्तित्व को नकारते हैं, फिर भी आस्तिक हैं। नास्तिकता तथा अनीश्वरवाद में कुछ अंतर है, यद्यपि सामान्य अर्थ में नास्तिक तथा अनीश्वरवादी दोनों को एक ही माना जाता है।

अनुमान प्रमाण–जब कारण को देखकर किसी कार्य की कल्पना की जाती है तो वह अनुमान प्रमाण कहलाता है। इस प्रमाण में वस्तु दिखाई नहीं देती अर्थात् जहाँ धुआँ उठता हुआ दिखे, वहाँ अग्नि होगी–अर्थात् अग्नि का अनुमान लगाना।

अनुलोम विवाह–'अनुलोम' एवं 'प्रतिलोम' शब्दों का प्रयोग वैदिक साहित्य में नहीं पाया जाता। पाणिनि ने इन शब्दों से व्युत्पन्न शब्द 'अष्टाध्यायी' में गिनाए हैं और इसके बाद स्मृति ग्रंथों में इन शब्दों का बहुतायत से प्रयोग हुआ है, जिससे अनुमान होता है कि उत्तरवैदिक काल के समाज में अनुलोम एवं प्रतिलोम विवाहों का प्रचलन बढ़ा। अनुलोम विवाह का सामान्य अर्थ है अपने वर्ण से निम्नतर वर्ण में विवाह करना। इसके विपरीत किसी निम्नतर वर्ण के पुरुष और उच्चतर वर्ण की कन्या के बीच संबंध का स्थापित होना प्रतिलोम कहलाता है।

अन्नपूर्णा–अन्न की अधिष्ठात्री देवी दुर्गा का एक रूप। इनका काशी में बड़ा माहात्म्य है। कहते हैं, इनकी कृपा से वहाँ रात्रि में कोई भूखा नहीं सोता।

अन्नमयकोश–जब बालक जन्म लेता है तो स्थूल शरीर अन्नमय कोश होता है। कोश अर्थात् मानव देह। वह पेट से संबंध रखता है एवं लगभग 6-7 वर्ष की अवस्था तक अन्नादि ग्रहण करता हुआ बढ़ता है। इस अवस्था तक उसे संसार का कुछ ज्ञान नहीं रहता कि मोह-माया, दु:ख-सुख आदि क्या हैं? उसे सिर्फ एक ही ज्ञान होता है कि भूख लगे तो रोए। धीरे-धीरे यह शारीरिक आवरण ऐसी अवस्था प्राप्त कर लेता है, जहाँ उसका विकास रुक जाता है। इस शरीर को प्रारंभ से इस अवस्था तक अन्न की आवश्यकता होती है। यदि अन्न न मिले तो उसका शरीर जर्जर होता जाता है। यह शरीर मात्र अन्न पर निर्भर है।

अपाला–ऋग्वेद में वर्णित एक ब्रह्मवादिनी स्त्री, जो अत्रि ऋषि की पुत्री थीं। कुष्ठ रोग से पीड़ित हो जाने पर यह पिताज्ञा

से इंद्र को प्रसन्न करने के लिए तप करने लगीं। सोम को इंद्र की प्रिय वस्तु जानकर इसने नदी के किनारे उसे खोज लिया। इंद्र ने अपाला से सोम प्राप्त किया और इसे आशीर्वाद दिया। इससे इसका कुष्ठ रोग दूर हो गया। साथ ही पिता का गंजापन भी मिट गया।

अप्सरा–देवराज इंद्र की सभा की विख्यात नृत्यांगनाएँ। उर्वशी आदि कुछ अप्सराओं

के नाम तो वेदों में भी मिलते हैं। रामायण और पुराणों के अनुसार अप्सराएँ समुद्र-मंथन से उद्‌भूत हुई थीं।

अभिनंदननाथ–चौथे तीर्थंकर अभिनंदननाथ बचपन से ही बड़े दयालु और नम्र स्वभाव के थे। वे प्राणीमात्र से प्रेम करते थे। अभिनंदननाथ ने अनासक्त भाव से सैकड़ों वर्षों तक राज किया, फिर राजपाट अपने

पुत्रों को सौंपकर आत्मा के शाश्वत सुख की प्राप्ति के लिए जिन-दीक्षा ग्रहण कर ली और मौन रहकर तप करने लगे। इन्होंने अठारह वर्षों तक कठिन तप किया। अंततः पौष शुक्ल चतुर्दशी के दिन उन्हें कैवल्य ज्ञान प्राप्त हुआ और वे तीर्थंकर बन गए। दीर्घ काल तक तीर्थंकर भगवान् अभिनंदननाथ ने धर्मोपदेश देकर असंख्य जीवों का कल्याण किया। कर्मों का क्षय होने के पश्चात् सम्मेदशिखर पर वैशाख शुक्ल षष्ठी के दिन उन्हें निर्वाण प्राप्त हुआ।

अभिमन्यु–सुभद्रा के गर्भ से उत्पन्न अर्जुन का वीर पुत्र, जिसका विवाह राजा विराट की पुत्री उत्तरा से हुआ था। महाभारत के युद्ध में चक्रव्यूह भेदन करके यह अंदर प्रवेश कर गया था, पर बाहर आने की विद्या इसे मालूम नहीं थी। अतः यह चक्रव्यूह के भीतर ही अन्यायपूर्वक कौरव महारथियों द्वारा मारा गया।

अभिवादन–'वद्' धातु में 'अभि' उपसर्ग के साथ 'ल्युट' प्रत्यय लगाकर 'अभिवादन' शब्द बना है, जिसका तात्पर्य है–श्रद्धा,

सम्मान, स्नेह, स्वागत-सत्कार, नमस्कार इत्यादि। तथ्यतः यह शब्द विनम्रता व

शालीनता के प्रतीक रूप में आदर-सम्मान देने का सर्वोत्तम तरीका है, जिसमें स्नेह, आत्मीयता, आदर आदि के सद्भाव समाहित हैं। अभिवादन का तात्पर्य नमस्कार, प्रणाम, चरण-स्पर्श आदि से भी है; जैसा कि विभिन्न संप्रदाय के लोगों में प्रथा प्रचलित है। जब हम किसी से सर्वप्रथम मिलते हैं तो उसको आदर-सम्मान व आत्मीयता देते हैं नमस्कार या प्रणाम से। प्रणाम प्राय: उच्च शिष्टाचार का प्रतीक है, जो अपने से बड़ों के प्रति प्रदर्शित किया जाता है; जबकि नमस्कार अपने समान लोगों से कहकर आत्मीयता को सुदृढ़ता प्रदान की जाती है।

अमरकंटक–विंध्याचल पर्वत पर स्थित एक तीर्थस्थान, जहाँ शिव की एक प्रसिद्ध मूर्ति है। यहाँ से सोन और नर्मदा नदियाँ निकलती हैं। विशल्यकरणी नदी यहीं है, जहाँ अंगिरा ऋषि ने बहुत दिनों तक कठिन तप किया था। यह हिंदुओं के प्रसिद्ध तीर्थों में से एक है, विशेषकर श्राद्ध के लिए प्रसिद्ध है। इसे सिद्ध क्षेत्र कहते हैं। यहाँ प्रतिवर्ष बड़ी धूमधाम से मेला लगता है। मैकाल की पहाड़ियों में स्थित अमरकंटक मध्य प्रदेश के अनूपपुर जिले में पड़ता है। समुद्रतल से 1,065 मीटर ऊँचे इस स्थान पर ही मध्य भारत के विंध्य और सतपुड़ा की पहाड़ियों का मेल होता है। अमरकंटक में गरम पानी का एक झरना भी है। कहा जाता है कि यह झरना औषधीय गुणों से संपन्न है और इसमें स्नान करने से असाध्य रोग ठीक हो जाते हैं। नर्मदा कुंड नर्मदा नदी का उद्गम स्थल है। इसके चारों ओर अनेक मंदिर बने हुए हैं। कहा जाता है कि भगवान् शिव और उनकी पुत्री नर्मदा यहाँ निवास करते थे। माना जाता है कि नर्मदा की उत्पत्ति शिव की जटाओं से हुई है, इसीलिए शिव को 'जटाशंकर' कहा जाता है। यहाँ के दर्शनीय स्थल हैं–दूधधारा झरना, सोनमुदा, सोन नदी का उद्गम स्थल, माँ की बगिया, कपिलाधारा झरना, कबीर चबूतरा।

अमरकोष–संस्कृत के कोशों में 'अमरकोष' अति प्रसिद्ध और लोकप्रिय है। अन्य संस्कृत कोशों की भाँति अमरकोष भी छंदोबद्ध है। 'अमरकोष' में संज्ञा और उसके लिंगभेद का अनुशासन दिया गया है। अव्यय भी दिए गए हैं, किंतु धातु नहीं हैं। धातुओं के कोश भिन्न होते थे। अमरकोष में संस्कृत के साधारण शब्दों के साथ-साथ असाधारण नामों की भी भरमार है। कठिन, दुर्लभ और विचित्र शब्द ढूँढ़-ढूँढ़कर रखना कोशकारों का कर्तव्य माना जाता था। 'अमरकोष' में कतिपय प्राकृत शब्द भी संस्कृत समझकर रख दिए गए हैं। मध्यकाल के इन कोशों में, उस समय प्राकृत शब्दों के अत्यधिक प्रयोग के कारण कई प्राकृत शब्द संस्कृत माने गए हैं। इस कोश में लगभग 10,000 नाम हैं।

अमरत्व–अमर हो जाने का बोध 'अमरत्व' है। ऐसा माना जाता रहा है कि अमृत पा लेने और उसका पान कर लेने से व्यक्ति अमर हो सकता है–उसे अमरत्व मिल सकता है। यह भी धारणा प्रबल रही है कि देवताओं ने अमृतपान किया था, इसलिए वे अमर हैं। स्वर्गलोक देवताओं का लोक होने से अमरलोक भी कहलाता है। सिद्धों तथा कीमियागरों ने अमृत की खोज के अथक प्रयास किए। अमरत्व वस्तुत: यह दर्शन और धर्म में प्रयुक्त

होनेवाला शब्द है। भारतीय दर्शनों में चार्वाक दर्शन को छोड़कर प्राय: सभी दर्शनों में आत्मा के अमरत्व की कल्पना की गई है।

अमरदासजी–सिखों के तीसरे गुरु। ये सिख पंथ के एक महान् प्रचारक थे। उन्होंने गुरु नानक के जीवन-दर्शन और उनके

द्वारा स्थापित धार्मिक विचारों को आगे बढ़ाया। उन्होंने 'गुरु का लंगर' की प्रथा शुरू की और हर श्रद्धालु के लिए 'पहले पंगत, फिर संगत' को अनिवार्य बनाया। गुरु अमरदास ने सतीप्रथा का प्रबल विरोध किया। उन्होंने विधवा विवाह को बढ़ावा दिया और महिलाओं को परदा प्रथा त्यागने के लिए कहा। उन्होंने गुरु नानक एवं गुरु अंगद के शबदों को संरक्षित किया, 869 शब्दों की रचना भी की। उनकी वाणी में 'आनंद साहिब' जैसी रचना भी है।

अमरनाथ–अमरनाथ धाम भारतवर्ष का एकमात्र ऐसा मंदिर है, जो स्वत: निर्मित होता है और स्वत: ही समाप्त हो जाता है। पौराणिक मान्यता के अनुसार अमरनाथ की गुफा का निर्माण स्वयं शिव ने अपने त्रिशूल से किया था। इसकी लंबाई 16 मीटर, चौड़ाई 15 मीटर और ऊँचाई 11 मीटर है। शिवजी ने माता पार्वती को सृष्टि-स्थापना की कथा सुनाने के लिए इस स्थान का चयन किया था। यह गुफा कश्मीर के पहलगाम से 48 कि.मी. दूर स्थित है। यहाँ के आराध्य देव बर्फ के शिवलिंग हैं, जो गुफा से बूँद-बूँद टपकते जल से निर्मित होते। कभी-कभी यह शिवलिंग 8 फीट तक ऊँचा हो जाता है।

अमरावती–इंद्र की नगरी, जो नंदन वन से विभूषित और प्रख्यात है। श्रेष्ठतम और विविध प्रकार के आमोद-प्रमोद तथा उल्लास का एकमात्र स्थान है। वहाँ अधार्मिकों का प्रवेश नहीं होता। कहते हैं, देवगण की हार होने पर कुछ दिनों तक बलि यहाँ बड़े ठाट-बाट से रहा था।

अमावस्या–अमावस्या को 'सिनीवाली' या 'दर्श' भी कहा जाता है। अमावस्या तीसवीं तिथि होती है। कृष्ण पक्ष की प्रतिपदा को कृष्ण पक्ष प्रारंभ होता है तथा अमावस्या को समाप्त होता है। अमावस्या पर सूर्य और चंद्रमा का अंतर शून्य हो जाता है। अमावस्या के स्वामी पितृ होते हैं।

अमृत–समुद्र-मंथन से निकले चौदह रत्नों में से एक। अमृत-घट को दैत्य ले भागे थे। अंत में विष्णु ने मोहिनी रूप धारण कर

उन्हें वशीभूत किया और उनसे अमृत-घट लेकर देवताओं को अमृत पिलाया। राहु ने देवताओं की पंक्ति में बैठकर अमृत पी लिया, पर गले के नीचे उतरने के पूर्व ही वह मारा गया। उसका सिर अमर हो गया और ब्रह्मा ने उसे एक ग्रह बना दिया।

अयन–उत्तरायण, दक्षिणायन।

अयोध्या–अयोध्या उत्तर प्रदेश में सरयू नदी के तट पर बसी अत्यंत प्राचीन नगरी है, जो सूर्यवंशी राजाओं की राजधानी थी। इसे वैवस्वत मनु ने बसाया था। उस समय यह अत्यंत प्रसिद्ध थी। इसी नगरी में त्रेतायुग में श्री रामचंद्रजी का जन्म राजा दशरथ के पुत्र के रूप में हुआ। पुराणों के अनुसार यह सप्त पुरियों में है। यहाँ पर चैत्र रामनवमी (श्रीराम का जन्मदिन) के अवसर पर बहुत बड़ा मेला लगता है। यहाँ अनेक वैष्णव मंदिर हैं, जिनमें रामजन्म स्थान, कनक भवन तथा हनुमान गढ़ी अति प्रसिद्ध हैं। 'स्कंदपुराण' के अनुसार अयोध्या नगरी का विस्तार एक योजन पूरब, एक योजन पश्चिम, एक योजन सरयू के दक्षिण और एक योजन तमसा के उत्तर तक फैला था। यह प्राचीन कोसल की राजधानी थी। बौद्ध साहित्य का 'साकेत' यही है। टालेमी ने 'सुगद' और ह्वेनसांग ने 'अयुते' नाम से इसका उल्लेख किया है। अयोध्या में अब सरयू तट पर सुंदर घाट बन गए हैं। अथर्ववेद में अयोध्या को ईश्वर का नगर बताया गया है और इसकी संपन्नता की तुलना स्वर्ग से की गई है। यहाँ आज भी हिंदू, बौद्ध, इसलाम और जैन धर्म से जुड़े अवशेष देखे जा सकते हैं। जैन मत के अनुसार यहाँ आदिनाथ सहित पाँच तीर्थंकरों का जन्म हुआ था।

अरनाथ–अठारहवें तीर्थंकर अरनाथ हस्तिनापुर के राजा थे। अपने सुलक्षणों, पुण्य कर्मों और प्रताप के चलते वे चक्रवर्ती राजा बने। एक दिन बादलों भरे आकाश को देखकर उन्हें जीवन की वास्तविकता का बोध हुआ और वे मुनि-दीक्षा लेकर तप में निमग्न हो गए। सोलह वर्ष की कठोर तपस्या के बाद कार्तिक शुक्ल द्वादशी के दिन उन्हें कैवल्य ज्ञान प्राप्त हुआ और वे तीर्थंकर बन गए। सम्मेदशिखर पर एक हजार अनुयायियों के साथ उन्होंने निर्वाण प्राप्त किया।

अरविंद घोष–अरविंद घोष एक कवि, विद्वान्, योगी, दार्शनिक और स्वतंत्रता सेनानी थे। बहुमुखी प्रतिभा के धनी अरविंद मनुष्यमात्र के जीवन-उत्थान में

लगे रहे। उनका जन्म 15 अगस्त, 1872 को कलकत्ता में हुआ। उन्होंने कैंब्रिज से शिक्षा प्राप्त की। वर्ष 1908 से वे भारतीय स्वतंत्रता संग्राम में बढ़-चढ़कर हिस्सा लेने लगे। उन्होंने अंग्रेजी दैनिक 'वंदे मातरम्' का संपादन किया और अपने बेबाक आलेखों से

देश को जाग्रत् करने का कार्य किया। उन्होंने भगवद्गीता का गहन अध्ययन किया और अपने भावी आध्यात्मिक जीवन की नींव रखी। सन् 1910 में वे कलकत्ता से पांडिचेरी आ बसे। यहाँ एक आश्रम बनाया। आज यह अरविंद आश्रम के नाम से जाना जाता है। 5 दिसंबर, 1950 को पांडिचेरी में 78 वर्ष की आयु में यह महान् आत्मा ब्रह्मलीन हो गई।

अरिदमन–लक्ष्मणजी के अनुज तथा

सुमित्रा-नंदन। ये शत्रुघ्न नाम से ही अधिक विख्यात थे।

अरिष्ट–वृषभासुर नामक राक्षस, जिसे श्रीकृष्ण

ने मारा था। यह भयंकर साँड़ के रूप में कृष्ण को मारने आया था, पर स्वयं मारा गया।

अरिष्टनेमि–हरिवंश के अनुसार विनता से उत्पन्न कश्यप ऋषि का एक पुत्र।

अरुंधती–दक्ष प्रजापति की कन्या, जिसका विवाह धर्म से हुआ था। इनसे पृथ्वी और संसार की सब वस्तुएँ उत्पन्न हुईं।

अरुण–तार्क्ष्य की विनता, कद्रू, पतंगी और यामिनी नाम की चार पत्नियाँ थीं। अरुण

विनता के पुत्र थे। ये सूर्य के सारथि तथा गरुड़ के भाई थे।

अर्घ्य–षोडशोपचार में एक है अर्घ्य, जिसका भारतीय संस्कृति में अद्वितीय स्थान है। अर्घ्य अपने आराध्य को अर्पित करने की अति प्राचीन परंपरा है। प्राचीनकाल में भी ऋषि-मुनि सरिता में स्नान करने के पश्चात् अपनी अंजलि से अपने आराध्य को अर्घ्य अर्पित करते थे। वही परंपरा आज भी लोकप्रिय है। प्रायः पवित्र नदियों एवं सरोवरों में स्नान करते समय श्रद्धालु अंजलि में जल भरकर अपने इष्टदेव को अर्घ्य अवश्य देते हैं; जबकि पितृपक्ष में तो यह परंपरा अपने चरमोत्कर्ष पर पहुँच जाती है, जब लोग प्रायः अपने-अपने पितरों को प्रतिदिन अर्घ्य देते हैं, अर्थात् अंजलि या किसी पात्र में जल भरकर अपने पितरों को बड़ी

श्रद्धा-भक्ति के साथ अर्पित करते हैं। गया, उज्जयिनी आदि स्थानों पर भी पितरों के तर्पण की पावन परंपरा प्रचलित है, जब श्रद्धालु जन अपने पितरों को अर्घ्य अर्पित कर असीम सुख-शांति का अनुभव करते हैं।

अर्चि–वेन के हाथ का मंथन करने से यह कन्या उत्पन्न हुई थी, जिसे लक्ष्मी का अंश कहते हैं। यह पृथु की पत्नी थी, जो सदा उनकी सहचरी बनी रही।

अर्जुन–कुंती के गर्भ से उत्पन्न इंद्र के पुत्र तथा पाँच पांडवों में तीसरे। नागकन्या उलूपी से इनका इरावान् नामक पुत्र जनमा। मणिपुर नरेश की पुत्री चित्रांगदा के गर्भ से इनका पुत्र बभ्रुवाहन उत्पन्न हुआ था

और इनके प्रसिद्ध पुत्र अभिमन्यु की माता सुभद्रा थी। द्रौपदी के सोए पुत्रों को मारने के कारण रुष्ट होकर ये अश्वत्थामा की मणि छीनकर उसे जंगल में छोड़ आए। इनका प्रसिद्ध रथ 'कपिध्वज' था। खांडव वन जलाने के समय श्रीकृष्ण इनके सारथि थे। श्रीकृष्ण इनके मित्र तथा संरक्षक थे।

अर्जुनदेवजी–सिखों के पाँचवें गुरु। गुरु अर्जुनदेव शहीदों के सरताज एवं शांतिपुंज हैं। आध्यात्मिक जगत् में गुरुजी को सर्वोच्च

स्थान प्राप्त है। उन्हें ब्रह्मज्ञानी भी कहा जाता है। 'गुरुग्रंथ साहिब' में तीस रागों में गुरुजी की वाणी संकलित है। गणना की दृष्टि से श्रीगुरुग्रंथ साहिब में सर्वाधिक वाणी पंचम गुरु की ही है। यह उनकी सूझ-बूझ का ही प्रमाण है कि गुरुग्रंथ साहिब में 36 महान् वाणीकारों की वाणियाँ बिना किसी भेदभाव के संकलित हुईं।

अर्धनारीश्वर–अर्धनारीश्वर शिव और शक्ति के मिलन का प्रतीक है, जिसमें आधे पुरुष और आधी स्त्री का मिलन है। इससे आनंद की उत्पत्ति होती है। अर्धनारीश्वर यानी आधे-आधे रूप से एक देह में सम्मिलित गौरी-शंकर। कथा है कि ब्रह्मा ने सृष्टि करनी चाही। जब उन्हें केवल पुरुष भाव से सफलता नहीं मिली तो शिव की आराधना की। शिव ने उन्हें अर्धनारीश्वर रूप में दर्शन दिए। तब ब्रह्मा सृष्टि-विधान कर पाए। इस तरह स्त्री व पुरुष का समन्वय सृष्टि की सच्ची विधि है। सृष्टि के इस आदिभूत मातृत्व तथा पितृत्व को पुराणों की प्रतीक भाषा में पार्वती-परमेश्वर, शिव-पार्वती कहा गया है। भारत में शिव के अर्धनारीश्वर रूप की अनेक मूर्तियाँ प्राप्त होती हैं, जिनमें मथुरा की मूर्ति प्राचीनतम है। एलोरा के

कैलास मंदिर में भी अर्धनारीश्वर शिव की मूर्ति है।

अलंबुष–दुर्योधन का मित्र एक राक्षस योद्धा। महाभारत के युद्ध में इसने अर्जुन के पुत्र इरावान् का वध किया था। इसने भीम को भी कड़ी चुनौती दी। इसे घटोत्कच ने मारा था।

अलकनंदा नदी–गंगा की एक सहयोगी नदी। यह उत्तराखंड में सप्तपथ और भगीरथ खड्क नामक हिमनदों से निकलती है। गंगा के चार नाम हैं–गंगोतरी में भागीरथी, केदारनाथ में मंदाकिनी, बदरीनाथ में अलकनंदा और देवप्रयाग या विष्णुप्रयाग में अलकनंदा व भागीरथी का संगम होता है और इसके बाद अलकनंदा नाम समाप्त होकर केवल गंगा नाम रह जाता है। अलकनंदा चमोली, टिहरी और पौड़ी जिलों से होकर गुजरती है। हिंदुओं का प्रसिद्ध तीर्थस्थल बदरीनाथ अलकनंदा के तट पर ही बसा है। घाटी में यह लगभग 229 कि.मी. तक बहती है।

अलका–कुबेर के नगर का नाम।

अलर्क–प्राचीन काल के एक राजा का नाम,

जिसने एक ब्राह्मण के माँगने पर अपनी आँखें निकालकर उसे दे दी थीं। पूर्व काल में अलर्क के अतिरिक्त और किसी ने भी 66,000 वर्षों तक युवावस्था में रहकर पृथ्वी का भोग नहीं किया।

अवंती–'ब्रह्मपुराण' के अनुसार अवंती को अवंतिका भी कहा जाता था। अवंती, जिसकी राजधानी उज्जयिनी थी, का वर्णन नासिक तथा जूनागढ़ के शिलालेखों में मिलता है। अशोक के प्रथम शिलालेख में भी उज्जयिनी का उल्लेख है। महाभारत में अवंती को पश्चिमी भारत में नर्मदा के तट पर स्थित बताया गया है। उज्जयिनी, जो अवंती या पश्चिमी मालव की राजधानी थी और चर्मण्वती (चंबल) की सहायक शिप्रा नदी के तट पर स्थित थी, आधुनिक काल में मध्य प्रदेश का उज्जैन नगर कहलाता है। अवंती जनपद दो भागों में विभक्त था–उत्तरी भाग की राजधानी उज्जयिनी थी और दक्षिणी भाग की माहिष्मती। बौद्ध धर्म के उत्कर्ष के समय अवंती चार प्रमुख जनपदों में से एक थी। 'मत्स्यपुराण' के अनुसार अवंती की उत्पत्ति

हैहय राजवंश से हुई थी, जिसका सबसे प्रतापी राजा कार्तवीर्य अर्जुन था। अवंती प्राचीन भारत के समृद्धिशाली राज्यों और जंबू द्वीप के षोडश महाजनपदों में से

एक थी। यहाँ के निवासी संपन्न थे। कहा जाता है कि महावीर ने अवंती देश में ही तपस्या की थी। अवंती का राजा चंड प्रद्योत बुद्ध का समकालीन था। राजा भोज के समय अवंती मालवा की राजधानी थी। व्यापारिक मार्ग पर स्थित होने से अवंती व्यापारिक केंद्र तो थी ही, साथ ही यह विद्या का केंद्र भी थी। सातवीं शताब्दी में चीनीयात्री ह्वेनसांग यहाँ आया था।

अवतारवाद–अवतारवाद का अर्थ है ईश्वर का स्वेच्छा से भौतिक जगत् में मूर्त रूप में प्रकट होना, अवतरण करना या उतरना। 'गीता' के अनुसार जब-जब धर्म के स्थान पर अधर्म की प्रधानता होती है तो सज्जनों की रक्षा तथा दुर्जनों का विनाश करने के लिए भगवान् अवतार लेते हैं। किंतु 'श्रीमद्भागवत' के दशम स्कंध में भगवान् के अवतार का मुख्य प्रयोजन कुछ और ही बताया गया है। मनुष्यों को साधन-निरपेक्ष मुक्ति का दान ही भगवान्

के प्राकट्य का मुख्य प्रयोजन है। किसी विशेष केंद्र द्वारा सर्वव्यापी परमात्मा की शक्ति के प्रकट होने का नाम अवतार है। परमात्मा की विशेष शक्ति माया से संबंधित होना एवं संबद्ध होकर प्रकट होना ही अवतरण कहा जाता है।

अवधि ज्ञान–पदार्थ के स्पष्ट प्रत्यक्ष ज्ञान को अवधि ज्ञान कहते हैं।

अवधूत–ग्रंथों में प्रधानतः चार प्रकार के अवधूत कहे गए हैं–1. 'ब्रह्मावधूत', जो किसी भी वर्ण का ब्रह्मोपासक हो और किसी भी आश्रम में हो। 2. 'शैवावधूत', जो विधिपूर्वक संन्यास ले चुका हो। 3. 'बीरावधूत', जिसके सिर के बाल दीर्घ तथा बिखरे हों, गले में हाड़ या रुद्राक्ष

की माला पड़ी हो, कमर में कौपीन हो, शरीर पर भस्म या रक्तचंदन हो, हाथ में काष्ठदंड, परशु एवं मृगचर्म हो। 4. 'कुलावधूत', जो कुलाचार में दीक्षित होकर भी गृहस्थ रहे।

अवस्था–बाल्यावस्था (जन्म से 16 वर्ष पर्यंत), मध्यावस्था (17 से 70 वर्ष पर्यंत)

तथा वृद्धावस्था (71 से अंत तक)।

अविमुक्त–वाराणसी का एक नाम, जो शिव और पार्वती के वहाँ निवास बना लेने के बाद पड़ा। शिवजी ने पार्वती से कहा, 'इसे मैं मुक्त नहीं करूँगा, नहीं छोड़ूँगा। यह मेरा अविमुक्त धाम है।'

अवेस्ता–जिस भाषा का आश्रय लेकर जरथुस्त्र धर्म का विशाल साहित्य निर्मित हुआ है, उसे 'अवेस्ता' कहते हैं। 'अवेस्ता' या 'जेंद अवेस्ता' नाम से धार्मिक भाषा और धर्मग्रंथों का बोध होता है। अवेस्ता के गाथा साहित्य और वैदिक संस्कृत में निकटतम समानता है। भेद केवल ध्वन्यात्मक (फोनेटिक) और निरुक्तगत (लेक्सिकोग्राफिकल) है। दो भाषाओं के व्याकरण और रचना-क्रम (सिंटैक्स) में भी निकट साम्य है। अवेस्ता ग्रंथों में मौखिक शब्दों, छंदों, स्वरों, भाष्यों, प्रश्नों और उत्तरों का उल्लेख हुआ है। एक ग्रंथ में अहुरमज्द अपने संदेशवाहक जरथुस्त्र को वाणी की संपत्ति प्रदान करते हैं; क्योंकि मानव जाति में केवल उन्होंने ही दैवी संदेश प्राप्त किया था और उस संदेश को उन्हें मानवों के बीच ले जाना था।

अशना–राजा बलि की रानी, जो बाण आदि 100 पुत्रों की माता थी।

अशोक वाटिका–लंकाधिपति रावण की वह प्रसिद्ध वाटिका, जिसमें उसने सीताजी का अपहरण करके वहाँ रखा था और जिसे हनुमानजी ने तहस-नहस कर डाला था।

अश्वघोष–एक बौद्ध दार्शनिक और कवि। इनको हिंदू शास्त्रों का भी अच्छा ज्ञान था। ये कनिष्क के राज्य-आश्रित थे। इनका

समय 78 ईसवी माना जाता है। पाश्चात्य विद्वान्, जो कालिदास को चौथी शताब्दी का (ईसा पश्चात्) कहते हैं, अश्वघोष को ही पहला संस्कृत कवि मानते हैं। इनके काव्य का चीनी में भी अनुवाद हुआ था। इनके दो ग्रंथ हैं–'बुद्धचरित' और 'सौंदरानंद'। इनका 'बुद्धचरित' चीनी परंपरा के अनुसार 28 सर्ग का था। पर अब उसके 18 सर्ग ही उपलब्ध हैं।

अश्वमेध–एक प्रकार का यज्ञ, जो एक वर्ष में समाप्त होता है। इसमें घोड़े के मस्तक पर 'जयपत्र' बाँधकर पृथ्वी पर घूमने के लिए छोड़ देते हैं। रक्षा के लिए घोड़े के पीछे मालिक की सेना जाती थी। जिसे घोड़े के मालिक का आधिपत्य स्वीकार नहीं होता था वह घोड़े को बाँध लेता था और युद्ध करता था। सेना अश्व बाँधनेवाले को युद्ध में हराकर घोड़ा ले आगे बढ़ती थी। इस प्रकार जब घोड़ा सारे भूमंडल में

जय प्राप्त करके लौटता था, तब उसी घोड़े के माध्यम से हवन किया जाता था। श्रीरामचंद्र का अश्वमेध यज्ञ तथा युधिष्ठिर का अश्वमेध यज्ञ प्रसिद्ध हैं।

अश्विनीकुमार–सूर्य के दो पुत्र जो त्वष्टा की पुत्री संज्ञा से उत्पन्न हुए थे। सूर्य के तेज को सहन न कर सकने के कारण संज्ञा अपनी तीन संतान मनु, यम और यमुना तथा अपनी छाया को छोड़ बिना कुछ सूचना दिए चली गईं। वे घोड़ी का रूप धारण कर उत्तर कुरु में तप करने लगीं। छाया से सूर्य को दो संतानें हुईं, जिन्हें शनि और पतीत कहते हैं। छाया अपने बच्चों को स्वभावत: अधिक चाहती थी। जब संज्ञा की संतति का अनादर होने लगा तब संज्ञा के चले जाने का भेद खुला। अब सूर्य घोड़ा बनकर अश्वरूपा संज्ञा के पास गए और उनके संयोग से दोनों अश्विनीकुमारों का जन्म हुआ। ये देवताओं के वैद्य माने जाते हैं।

अष्टकुल–पुराणों के अनुसार सर्पों के आठ कुल हैं–तक्षक, महापद्म, शंख, कुलिक,

कंबल, अश्वतर, धृतराष्ट्र और बलाहक। अन्य मतानुसार–महापद्म, शेष, वासुकि, कंबल, शंख, कर्कोटक, पद्म और कुलिक।

अष्टछाप–हिंदी साहित्य में कृष्णभक्ति काव्य की प्रेरणा देने का श्रेय श्री वल्लभाचार्य को जाता है, जो पुष्टिमार्ग के संस्थापक और प्रवर्तक थे। इनके द्वारा पुष्टिमार्ग में दीक्षित होकर सूरदास आदि आठ कवियों की मंडली ने अत्यंत महत्त्वपूर्ण साहित्य की रचना की थी। गोस्वामी विट्ठलनाथ ने सं. 1602 के लगभग अपने पिता वल्लभ के 84 शिष्यों में से 4 और अपने 252 शिष्यों में से 4 को लेकर अष्टछाप के प्रसिद्ध भक्त कवियों की मंडली की स्थापना की। इन 8 भक्त कवियों में 4 वल्लभाचार्य के शिष्य थे–कुंभनदास, सूरदास, परमानंददास और कृष्णदास। अन्य चार गोस्वामी विट्ठलनाथ के शिष्य थे–गोविंद स्वामी, नंददास, छीतस्वामी और चतुर्भुजदास। ये आठों भक्तकवि श्रीनाथजी के मंदिर की नित्य लीला में भगवान् श्रीकृष्ण के सखा के रूप में सदैव उनके साथ रहते थे। इस रूप में इन्हें 'अष्टसखा' की संज्ञा से अभिहित किया जाता है।

अष्टदेवगण–आदित्यगण, मरुद्गण, रुद्रगण (कश्यप-पुत्र), साध्यगण, वसुगण, विश्वेदेवगण (धर्म-पुत्र), भार्गवगण (भृगु-पुत्र) तथा आंगिरसगण (अंगिरा के पुत्र)।

अष्टप्रहर–पूर्वाह्न, मध्याह्न, अपराह्न, संध्या, प्रदोष, निशीथ, त्रियामा, उषा।

अष्टभैरव–असितांग, रुरु, चंड, क्रोधोन्मत्त, भयंकर, कपाली, भीषण तथा संहार।

अष्टमूर्ति–शिव की आठ मूर्तियाँ मानी गई हैं–यजमान, अर्क, क्षिति, जल, तेज, वायु,

आकाश और चंद्र अथवा पशुपति, शर्व, रुद्र, उग्र, भीम, ईशान और महादेव।

अष्ट सिद्धियाँ–जिन उपायों से साधन-मार्ग में अग्रसर होने में सहायता मिलती है, उन्हें 'सिद्धि' कहा जाता है। इस संबंध में सांख्यकारिका में कहा है : 1. ऊह–ऊह का तात्पर्य जन्मजात योग्यता से है, जो प्राय: पूर्व जन्म के विशेष संस्कारों का फल मानी जाती है। जिनको ऐसी योग्यता प्राप्त होती है, उनके अंतर में स्वयं तत्त्वज्ञान उत्पन्न होता है। 2. शब्द–इसका तात्पर्य गुरु द्वारा ज्ञान का प्राप्त होना और उससे आध्यात्मिकता की ओर अग्रसर होना है। 3. अध्ययन–हम एक अथवा अधिक गुरुओं से कुछ विद्या प्राप्त कर लेते हैं, परंतु इस प्रकार हमको पूर्ण ज्ञान प्राप्त नहीं हो सकता। इसके लिए निरंतर अध्ययन करते हुए ज्ञान-वृद्धि करते जाना ही निश्चित मार्ग है। 4. सुहृत्प्राप्ति–इसका आशय यह है कि अनेक बार हमको अकस्मात् किसी विद्वान् या संत से मिलने का अवसर मिल जाता है, जिससे हमको सहज ही यथार्थ ज्ञान की प्राप्ति हो जाती है। 5. दान–दानशील व्यक्ति को सत्संगति का अवसर अधिक मिलता है, उसका हृदय भी पवित्र होता जाता है। इसलिए उसको मिलनेवालों से ज्ञान की प्राप्ति की अधिक संभावना रहती है। ये पाँच मार्ग तत्त्वज्ञान की प्राप्ति के हैं। जो साधक सावधान रहकर इन साधनों को प्राप्त करने का प्रयत्न करता रहता है, उसे कोई-न-कोई सहायक अथवा मार्गदर्शन मिल जाता है, जिससे यह शेष तीन सिद्धियों को प्राप्त कर लेता है, जो इस प्रकार हैं– 1. 'आध्यात्मिक दुखहान' अर्थात् सब प्रकार के आध्यात्मिक दु:खों का मिट जाना। 2. 'आधिभौतिक दुखहान' अर्थात् सब प्रकार के आधिभौतिक दु:खों से बचे रहना। 3. 'आधिदैविक दुखहान' अर्थात् समस्त आधिदैविक दु:खों का छूट जाना।

अष्टावक्र–एक ब्राह्मण ऋषि। ये माता के गर्भ में थे और पिता द्वारा माता की अवहेलना देख दु:खी हो गए और गर्भ-स्थिति में ही पिता का तिरस्कार कर बैठे। पिता ने इन्हें अष्टावक्र (आठ जगह से टेढ़ा) होने का शाप दे दिया, अत: यह नाम पड़ा। मिथिला दरबार में इनके पिता एक बौद्ध पंडित से शास्त्र-चर्चा में हार गए। शर्त के अनुसार नदी में फेंक दिए गए, जिससे वह मर गए। बारह वर्ष की आयु में अष्टावक्र ने मिथिला में उस बौद्ध पंडित को परास्त किया। पिता के आशीर्वाद से इनके आठों अंग सीधे और स्वस्थ हो गए।

असमंजस–एक सूर्यवंशी राजा, जो रानी केशिनी से उत्पन्न राजा सगर के ज्येष्ठ पुत्र थे। इनके पुत्र का नाम अंशुमान था।

असि–तलवार का नाम।

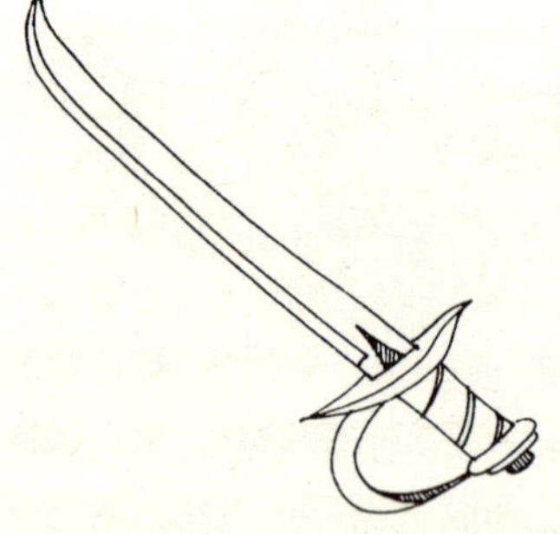

असिपत्रवन–एक नरक, जिसमें पाखंडी तथा पशु-पक्षियों के हत्यारे दंडस्वरूप भेजे जाते हैं। इसकी भूमि जलती हुई है। इसके बीच में एक जंगल है, जिसके वृक्षों के

पत्ते तलवार के समान तेज हैं, जो पापियों के टुकड़े-टुकड़े कर डालते हैं।

असुर–'असुर' शब्द का प्रयोग 'ऋग्वेद' में लगभग 105 बार हुआ है, जिसमें से 90 स्थानों पर इसका प्रयोग शोभन अर्थ में किया गया है। केवल 15 स्थानों पर यह देवताओं के शत्रु का वाचक है। असुर = असु (प्राण) + र (वाला) अर्थात् प्राणवंत या प्राण-शक्ति से संपन्न और इस प्रकार यह वैदिक देवों के एक सामान्य विशेषण के रूप में व्यवहत किया गया है। विशेषत: यह शब्द इंद्र, मित्र तथा वरुण के लिए प्रयुक्त होकर उनकी एक विशिष्ट शक्ति का द्योतक है। 'असुर' शब्द इसी उदात्त अर्थ में पारसियों के प्रधान देवता 'अहुरमज्द' (असुर-मेधावी) के नाम से विद्यमान है। कालांतर में असुर का प्रयोग दैत्यों या दानवों के लिए आरंभ हो गया। 'शतपथ ब्राह्मण' में देव और असुर भ्रातृत्व तथा शत्रु माने गए हैं। आर्यों के आठ विवाहों में 'असुर विवाह' का संबंध असुरों से माना जाता है। पुराणों तथा अवांतर साहित्य में 'असुर' एक स्वर से दैत्यों का ही वाचक माना गया है।

असुर विवाह–कन्या को धन से खरीदकर विवाह कर लेना असुर विवाह कहलाता है।

अस्त्र-शस्त्र–वैदिक काल में इनका वर्गीकरण इस प्रकार था–1. अमुक्ता : वे शस्त्र जो फेंके नहीं जाते थे। 2. मुक्ता : वे शस्त्र जो फेंके जाते थे। इनके भी दो प्रकार

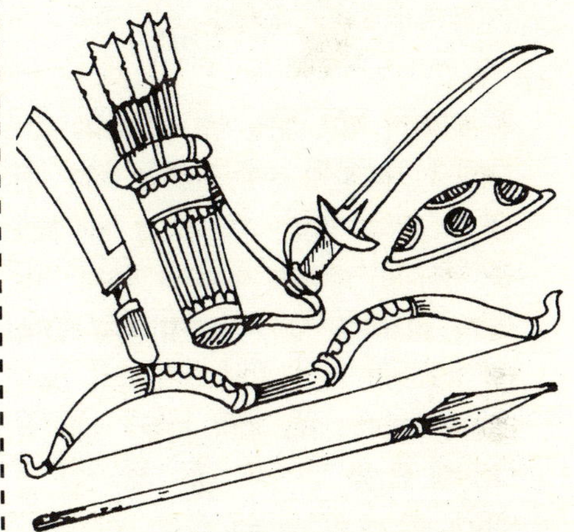

थे–पाणिमुक्ता अर्थात् हाथ से फेंके जानेवाले और यंत्रमुक्ता अर्थात् यंत्र द्वारा फेंके जानेवाले। 3. मुक्तामुक्त : वह शस्त्र जो फेंककर या बिना फेंके दोनों प्रकार से प्रयोग किए जाते थे। 4. मुक्तसंनिवृत्ती : वे शस्त्र, जो फेंककर लौटाए जा सकते थे। प्रत्येक शस्त्र पर भिन्न-भिन्न देव या देवी का अधिकार होता था और मंत्र-तंत्र द्वारा उसका संचालन होता था। वस्तुत: इन्हें दिव्य तथा मांत्रिक अस्त्र कहते हैं।

अहल्या–ब्रह्मपुराणानुसार ब्रह्माजी ने अहल्या की सृष्टि कर गौतम को युवती होने तक पालन-पोषण करने हेतु दिया। अहल्या के युवती होने पर इंद्र, अग्नि और वरुण आदि देवता उसके इच्छुक हुए। सारी पृथ्वी की परिक्रमा कर जो पहले आएगा, ब्रह्मा ने उसे अहल्या को देने का निश्चय किया। देवता परिक्रमा करने निकले, पर गौतम

ने कामधेनु और शिव की परिक्रमा की। ब्रह्मा ने प्रसन्न हो उन्हें अहल्या सौंप दी। इंद्र ने काम-पीड़ित हो गौतम का रूप धर छल से अहल्या से रमण किया, तब गौतम आश्रम में नहीं थे। इसी बीच गौतम आ गए और सारा हाल जान गए। अतः उन्होंने अहल्या को शाप दिया। शाप से अहल्या शिला हो गई और कालांतर में कठिन तपस्या के पश्चात् श्रीराम की पदरज से उसका उद्धार हुआ और वहाँ एक तीर्थस्थान बन गया।

अहिंसा–अहिंसा का अर्थ है हिंसा न करना। जैन धर्म के अनुसार, सभी जीवों के प्रति संयमपूर्ण व्यवहार अहिंसा है। हिंदू शास्त्रों की दृष्टि में सर्वदा तथा सर्वथा

मनसा-वाचा-कर्मणा किसी प्राणी को दुःख न पहुँचाना अहिंसा है। इसका सर्वप्रथम प्रतिपादन 'छांदोग्योपनिषद्' में हुआ है, जिसमें अहिंसा को यज्ञ सदृश माना गया है। जैन धर्म के पंचमहाव्रतों अहिंसा, सत्य, अस्तेय, ब्रह्मचर्य तथा अपरिग्रह में अहिंसा को पहला स्थान प्राप्त है। 'योगदर्शन' के पंच यमों में अहिंसा प्रमुख है। बौद्धों ने भी 'अहिंसा परमो धर्मः' का नारा दिया। अशोक ने अहिंसा सिद्धांत को अपने शिलालेखों में उत्कीर्ण कराया। वैष्णव धर्म पूर्णतः अहिंसावादी रहा है। इसमें क्षमा, दया, करुणा और मैत्री पर बल दिया है तथा मांस-भक्षण को निषिद्ध माना गया है। आधुनिक काल में महात्मा गांधी ने अहिंसा पर जोर दिया

अहिंसा परम धर्म–संसार के सभी धार्मिक संप्रदाय अपने-अपने धर्म ग्रंथों में अहिंसा पालन करना मनुष्य का मुख्य कर्तव्य मानते

हैं। बौद्ध और जैन संप्रदायों का तो जन्म ही अहिंसा के प्रचार के लिए हुआ था। गौतम बुद्ध तथा महावीर स्वामी ने सारे संसार को 'अहिंसा परमोधर्मः' का नारा दिया था। इसी अहिंसा के शस्त्र से महात्मा गांधी ने देश को सदियों की गुलामी से आजाद कराया था। अहिंसा का सामान्य अर्थ है–हिंसा न करना तथा किसी प्राणी को न मारना; परंतु अहिंसा का तात्पर्य केवल शारीरिक हिंसा न करना ही नहीं

है, बल्कि मन, वचन और कर्म तीनों प्रकार से हिंसा न करना है। यदि कोई हमें कष्ट देता है और हम भी बदले में उसे मारते हैं तो वह शारीरिक हिंसा कहलाती है। यदि हम केवल कथन करते हैं कि हम भी उसे मारें अथवा मारेंगे तो वह वचन से की गई हिंसा है। यदि हम कथन भी नहीं करते और केवल यह भाव ही मन में लाते हैं कि हम भी उसे मारें तो कैसा रहे, तो यह मानसिक रूप से की गई हिंसा है।

अहिरावण–रावण का पाताल-निवासी एक संबंधी। यह राम और लक्ष्मण को अपनी नगरी में उठा ले गया था। हनुमान इसका पीछा करते हुए वहाँ पहुँचे। हनुमानजी का सामना वहाँ उनके ही पुत्र मकरध्वज से हुआ। उसने बताया कि प्रात: कामाक्षी देवी के मंदिर में राम और लक्ष्मण का वध होगा, लेकिन हनुमान ने चतुराई से पासा पलट दिया। भीषण युद्ध हुआ, जिसमें अहिरावण मारा गया।

□

आंडाल–आंडाल महान् भक्त कवयित्री थीं! दक्षिण भारत में घर-घर में इनके गीत गाए जाते हैं। भक्त इन्हें साक्षात् भूदेवी का अवतार मानते हैं। इनकी जन्मभूमि तमिलनाडु का बिल्लीपुत्तूर नामक प्रसिद्ध तीर्थस्थान है, जो रामनाद जिले में है और ऐतिहासिक नगरी मदुरै से 80 किलोमीटर दक्षिण-पश्चिम दिशा में स्थित है। कहा जाता है कि पेरियालवार एक दिन विष्णुप्रिया तुलसी वाटिका में हल जोत रहे थे, तभी उनकी दृष्टि एक नवजात शिशु पर पड़ी, जो तुलसी के वृक्ष के नीचे पड़ा था। संतानहीन पेरियालवार ने उस कन्या को दैव-प्रदत्त उपहार समझकर पाला-पोसा और उसका नाम 'गोदा' रखा। चूँकि पिता कृष्णभक्त थे, इसलिए गोदा पर कृष्ण-भक्ति का प्रभाव पड़ा। वह बचपन से ही अपने को भावी कृष्ण-पत्नी मानकर अपने प्रिय के सौंदर्य-चिंतन और प्रेम में विभोर रहने लगीं। अंततोगत्वा इनमें इष्टदेव की परिणीता बनने की अदम्य इच्छा उत्पन्न हुई। अपनी अद्‌भुत कल्पना-शक्ति से वह वृंदावन की पवित्र भूमि और यमुना की मधुर धारा में रमने लगीं। अपने को कृष्ण-विरह में व्यथित गोपी कल्पित कर वह उसके विरह गीत गातीं। श्रीकृष्ण से तादात्म्य स्थापित करने के लिए आंडाल की उद्विग्नता धीरे-धीरे तीव्र प्रणयोन्माद में परिणत हो गई थी। उनके अमर काव्य 'तिरुघावइ' तथा 'तिरुमोलि' में इन्हीं भावों का वर्णन है। जब पिता ने इनका विवाह करना चाहा तो इन्होंने स्पष्ट कह दिया कि वह तो श्रीरंगनाथन (कृष्ण) के साथ विवाह करेंगी। कहते हैं कि श्रीरंगनाथन स्वयं रात्रि में प्रकट हुए और आंडाल के पिता को आदेश दिया कि वह चिंता त्यागकर आंडाल को मंदिर में उपस्थित करें, जहाँ वे उसे परिणीता रूप में स्वीकार करेंगे। इस दैवी आदेश के अनुसार पिता पुत्री को लेकर मंदिर पहुँचे। कहते हैं कि देवी आंडाल की नश्वर काया वहाँ अदृश्य होकर आराध्य देव में समा गई।

आकूति–स्वायंभुव मनु और शतरूपा की पुत्री। इसका विवाह रुचि प्रजापति के साथ हुआ, जिनके घर एक पुत्र तथा एक पुत्री ने जन्म लिया। आकूति के पुत्र को उसके पिता स्वायंभुव मनु ने ले लिया। उसकी पुत्री दक्षिणा के रूप में स्वयं देवी लक्ष्मी अवतरित हुई थीं। दक्षिणा के युवा होने पर उसका विवाह भगवान् विष्णु से कर दिया गया।

आगम ग्रंथ–इन ग्रंथों में सृष्टि, प्रलय, देवताओं की पूजा तथा साधन विधि, पुरश्चरण, षट्कर्म-साधन, चतुर्विध ध्यानयोग आदि विषयों का वर्णन है।

आग्नीध्र–स्वायंभुव मनु के बारह पुत्रों में से एक। विष्णुपुराणानुसार राजा प्रियव्रत के दस पुत्रों में से एक का नाम, जो बहिष्मती के गर्भ से उत्पन्न हुआ। ब्रह्माजी की देवसभा की पूर्वचित्ति नाम की अप्सरा से इनका विवाह हुआ, जिससे नाभि, रम्यक, हिरण्यमय, कुरु, किंपुरुष, हरिवर्ष, इलावृत्त, भद्राश्व और केतुमाल नाम के नौ पुत्र हुए।

आग्नेयास्त्र–विस्फोटक बाण। यह जल के समान अग्नि बरसाकर सबकुछ भस्मीभूत कर देता है। पुराणों के अनुसार इस अस्त्र से अग्नि की लपटें निकलती थीं। अग्निदेव इसके स्वामी थे।

आचमन–हमारे धार्मिक व आनुष्ठानिक विधि-विधानों में आत्मशुद्धि, पूजा-अर्चना आदि की जो परंपरा प्रचलित है, उसमें

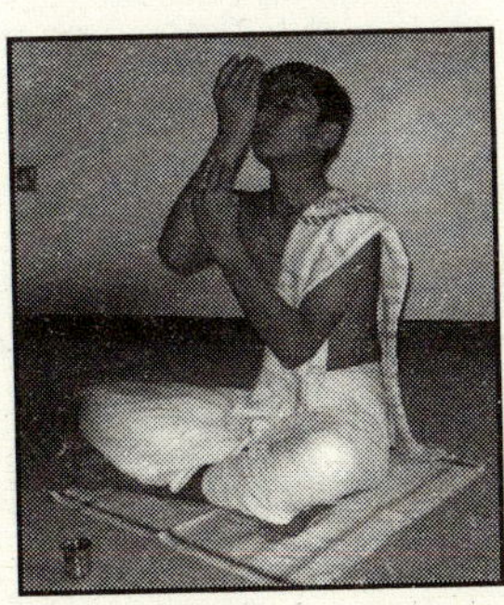

'आचमन' का विशेष महत्त्व है। अनुष्ठान के समय जब शुद्धि की क्रिया कराई जाती है, तब ताँबे या अन्य धातु के पात्र में रखे जल को नन्ही 'आचमनी' (पूजा में प्रयुक्त की जानेवाली ताँबे की विशेष आकृति की छोटी चम्मच) यजमान को देकर मंत्रोच्चार के साथ कार्य संपन्न कराया जाता है। यजमान भी उस जल को अपनी हथेली पर लेकर ओष्ठ पर लगाते हैं अथवा पी जाते हैं तथा हस्त-प्रक्षालन कर पूजा की प्रक्रिया पूरी की जाती है।

आत्मज्ञान–आत्मज्ञान मन के भीतर की जागरूकता है। भारतीय दर्शन में इसका प्रतीक शिव, विष्णु अथवा शक्ति हैं। इसका वर्णन वेद, उपनिषद् आदि हिंदू धर्म ग्रंथों में मिलता है।

आत्मबोध उपनिषद्–इस उपनिषद् में दो अध्याय हैं। इनमें ॐ की उपासना का उपदेश दिया गया है। साथ ही बैकुंठ धाम-गमन के साधन, श्रीहरि के चक्र, शंख, पद्म, गदा आदि का वर्णन है।

आत्मा–शंकराचार्य ने आत्मा की व्याख्या 'लिंगपुराण' के आधार पर इस प्रकार की है, 'जो व्याप्त करता है, ग्रहण करता है, संपूर्ण विषयों का भोग करता है और जिसकी सदैव सत्ता बनी रहती है, वह आत्मा है।' 'आत्मा' शब्द का प्रयोग विश्वात्मा (परमात्मा) तथा व्यक्तिगत आत्मा दोनों अर्थों में होता है। वैशेषिक दर्शन के अनुसार आत्मा अणु है। न्याय के अनुसार यह कर्म का वाहक है। उपनिषदों में आत्मतत्त्व पर सभी दृष्टियों से विचार हुआ है। आत्मा ब्रह्म से अभिन्न और सच्चिदानंद है, परंतु माया अथवा अविद्या के कारण वह उपाधियों में लिप्त रहती है। ज्ञान द्वारा बाह्य-जगत् का मिथ्याभाव तथा ब्रह्म से अपना अभेद समझने पर आत्मा उपाधियों से मुक्त होकर अपने शुद्ध रूप को प्राप्त करता है। आत्मा पाँच आवरणों से, जिन्हें कोश कहते हैं, घिरा रहता है। ये कोश हैं–अन्नमय,

प्राणमय, मनोमय, विज्ञानमय तथा आनंदमय कोश। चेतना की दृष्टि से आत्मा की चार अवस्थाएँ हैं–जाग्रत्, स्वप्न, सुषुप्त, तुरीय। आत्मा की तीन मुख्य स्थितियाँ हैं–बद्ध, मुमुक्षु तथा मुक्त।

आदित्य–सूर्य, जिनसे सत्राजित् को स्यमंतक मणि प्राप्त हुई थी।

आदित्यगण–देवमाता अदिति और कश्यप के पुत्रों के नाम, जो पहले चाक्षुष मन्वंतर में बैकुंठ नामक साध्य गण हुए। आदित्यों के नाम इस प्रकार हैं–इंद्र, धातृ, भग, त्वष्ट, मित्र, वरुण, अर्यमन्, विवस्वत्, सवितृ, पूषन्, अंशुमत् और विष्णु।

आध्यात्मिकता–इसके अंतर्गत नश्वर शरीर का तिरस्कार परलोक और सत्य, अहिंसा, तप आदि आध्यात्मिक मूल्यों को अधिक महत्त्व देना, आवागमन की भावना, ईश्वरीय न्याय में विश्वास आदि बातें हैं। हमारे यहाँ की संस्कृति तपोवन की संस्कृति रही है, जिसमें विस्तार-ही-विस्तार था और विस्तार के वातावरण में आत्मा का संकुचित रूप नहीं रह सकता। इसी के अनुकूल आत्मा का सर्वव्यापक विस्तार माना गया है। इसलिए हमारे यहाँ सर्वभूत को अधिक महत्त्व दिया गया है–'आत्मवत् सर्वभूतेषु यः पश्यति स पण्डितः'। कीरी और कुंजर में एक ही आत्मा का विस्तार देखा जाता है। इसी से गांधीजी की सर्वोदय-भावना को बल मिला। हमारे यहाँ के मनीषी 'सर्वे भवन्तु सुखिनः सर्वे सन्तु निरामयाः' का पाठ नित्य पढ़ाते थे।

आनंद–1. ब्रह्मानंद, आत्मानंद, ज्ञानानंद, (विद्यानंद), विषयानंद। 2. महात्मा बुद्ध के चचेरे भाई, जो बुद्ध से दीक्षा लेकर उनके शिष्य बन गए थे। वे भगवान् बुद्ध के निजी सेवक, प्रिय शिष्य और समस्त भिक्षु संघ में अग्रगण्य थे।

आनंदमय कोश–आनंदमय अर्थात् आनंद से भरपूर। वास्तविक आनंद की प्राप्ति तभी की जा सकती है जब मनुष्य ब्रह्म को प्राप्त कर ले। लेकिन आनंद तो आनंद ही है। यदि कोई मनुष्य निर्जीव सा पड़ा रहे और थोड़ा सा भी सुख उसे प्राप्त हो तो वह आनंदित हो उठता है। आनंदमय कोश में ही आत्मा का स्थान है और यह मनुष्य के कपाल में ब्रह्मरंध्र में स्थित होता है। जब मनुष्य ब्रह्म को प्राप्त करता है तो वह स्थायी नहीं अपितु क्षणिक होता है। जब कोई योगी आत्मा को जानता है तो वह इस कोश को प्राप्त करता है, वह भी क्षणिक। लेकिन यदि वह स्थायी रूप से आनंदमय कोश को पाना चाहता है तो उसे इस कोश को भी जीतना पड़ता है। जब मनुष्य सत्य को समझकर स्थायी आनंद प्राप्त करता है तो वह सांसारिक मोह-माया, जन्म-मृत्यु के बंधनों से मुक्त हो जाता है। वह परब्रह्म को पा लेता है और उसे मोक्ष प्राप्त हो जाता है।

आप्रवान–च्यवन के एक पुत्र, जिनका विवाह नहुष की पुत्री ऋषी से हुआ था। यह और्व के पिता थे, जिसका जन्म उसकी माता की जंघा से हुआ था।

आम्रपाली–बौद्धकाल में वैशाली की इतिहास-प्रसिद्ध राजनर्तकी। इसे अंबपाली भी कहा जाता था। उस समय में राजनर्तकी का पद बड़ा गौरवपूर्ण और सम्मानित होता था। जनसाधारण तो क्या, समाज के उच्च वर्ग के लोग भी उस तक नहीं पहुँच पाते थे। कहते हैं, भगवान् बुद्ध ने उसे 'आर्या अंबा' कहकर संबोधित किया था तथा

उसका आतिथ्य भी ग्रहण किया था। धम्मसंघ में पहले भिक्षुणियाँ नहीं ली जाती थीं, पत्नी यशोधरा को भी बुद्ध ने भिक्षुणी बनाने से इनकार कर दिया था; किंतु आम्रपाली की श्रद्धा, भक्ति और मन की विरक्ति से प्रभावित होकर नारियों को भी संघ में प्रवेश का अधिकार प्रदान किया।

आयुर्वेद–इसे 'अथर्ववेद' का उपवेद माना गया है। हमारे यहाँ प्राचीन काल के वैद्यों में धन्वंतरि और अश्विनकुमार प्रमुख माने गए हैं। धन्वंतरि तो समुद्र से निकले चौदह रत्नों में से एक माने जाते हैं। अगस्त्य के पुरोहित खेल ऋषि की पत्नी विश्पला अपने पति के साथ युद्ध में गई थीं, वहाँ उसकी जंघा टूट गई। अश्विनीकुमार ने विश्पला की जाँघ ठीक की। अश्विनीकुमार देवताओं के वैद्य थे। उनके संबंध में कई पौराणिक कथाएँ हैं। वैदिक शास्त्र के सबसे पुराने और प्रामाणिक ग्रंथ, जो आज भी मौजूद हैं, वे चरक और सुश्रुत संहिताएँ हैं। चरक कनिष्क के समकालीन माने जाते हैं।

आरण्यक–वेदों के गद्यखंडों को आरण्यक कहा गया है। वैदिक संस्कृत भाषा में लिखे इन ग्रंथों में दर्शन और ज्ञान की बातें दी गई हैं। इसमें कर्मकांड की चर्चा नहीं है। सायण के अनुसार, इस नामकरण का कारण यह है कि इन ग्रंथों का अध्ययन-मनन-सर्जन अरण्य (वन) में किया जाता था।

आरती–हमारी संस्कृति में मानव मन की निर्मलता के लिए, सात्त्विक भावना की जागृति के लिए, सामाजिक सुसंस्कारों के लिए जो विधान बनाए गए हैं, जो परंपराएँ प्रचलित हैं, उनमें 'आरती' का महत्त्वपूर्ण स्थान है। देवालयों में भगवान् की आरती, सत्यनारायण की कथा की समाप्ति पर शालग्राम की आरती, विशेष अवसरों पर हर्षोल्लास के साथ आगंतुकों की आरती स्वागत-सत्कार के साथ किए जाने की प्रथा प्रचलित है। आरती की उत्तमता को आँकते हुए जब प्रतिदिन सायंकाल मंदिर में जाकर भगवान् की सामूहिक आरती में भक्तिभाव से ओत-प्रोत, ताली बजा-बजाकर, घंटे, नगाड़े, शंख व विविध वाद्यों की ध्वनियों के साथ आरती करते हैं तो अनूठी आभा सभी को अभिभूत कर देती है, जिसमें समन्वय की भावना सुदृढ़ होकर सबके कल्याण की कामना मुखरित होती है।

आरुणि–ऋषि धौम्य का एक निष्ठावान् शिष्य।

आर्य–'आर्य' शब्द का प्रयोग प्राय: चार अर्थों में किया जाता है–1. आर्य प्रजाति, 2. आर्य भाषा परिवार, 3. आर्य धर्म और संस्कृति तथा 4. श्रेष्ठ, शिष्ट अथवा सज्जन।

आर्य धर्म-संस्कृति–'आर्य धर्म' शब्द से प्राचीन आर्यों का धर्म और श्रेष्ठ धर्म, दोनों के अर्थ निकलते हैं। प्राचीन आर्यों के धर्म में प्रथमत: प्राकृतिक देवमंडल की कल्पना है, जो भारत, ईरान, यूनान, रोम, जर्मनी आदि सभी देशों में पाई जाती है। इसमें द्यौ (आकाश) और पृथ्वी के बीच में अनेक देवताओं की सृष्टि को स्वीकार किया गया है। भारतीय आर्यों का मूल धर्म 'ऋग्वेद' में अभिव्यक्त है। देवमंडल के साथ आर्य कर्मकांड का विकास हुआ जिसमें मंत्र, यज्ञ, श्राद्ध (पितरों की पूजा), अतिथि-सत्कार आदि को प्रमुखता दी गई थी। आर्य आध्यात्मिक

दर्शन (ब्रह्म, आत्मा, विश्व, मोक्ष आदि) और आर्य नीति (सामान्य, विशेष आदि) का विकास भी समानांतर हुआ। सामाजिक अर्थ में 'आर्य' का प्रयोग पहले संपूर्ण मानव के अर्थ में होता था। कभी-कभी इसका प्रयोग सामान्य जनता के लिए भी ('अर्य' शब्द से) होता था। फिर अभिजात और धार्मिक वर्ग में अंतर दिखाने के लिए आर्य वर्ण और शूद्र वर्ण का प्रयोग होने लगा। कालांतर में आर्यों ने अपनी सामाजिक व्यवस्था का आधार वर्ण को बनाया और समाज को वृत्ति एवं श्रम के आधार पर चार वर्णों में विभक्त कर दिया। प्रारंभिक आर्य परिवार पितृसत्तात्मक था। पति-पत्नी का गृहस्थी पर समान अधिकार होता था। परिवार में पुत्र-जन्म की कामना की जाती थी। दायित्व के कारण कन्या का जन्म परिवार में अच्छा नहीं माना जाता था; किंतु उसकी उपेक्षा नहीं की जाती थी। घोषा, लोपामुद्रा, अपाला, विश्ववारा आदि स्त्रियाँ मंत्रद्रष्टा ऋषिपद को प्राप्त हुई थीं। विवाह प्रायः युवावस्था में होता था। स्त्री और पुरुष दोनों को मनपसंद जीवनसाथी चुनने का अधिकार था। विवाह धार्मिक कृत्यों के साथ संपन्न होता था, जो परवर्ती ब्राह्म विवाह से मिलता-जुलता था। पत्नी पति को 'आर्यपुत्र' कहती थी। नैतिक रूप से प्रकृत आचरण करनेवाले को 'आर्य' कहा गया है।

आर्य प्रजाति—मानव प्रजातियों के अद्यतन वर्गीकरण में 'आर्य' शब्द का प्रयोग कम हो रहा है। इसके बदले भारोपीय (इंडो-यूरोपियन, इंडो-जर्मन) तथा काकेशियाई (काकेस्वाड) आदि शब्दों का प्रयोग अधिक हो रहा है। मानुषमिति (ऐंथ्रॉपोमेट्री) के अनुसार इनकी कुछ शारीरिक विशेषताएँ इस प्रकार हैं—1. वर्ण अथवा रंग : श्वेत, गौर (गेहुँआ, भूरा और कहीं अधिक मिश्रण से श्याम भी)। 2. ऊँचाई : 170 सेंटीमीटर (5 फीट 7 इंच) से प्रायः अधिक, लेकिन कहीं मध्यम ऊँचाई (5 फीट 5 इंच या 5 फीट 3 इंच तक)। 3. कपाल : प्रायः दीर्घ कपाल (डालिकोसिफैलिक अर्थात् कपाल की लंबाई-चौड़ाई का अनुपात 100 : 77.7 से कम)। 4. नासिका मान : अधिकांश आर्य उन्नत नास अथवा सुनास (लेप्टोराइन) होते हैं। 5. नाटमान (आरबिटो-नैसल इंडेक्स) : आर्य प्रजाति के व्यक्ति का चेहरा प्रणाट अथवा मध्यनाट होता है। । 6. हनु-मान : आर्य प्रजाति का मानव समहनु (आर्थोग्नैट्रिक) होता है, अर्थात् उसका हनु कपाल की सीध में आगे नहीं निकला होता। यद्यपि शारीरिक सादृश्य और भाषा संबंध होने के कारण बृहत् आर्य परिवार में यूरोप की श्वेत जातियों की गणना की जाती है; किंतु यह सर्वांशतः परंपरा-मानित और सत्य नहीं है। परंपरा से भारत-ईरानी (गौर अथवा गेहुँए) लोगों को ही आर्य कहते हैं।

आर्य समाज—आर्य समाज एक सामाजिक सुधार संगठन है, जिसकी स्थापना स्वामी दयानंद सरस्वती ने 10 अप्रैल, 1875 को की थी। जब पश्चिमी शिक्षा और विज्ञान के प्रभाव से शिक्षित भारतीय समुदाय ईसाई धर्म की ओर झुक रहा था तब इस प्रवृत्ति पर अंकुश लगाने के उद्देश्य से बंगाल में ब्राह्म समाज व प्रार्थना समाज जैसे संगठनों के अनुरूप आर्य समाज की स्थापना की गई। आर्य समाज का लक्ष्य

था–'वेदों की ओर पुनः लौटो।' वह समाज को वैदिक व्यवस्था के आधार पर संगठित करना चाहता था और पुराणपंथ को छोड़ने पर बल दे रहा था। आर्य समाज ने बहुईश्वरवाद और मूर्तिपूजा का बहिष्कार करके एकेश्वरवाद की स्थापना की। उसने जाति-पाँति के बंधनों और बाल-विवाह का विरोध किया। आर्य समाज ने समुद्र पर यात्रा करने, स्त्री शिक्षा तथा विधवा विवाह का समर्थन किया। भारत की दलित अथवा पिछड़ी जाति का उत्थान भी आर्य समाज का लक्ष्य था। उसने शुद्धि आंदोलन द्वारा गैर-हिंदुओं को हिंदू बनाया।

आर्य समाज के दस नियम–1. सब सत्य, विद्या और जो पदार्थ विद्या से जाने जाते हैं, उन सबका आदि मूल परमेश्वर है। 2. ईश्वर सच्चिदानंद स्वरूप, निराकार, सर्वशक्तिमान, न्यायकारी, दयालु, अजन्मा, अनंत, निर्विकार, अजर, अमर, अभय, नित्य, पवित्र और सृष्टिकर्ता है तथा वही उपासना करने योग्य है। 3. वेद सब सत्य विद्याओं की पुस्तक है; वेद पढ़ना-पढ़ाना और सुनना-सुनाना सब आर्यों का परम धर्म है। 4. सत्य को ग्रहण करने और असत्य को छोड़ने के लिए सर्वदा उद्यत रहना चाहिए। 5. सब काम धर्मानुसार, अर्थात् सत्य और असत्य का विचार करने के बाद करने चाहिए। 6. संसार का उपकार करना इस समाज का मुख्य उद्देश्य है; क्योंकि इससे शारीरिक, आत्मिक और सामाजिक उन्नति का द्वार खुलता है। 7. सबसे प्रीतिपूर्वक धर्मानुसार व्यवहार करना चाहिए। 8. अविद्या का नाश और विद्या की वृद्धि करनी चाहिए। 9. प्रत्येक को केवल अपनी ही उन्नति में संतुष्ट नहीं रहना चाहिए, अपितु सबकी उन्नति में अपनी उन्नति समझनी चाहिए। 10. सब मनुष्यों को सामाजिक, सर्वहितकारी, नियम-पालन में परतंत्र और प्रत्येक हितकारी नियम में स्वतंत्र रहना चाहिए।

आर्श विवाह–कन्या-पक्षवालों को कन्या का मूल्य देकर, सामान्यतः गोदान करके, कन्या से विवाह कर लेना आर्श विवाह कहलाता है।

आलवार–'आलवार' तमिल भाषा का शब्द है, जिसका अर्थ है 'अध्यात्म में लीन व्यक्ति'। आलवार तमिल देश के प्रसिद्ध वैष्णव संत थे। आलवारों के ग्रंथ तमिल भाषा की अनुपम और अतुलनीय संपत्ति हैं, जो भक्तिभाव के पदों से भरे पड़े हैं।

उनमें भक्ति, ज्ञान, प्रेम, सौंदर्य और आनंद का असीम भंडार है। आलवारों को स्तुतियों का संग्रह 'नालायिर प्रबंध' है, जिसमें 4,000 पद्य हैं। यह 'तमिलवेद' कहलाता है।

आशीर्वाद–आशीर्वाद सहज सुलभ नहीं है। कोई भी व्यक्ति जब कभी किसी दूसरे व्यक्ति से आशीर्वाद लेता है तो उस समय आशीर्वाद देनेवाले व्यक्ति के अंतर से विशिष्ट प्रकार के अदृश्य विकिरण निकलते

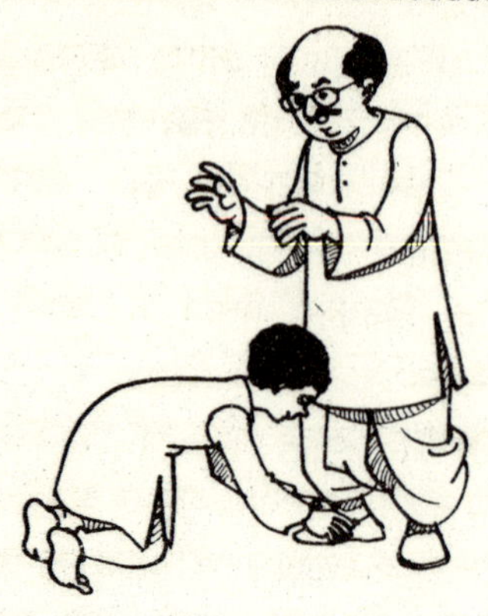

हैं। यहाँ तक कि आशीर्वाद के परिणामस्वरूप हमारे शरीर पर हमला करनेवाले, हमें तंग करनेवाले भूत-पिशाच तथा ऊपरी हवाओं का नाश हो जाता है। हर व्यक्ति के घर में उसके दादा-दादी या उसके माता-पिता का आशीर्वाद सुलभ है। यह कुछ ज्यादा ही विशिष्टता लिये हुए होता है। नित्य अपने बुजुर्गों, माता-पिता के चरण-स्पर्श करने से बहुत कुछ प्राप्त किया जा सकता है। आप स्वयं अनुभव कर सकते हैं।

आशुतोष—पुराणों तथा अन्य धार्मिक ग्रंथों में ऐसे बहुत से लेख मिलते हैं, जिनसे यह सिद्ध होता है कि भगवान् शंकर सबसे शीघ्र संतुष्ट होनेवाले देवता हैं, अतः शंकर का यह नाम पड़ा।

आश्रम—'वर्णाश्रम' शब्द में 'वर्ण' तथा 'आश्रम' दो शब्द गुँथे हैं। वर्ण और आश्रम प्राचीन भारत की सामाजिक व्यवस्था के दो मूलाधार थे। मनुष्य के गुण, कर्म और स्वभाव के आधार पर चार वर्णों की व्यवस्था की गई थी और मनुष्य के व्यक्तिगत संस्कार के लिए जीवन को चार आश्रमों में विभाजित किया गया था। ये चार आश्रम थे—ब्रह्मचर्य, गृहस्थ,

वानप्रस्थ तथा संन्यास। आश्रम वास्तव में जीवन का विद्यालय था। ब्रह्मचर्य आश्रम में ब्रह्मचारी पुष्ट शरीर, बलिष्ठ बुद्धि, शांत मन, शील, श्रद्धा एवं विनय के साथ युगों से उपार्जित ज्ञान, शास्त्र, विद्या तथा अनुभव ग्रहण करता था। गृहस्थ जीवन में धर्मपूर्वक अर्थ का उपार्जन और काम का सेवन किया जाता था। संसार में अर्थ तथा काम के अर्जन और उपभोग के बाद त्याग और संन्यास की भूमिका तैयार की जाती थी। वानप्रस्थ आश्रम में अर्थ और काम के त्याग से मोक्ष की भूमि तैयार की जाती थी। संन्यास में संसार के सभी बंधनों को त्यागकर पूर्णतः ब्रह्मचर्य का पालन करना होता था।

आसन—शास्त्रानुसार यदि कोई व्यक्ति आसन के बिना धार्मिक अनुष्ठान आदि करता है तो उसे सिद्धि प्राप्त नहीं होती; क्योंकि लकड़ी पर बैठकर धार्मिक कार्य करने पर दुर्भाग्य, भूमि पर बैठकर करने पर दुःख, पत्थर पर बैठकर करने से रोग, बाँस पर बैठकर करने से दरिद्रता, पत्तों पर बैठकर करने से चित्त भ्रमित एवं कपड़े पर बैठकर करने से तपस्या की हानि होती है। जब व्यक्ति पूजन, अर्चन,

पाठ आदि करता है तो उसमें एक विशेष आध्यात्मिक शक्ति का संचार होता है। यदि व्यक्ति आसन पर नहीं बैठेगा तो वह शक्ति सीधी पृथ्वी में चली जाएगी। आसन विद्युत् कुचालक का कार्य करता है, इसलिए आसन पर बैठा जाता है। यह शक्ति व्यक्ति के मुख पर स्पष्ट झलकती है। काम्य कामना के अनुसार आसन कई प्रकार के हैं, लेकिन लाल कंबलवाला आसन सर्वोत्तम होता है। जब व्यक्ति काले हिरण की खाल पर बैठकर धार्मिक अनुष्ठान करता है तो ज्ञान की सिद्धि, कुशासन पर बैठने से सभी मंत्र सिद्ध हो जाते हैं। बाघ की खाल पर बैठने से व्यक्ति को मोक्ष प्राप्त होता है। इसलिए ऋषि-मुनि मृग चर्म, बाघ चर्म और कुशासन आदि का उपयोग करते थे।

आस्तिक–जो ईश्वर और परमार्थ में विश्वास करे वह आस्तिक है; किंतु सामान्यत: वेद तथा वर्णाश्रम व्यवस्था में आस्था रखनेवाले को आस्तिक कहा जाता है। शंकराचार्य ने आस्तिक्य की परिभाषा इस प्रकार दी है–आस्तिक्यं श्रद्धानता परमार्थेष्वागमेषु–यानी परमार्थ (मोक्ष) और आगम यानी वेद में श्रद्धा रखना आस्तिक्य है। वस्तुत: आस्तिक का धर्म आस्तिकता है। ईश्वर के अस्तित्व और आत्मा में विश्वास रखना ही आस्तिकता है।

आस्तीक–एक ऋषि का नाम, जिन्होंने जनमेजय के सर्पयज्ञ में पातालवासी तक्षक को भस्म होने से बचाया था। यह जरत्कारु ऋषि और वासुकि नाग की बहन जरत्कारु के पुत्र थे।

□

इंद्र–देवराज इंद्र एक वैदिक देवता हैं, जिनका स्थान अंतरिक्ष कहा जाता है। इनका वाहन ऐरावत हाथी, अस्त्र वज्र तथा धनुष इंद्रधनुष है। इंद्र का जन्म कश्यप की पत्नी अदिति

से हुआ। इनकी पत्नी का नाम शचि और पुत्र का नाम जयंत था। इनकी सभा 'सुधर्मा' कहलाती थी, जिसमें देवता, गंधर्व तथा अप्सराएँ रहती थीं। इनकी पुरी अमरावती थी, जहाँ पर नंदनवन है। त्रेतायुग में इंद्र ने महर्षि दधीचि की हड्डियों का वज्र बनाकर वृत्रासुर का वध किया था। 'ऋग्वेद' में त्रिदेवों में अग्नि तथा सूर्य अथवा वरुण के साथ इंद्र का नाम भी मिलता है। 'शतपथ ब्राह्मण' के अनुसार इनकी उत्पत्ति प्रजापति से हुई। 'महाभारत' तथा पुराणों में इंद्र के चरित्र में वह महानता नहीं मिलती, त्रिदेवों में उनका स्थान नहीं रह जाता और उनके चरित्र की कुछ दुर्बलताएँ सामने आती हैं।

इंद्रजित्–लंकाधिपति रावण के पुत्र मेघनाद का नाम। यह बड़ा बलवान् था और राम-रावण युद्ध में इसने श्रीराम के सब सैनिकों को नागपाश में बाँध दिया था। यह लक्ष्मण के हाथों मारा गया था।

इंद्रद्युम्न–सूर्य वंश के एक प्रसिद्ध राजा। ये सुमति के गर्भ से उत्पन्न भरत के पौत्र

थे। दुर्वासा के आदेश से तथा मार्कंडेयजी की अनुमति से नर्मदा क्षेत्र के कोटि तीर्थ में इन्होंने एक अश्वमेध यज्ञ किया था, जिससे प्रसन्न होकर शिव तथा विष्णु ने इन्हें आशीर्वाद दिया था।

इंद्रधनुष–वर्षा के दौरान जब सूर्य की किरणें फुहारों के बीच से निकलती हैं तो आकाश में संध्या काल में पूर्व दिशा में तथा प्रात: पश्चिम दिशा में सतरंगी विशालकाय

अर्धवृत्त दिखाई देता है। यही इंद्रधनुष कहलाता है।

इंद्रप्रस्थ–1. खांडव वन जला देने के पश्चात् पांडवों ने यह नगर बसाया था। यह आधुनिक दिल्ली के निकट था। समुद्र में डूबने के भय से द्वारिकावासियों को अर्जुन यहाँ ले आए थे। भंड को पराजित करने के लिए इंद्र ने यहाँ पराशक्ति की उपासना की थी, इसी से इसका नाम इंद्रप्रस्थ हुआ। 2. महाभारत के अनुसार यह पांडवों की राजधानी थी। यह शहर यमुना नदी के किनारे स्थित था, भारत की वर्तमान राजधानी दिल्ली में स्थित है।

इंद्राणी–देवराज इंद्र की पत्नी शचि। इनका उल्लेख ऋग्वेद में है। तैत्तिरीय ब्राह्मण के

अनुसार इंद्र ने इनके रूप पर मोहित हो इन्हें ग्रहण किया था। रामायण तथा पुराणानुसार ये दैत्यराज पुलोमा की पुत्री थीं।

इंद्रिय–इंद्रिय द्वारा हमें बाहरी विषयों रूप, रस, गंध, स्पर्श एवं शब्द का तथा आभ्यंतर विषयों सुख, दुःख आदि का ज्ञान होता है। इंद्रियों के अभाव में हम विषयों का ज्ञान किसी प्रकार प्राप्त नहीं कर सकते। इंद्रियाँ दो प्रकार की होती हैं– 1. बाहरी इंद्रिय : आँख, जीभ, कान, त्वचा तथा नाक। 2. भीतरी इंद्रिय : केवल मन।

इकतारा–इसका प्रयोग भजन या सुगम संगीत में किया जाता है। इसमें एक ही तार

लगा होता है। यह भारतीय संगीत का लोकप्रिय तंतुवाद्य है।

इक्ष्वाकु–अयोध्या के प्रथम सूर्यवंशी राजा। राम इन्हीं के वंशज थे। इन्हीं के नाम पर इक्ष्वाकु वंश की नींव पड़ी।

इरा–कश्यप ऋषि की एक पत्नी का नाम, जो वनस्पतियों तथा उद्‌भिजों की माता थीं।

इरावती–कश्यप ऋषि की पुत्री, जो भद्रमदा के गर्भ से उत्पन्न हुई थी। ऐरावत नामक हाथी की माता थी। यही ऐरावत इंद्र का वाहन बना।

इरावान्–नागकन्या उलूपी के गर्भ से उत्पन्न अर्जुन के एक पुत्र का नाम।

इला–वैवस्वत मनु की कन्या, बुध की पत्नी तथा पुरूरवा की माता।

इस्कॉन–इसे अंतरराष्ट्रीय कृष्ण-भावनामृत संघ या 'हरे कृष्ण आंदोलन' के नाम से भी जाना जाता है। सन् 1966 में न्यूयॉर्क में भक्ति-वेदांत स्वामी प्रभुपाद ने इसका श्रीगणेश किया था। देश-विदेश में इसके अनेक मंदिर और विद्यालय हैं।

□

ईशचाप–शिव का धनुष, जिसे श्रीराम ने तोड़ा था।

ईशान–शंकर की आठ मूर्तियों में से एक का नाम।

ईशानपुरी–अलकापुरी के पूर्व में शंकर की ईशानपुरी है, जहाँ शंकर-भक्त निवास करते हैं।

ईशावास्य उपनिषद्–इसको उपनिषदों में प्रथम स्थान दिया गया है, क्योंकि यह संहिता से अलग नहीं है, अपितु शुक्ल यजुर्वेद का चालीसवाँ अध्याय है–अर्थात् यह वेदों में ही सम्मिलित है। इसमें परमात्मा के गुण, उसका स्वरूप, परब्रह्म एवं परमात्मा के सत्य ज्ञान आदि का वर्णन है।

ईशिता–आठ सिद्धियों में से एक सिद्धि,

जिसके बल पर मनुष्य सब पर शासन कर सकता है।

ईश्वर–ईश्वर को सर्वोच्च शक्तिमान्, जगत् का स्वामी और परमात्मा का रूप माना गया है। यही ब्रह्म भी है। पुरुष या ईश्वर नाम से सगुण ब्रह्म सृष्टि का कर्ता, धर्ता तथा संहर्ता है। अपनी योगमाया से युक्त होकर ईश्वर विश्व पर शासन करता है और कर्मों के अनुसार फल या दंड देता है। योग दर्शन में ईश्वर पुरुष है और मानव का आदिगुरु है। सांख्य दर्शन में ईश्वर की आवश्यकता नहीं है। प्रकृति को ही सृष्टि के विकास के लिए समर्थ माना गया है। जैन, बौद्ध और चार्वाक दर्शनों में ईश्वर की सत्ता स्वीकार नहीं

की गई। वैष्णव जन ईश्वर को सच्चिदानंद विग्रह मानते हैं। योगीजन उसे परमात्मा और भक्तजन भगवान् मानते हैं।

ईश्वरवाद–संसार की सृष्टि, स्थिति, संहार के कर्ता एवं अनुग्रह और निग्रह के कारण–स्वरूप सच्चिदानंदमय, अनंत शक्ति समन्वित सत्ता विशेष से संबंधित सिद्धांत ईश्वरवाद कहलाता है। इसके अनुसार ईश्वर की सत्ता स्वयंसिद्ध एवं अनिवार्य है। यद्यपि कार्याकार्यवाद के अनुसार भी ईश्वर की सत्ता स्वतःसिद्ध हो जाती है, तथापि कुछ मत ईश्वर को केवल निमित्त कारण मानते हैं और कुछ उपादान कारण भी।

□

उग्र–रुद्र का एक नाम।

उग्रतारा–देवी भगवती का एक नाम। ये मातंग ऋषि की पत्नी के रूप में अवतारी थीं,

इसलिए इन्हें मातंगी भी कहा जाता है। इन्होंने शुंभ व निशुंभ राक्षसों का वध किया।

उग्रसेन–ये मथुरा के राजा आहुक और रानी काश्या के पुत्र थे। उग्रसेन के नौ पुत्र

और पाँच पुत्रियाँ हुईं। पुत्रों में कंस सबसे बड़ा था। उसका विवाह जरासंध की पुत्रियों अस्ति और प्राप्ति के साथ हुआ था। कंस ने अपने ससुर की सहायता से अपने पिता उग्रसेन को बंदी बना लिया और स्वयं मथुरा का राजा बन बैठा। जब कंस श्रीकृष्ण के हाथों मारा गया तो उन्होंने मथुरा की राजगद्दी पुनः उग्रसेन को सौंप दी।

उच्चाटन–एक प्रकार का मंत्र-प्रयोग, जो प्रेत, पिशाच, डाकिनी आदि के निवारण या नियंत्रण हेतु किया जाता है। आदिम

विश्वास है कि प्रेत या डाकिनी के उत्पात या कुदृष्टि से रोग उत्पन्न होते हैं और इनके निवारण (उच्चाटन) से रोगों का

शमन और दु:ख का निवारण हो सकता है। यह विश्वास अत्यंत प्राचीन और सार्वभौम है। कितने ही देशों में यह अब तक प्रचलित है। दूसरे के मन को अन्यत्र लगा देना, उसे अन्यमनस्क कर देना भी उच्चाटन की एक क्रिया मानी जाती है। उच्चाटन की विविध क्रियाएँ हैं। इनका प्रयोग बिना मंत्र के किया जाता है और मंत्र के साथ भी।

उच्चै:श्रवा–देवराज इंद्र के घोड़े का नाम, जो समुद्र-मंथन से निकले 14 रत्नों में से एक था। इसका रंग सफेद, कान खड़े तथा लंबे और सात मुँह थे।

उज्जैन–उज्जैन का पुराना नाम 'उज्जयिनी' था। यह शिप्रा नदी के तट पर स्थित प्राचीन नगरी है। यहाँ का महाकाल मंदिर बारह शैव मंदिरों में से एक है। यहाँ पर हर छह वर्षों पर कुंभ मेला लगता है।

उतथ्य–एक मंत्रकृत्, गोत्रकार ऋषि।

उत्कल–इसे आजकल उड़ीसा कहते हैं। यह राजा सुद्युम्न-पुत्र उत्कल का बसाया राज्य है।

उत्तंक–एक ब्रह्मर्षि।

उत्तमौजा–पंचाल-नरेश द्रुपद का पुत्र और धृष्टद्युम्न व द्रौपदी का भाई। इसके अन्य भाई युधमन्यु, सत्यजित और शिखंडी थे।

उत्तरा–राजा विराट की पुत्री। जब पांडव अज्ञातवास में थे, उस समय अर्जुन बृहन्नला के रूप में रह रहे थे। बृहन्नला ने उत्तरा को नृत्य, संगीत आदि की शिक्षा दी थी। जिस समय कौरवों ने राजा विराट की गायें हस्तगत कर लीं, उस समय अर्जुन ने कौरवों से युद्ध करके अपूर्व पराक्रम दिखाया। अर्जुन की उस वीरता से प्रभावित होकर राजा विराट ने अपनी कन्या उत्तरा का विवाह अर्जुन से करने का प्रस्ताव रखा था, किंतु अर्जुन ने यह कहकर कि उत्तरा उसकी शिष्या होने के कारण पुत्री के समान है, उस संबंध को अस्वीकार कर दिया था। कालांतर में उत्तरा का विवाह अभिमन्यु के साथ संपन्न हुआ था। अश्वत्थामा ने उत्तरा के गर्भ पर ब्रह्मास्त्र का प्रयोग किया था, जिससे गर्भस्थ बालक परीक्षित मर गया था। श्रीकृष्ण ने संजीवनी मंत्र द्वारा उसे पुनर्जीवित किया।

उत्तराफाल्गुनी–बारहवाँ नक्षत्र। इसका स्वामी सूर्य है। इसका प्रथम चरण सिंह राशि में

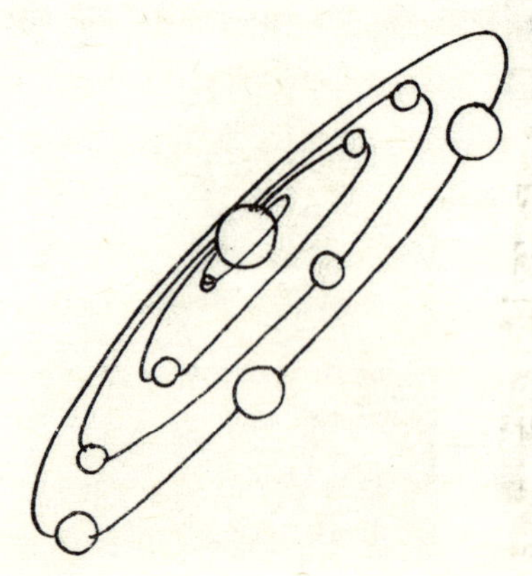

आता है। अतः इस राशिवालों को सूर्य का दोहरा लाभ मिलता है।

उत्तरायण ऋतु–उत्तरायण में सूर्य की गति उत्तर दिशा की ओर होती है। इसमें तीन ऋतुएँ हैं–शिशिर, वसंत तथा ग्रीष्म।

उदयाचल–पूर्व दिशा का एक पर्वत, जहाँ

से सूर्योदय होता है। इसे 'उदयाद्रि' भी कहते हैं।

उद्धव–यदुवंशी उद्धव सत्यक के पुत्र और श्रीकृष्ण के प्रिय सखा थे। इन्होंने बृहस्पति से नीतिशास्त्र की शिक्षा पाई थी। बड़े होने पर इन्हें यदुवंशियों में परामर्शदाता का उच्च स्थान मिला। गोकुल से मथुरा आ जाने पर श्रीकृष्ण के कहने पर ये नंद, यशोदा एवं गोपियों को धैर्य बँधाने ब्रज गए थे।

उपनयन संस्कार–उपनयन का अर्थ है 'पास या सन्निकट ले जाना', किंतु इसका

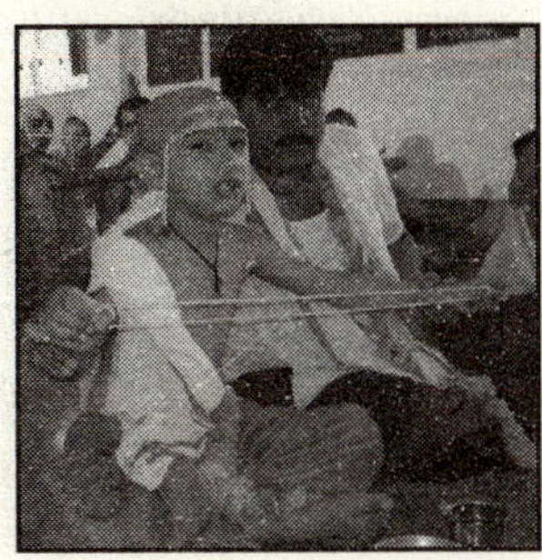

अभिप्राय 'आचार्य के पास शिक्षण के लिए ले जाना' है। सोलह संस्कारों में उपनयन संस्कार का अत्यधिक महत्त्व है, क्योंकि इसमें बालकों को विद्याध्ययन के लिए आचार्य के पास ले जाया जाता है। ऐसा माना जाता है कि इससे बालक का दूसरा जन्म (द्विज) होता है। उपनयन के अन्य नाम हैं–यज्ञोपवीत, वटुकरण, व्रतबंध। इसका उद्देश्य बालक के ज्ञान, शौच और आचार का विकास करना है।

उपनिषद्–उपनिषद् (उप+नि+सद्) का अर्थ है (गुरु) के निकट बैठना। उपनिषद् वह साहित्य है, जिसमें जीवन और जगत् के रहस्यों का उद्घाटन, निरूपण और विवेचन है। उपनिषदों का प्रतिपाद्य विषय उपासना और ज्ञान है। यह ज्ञान ब्रह्म तथा आत्मा विषयक है, जो मोक्ष-प्राप्ति के लिए आवश्यक समझा जाता है। उपनिषद् मुख्यतः ब्रह्मविद्या का द्योतक है। वैदिक साहित्य के चार भाग हैं–मंत्र (संहिता), ब्राह्मण, आरण्यक तथा उपनिषद्। उपनिषदें वैदिक साहित्य का अंतिम भाग होने के कारण वेदांत भी कहलाती हैं। प्रत्येक वेद की अलग-अलग उपनिषदें हैं। कहा जाता है कि चारों वेदों में कुल 1,180 उपनिषद हैं; किंतु इनमें 12 उपनिषदों को प्रमुख माना जाता है। ये हैं–ईशावास्य, केन, कठ, प्रश्न, मुंडक, मांडूक्य, तैत्तिरीय, ऐतरेय, छांदोग्य, वृहदारण्यक, कौषीतकी तथा श्वेताश्वतर।

उप-पुराण–सनत्कुमार, नरसिंह, बृहन्नारदीय, शिव अथवा शिवधर्म, दुर्वासा, कपिल, मानव, औशनस, वरुण, कालिका, सांब, नंदिकेश्वर, सौर, पराशर, आदित्य, महेश्वर,

भागवत तथा वसिष्ठ। इनके अलावा ब्रह्मांड, कौर्म, भार्गव, आदि, मुद्‌गल, कल्कि, देवीपुराण, महाभागवत, बृहद्धर्म, परानंद आदि हैं।

उपवास–उपवास एक धार्मिक व्रत है। रात-दिन भोजन न करना, भोजन किए बिना रह

जाना, उपोषण, उपवस्तु, उपोषित आदि उपवास के पर्याय हैं। उपवास की परिभाषा इस प्रकार दी गई है–उपावृत्तस्य पापेभ्यो यस्तु वासो गुणै: सह। उपवास: स विज्ञेय: सर्वभोग विवर्जित:।। अर्थात् पाप से निवृत्त होकर गुणों के साथ रहना उपवास है, जिसमें सभी प्रकार के विषयों का उपभोग वर्जित है। उपवास (उप+वास) अपने आराध्य के समीप वास करना है। इसमें भोजन-पान का त्याग सहायक होता है, इसलिए इसे उपवास कहते हैं।

उपवेद–वेद चार हैं–ऋग्वेद, यजुर्वेद, अथर्ववेद और सामवेद। इनसे निकली हुई वेदज्ञान की विभिन्न शाखाओं के ज्ञान-संग्रह को उपवेद की संज्ञा दी गई है।

उपासना-पद्धति–सगुणोपासना, निर्गुणोपासना।

उमा–शिवजी की पत्नी पार्वती। इन्हें अंबा तथा रुद्राणी भी कहते हैं। ये पर्वतराज हिमालय तथा मैना की पुत्री कही गई हैं, जो पूर्वजन्म में दक्ष प्रजापति की पुत्री थीं और सती कहलाती थीं। इन्होंने कठिन साधना करके महादेव को पति-रूप में प्राप्त किया था। इससे चिंतित होकर एक दिन इनकी माता ने इनसे कहा, 'उ', 'मा' अर्थात् कठोर तपस्या मत करो। उसी समय से इनका नाम 'उमा' हो गया।

उमावन–यह वन कैलास पर्वत पर स्थित है, जहाँ शिव ने अर्धनारीश्वर का रूप धारण

किया था। उमा की प्रार्थना पर शिव के वरदान के फलस्वरूप यहाँ आनेवाले प्राणी स्त्री हो जाते हैं, अत: शिव को भी यही रूप धारण करना पड़ा।

उर्मिला–सीताजी की छोटी बहन का नाम, जिनका विवाह लक्ष्मण से हुआ था।

उर्वशी–एक अप्सरा, जिसका जन्म नारायण के उरु से हुआ था। ब्रह्मा के शाप से

इसे मनुष्य योनि मिली थी। एक बार काम-पीड़ित उर्वशी ने अर्जुन की उपेक्षा के कारण उसे शाप दे दिया था, जिसके कारण राजा विराट के यहाँ उन्हें बृहन्नला रूप में रहना पड़ा था।

उलूक–कितब का पुत्र, जो उलूक देश के राजा थे। महाभारत युद्ध में ये कौरवों के पक्ष में रहकर लड़े थे। युद्ध के अठारहवें दिन सहदेव ने इन्हें मार गिराया था।

उलूपी–ऐरावत वंश के कौरव्य नामक नाग की कन्या। इस नागकन्या का विवाह एक नाग से हुआ था। इसके पति को गरुड ने मारकर खा लिया, जिससे यह विधवा हो गई। जब अर्जुन बारह वर्ष का वनवास काट रहे थे, तीर्थाटन करते हुए गंगाद्वार के निकट पहुँचे, जहाँ उलूपी से उनकी भेंट हुई। यह उनपर मुग्ध हो गई। उन्हें पाताललोक में ले गई और विवाह का प्रस्ताव रखा। मनोकामना पूर्ण होने पर इसने अर्जुन को समस्त जलचरों का स्वामी होने का वरदान दिया। विष्णुपुराण के अनुसार, अर्जुन से उलूपी ने इरावान् नामक पुत्र को जन्म दिया। उलूपी अर्जुन के सदेह स्वर्गारोहण के समय तक उनके साथ थी।

उशीनर–इंद्र एवं अग्निदेव ने इनकी दानशीलता की परीक्षा लेने के लिए बाज और कबूतर का रूप रखा। उशीनर ने उनकी इच्छापूर्ति करते हुए अपने शरीर का मांस काटकर उनके सामने रख दिया था।

उषा–वाणासुर की पुत्री, जिसका विवाह प्रद्युम्न के पुत्र तथा श्रीकृष्ण के पौत्र अनिरुद्ध से हुआ था।

□

ॐ–आध्यात्मिक उत्थान एवं आत्मिक शक्तियों के विकास के लिए साधक 'ॐ' का उपयोग अतीत से अब तक करते आ रहे हैं। अ-उ-म् अर्थात् ॐ में 'अ' जाग्रत् अवस्था का, 'उ' स्वप्नावस्था का तथा 'म्' निद्रावस्था का प्रतीक माना जाता है। सृष्टि-संचालन के तीन तत्त्व–ताप, ध्वनि तथा प्रकाश ॐ से प्रस्फुटित होते हैं। यह शब्द ब्रह्मा, विष्णु, महेश की सर्जनात्मक, रचनात्मक और ध्वंसात्मक शक्तियों के प्रतीक हैं। ॐ को ब्रह्म का स्वरूप मानकर ब्रह्म से तादात्म्य स्थापित करने का संबल माना गया है। भारतीय साधना पद्धति में ॐ के उपयोग की उत्तमता को आँकना आसान नहीं है। साधक अपनी साधना में ॐ का उपयोग कर आत्म-शक्ति जाग्रत् करते हैं। ॐ अनंत शक्तियों का प्रतीक बीजाक्षर है, जो ईश्वर की प्राप्ति के लिए साधक का प्रमुख संबल है।

ऊर्जस्वती–दक्ष प्रजापति की पुत्री।

□

ऋक्षरजा–बालि और सुग्रीव के पिता का नाम।

ऋक्षराज–जांबवान् का एक नाम।

ऋग्वेद–वेद चार हैं, जिनमें 'ऋग्वेद' सर्वप्रमुख है। यह आर्य धर्म तथा दर्शन का मूल ग्रंथ है और विश्व साहित्य का एक प्राचीनतम ग्रंथ भी। छंदोबद्ध मंत्रों को 'ऋक्' या 'ऋचा' कहते हैं और उन्हीं का विशाल संग्रह होने के कारण यह वेद ऋग्वेद (ऋचाओं का वेद) या ऋक् संहिता के अभिधान से प्रख्यात है। यह वेद चौंसठ अध्यायों का ग्रंथ है, जिसके प्रत्येक अध्याय में वर्ग और वर्ग के भीतर ऋचाएँ संगृहीत हैं। ऋग्वेद के मंत्रों में हम अग्नि, इंद्र, वरुण, सूर्य, पूषन, मित्र, रुद्र, नासत्य आदि प्रख्यात देवताओं का विशुद्ध परिचय उनकी विमल कीर्ति और विविध कार्यावली के साथ पाते हैं। ऋग्वेद में अनेक दार्शनिक सूक्त मिलते हैं, जिनके अनुशीलन से हम आर्य धर्म के बहुदेववाद से लेकर एकदेववाद तथा अद्वैतवाद तक के रूप के विकास-क्रम को भलीभाँति समझ सकते हैं। ऋग्वेद में देव-स्तुति को प्रधानता दी गई है। इसके साथ ही यज्ञ का भी विधान है, जिसका उद्देश्य अपनी संपत्ति और जीवन को देवार्थ समर्पित करना है।

ऋचा–छंदोबद्ध वैदिक मंत्र को ऋचा कहा गया है। 'ऋक्' या ऋचा' एक ही शब्द के दो रूप हैं। जिसके द्वारा किसी देव

विशेष की, क्रिया विशेष की अथवा क्रिया के साधन विशेष की अर्चना या प्रशंसा की जाए, उसे ऋक् कहते हैं। जैमिनी ने अपने मीमांसा दर्शन में ऋक् के लक्षणों के बारे में लिखा है–'जिन मंत्रों में अर्थ के वश से पादों की व्यवस्था रहती है, वे ऋक् कहलाते हैं।'

ऋचीक–भृगुवंशीय एक ऋषि। यह और्व ऋषि के पुत्र थे।

ऋण–1. देव-ऋण (यज्ञाराधना),
2. ऋषि-ऋण (अध्ययनाध्यापना),
3. पितृ-ऋण (संतानोत्पत्ति)।

ऋतुएँ–वेदादि में वर्ष के बारह महीनों के नाम ऋतु पर आधारित थे। कालांतर में

ये नक्षत्रों पर आधारित हो गए। महीनों के नाम चैत्र, वैशाख, ज्येष्ठ, आषाढ़, श्रावण, भाद्रपद, आश्विन, कार्तिक, मार्गशीर्ष, पौष, माघ और फाल्गुन रखे गए। प्रतिदिन हमारे चारों ओर ताप-नमी में जो परिवर्तन होता है, उसे 'मौसम' कहा जाता है और वर्ष भर के औसत ताप तथा वर्षा में जो परिवर्तन होते हैं, वे 'ऋतु' कहलाते हैं। प्राकृतिक अवस्थाओं के अनुसार वर्ष के बारह महीनों के छह विभाग (दो-दो माह के) किए गए हैं। इनमें से हर विभाग को 'ऋतु' कहा गया है। इस तरह वर्ष में छह ऋतुएँ होती हैं–वसंत (चैत्र-वैशाख), ग्रीष्म (ज्येष्ठ-आषाढ़), वर्षा (श्रावण-भाद्रपद), शरद् (आश्विन-कार्तिक), हेमंत (मार्गशीर्ष-पौष) तथा शिशिर (माघ-फाल्गुन)। साहित्य में वसंत को 'ऋतुराज' कहा गया है। जिन दो कारणों से ऋतुओं की उत्पत्ति होती है, वे हैं–पृथ्वी की धुरी का झुका होना (23.5^0) तथा पृथ्वी का सूर्य के चारों ओर चक्कर लगाना। सामान्य रूप से तीन-तीन मास की चार ऋतुएँ मानी जाती हैं–ग्रीष्म, वर्षा, शिशिर तथा शीत।

ऋद्धि–कुबेर की पत्नी का नाम। कुबेर धन का अधिपति है, अतः ऋद्धि अतुल संपदापूर्ण है। यह नल-कूबर की माता है।

ऋभु–ब्रह्मा के मानस पुत्र। इनकी और सनत्कुमार की सृष्टि सबसे पहले हुई थी।

ये अपनी शुद्धता तथा ज्ञान के लिए प्रसिद्ध हैं। ये तपोलोकवासी हैं।

ऋषभनाथ–ऋषभनाथ प्रथम जैन तीर्थंकर थे, अत: इन्हें आदिनाथ भी कहा जाता है। उन्होंने ही विवाह-संस्था की शुरुआत की और प्रजा को पहले-पहल असि (सैनिक कार्य), मसि (लेखन कार्य), कृषि (खेती), विद्या, शिल्प (विविध वस्तुओं का निर्माण) और वाणिज्य-व्यापार के लिए प्रेरित किया। कहा जाता है कि इससे पूर्व तक प्रजा की सभी जरूरतों को कल्पवृक्ष पूरा करते थे। उनका सूत्र वाक्य था–कृषि करो या ऋषि बनो।

ऋषि–ब्रह्मर्षि, देवर्षि, राजर्षि।

ऋषिकेश–हिमालय का प्रवेश-द्वार। ऋषिकेश जहाँ पहुँचकर गंगा पर्वतमालाओं को पीछे छोड़ समतल धरातल की तरफ आगे बढ़ जाती हैं। हरिद्वार से 24 किलोमीटर की दूरी पर स्थित ऋषिकेश एक विश्व प्रसिद्ध योग केंद्र है। ऋषिकेश के शांत वातावरण में कई विख्यात आश्रम स्थित हैं। उत्तराखंड में समुद्र तल से 1,360 फीट की ऊँचाई पर स्थित ऋषिकेश भारत के सबसे पवित्र तीर्थस्थलों में एक है। कहा जाता है कि समुद्र-मंथन के दौरान निकला विष शिव ने इसी स्थान पर कंठ में धारण किया था। एक अन्य अनुश्रुति के अनुसार भगवान् राम ने वनवास के दौरान यहाँ के वनों में समय व्यतीत किया था। रस्सी से बना लक्ष्मण झूला इसका प्रमाण माना जाता है। सन् 1939 में लक्ष्मण झूला का पुनर्निर्माण किया गया। यह भी कहा जाता है कि ऋषि राभ्या ने यहाँ ईश्वर के दर्शन के लिए कठोर तपस्या की थी। उनकी तपस्या से प्रसन्न होकर भगवान् विष्णु यहाँ ऋषिकेश के अवतार रूप में प्रकट हुए। तब से इस स्थान को ऋषिकेश नाम से जाना जाता है। यहाँ के प्रमुख दर्शनीय स्थल हैं–लक्ष्मण झूला, त्रिवेणी घाट, स्वर्गाश्रम, नीलकंठ महादेव मंदिर, भरत मंदिर, गीता भवन इत्यादि।

ऋष्यमूक–दक्षिण भारत के एक पर्वत का नाम। 'पंपासर' यहीं था और यहीं पर मतंग मुनि का आश्रम था। सुग्रीव यहाँ के राजा थे तथा यहाँ बहुत से वानर रहते थे। वनवास के समय श्रीरामचंद्र ने वर्षाकाल यहीं बिताया था।

□

एकीकरण—एकीकरण में समाज के विभिन्न समूहों के बीच प्रथाओं, भावनाओं, मनोवृत्तियों और व्यवहारों के क्षेत्र में संगठन की स्थिति उत्पन्न हो जाती है। उदाहरणार्थ—भारत में हिंदू, मुसलमान, सिख, पारसी आदि विभिन्न धर्मावलंबी निवास करते हैं। यदि इनके विचारों, भावनाओं एवं मनोवृत्तियों में समानता आ जाए तो यही एकीकरण की स्थिति होगी। विभिन्न वर्गों में मेल-जोल होना ही एकीकरण है।

एकचक्रा—आरा (बिहार) के निकट बसी एक प्राचीन नगरी। यहाँ एक असुर रहता

था। पांडव लाक्षागृह से बचकर यहीं एक ब्राह्मण के घर में अपनी माता कुंती के साथ रहे थे और भीम ने असुर को यहीं पर मारा था।

एकदंत—गणेशजी का एक नाम। परशुराम ने कुठार से इनका एक दाँत तोड़ दिया था।

एकलव्य—निषाद बालक, जो अद्‌भुत धनुर्धर था। इसके पिता का नाम हिरण्यधनु था।

यह द्रोणाचार्य को गुरु मानता था और उनकी मूर्ति बनाकर उसके सामने अभ्यास कर धनुर्विद्या में पारंगत हुआ था। अर्जुन के समकक्ष कोई और न हो जाए, इस कारण द्रोणाचार्य ने इससे गुरुदक्षिणा के रूप में दाहिने हाथ का अँगूठा माँग लिया। इसने हँसते-हँसते अँगूठा काटकर दे दिया।

एक सौ आठ–धर्मग्रंथों में मन पर नियंत्रण करने के अनेक उपाय बताए गए हैं, जिनमें प्रमुख है–माला का नियमित उपयोग। प्राय: मन की एकाग्रता के लिए माला का उपयोग किया जाता है। माला में मनका प्राय: 108 की संख्या में होते हैं, जिसे लोग हाथ में लेकर फेरते हुए मन को एकाग्र कर अपने आराध्य देव के प्रति ध्यान लगाते हैं। श्रद्धा-भक्ति और आस्था से भगवान् के प्रति समर्पित होने की प्रतीक माला अपने 108 मनकों की महत्ता में गूढ़ार्थ सँजोए हुए है। हमारे तत्त्वदर्शी मनीषियों ने माला में प्रयुक्त की जानेवाली 108 की संख्या के निर्धारण में प्रथम एवं अंतिम संख्या अर्थात् 1+8=9 को जो पूर्णता की महत्ता प्रदान की है, वह भी अपने आप में चामत्कारिक है कि 1 का किसी भी संख्या (1 से 9 तक) में गुणा करें तो योग 1 ही आएगा; जैसे–9 गुणा 5=45–इसमें 4+5 को जोड़ने पर योग 9 ही होगा। इसी प्रकार 9 गुणा 3=27–इस प्रकार 2+7= 9 हुआ। अत: 108 अंक की माला में 9 अंक अपनी पूर्णता के लिए अद्भुत माना गया है।

एकात्मवाद–जीव तथा ब्रह्म के ऐक्य का सिद्धांत 'एकात्मवाद' है। इसमें आत्मा और परमात्मा को एकाकार माना जाता है, इसलिए इसे 'अद्वैतवाद' भी कहते हैं। अद्वैत (अ+द्वैत) का अर्थ है द्वैत (दो का भाव) का अभाव। व्यावहारिक जीवन में एकेश्वरवाद की प्रधानता होते हुए भी पारमार्थिक और आध्यात्मिक अनुभूति की दृष्टि से इसका पर्यवसान अद्वैतवाद में होता है। अद्वैतवाद मानव के व्यक्तित्व का विश्वात्मा में पूर्ण विलय है।

एकेश्वरवाद–केवल एक ही देवता के पूजन का मत।

एरक–समुद्र किनारे उगनेवाली घास। कहते हैं, सांब के जो मूसल उत्पन्न हुआ था, उसे यादव राजा की आज्ञा से पीसकर समुद्र में फेंक दिया गया था। यह घास उसी मूसल के कणों से उत्पन्न हुई थी।

एलोरा–सातवीं शताब्दी के अंतिम और आठवीं शताब्दी के आरंभिक वर्षों में मलखेद के राष्ट्रकूटों का अभ्युदय हुआ। राष्ट्रकूट शासकों का रुझान कलात्मक निर्माण की ओर था। उन्होंने औरंगाबाद स्थित एलोरा की सुरम्य पर्वतीय उपत्यका को अपनी राजधानी बनाया और उसे अमर करने के उद्देश्य से कृष्ण प्रथम (756-772 ई.) ने इस पहाड़ी में एक गुफा को काटकर जगत्-प्रसिद्ध कैलास मंदिर का निर्माण कराया, जो अनुपम कला स्मारक है। यह कैलास मंदिर चालुक्य और द्राविड़ शैलियों का समागम है। भारतीय वास्तुकला तथा मूर्तिकला का यह बेजोड़ नमूना है। इसकी गणना विश्व की अन्यतम कलाकृतियों में की जाती है। यह मंदिर दो-तलीय है। इसके स्तंभ नागर शैली में बने हैं। मंदिर का शेष भाग द्राविड़ वास्तु शैली पर उत्कीर्ण है। कैलास मंदिर में विमान, मंडप, अंतराल, नंदी मंडप तथा गोपुरम् आदि द्राविड़ शैली में तराशे गए हैं। मंदिर के

सारे स्तंभ अलंकृत हैं, जिनमें उत्तर भारत की स्थापत्य शैली मिलती है। मंदिर की वीथियों में अनेक देवमूर्तियाँ हैं, जिनमें विष्णु, गोवर्धनधारी कृष्ण, शिव के विविध रूप, कैलास को अपने हाथों में उठाता रावण, सीता-हरण करता रावण, रावण-जटायु युद्ध उल्लेखनीय हैं। □

ऐतरेय उपनिषद्–इस उपनिषद् में तीन अध्याय हैं। इसके चौथे, पाँचवें और छठे अध्याय में ब्रह्म विद्या का प्रमुखत: वर्णन है और यही प्रमुख कारण है कि यह उपनिषद् है।

ऐरावत–देवराज इंद्र के हाथी का नाम। यह पूर्व दिशा का दिग्गज है, जिसका रंग श्वेत तथा दाँत चार हैं। समुद्र-मंथन से प्राप्त चौदह रत्नों में यह भी एक था। यह हाथियों का राजा है।

ऐश्वर्य–ये आठ हैं–अणिमा, महिमा, प्राप्ति, प्राकाम्य, ईशित्व, वशित्व, लघिमा और गरिमा।

□

ओंकार–अ, उ, म् (ॐ) (प्रणवो धनुः शरो ह्यात्मा ब्रह्म)।

ओंकारेश्वर–मालवा क्षेत्र में ओंकारेश्वर ज्योतिर्लिंग नदी के बीच स्थित द्वीप पर है। यहाँ श्रीओंकारेश्वर और ममलेश्वर दो पृथक्-पृथक् लिंग हैं, परंतु ये एक ही लिंग के दो स्वरूप हैं। श्रीओंकारेश्वर लिंग को ही स्वयंभू समझा जाता है।

ओउम्–ओउम् के लिए 'प्रणव' तथा 'ओंकार' भी प्रयुक्त होते हैं। ओम् नाम अकार,

उकार तथा मकार–तीन वर्णों से बना हुआ है। कहा भी गया है–अकारो विष्णुरुद्दिष्ट उकारस्तु महेश्वरः। मकारेणोच्यते ब्रह्मा प्रणवेन त्रयोमताः।। अकार से विष्णु, उकार से महेश्वर, मकार से ब्रह्मा का बोध होता है। इस प्रकार प्रणव से तीनों का बोध होता है। ओंकार ब्रह्मा का कंठ भेदकर निकला है, इसलिए मांगलिक है। पुराण में ओम् के अ, उ, म क्रम से विष्णु, शिव तथा ब्रह्म के वाचक माने गए हैं।

ओणम–केरल का एक नौका-दौड़ का त्योहार। इस पर्व का पौराणिक आधार महाराज बलि की दानशीलता तथा वामनावतार की कथा है। इस त्योहार का दूसरा आधार

भगवान् विष्णु (वामन) का जन्म-दिवस है। इस दिन बच्चों को खीर खिलाते हैं, जिससे संतान-लाभ की आशा रहती है। हस्त नक्षत्र से श्रवण तक दस दिन फूलों की रंगोली, जिसे 'औनाथाप्पन' कहते हैं, सजाई जाती है। कहते हैं, इस अवसर पर राजा बलि पाताल से अपने राज्य की प्रजा के दर्शनार्थ आते हैं। दावत ओणम

पर्व का प्रधान कृत्य है। यह केरल में नववर्ष का उत्सव है, जिसकी तुलना होली से की जा सकती है। इसमें नावों की दौड़ (वल्लंकलि) की भी प्रधानता देखी गई है।

ओरछा–राजपूत बुंदेला राजा रुद्रप्रताप ने सन् 1783 में इसे अपनी राजधानी बनाया। यहाँ स्थित श्रीराम मंदिर अति प्रसिद्ध एवं सिद्ध मंदिर है। कहा जाता है कि ओरछा की रानी ने तपस्या करके श्रीराम को प्रसन्न किया और तब श्रीराम अयोध्या से रानी के साथ ओरछा आने को तैयार हुए। तत्पश्चात् रानी अयोध्या से पैदल श्रीराम को लेकर ओरछा आईं और उन्हें यहाँ स्थापित किया।

□

औशनस–शुक्राचार्य द्वारा निर्मित एक शास्त्र का नाम। शुक्राचार्य ने ऋषि मंडली के सम्मुख जिन शास्त्र तत्त्वों का वर्णन किया था, उन्हीं तत्त्वों का संग्रह करके 'उशनः संहिता' या 'औशनस' की रचना की थी, जो आज भी प्रसिद्ध है।

औषधि-प्रकार–फल पकने तक जिनके बीज रहें, वे औषधियाँ हैं। ये सत्रह प्रकार की हैं–व्रीहि (धान), यव (जौ), गोधूम (गेहूँ), तिल, प्रियंगु (एक लता विशेष), कारूष, सवीनक, मास, मुद्ग (मूँग), मसूर,

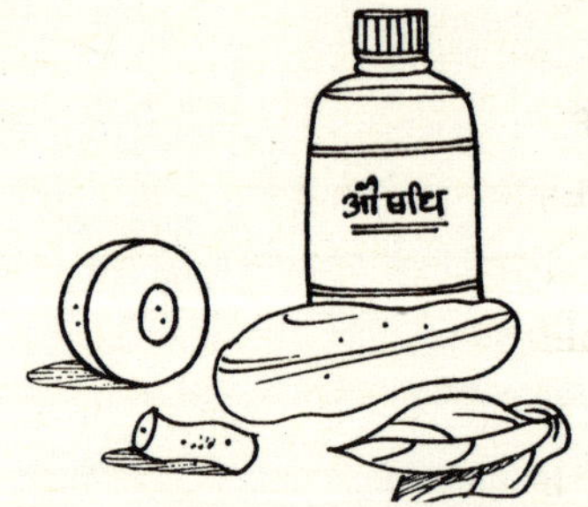

निष्पाव, कुलत्थ (फटकी हुई कुलथी), आढक्य (दाल), चणक (चना), अणव, उदार तथा एक अन्य।

□

कंक–1. पांडवों ने एक वर्ष का अज्ञातवास विराट नगर में बिताया। जहाँ पांडव अपना नाम और पहचान छुपाकर रहे। युधिष्ठिर राजा विराट का मनोरंजन करनेवाले कंक बने, जिसका अर्थ होता है यमराज का वाचक। 2. कंस का भाई, जिसे बलराम ने मारा था।

कंचनजंगा–सिक्किम-नेपाल सीमा पर एवरेस्ट पर्वत के बाद संसार का दूसरा सर्वोच्च पर्वत शिखर। कंचनजंगा का दूसरा नाम कोंगलोचु है, जिसका शाब्दिक अर्थ है

'बर्फ का सर्वोच्च परदा'।

कंदरिया महादेव मंदिर–खजुराहो स्थित एक शिव मंदिर है। वहाँ के मंदिरों में कंदरिया महादेव मंदिर सबसे बड़ा है। इस मंदिर का निर्माणकाल 1000 ईसवी सन् है। भगवान् शिव के एक नाम कंदर्पी पर यह नाम पड़ा।

कंपिल–उत्तर प्रदेश के फर्रुखाबाद जिले का एक प्राचीन नगर, जो दक्षिण पंचाल की राजधानी था। द्रौपदी का स्वयंवर यहीं पर हुआ था। पांडव इसी स्थान पर छिपकर रहे थे।

कंबन–तमिल रामायण के रचयिता एक वैष्णव संत कवि।

कंबल–पाताल का एक प्रधान नाग।

कंस–यह उग्रसेन का पुत्र और मगधराज

जरासंध की अस्ति और प्राप्ति नाम की दो पुत्रियों का विवाह इससे हुआ था। जरासंध की सहायता तथा प्रलंब और वक आदि असुरों की राय से कंस अपने पिता को बंदी बना स्वयं राजा बन बैठा था। भगवान् कृष्ण ने इसका अंत किया था।

ककुत्स्थ–सूर्यवंशीय एक प्रसिद्ध राजा।

कच–देवगुरु बृहस्पति का पुत्र। इसने दैत्य गुरु शुक्राचार्य से संजीवनी विद्या सीखी थी।

कच्छप–विष्णु भगवान् के 24 अवतारों में से एक अवतार।

कठ उपनिषद्–वैशंपायन ऋषि के शिष्य कठ ने इस उपनिषद् की रचना की थी। अतः यह कठ उपनिषद् कहलाता है। इस उपनिषद् में दो अध्याय हैं, जिनमें प्रत्येक में तीन-तीन वल्लियाँ हैं। इनमें महर्षि उद्दालक के पुत्र वाजश्रवा और उनके पुत्र नचिकेता एवं यम के मध्य हुए वार्त्तालाप का वर्णन है।

कणाद–कणाद वैशेषिक दर्शन के आदि प्रवर्तक थे। उनके जीवन के बारे में इतना ही ज्ञात है कि वे गिरे हुए दानों (कणों) को खाकर जीवन-यापन करते थे, जिससे उनका नाम कणाद (कण+आद) पड़ा। 'वायुपुराण' के अनुसार, कणाद का जन्म द्वारिका के समीप प्रभासक्षेत्र में हुआ। इनके गुरु का नाम सोम शर्मा था। कणाद के पिता का नाम कश्यप था, इसीलिए इन्हें 'काश्यप' भी कहा जाता था। अश्वघोष के अनुसार कणाद बुद्ध के पूर्व हुए थे।

कण्व–एक वैदिक ऋषि। उत्तर प्रदेश के सोनभद्र जिले में कण्व ऋषि का आश्रम है, जो कंडाकोट नाम से जाना जाता है।

इन्हीं के आश्रम में हस्तिनापुर के राजा दुष्यंत की पत्नी शकुंतला एवं उनके पुत्र भरत का लालन-पालन हुआ था। ये मेनका अप्सरा की कन्या शकुंतला के पालक पिता थे। महर्षि विश्वामित्र की कठोर तपस्या से डरकर इंद्र ने मेनका को इनका तप भंग करने के लिए भेजा था, जो शकुंतला को उत्पन्न कर तथा कण्व के आश्रम के निकट छोड़कर स्वर्ग चली गई। इसकी रक्षा शकुंतों अर्थात् पक्षियों ने की थी, अतः इसका नाम शकुंतला पड़ा।

कद्रू–यह नागमाता कही जाती है। इसके गर्भ से एक हजार नाग उत्पन्न हुए थे, इसी

से यह सर्पों की माता कही गई है। यह दक्ष प्रजापति की पुत्री थी, जो महर्षि कश्यप को ब्याही थी।

कनखल–हरिद्वार के निकट स्थित एक

तीर्थ-स्थान। यहीं दक्ष प्रजापति ने यज्ञ किया था। यहीं सती ने शरीर त्यागा था। गरुड़ ने यहाँ तप किया था। यहाँ श्राद्ध करने का बड़ा माहात्म्य है। यहाँ दक्ष प्रजापति का एक भव्य मंदिर है, जिसके निकट सतीघाट के नाम से वह भूमि है, जहाँ पुराणों के अनुसार शिव ने सती के प्राणोत्सर्ग के पश्चात् दक्ष यज्ञ भंग किया था। यहाँ प्रति वर्ष लाखों तीर्थयात्री दर्शनार्थ आते हैं।

कन्याकुमारी–कन्याकुमारी में माता पार्वती का मंदिर है, जो इंद्र द्वारा आहूत यज्ञ की होमाग्नि से कुमारी कन्या के रूप में प्रकट हुई थीं। उनका विवाह शिव के साथ तय हुआ, लेकिन विवाह लग्न निकल गया तब से वे कन्या अविवाहित ही रहीं और पाषाण में बदल गईं। उन्हीं के नाम पर इस स्थान का नाम भी कन्याकुमारी पड़ा। वर्ष 1892 में स्वामी विवेकानंद ज्ञान की खोज में यहाँ आए और यहीं तपस्या की। जिस शिलाखंड पर उन्होंने तपस्या की, वहीं 1964 में विवेकानंद मंदिर का निर्माण हुआ।

कपिल–कपिल का नाम बुद्ध के पूर्व के दार्शनिकों में लिया जाता है। सांख्य शास्त्र के प्रवर्तक कपिल का उल्लेख पुराणों

तथा महाभारत में भी आया है; किंतु इनके जन्म की कोई तिथि ज्ञात नहीं है। इन्हें आदिसिद्ध या आदिविद्वान् कहा जाता है, क्योंकि ये हर कल्प के आदि में जन्म लेते हैं। 'महाभारत' में ये 'सांख्य के प्रवर्तक' कहे गए हैं। पुराणों में इन्हें 'अग्नि का अवतार' और 'ब्रह्मा का मानस पुत्र' कहा गया है। 'श्वेताश्वतर उपनिषद्' में कपिल एक बड़े ऋषि हैं। 'भागवत' में ये विष्णु के चौबीस अवतारों में से एक हैं। इनके पिता का नाम कर्दम और माता का नाम देवहूति बतलाया गया है। इन्होंने अपनी माता को सांख्य ज्ञान का उपदेश दिया।

कपिलवस्तु–गौतम बुद्ध का जन्म-स्थल, जो नेपाल की तराई के बस्ती जिले में है। शाक्य राजा शुद्धोदन, जो गौतम बुद्ध के पिता की राजधानी थी। परंपरा के अनुसार वहाँ कपिल मुनि ने तपस्या की, इसीलिए यह कपिलवस्तु, अर्थात् महर्षि कपिल का स्थान नाम से प्रसिद्ध हो गया।

कबीरदास–कबीरदास फक्कड़ स्वभाव के समाज-सुधारक थे। इनकी जन्मतिथि को लेकर काफी मतभेद हैं। अंग्रेज विद्वानों ने

1300 से लेकर 1440 ई. के बीच की अनेक तिथियाँ प्रस्तावित की हैं, किंतु सं. 1456 (यानी 1399 ई.) के विषय में

बहुमत है। उनकी मरण-तिथि सं. 1518 मानी जाती है। कबीर का पालन-पोषण नीरू और नीमा नामक जुलाहा दंपती ने किया था। किंवदंती है कि कबीर किसी विधवा ब्राह्मणी के गर्भ से उत्पन्न हुए थे, अत: लोक-लाज के भय से वह इस बच्चे को लहरतारा नामक तालाब के किनारे छोड़ आई, जहाँ से नीरू नामक निस्संतान जुलाहे ने उसे उठाया और पाला-पोसा। इनका निवास-स्थान काशी था; लेकिन अंत समय में यह मगहर चले गए थे (जो काशी कबिरा मरै तो रामै कौन निहोर)। ऐसा माना जाता है कि मगहर में मरने से नरक मिलता है। यह बात सुनकर ही कबीर वहाँ गए थे। कबीर अनपढ़ थे (मसि कागद छुयौ नहीं, कलम गह्यौ नहिं हाथ), किंतु वे बहुश्रुत विद्वान् थे। स्वयं कबीर ने रामानंद को अपना गुरु कहा है। कबीर ने हिंदू शास्त्रों से ज्ञानमार्ग एवं वैष्णव संप्रदाय से अहिंसा ग्रहण की। वह हिंदू-मुसलमान दोनों में प्रचलित कुप्रथाओं और बाह्याडंबरों के घोर विरोधी थे। वह ईश्वर, अल्लाह, ब्रह्म, राम, रहीम—सभी को एक मानते थे।

कमल—कमल कीचड़ से उत्पन्न होकर भी निर्मल है, जल में जीवनयापन करते हुए भी निर्लिप्त है तथा अनेक पंखुड़ियों से युक्त होकर भी एकात्मता का प्रतीक है। अपने समष्टिपूर्ण गुणों के कारण ही भारतीय संस्कृति में कमल को सर्वोच्चता प्रदान की गई है। व्यष्टि का समन्वयात्मक संदेश देकर कमल लोक-मंगल का आह्वान करता है। इन्हीं सब कारणों से भारतीय संस्कृति, साहित्य, कला आदि में इसकी गहरी पैठ है। ऋग्वेद एवं अथर्ववेद में इसे 'पुंडरीक'

कहा गया है तथा 'तैत्तिरीय' एवं 'वाजसनेय संहिता' में 'पुष्कर' नाम से इसकी प्रशंसा की गई है। सृष्टि के कर्ता ब्रह्मा स्वयं 'कमलभव' हैं, जो भगवान् विष्णु का 'पद्मनाभ' कहा जाता है। पद्मनाभप्रिया लक्ष्मीजी भी 'पद्माक्षी' हैं तथा स्वयं भगवान् विष्णु भी शंख, चक्र, गदा, पद्म धारण किए हुए हैं।

कमाधु : हिरण्यकशिपु की पत्नी का नाम, जो भक्त प्रह्लाद की माता थीं।

करणीजी का मंदिर : बीकानेर का यह मान्य मंदिर करणीजी के अवतार के लिए प्रसिद्ध है। यह देवी मंदिर अपने असंख्य

चूहों के लिए भी प्रसिद्ध है, जो मंदिर में यहाँ-वहाँ घूमते रहते हैं, लेकिन किसी को नुकसान नहीं पहुँचाते। इस मंदिर का दरवाजा चाँदी का है, जिसे महाराजा गंगा सिंह ने बनवाया था।

करतल-तीर्थ–कनिष्ठिका अंगुलि के मूल में देव तीर्थ, अंगुलियों के अग्रभाग में मानुष तीर्थ, करतल-मध्य में आग्नेय तीर्थ तथा तर्जनी (प्रदेशिनी) एवं अंगुष्ठ के मध्य में पितशतीर्थ का निवास है।

करला गुफा–करला गुफा महाराष्ट्र के लोनावला से लगभग 2 कि.मी. दूर स्थित है। करला गुफा बौद्ध संप्रदाय के लिए प्रसिद्ध स्थल है। इसका निर्माण 160 वर्ष ई.पू. भूतपाल ने करवाया। इसकी ऊँचाई 650 मीटर है और लगभग 350 सीढ़ियों के माध्यम से गुफा तक पहुँचा जा सकता है। इसकी कलात्मकता एवं नक्काशी तत्कालीन कला को प्रदर्शित करती है। दीवारों पर विशाल हाथी, नर्तक-नर्तकियाँ, नर-नारी आदि की प्रतिमाएँ हैं। यह गुफा बौद्ध चैत्यों में वृहत्तम मानी जाती है।

करवाचौथ–करवाचौथ का व्रत कार्तिक मास के कृष्ण पक्ष की चतुर्थी को किया जाता है। करवाचौथ स्त्रियों का एक बड़ा कठिन व्रत है। इस दिन सुहागिनें अटल सुहाग, पति की दीर्घ आयु, स्वास्थ्य एवं मंगलकामना के लिए यह व्रत करती हैं।

कर्कोटक–दक्ष प्रजापति की पुत्री कद्रू के गर्भ से उत्पन्न एक सर्प। सर्पों की संख्या एक सहस्त्र कही जाती है, जिनमें से कर्कोटक एक प्रमुख सर्प था।

कर्ण–कुंती का सबसे बड़ा पुत्र, जो सूर्य के

अंश से उत्पन्न हुआ था, इसी से इसे कानीन कहते हैं। यह महाभारत युद्ध में दुर्योधन के पक्ष में लड़ा। अधिरथ सूत ने इसे पाला था, अतः इसे सूतपुत्र भी कहते हैं। कर्ण ने परशुराम से शस्त्र विद्या सीखी। अर्जुन से प्रतिद्वंद्विता के कारण दुर्योधन से इसकी मित्रता हो गई।

कर्णप्रयाग–अलकनंदा और पिंडर नदी के संगम पर बसा गढ़वाल का एक नगर।

यहाँ स्नान करने का बड़ा पुण्य है। कहा जाता है कि कर्ण ने सूर्य की उपासना यहीं पर की थी। पिंडर नदी को कर्णगंगा भी कहते हैं। इसी से तीर्थ संगम का नाम कर्णप्रयाग पड़ा। यहाँ कई प्राचीन मंदिर दर्शनीय हैं।

कर्म–(क) प्रारब्ध, संचित, क्रियमाण। (ख) काया, वाक्, मन। (ग) नित्य कर्म, नैमित्तिक कर्म, काम्य कर्म।

कर्मकांड–पौराणिक विश्वासों का व्यावहारिक रूप कर्मकांड है। कर्मकांडों को तीन भागों में विभक्त किया जा सकता है– 1. संस्कारीय कर्मकांड, 2. एकीकरण कर्मकांड तथा 3. धार्मिक कर्मकांड। संस्कारीय कर्मकांड के अंतर्गत जन्म, विवाह, मृत्यु आदि संस्कार आते हैं। एकीकरण कर्मकांड के अंतर्गत ऐसी क्रियाएँ आती हैं, जिनसे समाज के अन्यान्य वर्गों में अपनत्व एवं एकता का भाव बढ़ता है। उदाहरण के लिए, जूनी लोगों के सलाकों कर्मकांड का नाम लिया जा सकता है। इसमें देवताओं का नृत्य कराया जाता है, जिसमें सभी लोग एकत्र होकर नृत्य का आनंद लेते हैं। इसमें दर्शनार्थी छोटे-बड़े, ऊँच-नीच का भेदभाव तथा व्यक्तिगत द्रोह भूल जाते हैं। इसी प्रकार हिंदुओं में होली, दीवाली, दशहरा व मुसलमानों में ईद, मुहर्रम व अन्य सामाजिक-धार्मिक कृत्य हैं, जिनसे सामाजिक एकता को जीवन मिलता है। धार्मिक कर्मकांड उपर्युक्त दोनों से भिन्न हैं। नदी, तीर्थ, आश्रम, मंदिर तथा अनेक क्षेत्रों की यात्रा, दान, अश्वत्थ आदि धार्मिक कर्मकांड हैं।

कर्मतत्त्व–आर्यों ने कर्मतत्त्व को प्रधानता दी थी और सत्कर्म पर चलने का निर्देश दिया था। उनका पूर्ण विश्वास था कि अच्छे कर्मों से पुण्य और सुख की प्राप्ति होती है तथा बुरे कर्मों से पाप और दुःख की। अतः सत्कर्म का अनुपालन करना मनुष्य के लिए श्रेयस्कर था। आर्यों ने पाप और पुण्य के साथ पुनर्जन्म की भी कल्पना की थी। उनका मानना था कि पूर्व जन्मों के कर्मों का फल भोगने के लिए ही जीव इस संसार में बार-बार आता है, जो उसके कर्म की गति को व्याख्यायित करता है। मनुष्य और देवता-सभी उसी कर्म की गति से संचालित होते हैं। अतः जीवन में कर्म तत्त्व का प्रधान स्थान था। अनेकानेक मंत्रों में स्पष्ट कहा गया है कि शुभ कर्म करने से अमरत्व की प्राप्ति होती है। कर्म को भाग्य मानना ठीक नहीं। भाग्य तो कायरों का आधार है।

कर्मयज्ञ–नित्यकर्म (संध्या-वंदनादि), नैमित्तिक कर्म (तीर्थयात्रादि), काम्यकर्म (पुत्रेष्टि यज्ञादि), अध्यात्मकर्म (देशोपकारादि), अधिदैव कर्म (वास्तुयज्ञादि), अधिभूतकर्म (ब्राह्मणभोजादि)।

कर्मयोग–इस योग का संदेश है कि कर्म द्वारा ईश्वर की प्राप्ति करें। गीता में भी कर्मयोग को सर्वश्रेष्ठ कहा गया है। गृहस्थ और कर्मशील व्यक्ति के लिए यह योग अधिक उपयुक्त है। कर्म-फल की इच्छा के बिना किया गया कार्य भी पूजातुल्य हो जाता है। संसार का कोई कार्य ब्रह्म से अलग नहीं कहा गया है। इसलिए कार्य की प्रकृति कोई भी हो, निष्काम कर्म सदा ईश्वर को ही समर्पित होता है।

कला–मानव जीवन की एक सार्वभौम विशेषता

उसकी कला है। कला की अनेक परिभाषाएँ दी गई हैं। बील्स तथा हाइजर के अनुसार, 'कला एक क्रिया है, जो इसके व्यावहारिक या उपयोगी मूल्यों के अतिरिक्त कलाकार को तथा उन लोगों को, जो उसके कार्य में दर्शक, श्रोता या सहयोगी के रूप में अंश ग्रहण करते हैं, संतुष्टि प्रदान करती है। यही सौंदर्य या लालित्य है, जो कला को संस्कृति के दूसरे पक्षों से पृथक् करता है।' सौंदर्य के तत्त्व में पैठने से जो उल्लास या आनंद मिलता है, कला उसका व्यक्त रूप है। भारतीय कला ने अपने चरम उत्कर्ष में लोकोत्तर आनंद को अपना ध्येय माना है और उस स्तर पर उसकी नैतिकता और अनैतिकता के सभी भेद मिट जाते हैं। धर्मशास्त्रों में शिव द्वारा विश्व की क्रमिक सृष्टि अथवा विकास की प्रक्रिया को कला कहा गया है।

कलाएँ–चंद्रमा की सोलह कलाएँ सर्वविदित हैं, जहाँ कला आकार का सूचक है। किंतु वात्स्यायन के 'कामसूत्र' में नागरिकों को निजी तथा सामाजिक जीवन के लिए

चौंसठ कलाओं का जानना अनिवार्य था। इन चौंसठ कलाओं में नृत्य, संगीत, वाद्य एवं चित्रकारी जैसी ललित कलाओं के साथ ही अनेक शिल्प भी सम्मिलित थे। 'कामसूत्र' के अतिरिक्त 'ललित विस्तर', 'प्रबंध कोश' तथा 'शुक्रनीति सार' में भी कलाओं की संख्या 64 ही है; बल्कि 'ललित विस्तर' में तो यह संख्या 86 है। शैव तंत्रों में चौंसठ कलाओं का उल्लेख मिलता है।

कलियुग–कुछ विद्वान् कलियुग का आरंभ महाभारत युद्ध के 625 वर्ष पहले से

मानते हैं। फिर भी, सामान्यतः यही विश्वास किया जाता है कि महाभारत युद्ध के अंत, श्रीकृष्ण के स्वर्गारोहण और पांडवों के हिमालय जाने के साथ ही कलियुग का आरंभ हो गया था। इस युग के प्रथम राजा परीक्षित् हुए। आर्यभट्ट के अनुसार महाभारत का युद्ध 3109 ईसवी पूर्व में हुआ था और उसके अंत के साथ ही कलियुग का आरंभ हो गया था। चार युगों में से चौथा, जो सबसे अंतिम युग माना गया है, जिसका आरंभ भगवान् कृष्ण के स्वर्गारोहण के अनंतर हुआ है। इसमें धर्म की कमी तथा अधर्म की प्रधानता बताई गई है। इसमें सब अच्छी वस्तुओं का ह्रास और मनुष्यों की अवनति होगी।

कल्कि–विष्णु के चौबीसवें अवतार का नाम,

जो विष्णुयश की पत्नी सुमति के गर्भ से जन्म लेंगे। विष्णु का यह अवतार कलियुग के अंत में होगा। वे कलियुग के नीच, पापी, लोलुप लोगों का नाश करेंगे और तब सतयुग का प्रारंभ होगा।

कल्प–कर्मकांड-प्रधान संस्कृति में कल्प सूत्रों का विशेष महत्त्व था। कल्प का अर्थ है–विधि या नियम। नियम और मर्यादा संस्कृति की एक विशेषता है। हिंदू जीवन से संबंध रखनेवाले प्रत्येक संस्कार धार्मिक या लौकिक कार्य-कलाप इनके विधि-विधान से शासित होते थे। ये चार प्रकार के थे–श्रौत सूत्र, गृह्य सूत्र और शुल्व सूत्र। श्रौत सूत्रों में वैदिक यज्ञादि (जैसे दर्शपौर्णमास, अग्निष्टोम, वाजपेय आदि) का विधि-विधान रहता है।

कल्प–ब्रह्माजी का एक दिन। इसमें 14 मन्वंतर या 4,32,00,00,000 वर्ष होते हैं। ब्रह्माजी के तीस दिनों के नाम इस प्रकार हैं–श्वेतवाराह, नीललोहित, वामदेव, रथंतर, रौरव, प्राण, बृहकल्प, कंदर्प, सत्य, ईशान, व्यान, सारस्वत, उदान, गारुड़, कौर्म (ब्रह्मा की पूर्णिमा), नारसिंह, समान, आग्नेय, सोम, मानव, पुमान्, वैकुंठ, लक्ष्मी, सावित्री, घोर, वाराह, वैराज, गौरी, माहेश्वर और पितृ (ब्रह्मा की अमावस्या)।

कल्पवास–त्रिवेणी के तट पर प्रयागराज में एक महीने तक माघ के महीने में रहकर प्रातः, दोपहर एवं सायंकाल स्नान-ध्यान, पूजा-अर्चना, दीपदान आदि धार्मिक अनुष्ठान कराने की परंपरा प्राचीनकाल से प्रचलित है। देश के कोने-कोने से श्रद्धालु इस अवसर पर एकत्र होकर त्रिवेणी तट पर छोटे-छोटे तंबुओं में रहकर पूरे माघ महीने में स्नान करते हैं, जिसे शास्त्रों में 'कल्पवास' कहा गया है। 'कल्पवास' का तात्पर्य यह है कि एक कल्प तक नियमपूर्वक ध्यान-तप करने से जो पुण्य प्राप्त होता है, वह माघ महीने में पश्चिम मुखवाहिनी गंगा में तथा यमुना एवं सरस्वती के संगम पर स्नान करने से एक महीने में प्राप्त हो जाता है।

कवष–एक वैदिक ऋषि। ऋग्वेद के दसवें मंडल में इनके रचित मंत्र मिलते हैं। एक यज्ञ में कवष ने ऋषियों की पंक्ति में बैठकर भोजन ग्रहण करना चाहा, पर ऋषियों ने दासी-पुत्र कहकर इनका अनादर किया। तब इन्होंने बहुत से मंत्र रचकर देवताओं को प्रसन्न किया और ऋषि पद प्राप्त किया।

कश्यप–एक प्रजापति का नाम, जो ब्रह्मा के पौत्र और मरीचि के मानस पुत्र थे। दक्ष की तेरह पुत्रियाँ कश्यप की पत्नियाँ थीं। इन्हें ब्रह्मवादिनी तथा लोकमाता कहा गया है; जिनके नाम थे–दिति, अदिति, दनु, विनता, क्रोधा, अरिष्टा, इरा, खसा, कद्रू, मुनि, ताम्रा, इला और प्रधा।

काँगड़ा–एक पौराणिक स्थान। इसका प्राचीन नाम त्रिगर्त है। यह हिमाचल की खूबसूरत घाटियों में एक है। धौलाधार पर्वत-शृंखला से घिरी इस घाटी का ऐतिहासिक और सांस्कृतिक दृष्टि से महत्त्वपूर्ण स्थान है। इसका उल्लेख वैदिक ग्रंथों में भी मिलता है। पुराण एवं महाभारत में भी इसका विवरण है। यहाँ के मुख्य आकर्षण हैं–बृजेश्वरी देवी मंदिर, मशरूम मंदिर, करायरी झील, सुजानपुर किला, काँगड़ा किला, महाराणा प्रताप सागर झील, काँगड़ा आर्ट गैलरी, चिन्मय तपोवन।

कांची कामकोटि पीठ–कांचीपुरम में स्थापित

एक हिंदू मठ। यहाँ के मठाधीश को शंकराचार्य कहते हैं। यह दक्षिण भारत के महत्त्वपूर्ण धार्मिक स्थलों में से एक है।

काकभुशुंडी–एक ब्राह्मण जो लोमश ऋषि के शाप से कौआ बन गए थे। ये भगवान्

राम के बड़े भक्त थे। इन्होंने 'भुशुंडी रामायण' की रचना की थी।

कादंबरी–बाणभट्ट की अमर कृति। यह उनकी ही नहीं, समस्त संस्कृत वाङ्मय

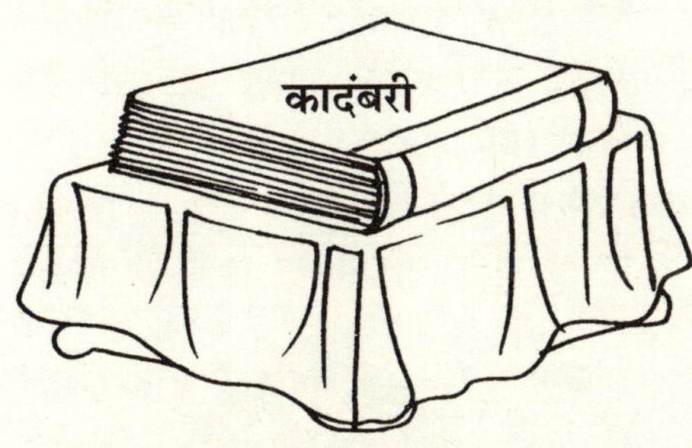

की अनूठी गद्य-रचना है। 'कादंबरी' की कथा एक जन्म से संबद्ध न होकर चंद्रापीड तथा पुंडरीक के तीन जन्मों से संबद्ध है। 'कादंबरी' की कथा दो भागों में विभक्त है–पूर्वभाग तथा उत्तरभाग। पूर्वभाग बाणभट्ट की रचना है और उत्तरभाग उनके पुत्र भूषणभट्ट (पुलिंद भट्ट) की।

कामदेव–कामदेव को हिंदू शास्त्रों में प्रेम और काम का देवता माना गया है। इनका

स्वरूप युवा और आकर्षक है। ये विवाहित हैं और रति इनकी पत्नी हैं। ये इतने शक्तिशाली हैं कि इनके लिए किसी प्रकार के कवच की कल्पना नहीं की गई है। इनके अन्य नामों में रागवृंत, अनंग, कंदर्प, मनमथ, मनसिजा, मदन, रतिकांत, पुष्पवान, पुष्पधन्व आदि प्रसिद्ध हैं। कामदेव हिंदू देवी श्री के पुत्र और कृष्ण के पुत्र प्रद्युम्न के अवतार हैं। कामदेव के आध्यात्मिक रूप को हिंदू धर्म में वैष्णव अनुयायियों द्वारा कृष्ण भी माना जाता है।

कामधेनु–एक गाय, जो समुद्र-मंथन से प्राप्त चौदह रत्नों में से एक है, जिससे मनोवांछित फल मिलता है। कामधेनु का वर्णन पौराणिक गाथाओं में एक ऐसी चमत्कारी गाय के रूप में मिलता है, जिसमें दैवी

शक्तियाँ थीं और जिसके दर्शन मात्र से ही लोगों के दुःख दूर हो जाते थे। इसका दूध अमृत के समान था। जैसे देवताओं में भगवान् विष्णु, सरोवरों में समुद्र, नदियों में गंगा, पर्वतों में हिमालय, भक्तों में नारद, सभी पुरियों में कैलास, संपूर्ण क्षेत्रों में केदार क्षेत्र श्रेष्ठ है, वैसे ही गऊओं में कामधेनु सर्वश्रेष्ठ है। कामधेनु सबका पालन करनेवाली है, सब इच्छाएँ पूर्ण करनेवाली है।

कामाख्या मंदिर—गुवाहाटी में तंत्र शक्ति के पुजारियों का एक अति प्रसिद्ध पौराणिक मंदिर। यह दैत्यराज नरकासुर ने बनवाया था, लेकिन सोलहवीं शताब्दी में यवनों

के आक्रमण में मूल मंदिर ध्वस्त कर दिया गया और आज जो मंदिर है, उसका निर्माण कूचविहार के राजा नरनारायण ने सन् 1665 में करवाया। यह मंदिर प्राचीन अहोम शैली का एक उत्कृष्ट नमूना है। इस मंदिर में दुर्गा, काली, तारा, उमा, कमला एवं चामुंडा की प्रतिमाएँ हैं। यह मंदिर 51 पीठों में शामिल है। यहाँ सती माता की योनि गिरी थी।

काम्यवन—ब्रजमंडल के बारह वनों में एक। यह ब्रज के सर्वोत्तम वनों में से एक है। इस वन की परिक्रमा करनेवाला

सौभाग्यशाली तथा मनुष्यों में पूजनीय होता है।

कार्तवीर्य—माहिष्मती के राजा कृतवीर्य का पुत्र सहस्रार्जुन। इसे हैहय भी कहते थे। यह तंत्रशास्त्र का ज्ञाता था। 'कार्तवीर्यतंत्र' की रचना इसी ने की थी। इसने अपने पराक्रम से लंकेश्वर रावण को भी बंदी बना लिया था। बाद में रावण के पितामह महर्षि पुलस्त्य के आग्रह पर उसे छोड़ दिया था।

कार्त्तिकेय—शिवजी के पुत्र, जिनका पालन-पोषण चंद्रमा की पत्नी कृत्तिकाओं

ने किया था, इसीलिए इन्हें 'कार्त्तिकेय' कहा जाता है। इन्हें 'कुमार' भी कहते हैं।

कार्त्तिकेय देवताओं के सेनापति हैं। इनका जन्म तारकासुर का वध करने के लिए हुआ था। तारकासुर को मारकर ये 'तारकारि' कहलाए।

काल–काल के अर्थ हैं–समय या निश्चित समय, महाकाल, ब्रह्म, मृत्यु आदि। मैत्रायणी उपनिषद् में आया है कि सभी जीव काल से उत्पन्न होते हैं। काल से ही वे वृद्धि प्राप्त करते हैं और काल में ही समाप्त हो जाते हैं। काल रूप-रहित हैं। महाभारत में कहा गया है कि काल सबको समाप्त करता है और पुनः सबकी सृष्टि करता है। काल ही ऐसा है, जो सबके सोने पर भी जागता रहता है। काल अजेय है। पतंजलि ने लिखा है कि काल रात्रि एवं दिन है। वह आदित्य (सूर्य) की गति है। बौद्ध धर्म में कहा गया है कि काल यदि कोई पृथक् सत्ता नहीं, उसका कोई प्रारंभ नहीं और यह अनंत है तो समय की दूरी एवं निकटता की धारणा नहीं हो सकती। जैन धर्म में काल की पृथक् सत्ता स्वीकार की गई है। 'कूर्मपुराण' में काल को अनंत, अजर-अमर कहा गया है। यह जीवों की सर्जना एवं संहार करता है। काल किसी अन्य के वश में नहीं है। ज्योतिष ग्रंथ 'सूर्य सिद्धांत' में कहा गया है–काल लोकों का अंत करनेवाला है।

काल–(क) भूत, वर्तमान, भविष्य। (ख) प्रातः, मध्याह्न, सायं। (ग) पूर्वाह्न, मध्याह्न, अपराह्न।

कालकूट–समुद्र-मंथन से निकला भयानक विष, जिसे भगवान् शंकर ने अपने कंठ में रख लिया था, जिसके प्रभाव से उनका कंठ नीला पड़ गया और तब से उनका एक नाम 'नीलकंठ' पड़ गया।

कालत्रय–अतीत, वर्तमान, भविष्यत्।

कालनेमि–एक राक्षस, जो रावण का मामा था। इसने हनुमानजी को उस समय छलना चाहा था जब वे लक्ष्मण के लिए संजीवनी बूटी लेने जा रहे थे। यह विष्णु के हाथों मारा गया था।

कालपुरुष–यमराज का एक नाम।

कालयवन–गार्ग्य ऋषि और गोपाली नाम की अप्सरा का पुत्र, जिसे ऋषि ने मथुरावालों से बदला लेने के लिए उत्पन्न किया था। यह राजा मुचुकुंद की कोप-दृष्टि से जलकर भस्म हो गया था।

कालसर्प योग–जातक के पूर्व जन्म के किसी पाप के शाप के फलस्वरूप उसकी जन्मकुंडली में यह दुर्योग प्रकट होता है। ऐसा जातक आर्थिक, शारीरिक तथा संतान संबंधी कष्टों से परेशान रहता है। उसे आर्थिक क्षति होती है और तरह-तरह के रोग लगे रहते हैं।

कालिंदी–1. हिमालय पर्वत की एक चोटी का नाम बंदरपुच्छ है। यह चोटी उत्तराखंड

के टिहरी-गढ़वाल जिले में है। इसे सुमेरु भी कहते हैं। इसके एक भाग का नाम

कालिंद है। यहीं से यमुना निकलती है। इसी से यमुना का नाम कलिंदजा और कालिंदी भी है। दोनों का मतलब कलिंद की बेटी होता है। 2. श्रीकृष्ण की एक पत्नी।

कालिय नाग—ब्रज के समीप यमुना के एक सरोवर 'कालीदह' में रहनेवाला एक विषैला

साँप, जिसे श्रीकृष्ण ने समुद्र में रहने के लिए बाध्य कर दिया।

काशी—भारत के तीर्थों में काशी का अपना विशिष्ट स्थान है। यह षोडश महाजनपदों में सम्मिलित है। पाणिनि ने 'अष्टाध्यायी' में तथा पतंजलि ने 'महाभाष्य' में काशी का उल्लेख किया है। 'भागवतपुराण' तथा 'स्कंदपुराण' में भी इसका प्रसंग आया है। विभिन्न युगों में काशी विभिन्न नामों (मुदस्सन, पुष्पवती, रंभ तथा मोलिनी) से विख्यात रही। 'कूर्मपुराण' के अनुसार, यह वरुणा और असी नदियों के मध्य स्थित थी। वस्तुतः 'वरुणा' तथा 'असी' के संयुक्त नाम पर ही इसका नाम 'वाराणसी' पड़ा। जातकों के अनुसार, इस नगर का विस्तार बारह योजन था। इसका निर्माण शूलपाणि महादेव ने किया था। यहाँ पर राजा हरिश्चंद्र अपनी पत्नी शैव्या एवं पुत्र रोहित के साथ आए थे। यह नगरी गंगा के बाएँ तट पर स्थित थी तथा उद्योग और व्यापार का प्रमुख केंद्र थी। चीनी लोग वाराणसी को पो-ला-नि-स्से कहते थे। महाभारत के अनुसार, वाराणसी का संस्थापक दिवोदास था। कृष्ण द्वारा काशी के जलाए जाने का भी उल्लेख हुआ है। जैनियों के अनुसार, पार्श्वनाथ वाराणसी में उत्पन्न हुए। वर्तमान में वाराणसी दशाश्वमेध घाट, विश्वनाथ मंदिर, काशी हिंदू विश्वविद्यालय सहित तीन विश्वविद्यालयों, अस्पताल, तुलसी अखाड़ा के अतिरिक्त रेशमी बनारसी साड़ियों के व्यापारिक केंद्र के रूप में प्रसिद्ध है।

काशी विश्वनाथ—वाराणसी स्थित श्रीविश्वनाथजी सबसे प्रमुख ज्योतिर्लिंगों

में एक हैं। गंगा तट पर स्थित काशी विश्वनाथ शिवलिंग का दर्शन हिंदुओं में सबसे पवित्र माना जाता है।

कीचक—राजा विराट का सेनापति। यह रानी सुदेष्णा का भाई था। जब पांडव विराट के यहाँ अज्ञातवास बिता रहे थे, उसी दौरान कीचक ने द्रौपदी से अभद्र व्यवहार

किया, तब रुष्ट होकर भीम ने इसका वध कर डाला था।

कुंजर–अंजना के पिता तथा हनुमान के नाना,

जो वानरराज केशरी के ससुर थे। इन्हें विरज भी कहते हैं।

कुंती–शूरसेन यादव की पुत्री तथा वसुदेव की बहन। इन्हें इनके चाचा भोज देश के

राजा कुंतिभोज ने गोद लिया था। दुर्वासा ऋषि ने इनकी सेवा से प्रसन्न हो इन्हें वह मंत्र दिया, जिसके प्रभाव से ये किसी देवता का आह्वान कर पुत्र उत्पन्न कर सकती थीं। उक्त मंत्र की परीक्षा से कुमारी अवस्था में ही इन्होंने सूर्यपुत्र कर्ण को जन्म दिया। इनका विवाह पांडु के साथ हुआ और ये युधिष्ठिर, भीम तथा अर्जुन वीर पुत्रों की माता बनीं।

कुंथुनाथ–सत्रहवें तीर्थंकर कुंथुनाथ चक्रवर्ती राजा थे। एक दिन वे वन भ्रमण को गए। वहाँ एक दिगंबर मुनि को कठोर तप

करते देख उन्हें आत्मबोध हुआ और सांसारिक भोगों से उन्हें अरुचि हो गई। उन्होंने संन्यास ले लिया। विभिन्न योग और तपों के माध्यम से सोलह वर्षों तक उन्होंने अपने कर्मों का क्षय किया। अंतत: चैत्र शुक्ल तृतीया के दिन उन्हें कैवल्यज्ञान प्राप्त हुआ। उनके संघ में लगभग सवा लाख मुनि, शिक्षक, कैवल्यज्ञानी, आर्यिकाएँ, श्रावक-श्राविकाएँ, देव-देवियाँ और पशु-पक्षी शामिल थे। वैशाख शुक्ल प्रतिपदा के दिन सम्मेद शिखर पर उन्हें निर्वाण प्राप्त हुआ।

कुंभ–कुंभ दुनिया का सबसे बड़ा धार्मिक,

आध्यात्मिक एवं सांस्कृतिक पर्व है, जिसमें करोड़ों श्रद्धालु गंगा स्नान, पूजा-अर्चन सांस्कृतिक-आध्यात्मिक समागम करते हैं। कुंभ पर्व धरती पर कुल चार स्थानों-हरिद्वार, प्रयाग, उज्जैन और नासिक में आयोजित होता है। इनमें से प्रत्येक स्थान पर प्रति बारहवें वर्ष इस पर्व का आयोजन होता है। हरिद्वार और प्रयाग में दो कुंभ पर्वों के अंतराल में अर्धकुंभ भी होता है। कहा जाता है कि देव-दानवों द्वारा समुद्र-मंथन से प्राप्त अमृत कलश पर अधिकार जमाने के लिए उनमें संघर्ष हुआ। इस दौरान पृथ्वी के चार स्थानों (प्रयाग, हरिद्वार, उज्जैन, नासिक) पर कलश से अमृत की बूँदें गिरी थीं। चूँकि अमृत-प्राप्ति के लिए देव-दानवों में परस्पर बारह दिन तक निरंतर युद्ध हुआ था। अतएव कुंभ भी बारह होते हैं। उनमें से चार कुंभ पृथ्वी पर होते हैं। जिस समय में चंद्र, सूर्य आदि ने कलश की रक्षा की थी, उस समय की वर्तमान राशियों पर रक्षा करनेवाले चंद्र व सूर्यादिक ग्रह जब आते हैं, उस समय कुंभ का योग होता है-अर्थात् जिस वर्ष जिस राशि पर सूर्य, चंद्रमा और बृहस्पति का संयोग होता है, उसी वर्ष, उसी राशि के योग में, जहाँ-जहाँ अमृत बूँदें गिरी थीं, वहाँ-वहाँ कुंभ पर्व होता है। भारत में संभवतः इतनी बड़ी संख्या में जनमानस किसी अन्य पर्व में भाग नहीं लेता, जितना कि कुंभ में।

कुंभकर्ण–रावण का छोटा भाई। वज्रज्वाला इसकी पत्नी थी तथा कुंभ-निकुंभ दो पुत्र।

कुज–मंगल ग्रह का एक नाम।

कुबेर–इन्हें धन का स्वामी कहा जाता है। इन्हें नौ निधियों का भंडारी तथा शिवजी का मित्र कहा गया है। यह विश्रवा ऋषि के पुत्र और लंकापति रावण के सौतेले भाई थे। इन्होंने ही विश्वकर्मा से लंका बनवाई थी। रावण ने इन्हें लंका से निकाल दिया था। तब कुबेर ने तपोबल से देवपद प्राप्त किया।

कुब्जा–मथुरापति कंस की एक दासी, जो कुबड़ी थी। मल्लयुद्ध के आयोजन में आते समय श्रीकृष्ण ने इसे कंस के यहाँ

सुगंध-लेप आदि ले जाते देखा और माँगने पर इसने उन्हें बड़ी प्रसन्नता से लेपन दे दिए। प्रसन्न हो श्रीकृष्ण ने इसका कुबड़ापन दूर कर दिया और इसे एक सुंदरी बना दिया।

कुमारिल भट्ट—इनका दूसरा नाम तूतात भट्ट है, जिससे इनके मत को तौतातित भी कहा जाता है। ये मीमांसा के बहुत बड़े विद्वान् थे। इन्होंने अपने ग्रंथों में व्यापक प्रसार पाए हुए बौद्धों के सिद्धांतों का सबल खंडन किया था। 'शंकर दिग्विजय' तथा तिब्बती परंपराओं में कुमारिल का बौद्ध दार्शनिक धर्मकीर्ति से शास्त्रार्थ होने की अनेक कथाएँ अंकित हैं। बौद्ध वेश में कुमारिल ने नालंदा में बौद्ध ग्रंथों का अध्ययन करके बाद में अपनी युक्तियों से अपने गुरु को ही परास्त किया था, जिसके प्रायश्चित्त-स्वरूप प्रयाग में तुषाग्नि में जलकर मृत्यु का वरण किया था। उसी अवस्था में शंकराचार्य ने इनके दर्शन किए थे। कुमारिल ने तंत्र-बल से भी अनेक बौद्ध विद्वानों का विध्वंस किया था, ऐसी जनश्रुति भी प्राप्त होती है। जो कुछ भी हो, सभी आस्तिक दार्शनिकों में कुमारिल बौद्ध ग्रंथों के सर्वोच्च विद्वान् थे, ऐसा कई ग्रंथों से प्रतीत होता है। मीमांसक कुमारिल उत्तरी बिहार के निवासी थे, किंतु उन्होंने भारत की व्यापक यात्रा की थी।

कुरु—पांडु और धृतराष्ट्र का वंश।

कुरुक्षेत्र—कुरुक्षेत्र दिल्ली के निकट हरियाणा में स्थित है, जहाँ अब एक विश्वविद्यालय भी है; किंतु इसकी प्रसिद्धि महाभारत के युद्धस्थल के रूप में है। यहीं पर भगवान् कृष्ण ने अर्जुन को गीता-उपदेश दिया था। गीता में इसे 'धर्मक्षेत्रे कुरुक्षेत्रे' कहा गया है। हेमचंद्र ने भी इसे धर्मक्षेत्र कहा है। ब्रह्मा की यज्ञवेदी होने से इसे 'ब्रह्मवेदी' भी कहा गया है। महाभारत के अनुसार इसकी स्थिति सरस्वती के दक्षिण तथा दृषद्वती के उत्तर में है। 'शतपथ ब्राह्मण' के अनुसार यह देवताओं की यज्ञभूमि थी। कौरव-पांडवों का युद्ध इसी क्षेत्र में हुआ था। मौर्यों के शासनकाल में कुरुक्षेत्र मौर्य वंशी राजाओं के राज्य में रहा। कुरुक्षेत्र की सीमाओं में ही वह इतिहास-प्रसिद्ध पानीपत का मैदान है, जहाँ भारत के भाग्य-परिवर्तक तीन-तीन युद्ध हुए।

कुल्लू—इस देवस्थान पर देवताओं का आवागमन रहा है। रामायण व महाभारत काल में इसका नाम कुलंतपीठ था। यह स्थान वेदव्यास, गौतम, वसिष्ठ, भृगु, मनु, जमदग्नि आदि महर्षियों की तपःस्थली रहा है। यहाँ देव भी इनके दर्शनार्थ आते थे। कुल्लू से लगभग 7 कि.मी. दूर एक अनोखा मंदिर बिजलेश्वर महादेव है। इस मंदिर में दो मीटर ऊँची देव प्रतिमा है, जो प्रतिवर्ष बिजली गिरने से टूट जाती है, जिसे मंदिर के पुजारी मक्खन एवं सत्तू से पुनः जोड़ देते हैं।

कुवलयापीड—कंस द्वारा श्रीकृष्ण को मारने हेतु नियुक्त एक हाथी, जिसे धनुष-यज्ञ के मंडप-द्वार पर खड़ा किया गया था। यह कृष्ण द्वारा मारा गया था और इसके महावत अंबष्ठ का वध बलराम ने किया था।

कुश—अयोध्यापति श्रीराम-जानकी के ज्येष्ठ

पुत्र, जो वाल्मीकि आश्रम में जनमे और पले-बढ़े थे।

कुशीनगर—बुद्ध के महापरिनिर्वाण का स्थान। किंवदंती के अनुसार यह नगर भगवान् राम के ज्येष्ठ पुत्र कुश ने बसाया था। बौद्ध ग्रंथ महावंश में कुशीनगर का नाम इसी कारण 'कुशावती' भी कहा गया है। बौद्धकाल में यही नाम कुशीनगर या पालि में कुसीनारा हो गया। एक अन्य बौद्ध किंवदंती के अनुसार तक्षशिला के इक्ष्वाकु-वंशी राजा तालेश्वर का पुत्र तक्षशिला से अपनी राजधानी हटाकर कुशीनगर ले आया था। उसकी वंश-परंपरा में बारहवें राजा सुदिन्न के समय तक यहाँ राजधानी रही। इनके बीच में कुश और महादर्शन नामक दो प्रतापी राजा हुए, जिनका उल्लेख गौतम बुद्ध ने किया है।

कुसुम सरोवर—गोवर्धन से लगभग 2 किलोमीटर दूर राधाकुंड के निकट स्थापत्य कला का एक अद्‌भुत नमूना। स्मारक का सबसे उत्कृष्ट भाग इसकी कुरसी है, जो कला का एक उत्कृष्ट नमूना है। स्मारक 460 फीट लंबे चबूतरे पर है। इसकी पिछली दीवार दोनों किनारों पर परदे जैसी प्रतीत होती है और विभिन्न रूपरेखा की दो मंजिली नौ छतरियाँ अग्रभाग में उभार प्रदर्शन के लिए निर्मित की गई हैं।

कूर्म—समुद्र-मंथन के समय भगवान् ने कूर्म रूप धारण किया था। यह विष्णु भगवान् का दूसरा अवतार था।

कृत्तिका—एक नक्षत्र। ये संख्या में 6 हैं। इन्हें चंद्रमा की पत्नी कहा गया है, जो चंद्रमा को दक्ष का शाप होने के कारण निस्संतान थीं। इन छहों ने कुमार कार्तिकेय का लालन-पालन किया था।

कृत्तिवास—कृत्तिवास (ओझा) अपनी बँगला रामायण के कारण अमर हो गए। यद्यपि यह रामायण 600 वर्ष पूर्व रची गई, किंतु बंगाल में आज भी इसका पारायण घर-घर में किया जाता है। कृत्तिवास द्वारा रचित 'रामायण' वस्तुतः 'वाल्मीकि रामायण' का बँगला में पद्यानुवाद है, किंतु यह अक्षरशः अनुवाद नहीं है। उन्होंने इसे कहीं-कहीं संक्षिप्त भी कर दिया है। इस समय जो रामायण उपलब्ध है, वह सोलहवीं शताब्दी में अनेक पांडुलिपियों के आधार पर तैयार करके प्रकाशित की गई थी, फलतः इसमें अनेक परिवर्तन दृष्टिगोचर होते हैं। इसमें जो मूल परिवर्तन हुआ है, वह यह है कि राक्षसों को संत व वैष्णव रूप में दरशाया गया है। सत्रहवीं शताब्दी में कवि चंद्र ने कृत्तिवास रामायण में अंगद/राज-दरबार अंश जोड़ दिया है।

कृपाचार्य—गौतम के पौत्र तथा शरद्वान् के पुत्र इनकी बहन कृपी से द्रोणाचार्य का

विवाह हुआ था। इन्होंने कौरवों और पांडवों को अस्त्र-विद्या सिखाई थी। महाभारत के युद्ध में ये कौरव-पक्ष की ओर से लड़े थे।

कृपी—कृपाचार्य की बहन, द्रोणाचार्य की पत्नी

और अश्वत्थामा की माता।

कृष्णद्वैपायन–पराशर ऋषि के पुत्र वेदव्यास का एक नाम।

कृष्ण-पटरानी–रुक्मिणी, सत्यभामा, भद्रा, जांबवती, सत्या, मित्रवदा, लक्ष्मणा, कालिंदी।

केतु–केतु राहु की तरह एक छाया ग्रह है, जिसमें वायु तत्त्व प्रधान होता है। इसके देवता ब्रह्मा हैं। पंच धातु में इसके तत्त्व पाए जाते हैं। इसका रंग चितकबरा होता है। इसका पूजन नहीं होता, पर इसके नाम पर किसी पर्वत पर जाकर काले रंग की ध्वजा फहराई जाती है। यह पतन को रोकने का और नाम को ऊँचा करने का संकेत है।

केदारनाथ–हिमालय के एक हिमाच्छादित पर्वत का नाम, जिस पर केदारनाथ ज्योतिर्लिंग स्थापित है। इसके ऊपर ब्रह्मगुफा है, जहाँ ब्रह्मा ने यज्ञ किया था। यहीं से पांडवों ने स्वर्गारोहण शुरू किया था। यह एक पवित्र तीर्थ है।

केन उपनिषद्–केन से तात्पर्य है–'किसके द्वारा'। इसलिए इसका नाम केनोपनिषद् या केन उपनिषद् है। इसका उल्लेख सामवेदीय 'तलवकार ब्राह्मण' के नौवें अध्याय में है।

केन नदी–यमुना की एक सहायक नदी, जो बुंदेलखंड क्षेत्र से गुजरती है। मंदाकिनी तथा केन यमुना की अंतिम सहायक नदियाँ हैं, क्योंकि इसके बाद यमुना गंगा से जा मिलती है। केन नदी जबलपुर, मध्य प्रदेश से प्रारंभ होती है। पन्ना में इससे कई धाराएँ आकर जुड़ती हैं और फिर बाँदा, उत्तर प्रदेश में इसका यमुना से संगम होता है।

केशलुंचन–जैन मुनियों में केशलोंच (नोचने) को बड़ा तप कहा गया है और इस अवसर पर भक्तों का मेला लग जाता है। इसमें मुनि अपने हाथों से सिर, दाढ़ी और मूँछों के बाल उखाड़ते हैं। यह क्रिया जैन मुनियों द्वारा पालन किए जानेवाले 28 गुणों में से एक है तथा इनका पालन करने में मुनियों को अत्यंत सावधान रहने का उपदेश है।

केसरी–कुंजर वानर की पुत्री अंजना के पति का नाम।

कैकसी–रावण की माँ का नाम।

कैलास–हिंदुओं का एक पवित्र तीर्थ। यह तीर्थ हिमालय के तिब्बत प्रदेश में स्थित है। कैलास को भगवान् शिव का निवास-स्थान कहा गया है। इसे मानसरोवर तीर्थ और इस प्रदेश को मानसखंड भी कहा जाता है। पुराणों के अनुसार शिव, ब्रह्मा, इंद्र आदि देवगण; मरीच, पुलस्त्य आदि ऋषि एवं रावण, भस्मासुर आदि राक्षसों ने यहाँ तप किया था।

कैलास पर्वत–'कालिका पुराण' के अनुसार कैलास पर्वत पर शिव-पार्वती रहते हैं। 'महाभारत' में कुमाऊँ और गढ़वाल पर्वतों को कैलास पर्वतमाला में सम्मिलित किया गया है और इसे 'हेमकूट' भी कहा गया

है। कालिदास ने 'कुमारसंभव' में कैलास का उल्लेख किया है। जैनियों में यह 'अष्टापद' पर्वत कहलाता है, जहाँ ऋषभ तथा अनेक मुनियों को कैवल्य ज्ञान प्राप्त हुआ था। हिमालय पर्वत-शृंखला में कैलास श्रेणी लद्दाख पर्वतमाला के समानांतर उससे 50 मील पीछे फैली हुई है, जिसमें अनेक शिखर समूह हैं। प्राचीन भूगोलवेत्ताओं ने इसे 'वैद्युत् पर्वत' कहा है। तिब्बत निवासी इसे 'कंग्रीनपोचे' कहते हैं, जो मानसरोवर से 25 मील उत्तर में स्थित है। इसकी ऊँचाई 22,028 फीट बताई गई है। बदरिकाश्रम इसी पर्वत पर स्थित है। हिंदी सूफी साहित्य में कैलास को 'कबिलास' कहा गया है, जो स्वर्ग का पर्याय है। पुराणों में कैलास को भगवान् शिव तथा कुबेर का निवास-स्थान बताया गया है, जो मेरु पर्वत के दक्षिण में स्थित है। यहीं अलकापुरी एवं सौगंधिक वन स्थित हैं।

कैवल्यज्ञान—भूत, वर्तमान और भविष्य के स्पष्ट व प्रत्यक्ष ज्ञान को कैवल्यज्ञान कहते हैं।

कोणार्क—कोणार्क उड़ीसा के पुरी जिले में भुवनेश्वर से लगभग 42 मील दक्षिण-पूर्व स्थित एक प्रसिद्ध तीर्थ है। यह समुद्र के निकट चंद्रभागा नदी के तट पर स्थित है। यह स्थान सूर्य मंदिर के लिए प्रसिद्ध है। मुख्य सूर्य मंदिर पंजाब के मुलतान में चिनाब और सिंधु नदी के संगम पर स्थित था। उसे तुर्कों द्वारा नष्ट कर दिए जाने पर 1250 ई. में कोणार्क का सूर्य मंदिर बनाया गया। विदेशियों पर विजय के उल्लास में प्रतापी राजा नरसिंह देव प्रथम द्वारा निर्मित यह मंदिर अपनी विशालता, निर्माण सौष्ठव तथा वास्तु और मूर्तिकला के समन्वय में अद्वितीय है। यह उड़ीसा की वास्तु और मूर्तिकला की चरम सीमा को प्रदर्शित करता है। वर्ष में एक बार यहाँ सूर्योपासक इकट्ठा होते हैं।

कोसल—पुराणों के अनुसार कोसल सूर्यवंशी राजाओं का राज्य था और अयोध्या उसकी राजधानी थी।

कोसी—आगरा-दिल्ली मार्ग पर स्थित एक नगर। यहीं नंदजी की कुशस्थली थी, इस कारण इस स्थान का नाम कोसी-कोसीकलाँ हुआ। एक दिन नंदजी जब द्वारिका दर्शन की तैयारी करने लगे तो श्रीकृष्ण ने इसी स्थान पर श्रीनंद-यशोदा को अपनी ईश्वरीय शक्ति से द्वारिका का दर्शन कराया था। यहाँ गोमतीकुंड, विशाखाकुंड, मायाकुंड, राधामाधव मंदिर, श्रीराधाकांत मंदिर, लक्ष्मीनारायण मंदिर, श्रीराधावल्लभ मंदिर एवं दाऊजी मंदिर दर्शनीय हैं।

कौमोदकी—भगवान् विष्णु की गदा।

कौरव–'कौरव' चंद्रवंशी राजा कुरु के वंशजों के लिए प्रयुक्त संज्ञा है; किंतु वास्तव में धृतराष्ट्र के सौ पुत्रों के लिए ही यह शब्द प्रयुक्त हुआ है। राजा विचित्रवीर्य की दो पत्नियाँ–अंबिका तथा अंबालिका थीं, जिनसे क्रमशः धृतराष्ट्र एवं पांडु उत्पन्न हुए। धृतराष्ट्र के दुर्योधनादि सौ पुत्र 'कौरव' कहलाए और पांडु के पाँच पुत्र 'पांडव'।

कौशल्या–राजा दशरथ की महारानी, भगवान् श्रीराम की माता।

कौशांबी–बौद्ध भूमि के रूप में प्रसिद्ध कौशांबी उत्तर प्रदेश राज्य का एक जनपद है। ऐतिहासिक दृष्टि से भी यह स्थान काफी महत्त्वपूर्ण है। यहाँ स्थित पर्यटन स्थलों में शीतला मंदिर, दुर्गा देवी मंदिर, प्रभाषगिरि और राम मंदिर विशेष रूप से प्रसिद्ध हैं। कौशांबी को पहले कौशाम के नाम से जाना जाता था। यह बौद्ध व जैनों का प्राचीन केंद्र है। पहले यह जगह वत्स महाजनपद के राजा उदयन की राजधानी थी। माना जाता है कि बुद्ध यहाँ भ्रमणार्थ आए थे।

कौषीतकि ब्राह्मण उपनिषद्–ऋग्वेद के इस उपनिषद् में चार अध्याय हैं। इन अध्यायों में उपासना के विभिन्न प्रकारों का वर्णन है, जैसे–प्राण उपासना, अग्निहोत्र, इसके अतिरिक्त चैतन्य तत्त्व की उपासना आदि। इसमें ब्रह्मज्ञान और ब्रह्म की परिभाषा का भी वर्णन है।

कौस्तुभ मणि–उत्तम गुण-संपन्न, वर्ण-क्षत्रीय, रंग-रक्तकमल, स्वामी-विष्णु। समुद्र-मंथन से उत्पन्न चौदह रत्नों में एक। इसे विष्णु धारण करते हैं।

क्रतु–ब्रह्मा के मानस पुत्र तथा षोडश प्रजापतियों में एक। महर्षि क्रतु का सप्तर्षियों में विशिष्ट स्थान है। दक्ष प्रजापति तथा क्रिया की पुत्री सन्नति के साथ कठोर तपस्या करनेवाले महर्षि क्रतु के बालखिल्य

पुत्र भगवान् सूर्य के रथ के आगे-आगे चलनेवाले हुए। ये सतत सूर्य की उपासना में संलग्न रहते हैं। महर्षि क्रतु ही पुराणों के पथ-प्रदर्शक रहे हैं। इनके उपदेश लोक-मंगल के लिए बड़े उपयोगी रहे हैं। आज भी ये ध्रुव की परिक्रमा करते हुए पूज्य हैं। महर्षि क्रतु द्वारा रचित 'क्रतुस्मृति' भी अष्टादश स्मृतियों में एक है, किंतु यह अब अप्राप्य है। महर्षि क्रतु द्वारा जन-कल्याण के लिए पर्याप्त उपदेश दिए गए, जिन पर अमल कर आत्मशांति के साथ मानवीय कल्याण के लिए पर्याप्त कार्य किए जा सकते हैं।

क्रोध–एक उग्र भावना। इससे हृदय की गति और रक्तचाप बढ़ जाते हैं। यह मानवीय गुणों की अवनति का कारण बनता है। क्रोध एवं अहंकार को एक-दूसरे का पूरक कहा गया है। क्रोधी व्यक्ति मानसिक रूप से अशांत रहता है, उसकी विवेक शक्ति समाप्त हो जाती है। क्रोध से व्यक्तिगत अहित ही होता है।

क्षिप्रा–उज्जैन में बहनेवाली एक पौराणिक नदी। इसे भारत की पवित्र नदियों में प्रमुख स्थान प्राप्त है। बारह ज्योतिर्लिंगों में से एक महाकालेश्वर यहीं विराजमान है। उज्जैन में कुंभ का मेला इसी नदी के किनारे लगता है।

क्षीरसागर–विष्णुपुराण के अनुसार धरती सात द्वीपों में बँटी है। ये सभी द्वीप चारों ओर से सात समुद्रों से घिरे हैं। ये सभी द्वीप एक के बाद एक-दूसरे को घेरे हुए हैं और इन्हें घेरे हुए हैं सातों समुद्र। क्षीरसागर या दुग्ध का सागर शाक द्वीप को घेरे है। इस सागर को पुष्कर द्वीप घेरे है। क्षीरसागर को ही विष्णुजी का वास कहा गया है। □

खजुराहो–खजुराहो मध्य प्रदेश के छतरपुर जिले का एक नगर है। यह चंदेलों की प्रारंभिक राजधानी था। चंदेलों का शासन नौवीं से तेरहवीं शताब्दी के अंत तक रहा। अलबरूनी तथा इब्नबतूता ने इसके लिए काजुराहा, काजुर या कजर्रा नाम का उल्लेख किया है। अभिलेखों में इसका नाम खर्जुरवाहक था। खजुराहो में विश्वविख्यात चंदेल युगीन कलात्मक सौंदर्य

से परिपूर्ण मंदिर हैं, जिन्हें देखने के लिए देश-विदेश के लाखों पर्यटक यहाँ आते हैं। खजुराहो में कुल 85 मंदिर थे, जिनमें से अब केवल 25 ही बचे हैं। ये मंदिर शैव, वैष्णव और जैन संप्रदाय से संबंधित हैं। खजुराहो के मंदिरों में गर्भगृह, मंडप, अर्धमंडप और अंतराल तथा प्रदक्षिणा पथ से युक्त महामंडप–सभी एक में संगठित हैं और सभी के ऊपर शिखर हैं। मंदिरों की बाहरी तथा भीतरी भित्तियाँ नाना प्रकार की मूर्तियों से अलंकृत हैं। प्रारंभिक मंदिर ग्रेनाइट और बलुआ पत्थर से बने हैं, जबकि बाद के मंदिर पन्ना की खदानों से प्राप्त बलुआ पत्थरों से। पंचायतन मंदिरों का मुख्य मंदिर जगती के बीच में तथा चार सहायक मंदिर चारों कोनों पर निर्मित हैं। केवल लक्ष्मण मंदिर की जगती अपने मूल रूप में सुरक्षित है। मूर्ति अलंकरण की प्रचुरता की दृष्टि से खजुराहो के मंदिर अद्वितीय हैं। प्रेमपत्र लिखती हुई नायिका की आकृति दर्शनीय है। मूर्तियों के अलावा देव मंदिरों का स्थापत्य अतुलनीय है।

खट्वांग–भगवान् शिव का एक आयुध। इसमें दंड के छोर पर पशु के खुर के बीच मानव कपाल लगा होता है। योगी और संन्यासी भी इस आयुध का उपयोग करते हैं। जनसामान्य इसे जादू की छड़ी कहते हैं।

खर-दूषण–खर और दूषण नामक राक्षस, जो रावण के सौतेले भाई थे। ये राम के हाथों मारे गए थे।

खरोष्ठी लिपि–खरोष्ठी लिपि गांधारी लिपि के नाम से जानी जाती है, जो गांधारी

और संस्कृत भाषा को लिपिबद्ध प्रयोग करने में आती है। इसका प्रयोग तीसरी शताब्दी ईसा पूर्व से तीसरी शताब्दी तक प्रमुख रूप से एशिया में होता रहा है। कुषाण काल में इसका प्रयोग भारत में बहुतायत में हुआ। बौद्ध उल्लेखों में खरोष्ठी लिपि प्रारंभ से ही प्रयोग में थी। कहीं-कहीं सातवीं शताब्दी में भी इसका प्रयोग हुआ है।

खांडव–यमुना के तट पर बसा एक प्राचीन वन, जिसे अर्जुन ने जलाया था।

खुद्दकनिकाय–बौद्ध धर्मग्रंथ 'सुत्तपिटक' का पाँचवाँ निकाय। इसमें धम्मपद, सुत्तनिपात, थेरथेरी गाथा, उदान, इतिदुत्तक, जातक आदि सोलह ग्रंथ संगृहीत हैं। इनमें से

कुछ में बुद्ध के प्रामाणिक वचनों का संग्रह है।

खेचरी–योग-साधना की एक मुद्रा। इसमें जीभ को उलटकर तालू से लगाते हैं और दृष्टि को भौंहों के बीच मस्तक पर एकाग्र करते हैं। इस स्थिति में चित्त और जीभ दोनों ही आकाश में स्थित रहते हैं, इसलिए इसे खे (आकाश)-चरी मुद्रा कहते हैं। इसकी साधना से मनुष्य सभी रोगों से बचा रहता है।

ख्याति–महर्षि भृगु की पत्नी।

□

गंगा–गंगा (भागीरथी), आकाशगंगा, (मंदाकिनी), पातालगंगा (भोगवती)।

गंगाजल–भगीरथ ने ब्रह्मा व शिव की उपासना कर गंगा को पृथ्वी पर अपने पूर्वजों के कल्याणार्थ उतारा था–ऐसा पुराणों में उल्लेख है। गंगा में स्नान करने

से मनुष्य के पाप नष्ट हो जाते हैं, ऐसा विश्वास है। गंगा में अस्थियाँ बहाने से वे शीघ्र जलतत्त्व में मिल जाते हैं, यह सत्य सर्वविदित है। यही नहीं, गंगाजल महीनों बोतल में बंद रखने पर भी दूषित नहीं होता, यह तथ्य अब तो वैज्ञानिक भी स्वीकारते हैं। गंगा की पवित्रता और इसके जल में पापनाशिनी तत्त्व बृहस्पति ग्रह की कॉस्मिक रेज (तरंगों) व मार्ग की हिमालय पर पाई जानेवाली खास जड़ी-बूटियों के कारण है, जो गंगाजल को वर्षों तक दूषित होने नहीं देतीं।

गंगा दशहरा–हिंदुओं का एक प्रमुख त्योहार। यह ज्येष्ठ शुक्ला दशमी को होता है। इसमें स्नान, दान और व्रत किया जाता है। 'स्कंदपुराण' में लिखा हुआ है कि

ज्येष्ठ शुक्ला दशमी को स्नान, दान, अर्घ्य एवं तर्पण करें। ऐसा करनेवाला महापातकों के बराबर के दस पापों से छूट जाता है। सबसे पवित्र नदी गंगा के पृथ्वी पर अवतरण का पर्व है गंगा दशहरा।

गंगोतरी–गंगा नदी का उद्गम स्थल। यहाँ गंगाजी का एक मंदिर है। प्राकृतिक परिवेश अत्यंत आकर्षक एवं मनोहारी है।

गंडकी–गंगा की एक सहायक नदी। यह हिमालय से निकलकर पटना के पास

गंगा में मिलती है।

गंधमादन पर्वत—दक्षिण में रामेश्वरम् में स्थित एक पहाड़ी। हनुमानजी ने इसी पर्वत से लंका की ओर छलाँग लगाई थी। यहाँ भगवान् राम का एक मंदिर भी है।

गंधर्व—पुराणानुसार अर्ध देवता। ये स्वर्ग में गायन-वादन करते हैं। चित्ररथ को इनका अधिपति कहा जाता है।

गंधर्व विवाह—हिंदू मान्यताओं में आठ प्रकार के विवाह बताए गए हैं, गंधर्व विवाह

उनमें से एक है। इस विवाह में माता-पिता की अनुमति की आवश्यकता नहीं थी। वर-वधू की परस्पर सहमति से इस प्रकार का विवाह संपन्न हो जाता था।

गणगौर—यह त्योहार चैत्र शुक्ल तृतीया को मनाया जाता है। होली के दूसरे दिन से

जो नवविवाहिताएँ प्रतिदिन गणगौर पूजती हैं, वे इस दिन किसी नदी, तालाब या सरोवर पर जाकर अपनी पूजी हुई गणगौरों को पानी पिलाती हैं और दूसरे दिन सायंकाल के समय उनका विसर्जन कर देती हैं। यह व्रत विवाहिताओं के लिए पति-प्रेम उत्पन्न करानेवाला और कुँवारियों को अच्छा पति देनेवाला है। इससे सुहागिनों का सुहाग अखंड रहता है।

गणदेवता—समूह में रहनेवाले देवता। ये संख्या में 9 हैं—वसु, तुषित, आदित्य, विश्वेदेवा, महाराजिक, साध्य, रुद्र, आभास्वर, अनिल।

गणधर—जैन धर्म की एक उपाधि। गणधर जैन धर्म-कर्म में विशेष पारंगत लोग होते थे। तीर्थंकरों से इनका विशेष जुड़ाव होता था। प्रत्येक तीर्थंकर के अनेक गणधर कहे गए हैं। महावीर के ग्यारह गणधर थे।

गणेश—गणेश हिंदू धर्म के विशिष्ट देवता हैं। इन्हें गणपति भी कहा जाता है। गणेशजी अपनी विलक्षण बुद्धिमत्ता के कारण देवताओं में सबसे पहले पूजे जाते हैं। ये सभी देवताओं के गणाध्यक्ष भी हैं और हिंदू धर्म में इनकी पूजा-अर्चना के बिना कोई कार्य प्रारंभ नहीं होता है। समस्त देवमंडल के नायक भी गणपति ही हैं।

गणेश को बुद्धि का अधिदेवता, मंगलकारी और विघ्नों को दूर करनेवाला माना जाता है। इनके अनेक नाम हैं—विघ्नेश्वर, गजानन, एकदंत, लंबोदर आदि। इन्हें लड्डू अधिक प्रिय हैं, अतः इन्हें 'मोदकप्रिय' या 'ढुंढिराज' भी पुकारा जाता है। इनकी दो पत्नियाँ हैं—सिद्धि और बुद्धि। सफेद चूहा इनकी सवारी है।

गतियाँ—मृत्यु को प्राप्त होने के बाद दो प्रकार की गति बताई गई हैं। ये दोनों प्रकार की गतियाँ ज्ञान और कर्म के आधार पर हैं। ज्ञान प्राप्त करनेवाले देव योनि मार्ग में जाते हैं और फिर इष्ट-पूर्ति करते हुए चंद्रलोक को प्राप्त होते हैं। उत्तम कर्म करनेवाले भी इसी रूप में चंद्रलोक को प्राप्त होते हैं। अनिष्ट कर्म करनेवाले इन दोनों मार्गों से दूर रहते हैं। उनकी गति कीट-पतंगों की तरह शूद्र योनियों की गति है। वे बार-बार जन्म लेते हैं और मरते हैं। वे बार-बार मृत्युलोक में ही रहते हैं। जब उनके पाप कर्मों का फल समाप्त हो जाता है, तब उनको मनुष्य योनि प्राप्त होती है।

गदा—इसका हत्था पतला और सिरा वजनदार होता है। इसकी लंबाई जमीन से छाती

तक होती है। इसका वजन 80 कि.ग्रा. तक होता है। योद्धा दो-दो गदाएँ उठाकर लड़ते थे।

गया—हिंदुओं का एक महत्त्वपूर्ण तीर्थ। यहाँ हिंदू अपने मृत स्वजन की आत्मा की शांति हेतु एवं मोक्ष-कामना से पिंडदान करते हैं। एक कथा के अनुसार त्रिपुरासुर के पुत्र गयासुर ने अपने पिता की हत्या का प्रतिशोध लेने के लिए देवलोक पर हमला कर दिया। यह युद्ध लगभग 100 वर्षों तक चला। तदनंतर गयासुर ने श्रीहरि विष्णु के पास शांति प्रस्ताव भेजा और उनकी इच्छानुसार वह पाषाण में परिवर्तित हो गया, लेकिन स्वर्ग नहीं गया। तब श्रीहरि ने उसकी दो इच्छाएँ पूर्ण कीं। पहली यह कि वे (श्रीहरि) अपने पद उसके सिर पर रखें और दूसरी यह कि इस स्थान पर जिस भी व्यक्ति की आत्मा की शांति हेतु पिंडदान किया जाएगा, उसे स्वर्ग प्राप्त होगा।

गरुड़—इन्हें विष्णुजी का वाहन तथा पक्षियों का राजा कहा जाता है। ये विनता एवं

कश्यप ऋषि पुत्र हैं। अरुण इनके बड़े भाई हैं, जो सूर्य के सारथि हैं।

गरुड़ बाण—इस बाण के चलते ही गरुड़ उत्पन्न होते हैं, जो सर्पों को खा जाते हैं।

गर्भ-कल्याणक—तीर्थंकर शिशु के माता के गर्भ में आने के 6 महीने पूर्व से कुबेर द्वारा रत्नों की वर्षा, देवियों द्वारा तीर्थंकर माता की सेवा, माता को सोलह शुभ

स्वप्न आना, इसे गर्भ-कल्याणक कहते हैं।

गर्भगृह–मंदिर का वह भाग, जिसमें देवमूर्ति की प्राण-प्रतिष्ठा की जाती है। गर्भगृह मंदिर का केंद्रीय भाग होता है।

गांधार–सिंधु-तट पर बसा एक प्राचीन देश। अब इसे कंधार कहते हैं। धृतराष्ट्र की पत्नी गांधारी यहीं के राजा सुबल की पुत्री थी।

गांधारी–धृतराष्ट्र की पत्नी तथा दुर्योधन, दुःशासन आदि सौ पुत्रों की माता।

गादिनी–यम की पत्नी।

गाधि–विश्वामित्र के पिता।

गायत्री–गायत्री मंत्र 'ऋग्वेद' के प्रसिद्ध सात छंदों में एक है। यह मंत्र इस प्रकार है–ओउम् भूर्भुवः स्व तत् सवितुर्वरेण्यं भर्गोदेवस्य धी महि। धियो यो नः प्रचोदयात्। यह मंत्र चारों वेदों में आया है। गायत्री को वेदमाता कहा गया है। ये पाँच मुखोंवाली देवी हैं, जिन पर मुक्ता, वैदूर्य, स्वर्ण, नीलमणि और श्वेत वर्ण की आभा सुशोभित होती है। सभी देवियों में गायत्री ही ऐसी देवी हैं, जो भगवान् शिव के समान तीन नेत्रों से युक्त हैं। वेदों, पुराणों आदि धार्मिक ग्रंथों के अनुसार इन्हें परब्रह्म-स्वरूपा माना गया है। गायत्री माता के मंत्र द्वारा ही चारों वेदों–ऋग्वेद, यजुर्वेद, अथर्ववेद और सामवेद की उत्पत्ति हुई। इन वेदों द्वारा ही अनेक प्रकार की विद्याओं और शास्त्रों का उद्भव हुआ। इसी कारण से माता गायत्री को वेदमाता और ज्ञान-विज्ञान की देवी भी कहा गया है।

गार्गी–उपनिषत् काल की एक विदुषी महिला। गर्ग ऋषि के गोत्र में उत्पन्न होने के कारण यह नाम पड़ा। एक बार यज्ञ के समय राजा जनक ने घोषणा की कि जो व्यक्ति स्वयं को सबसे महान् ज्ञानी सिद्ध करेगा, उसे स्वर्ण जड़े सींगोंवाली 1000 गायें उपहार में दी जाएँगी। कोई विद्वान् आगे नहीं आया। इस पर ऋषि याज्ञवल्क्य ने अपने शिष्य से उन गायों को आश्रम की ओर हाँक ले जाने के लिए कहा। तब उपस्थित विद्वानों का याज्ञवल्क्य से शास्त्रार्थ हुआ। उनसे प्रश्न पूछनेवालों में गार्गी भी थीं। गार्गी के पूछे हुए ब्रह्म विषयक प्रश्नों से इसकी विद्वत्ता का पता चलता है। उसके एक प्रश्न से उत्तेजित याज्ञवल्क्य ने कहा, 'गार्गी, अब तू प्रश्न की सीमा का अतिक्रमण कर रही है। अब आगे मत पूछ, अन्यथा कहीं तेरा सिर कटकर न गिर पड़े।' परंतु फिर भी उसने दो प्रश्न किए और उनके उत्तर में याज्ञवल्क्य को अपने दर्शन का प्रतिपादन करना पड़ा था। बाद में ये याज्ञवल्क्य ऋषि की पत्नी बनीं।

गीतावली–तुलसीदास की एक प्रमुख रचना। इसमें रामकथा संबंधी जो गीत तुलसीदास ने समय-समय पर रचे, उनका संग्रह है। संपूर्ण रचना सात खंडों में विभक्त है। कांडों में कथा का विभाजन प्रायः उसी प्रकार हुआ है जिस प्रकार रामचरितमानस

में हुआ है; किंतु न इसमें कथा की कोई प्रस्तावना या भूमिका है और न मानस की भाँति इसमें उत्तरकांड में अध्यात्म-विवेचन। बीच-बीच में भी मानस की भाँति आध्यात्मिक विषयों का उपदेश करने का कोई प्रयास नहीं किया गया है। संपूर्ण पदावली रामकथा तथा रामचरित से संबंधित है।

गुडाकेश–निद्रा को जीत लेने के कारण अर्जुन का एक नाम।

गुण–(क) सत्त्व, रज, तम। (ख) शब्दगुण, अर्थगुण, शब्दार्थ गुण। (ग) ओज, प्रसाद, माधुर्य।

गुणत्रय–सत्त्व, रजस्, तमस्।

गुप्तकाशी–गुप्तकाशी उत्तराखंड का एक प्रसिद्ध हिंदू तीर्थ है। रुद्रप्रयाग-गौरीकुंड राष्ट्रीय राजमार्ग पर स्थित यह नगर आगे केदारनाथ धाम से जुड़ता है। यहाँ का मनमोहक प्राकृतिक परिवेश दर्शनीय है।

गुरु–हमारी संस्कृति में, समाज में, साहित्य में 'गुरु' का गौरवपूर्ण स्थान चिरकाल से ही वंदनीय रहा है। गुरु का गौरव-गान करते हुए देवतुल्य माना गया है, यथा–गुरुर्ब्रह्मा गुरुर्विष्णु गुरुर्देवो महेश्वरः।
गुरुः साक्षात् परब्रह्म तस्मै श्रीगुरवे नमः।।
अखण्डमण्डलाकारं व्याप्तं येन चराचरम्।

तत्पदं दर्शितं येन तस्मै श्रीगुरवे नमः।।
अर्थात् गुरु ही ब्रह्मा, गुरु ही विष्णु तथा गुरु ही महेश है। गुरु साक्षात् परमब्रह्म परमेश्वर है तथा जगत् में सर्वत्र चराचर में व्याप्त है। ऐसे गुरुवर को विनम्र प्रणाम है।

गुरुकुल–गुरुकुल का अर्थ है–गुरु का परिवार या गुरु का वंश। किंतु यह शब्द शिक्षा संस्था के अर्थ में बदल चुका है। ब्राह्मण, क्षत्रिय तथा वैश्य बालक छह, आठ अथवा ग्यारह वर्ष की अवस्था में अभिभावकों द्वारा गुरु के आश्रम में भेजे जाते थे, जहाँ वे ब्रह्मचारी के रूप में शिक्षा प्राप्त

करते थे। गुरुकुल का जीवन त्याग एवं तपस्या भरा जीवन होता था। धनी तथा

निर्धन विद्यार्थियों को एक जैसा जीवन बिताना होता था। श्रीराम तथा श्रीकृष्ण को भी गुरुकुल में शिक्षा मिली थी। शिक्षा-समाप्ति के बाद गुरु को दक्षिणा देना शिष्य का परम कर्तव्य माना जाता था। गुरु को दक्षिणा अर्पण करने में यह भाव निहित था कि शिष्य अपने गुरु के प्रति आदर और सम्मान रखता है।

गुरु ग्रंथ साहिब–गुरु ग्रंथ साहिब सिख धर्म का प्रमुख धर्मग्रंथ है। इसका संपादन सिख

धर्म के पाँचवें गुरु श्री गुरु अर्जुन देवजी ने किया। गुरु ग्रंथ साहिब का पहला प्रकाश 16 अगस्त, 1604 को हरिमंदिर साहिब, अमृतसर में हुआ। 1705 में दमदमा साहिब में दशमेश पिता गुरु गोविंद सिंह ने गुरु तेगबहादुरजी के 116 शबद जोड़कर इसको पूर्ण किया। इसमें कुल 1,430 पृष्ठ हैं। गुरु ग्रंथ साहिब में केवल सिख गुरुओं के ही उपदेश नहीं हैं, वरन् 30 अन्य हिंदू व मुसलिम भक्तों की वाणी भी सम्मिलित हैं।

गुरु पूर्णिमा–आषाढ़ महीने की पूर्णिमा व्यास पूर्णिमा कहलाती है। इस दिन गुरु की पूजा की जाती है। देश भर में यह पर्व बड़ी श्रद्धा के साथ मनाया जाता है। प्राचीन काल में जब विद्यार्थी गुरु के आश्रम में

निःशुल्क शिक्षा ग्रहण करते थे तो इसी दिन श्रद्धा भाव से प्रेरित होकर अपने गुरु की पूजा करते थे और उन्हें यथाशक्ति दक्षिणा अर्पण किया करते थे। इस दिन केवल गुरु की ही नहीं अपितु कुटुंब में अपने से जो बड़े हैं अर्थात् माता-पिता, भाई-बहन आदि को भी गुरु तुल्य समझकर पूजा जाता है।

गृहस्थ-कर्तव्य–स्त्री परिग्रह, अग्निहोत्रानुष्ठान, अतिथि-सत्कार, यज्ञ-श्राद्धदि कार्य तथा संतति-उत्पादन।

गोकुल–मथुरा से 15 कि.मी. दूर यमुना पार स्थित एक वैष्णव तीर्थ। महावन और गोकुल एक ही है। नंद बाबा अपने परिजन को लेकर नंदगाँव से वृहदवन या महावन में बस गए। गो, गोप, गोपी आदि का समूह वास करने के कारण महावन को ही गोकुल कहा गया है।

गोचर–'गो' का अर्थ है तारा, जिसे नक्षत्र या ग्रह के रूप में समझा जा सकता है और 'चर' का अर्थ है चलना। इस प्रकार गोचर का अर्थ हुआ ग्रहों का चलना।

गोत्र–जातियों की उपजातियों को गोत्र कहते हैं।

गोदना—नारी के सौंदर्य और सुहाग को सँवारने में गोदना की महत्त्वपूर्ण भूमिका है। नन्हा सा गोदना कितना गौरवशाली है। इसे हमारी संस्कृति में स्थान मिला है। प्रत्येक स्त्री इससे समलंकृत होने में गौरव का अनुभव करती है, वहीं पुरुष भी पीछे नहीं रहते हैं। वे भी किसी-न-किसी रूप में गोदना गोदवाना पसंद करते हैं। आदिवासी जनजीवन में तो गोदना अनिवार्य है। आदिवासी महिलाएँ पूरे शरीर पर गोदना गोदवाकर फूली नहीं समातीं। आदिवासी पुरुष भी गोदना गोदवाने में अत्यधिक रुचि लेते हैं।

गोदावरी नदी—दक्षिण भारत की एक प्रमुख नदी। यह पश्चिमी घाट के त्रिंबक पर्वत से निकलती है। इस नदी का पाट बहुत चौड़ा है। यह एक पौराणिक नदी है। इसे

गौतमी भी कहते हैं, जो गौतम ऋषि से संबद्ध है। प्राणहिता, इंद्रावती, मंजिरा इसकी प्रमुख सहायक नदियाँ हैं । यह महाराष्ट्र और आंध्र प्रदेश को जल-प्लावित करती हुई राजमुंद्री के समीप बंगाल की खाड़ी में गिरती है।

गोदुग्ध—गाय को हिंदू धर्म में माता के समान माना गया है। गाय का दूध पौष्टिक एवं सतोगुण से पूर्ण है। शास्त्रों के अनुसार गाय का दूध पवित्र माना गया है। इसके दूध से बनी मिठाइयों से देवताओं का भोग लगाया जाता है। गाय का दूध शोथ, संग्रहणी जैसे रोगों के लिए अचूक औषधि है। वैज्ञानिकों ने इसके दूध में उपस्थित तत्त्वों को भली-भाँति समझकर इसका प्रयोग करना उपयुक्त समझा है।

गोधूलि—इसका अर्थ है—संध्याकाल। प्राचीन समय में जब गायें जंगल से चरकर वापस आती थीं तो उनके पैरों से उड़नेवाली धूल से पता चल जाता था कि संध्या होने वाली है। इसलिए इस समय विशेष को गोधूलि वेला कहने लगे।

गोपी—धर्मग्रंथों में 'गोपी' शब्द का प्रयोग गोपालक जाति की स्त्री के अर्थ में हुआ है। श्रीकृष्ण इस जाति के कुलदेवता थे। पुराणों में गोपी-कृष्ण के प्रेमाख्यान को आध्यात्मिक रूप दिया गया है और गोप-गोपियों को देवता बताया गया है, जो कृष्ण के ब्रज में जन्म लेने पर पृथ्वी पर अवतरित हुए। धीरे-धीरे कृष्ण-भक्त संप्रदायों में गोपी का चित्रण कृष्ण की शक्ति तथा उनकी लीला में सहयोगी के रूप में होने लगा। कृष्ण-भक्त कवियों ने अपने काव्य में गोपी-कृष्ण की रासलीला को प्रमुख स्थान दिया है। सूरदास के राधा-कृष्ण प्रकृति और पुरुष के प्रतीक हैं तथा गोपियाँ राधा की अभिन्न सखियाँ। राधा कृष्ण के सबसे निकट दरशाई गई हैं, पर अन्य गोपियाँ उनसे ईर्ष्या नहीं करतीं। वे स्वयं को कृष्ण से अभिन्न मानती हैं।

गोविंद सिंहजी—गुरु गोविंद सिंह सिखों के दसवें एवं अंतिम गुरु थे। वे एक महान्

योद्धा, कवि एवं आध्यात्मिक नेता थे। इन्होंने खालसा पंथ की स्थापना की, जो सिख इतिहास की सबसे महत्त्वपूर्ण घटना मानी जाती है। इन्होंने मुगलों के साथ 14 युद्ध लड़े। गुरु गोविंद सिंह ने सिखों के पवित्र गुरु ग्रंथ साहिब को पूरा किया और इसे ही सिखों का शाश्वत गुरु घोषित किया।

गोभिल–सामवेद से संबद्ध एक ऋषि।

गोमाता–भारतीय संस्कृति में गाय को पूज्य

मानकर उसे गोमाता की महत्ता से मंडित किया गया है।

गोमुख–गंगोतरी स्थित एक स्थान, जहाँ गाय के मुखवाली एक शिला से गंगा नदी निकलती है।

गोमूत्र–गाय का मूत्र और गोबर दोनों ही पवित्र होते हैं। गाय के मूत्र में पारद एवं गंधक के अंश अत्यधिक मात्रा में पाए जाते हैं। प्लीहा एवं यकृत से संबंधित रोग इसके मूत्र के सेवन से ठीक हो जाते हैं। साथ ही कई संक्रामक एवं कैंसर जैसे भयानक रोग भी इसके सेवन से नष्ट हो जाते हैं। इसलिए गोमूत्र को पवित्र माना गया है।

गोरखनाथ–एक सिद्ध पुरुष। इन्हें गोरक्षनाथ भी कहते हैं। ये नाथ संप्रदाय के योगी थे। उत्तर प्रदेश के गोरखपुर नगर का नामकरण इन्हीं के नाम पर हुआ है। नेपाल में इनके बहुत से अनुयायी हैं। नेपाल के गोरखा लोग और गोरखा जिले का नाम इन्हीं के नाम पर पड़ा। गोरखा जिले में एक गुफा में इनका पदचिह्न है और इनकी एक मूर्ति भी। वैशाख पूर्णिमा को हर साल यहाँ एक मेला लगता है।

गोवर्धन–गोवर्धन व इसके आस-पास के क्षेत्र को ब्रजभूमि भी कहा जाता है। यह भगवान् श्रीकृष्ण की लीलास्थली है। यहीं भगवान् श्रीकृष्ण ने द्वापर युग में ब्रजवासियों को इंद्र के प्रकोप से बचाने के लिए गोवर्धन पर्वत अपनी तर्जनी उँगली पर

उठाया था। गोवर्धन पर्वत को भक्तजन गिरिराजजी भी कहते हैं। आज भी यहाँ दूर-दूर से भक्तजन गिरिराजजी की परिक्रमा करने आते हैं। यह परिक्रमा लगभग 21 किलोमीटर की होती है। मार्ग में पड़नेवाले प्रमुख स्थल राधाकुंड, कुसुम सरोवर, बिहारीजी का मंदिर सबसे प्राचीन हैं। मानसी गंगा, गोविंद कुंड, पूँछरी का लोठा, दानघाटी इत्यादि हैं।

गौड़ीय वैष्णव संप्रदाय—चैतन्य महाप्रभु इस संप्रदाय के प्रवर्तक थे। उन्होंने नाम संकीर्तन का संदेश दिया था। भक्ति वेदांत स्वामी प्रभुपाद गौड़ीय वैष्णव संप्रदाय के पश्चिमी जगत् के श्रेष्ठ प्रचारक माने जाते हैं।

गौतम—न्याय दर्शन के रचयिता महर्षि गौतम परम तपस्वी ऋषि थे। अहल्या इनकी पत्नी थीं, जो इनके शाप से पाषाण बन गई थीं। भगवान् श्रीराम की चरण-धूलि से अहल्या का उद्धार हुआ। वह पाषाण से पुनः ऋषि-पत्नी हुईं। महर्षि गौतम न्यायशास्त्र के अतिरिक्त स्मृतिकार भी थे। इनके पुत्र शतानंद निमि-कुलाचार्य थे।

गौरी—हिमालय की पुत्री तथा शिव की अर्धांगिनी। ये दुर्गा, गौरी, पार्वती, उमा आदि 108 नामों से विख्यात हैं। इनसे अत्यधिक आत्मीयता होने के कारण ही शिव अर्धनारीश्वर कहलाए। उमा, अंबा, अंबालिका आदि विभिन्न नाम किसी-न-किसी मिथक से जुड़े हैं। शिव के क्रोध को शांत करने की शक्ति भी पार्वती में ही है। आधुनिक काल में प्रचलित अनेक देवियों की मूलाधार पराशक्ति पूर्वोक्त तीन शक्ति-स्वरूपा देवियाँ हैं।

गौरीकुंड—गौरीकुंड तीर्थ केदारनाथ पहुँचने का अंतिम सड़क मार्ग है। यहीं से केदारनाथ के लिए पैदल मार्ग आरंभ होता है। यहाँ गौरी पार्वती का प्राचीन मंदिर और गरम पानी का कुंड भी है।

ग्रह-नक्षत्र—ब्रह्मांड को 27 नक्षत्रों में बाँटा गया है। ये सभी नक्षत्र अपने-अपने प्रभाव को लिये हुए मनुष्य के शरीर में भी होते

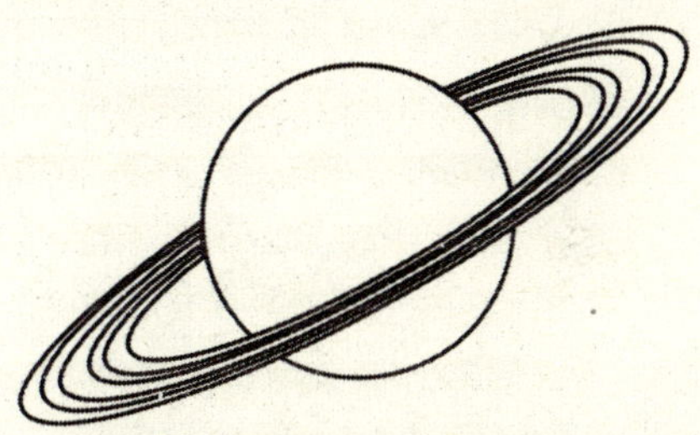

हैं। कृत्तिका मनुष्य के सिर में, रोहिणी मस्तक में, मृगशिरा भौंहों में, आर्द्रा आँखों में, पुनर्वसु नाक में, पुष्य चेहरे में, आश्लेषा कानों में, मघा होंठों में, पूर्वा-फाल्गुनी दाएँ हाथ में, उत्तरा फाल्गुनी बाएँ हाथ में, हस्त अंगुलियों में, चित्रा गरदन में, स्वाती सीने में, विशाखा छाती में, अनुराधा उदर में, ज्येष्ठा जिगर में, मूल कोख में, पूर्वाषाढ पीठ में, उत्तराषाढ रीढ़ की हड्डी में, श्रवण कमर में, शतभिष दाईं टाँग में, रेवती टखनों में, अश्विनी पैरों के ऊपरी हिस्से में और भरणी पैरों के तलवों में, धनिष्ठा बाईं टाँग में, पूर्वा भाद्रपद व उत्तरा भाद्रपद मस्तिष्क के दाएँ व बाएँ भाग में स्थित हैं।

□

घंटा-घंटी—हमारी उपासना-पद्धति में, परंपरा में, आस्था में एवं अनुष्ठान में घंटा बजाने की प्रक्रिया चिरकाल से प्रचलित है। प्रत्येक मंदिर, देवालय, उपासना-स्थल में प्रवेश

करते ही वहाँ छोटी-बड़ी विविध आकृतियों के पीतल या काँसे के घंटे लटकते अवश्य मिलेंगे। जब हम उपासना-स्थलों पर घंटा बजाते हैं तो एक अजीब सी सिहरन शरीर में दौड़ जाती है और अद्‌भुत संवेदनशीलता की भावनाएँ छलकने लगती हैं; यहाँ तक कि मनोमालिन्य भी मिटने लगता है। प्रात:काल की घंटा-ध्वनि विशेष लाभकारी होती है। आधुनिक वैज्ञानिकों ने ध्वनि तरंगों से लाभान्वित होने के प्रयोग किए हैं, जबकि हमारे पूर्वज कितने विज्ञानवेत्ता थे, जिन्होंने अतीत के आलोक में इतना अद्‌भुत ध्वनि-लाभ प्रदान कर हमें मानवीय मंगल के चरमोत्कर्ष पर पहुँचाने का पथ प्रशस्त किया।

घटोत्कच—हिडिंबा एवं पांडव भीम का एक

पुत्र। महाभारत के युद्ध में इसे कर्ण ने मारा था।

घनानंद—हिंदी भाषा के रीतिकाल के कवि। इनके संबंध में निश्चित जानकारी नहीं है। कुछ लोग इनका जन्म-स्थान उत्तर प्रदेश के बुलंदशहर जिले को मानते हैं। इनका जन्म 1658 से 1689 ईसवी के बीच और निधन 1739 ईसवी माना जाता है। इनका निधन अब्दाली दुर्रानी द्वारा मथुरा में किए गए कत्लेआम में हुआ था। घनानंद शृंगार धारा के कवि थे। ये सखीभाव से श्रीकृष्ण की उपासना करते थे। विरक्त होने से पहले ये बहादुरशाह के मीर मुंशी

थे। वहीं पर सुजान नामक नर्तकी से इनका प्रेम हो गया था। इन्होंने अपनी प्रेमिका को संबोधित करके ही अपनी काव्य रचनाएँ की हैं। कुछ विद्वान् इनकी रचनाओं में आध्यात्मिकता का समावेश भी मानते हैं।

घाघ–एक प्राचीन कवि, जिनकी कहावतें आज भी प्रासंगिक हैं। घाघ की कहावतें मौखिक परंपरा के रूप में भारत भर में प्रचलित हैं। घाघ के जन्मकाल एवं जन्म-स्थान के संबंध में विद्वानों में मतभेद हैं। कुछ लोग इन्हें अकबर का समकालीन मानते हैं।

घुश्मेश्वर–श्रीघुश्मेश्वर (गिरीश्वेश्वर) ज्योतिर्लिंग को घुसृणेश्वर या घृष्णेश्वर भी कहते हैं। यह महाराष्ट्र में दौलताबाद स्टेशन से 12 मील दूर बेरुल गाँव के पास स्थित है।

घृताची–स्वर्ग की एक अति रूपवती अप्सरा। इसे देख महर्षि वेदव्यास काम-विह्वल हो गए थे, जिससे शुकदेव उत्पन्न हुए थे। □

चंडी–चंडी देवी के अनेक रूप हैं। पार्वती, उमा, गौरी, हेमवती, जगन्माता और भवानी इनके सौम्य रूप हैं। चंडी, चंडिका, भैरवी, दुर्गा, काली, श्यामा आदि इसके उग्र रूप हैं। नवरात्रों में इनकी विशेष पूजा की जाती है। शुंभ-निशुंभ के वध के लिए देवताओं ने अपनी शक्ति से एक कन्या की सृष्टि की, जो दुर्गा के रूप में अवतीर्ण हुई। दुर्गा का वह रूप, जो महिषासुर को मारने के लिए उन्होंने धारण किया, चंडी कहलाया। चंडी या चंडिका शक्ति की देवी हैं।

चंदन–हमारी संस्कृति में चंदन की चारुता, शीतलता, सुंदरता तथा जीवन के प्रारंभ से अंत तक की अद्वितीय उपयोगिता को जितना भी सराहा जाए, थोड़ा है। प्रत्येक धार्मिक अनुष्ठान, उपासना, स्वागत-सत्कार आदि में चंदन का टीका लगाकर जहाँ आस्था, श्रद्धा, सद्भाव, शुभकामना, आत्मीयता आदि का भाव व्यक्त किया जाता है, वहीं चंदन के वानस्पतिक गुण का भी बहुत-बहुत बखान पौराणिक एवं आधुनिक साहित्य में किया गया है। चंदन की सुगंध, चंदन का शरीर पर प्रभाव, चंदन के विविध आयुर्वैदिक गुणों के कारण इसकी अत्यधिक लोकप्रियता समाज में, देवालयों में. उपासना-स्थलों में है। इसकी लकड़ी बहुत मूल्यवान् होती है; किंतु इसके विविध गुणों के कारण लोग इसे अपने पास रखते हैं और विविध रूपों में इसका उपयोग करते हैं। जीवन के प्रारंभ से अंत तक यह मनुष्य का साथ देता है। दैनिक हवन-पूजन तथा यज्ञ में चंदन की लकड़ी एवं चंदन के बुरादे का प्रयोग कल्याणकारी मानकर किया जाता है।

चंद्रप्रभ–आठवें तीर्थंकर चंद्रपुर (वाराणसी के निकट) के राजा थे। एक दिन वे श्रृंगार कक्ष में खड़े दर्पण में अपना मुख देख रहे थे, तभी उनकी अंत:प्रेरणा उनसे कहने लगी, 'एक दिन इस मुख पर कौमार्य का भोलापन था, फिर किशोरावस्था आई और अब युवावस्था भी बीतने को है।' यह सुनते ही चंद्रप्रभ अंतर्बोध से थर्रा उठे और उसी क्षण जिन-दीक्षा लेकर तप करने वन की ओर निकल पड़े। तीन माह के घोर तप के पश्चात् इन्हें कैवल्यज्ञान प्राप्त हुआ और ये सर्वज्ञ, सर्वदर्शी तीर्थंकर बन गए। सम्मेदशिखर में इन्हें निर्वाण प्राप्त हुआ।

चंद्रमा–समुद्र-मंथन के समय निकले चौदह रत्नों में से एक। यह देवताओं में गिना

जाता है। चंद्र-ग्रह में जल तत्त्व की प्रधानता है। इसलिए इसकी देवी पार्वती हैं। जिस धातु में यह तत्त्व पाया जाता है–वह चाँदी है। इस ग्रह का रंग श्वेत शंख सा होता है।

चंपावती–नागों की राजधानी।

चंबा–चंबा का ऐतिहासिक महत्त्व यहाँ के महिषमर्दिनी मंदिर से है। 10वीं शताब्दी में यहाँ राजा सहील वर्मा का राज्य था। उनके यहाँ प्राय: पुत्र ही उत्पन्न होते थे। उनकी इच्छा थी कि उनके यहाँ एक कन्या का जन्म हो। 10 पुत्रों के पश्चात् सौभाग्य से उनके यहाँ कन्या का जन्म हुआ, जिसका नाम 'चंपा' रखा गया। उसी के नाम पर इस स्थान का नाम चंपा पड़ा, जो बाद में 'चंबा' हो गया। वह कन्या बहुत गुणवती थी। वह शास्त्रों का अध्ययन करने मध्य रात्रि में अपने गुरु के यहाँ जाती थी। यह देख राजा ने उस पर दृष्टि रखनी आरंभ कर दी। कन्या ने राजा को स्वप्न में ऐसा न करने का आदेश दिया और दूसरे दिन ही वह कन्या अंतर्धान हो गई। राजा सहील वर्मा का राजकाज पहले भरमौर नामक स्थान पर था; लेकिन अपनी पुत्री की इच्छा पर ही उसने चंबा को अपनी राजधानी बनाया। बाद में चंपा का मंदिर बनवाया गया।

चक्रवात–कंस का एक असुर, जिसे श्रीकृष्ण ने मारा था।

चक्रव्यूह–कुरुक्षेत्र के युद्ध में द्रोणाचार्य द्वारा रचित व्यूह, जिसमें अर्जुन-पुत्र अभिमन्यु मारा गया था।

चतुर्देवत्वोपदेश–मातश्देवो भव (माता को देवी मानो), पितश्देवो भव (पिता को देव मानो), आचार्यदेवो भव (आचार्य अर्थात् गुरु को देव मानो) और अतिथिदेवो भव (अतिथि को देव मानो)।

चरक–आयुर्वेदाचार्य। इनकी गणना भारतीय औषधि विज्ञान के मूल प्रवर्तकों में होती है। इनकी शिक्षा तक्षशिला में हुई। प्राचीन साहित्य में इन्हें शेषनाग का अवतार बताया गया है। इनका रचा ग्रंथ 'चरक संहिता' आज भी आयुर्वेद का अद्वितीय ग्रंथ है। इन्हें ईसा की प्रथम शताब्दी का बताते हैं। कुछ विद्वानों का मत है कि चरक कनिष्क के राजवैद्य थे, परंतु कुछ लोग इन्हें बौद्ध काल से भी पहले का मानते हैं। एक मत के अनुसार चरक व्यक्ति न होकर कृष्ण यजुर्वेद की शाखा का नाम है और 'चरक संहिता' का संकलन उसी शाखा के किसी व्यक्ति ने किया है। जो भी हो, चरक के ग्रंथ की ख्याति विश्व-व्यापी रही है। आठवीं शताब्दी में इस ग्रंथ का अरबी भाषा में अनुवाद हुआ और यह शास्त्र पश्चिमी देशों तक पहुँचा। 'चरक संहिता' में व्याधियों के उपचार तो बताए ही गए हैं, प्रसंगवश स्थान-स्थान पर दर्शन और अर्थशास्त्र के विषयों का भी उल्लेख है। इन्होंने आयुर्वेद के प्रमुख ग्रंथों और उनके ज्ञान को इकट्ठा करके उसका संकलन किया। चरक ने भ्रमण करके चिकित्सकों के साथ बैठकें कीं, विचार एकत्र किए,

सिद्धांतों को प्रतिपादित किया और उसे पढ़ाई-लिखाई के योग्य बनाया।

चरणामृत–दूध, दही, घी, शक्कर और शहद को एक साथ मिलाकर उसमें देवताओं को स्नान कराते हैं। हिंदू समाज में इसे अति पवित्र माना जाता है। इसे पंचामृत भी कहा जाता है।

चरु–यज्ञ के लिए पकाकर बनाया गया अन्न, जिसे प्रसाद-स्वरूप बाँटते हैं।

चर्मासन–(चमड़े का आसन) व्याघ्र चर्मासन, रौरासन (रुरु नामक मृग के चर्म से बना आसन), हरिणासन (हरिण के चर्म से बना आसन) तथा मार्गासन (मृग (सामान्य) के चर्म से बना आसन)।

चाक्षुष–छठे मनु। भागवत के अनुसार ये विश्वकर्मा के पुत्र थे।

चाणक्य–चाणक्य को भारत के एक महान् राजनीतिज्ञ और अर्थशास्त्री के रूप में जाना जाता है। इनके पिता चणक मुनि एक महान् शिक्षक थे। कहा जाता है कि

चाणक्य का जन्म तक्षशिला या दक्षिण भारत में 350 ई.पू. के आसपास हुआ था। इनकी मृत्यु का अनुमानित वर्ष 283 ई.पू. बताया गया है। चाणक्य को विष्णुगुप्त, वात्स्यायन, मल्लनाग, पक्षिल स्वामी, अंगल, द्रमिल और कौटिल्य भी कहा जाता है। चाणक्य ने चंद्रगुप्त और बाद में उसके पुत्र बिंदुसार के मंत्री एवं विशेष सलाहकार के रूप में काम किया। लेकिन दु:खद बात यह रही कि ये बिंदुसार के एक मंत्री सुबंधु के हाथों धोखे से मारे गए। इन्होंने 'चाणक्य नीति' जैसा नीतियों का एक अनमोल खजाना दुनिया को दिया।

चाणूर–कंस का एक असुर मल्ल। धनुष यज्ञ में यह श्रीकृष्ण के हाथों मारा गया था।

चातुर्मास–'अहिंसा परमो धर्म:' के उच्च आदर्शों पर चलते हुए जैन धर्म के आचार्य, उपाध्याय एवं साधु-साध्वियाँ सभी प्राणियों की जीवन-रक्षा का संदेश देते हुए बरसात के चार महीनों में एक ही स्थान पर रहकर धर्मोपदेश देते हैं, जिसे 'चातुर्मास' कहा जाता है। चातुर्मास में आवागमन वर्जित है; क्योंकि इस अवधि में बरसात के कारण असंख्य जीव-जंतु, कीड़े-मकोड़े पैदा हो जाते हैं। ऐसी परिस्थिति में कहीं ऐसा न हो जाए कि नन्हे-से-नन्हे कीड़े पैरों के नीचे अचानक आ जाएँ और हिंसा हो जाए। अत: प्राणियों की प्राणरक्षा के उद्देश्य से चातुर्मास की स्थापना हमारी संस्कृति का श्रेष्ठतम आदर्श है।

चामुंडा–चामुंडा देवी दुर्गा देवी से आविर्भूत शक्ति की एक देवी हैं। इनका यह नाम चंड और मुंड राक्षसों के वध के कारण पड़ा। भगवान् शिव और जलंधर दैत्य के बीच जब महासंग्राम छिड़ा था, तब चामुंडा देवी रुद्रा नाम से शिवजी की मुख्य शक्ति थीं, इसलिए उन्हें रुद्र चामुंडा भी कहा जाता है। पुराणों में यह भी कहा जाता है कि 'सावर्णि मन्वंतर' में देव और दानवों

में जब युद्ध छिड़ा तो कौशिकी देवी की एक भौंह से चामुंडा चंडिका के रूप में प्रकटी थीं। इन्हें चंड और मुंड के वध का कार्य सौंपा गया। चंडिका ने भीषण महासंग्राम में चंड और मुंड को मारकर उनके सिर काट दिए थे। तब माता कौशिकी ने प्रसन्न होकर चंडिका को आशीर्वाद दिया और इन्हें चामुंडा नाम से पुकारा। तभी से इनका यह नाम प्रसिद्ध हो गया।

चित्त-प्रसन्नता-कारण–1. सुखी के प्रति मित्रता का भाव रखना। 2. दु:खी के प्रति दया का भाव रखना। 3. पुण्यात्मा के प्रति हर्ष का भाव रखना। 4. पापात्मा के प्रति उपेक्षा का भाव रखना।

चित्रकूट–मंदाकिनी नदी के किनारे बसा चित्रकूट धाम भारत के सबसे प्राचीन तीर्थस्थलों में एक है। उत्तर प्रदेश में लगभग 38 वर्ग कि.मी. क्षेत्र में फैला शांत और सुंदर चित्रकूट प्रकृति और ईश्वर की अनुपम देन है। चारों ओर से विंध्य पर्वत-शृंखलाओं और वनों से घिरे चित्रकूट को अनेक आश्चर्यों की पहाड़ी कहा जाता है। माना जाता है कि भगवान् राम ने सीता और लक्ष्मण के साथ अपने वनवास के चौदह वर्षों में ग्यारह वर्ष चित्रकूट में ही बिताए थे। इसी स्थान पर ऋषि अत्रि और सती अनसूया ने ध्यान लगाया था। ब्रह्मा, विष्णु और महेश ने चित्रकूट में ही सती अनसूया के घर दत्तात्रेय के रूप में जन्म लिया था। यहाँ के कुछ प्रसिद्ध दर्शनीय स्थल हैं–कामदगिरि, रामघाट, जानकीकुंड, स्फटिक शिला, अत्रि आश्रम, गुप्त गोदावरी, हनुमानधारा, भरतकूप आदि।

चित्रगुप्त–चौदह यमराजों में से एक। कहा जाता है कि जब ब्रह्माजी ने सृष्टि की रचना की तो यमराज ने उनसे मानवों का विवरण रखने में सहायता माँगी। यह सुन ब्रह्माजी ध्यान-साधना में लीन हो गए और जब उन्होंने आँखें खोलीं तो एक पुरुष को अपने सामने कलम, दवात, पुस्तक तथा कमर में तलवार बाँधे खड़ा पाया। ब्रह्माजी बोले, 'हे पुरुष! तुम मेरे चित्र (शरीर) में गुप्त (विलीन) थे, इसलिए तुम्हें 'चित्रगुप्त' के नाम से जाना जाएगा और तुम्हारा कार्य होगा प्रत्येक प्राणी की काया में गुप्त रूप से निवास करते हुए उनके द्वारा किए गए सत्कर्म व अपकर्म का लेखा रखना और तदनुसार सही न्याय कर उपहार और दंड की व्यवस्था करना। चूँकि तुम प्रत्येक प्राणी की काया में गुप्त रूप से निवास करोगे, इसलिए तुम्हें और तुम्हारी संतानों को कायस्थ भी कहा जाएगा।'

चित्रांगद–सत्यवती और शांतनु के एक पुत्र और विचित्रवीर्य के छोटे भाई। शांतनु इनके बाल्यकाल में ही दिवंगत हो गए थे। भीष्म ने इनका लालन-पालन किया था। किशोरावस्था में ही इन्हें राजगद्दी मिल गई थी, लेकिन एक गंधर्व से युद्ध

करते हुए ये मारे गए।

चित्रांगदा–मणिपुर के राजा चित्रवाहन की पुत्री। इसका विवाह अर्जुन के साथ हुआ था।

चिरजीवी–हनुमान, विभीषण, अश्वत्थामा, बलि, व्यास, कृपाचार्य और परशुराम ये 'चिरजीवी' या अमर हैं।

चीवर–संस्कृत में इस शब्द का प्रयोग प्राय: साधु-संन्यासियों और भिक्षुकों के वस्त्रों

के लिए किया जाता है। यह पहले वस्त्र का एक छोटा टुकड़ा होता था। वैराग्य और त्याग के सिद्धांतों के कारणवश साधु-संन्यासी निजी उपभोग के लिए जितना हो सके, कम-से-कम सांसारिक वस्तुओं पर निर्भर रहने का प्रयास करते थे। इसीलिए सिले हुए वस्त्र पहनने जैसी विलासिता भी वे नहीं दिखाते थे। वस्त्र के छोटे टुकड़े को ही कंधे से ऊपर गरदन के पीछे से गाँठ बाँधकर लटका लिया जाता था, जो भिक्षुकों के घुटनों तक शरीर को ढक लेता था। यही चीवर कहलाता था। मूर्तियों में बुद्ध यही चीवर पहने दिखाए जाते हैं।

चेदि–सोलह पौराणिक महाजनपदों में से एक है। वर्तमान में बुंदेलखंड का इलाका इसके अंतर्गत आता है। गंगा और नर्मदा के बीच के क्षेत्र का प्राचीन नाम चेदि था। कलिचुरि वंश ने भी यहाँ राज्य किया। शिशुपाल यहीं का राजा था। उसका विवाह रुक्मिणी से होने वाला था कि श्रीकृष्ण ने उनका हरण कर लिया। इससे शिशुपाल ने उनसे वैर ठान लिया। जब युधिष्ठिर के राजसूय यज्ञ में श्रीकृष्ण को पहला स्थान दिया गया तो शिशुपाल ने इसका विरोध किया। विवाद बढ़ने पर श्रीकृष्ण ने उसका वध कर डाला। मध्य प्रदेश का चंदेरी नगर चेदि राज्य की राजधानी कहा जाता है।

चैतन्य–चैतन्य महाप्रभु कृष्णभक्ति के उन्नायक और वल्लभाचार्य के समकालीन थे। इनका

जन्म 1485 ई. में बंगाल के नवद्वीप (नदिया) के मायापुर गाँव में एक ब्राह्मण परिवार में हुआ था। इन्होंने ईश्वरपुरी से दीक्षा ली और हरिनाम-कीर्तन तथा भगवद्-भक्ति की शिक्षा तथा प्रचार में लग गए। इन्होंने न केवल बंगाल का अपितु सारे भारत का भ्रमण किया। चौबीस

वर्ष की आयु में इन्होंने केशव भारती से संन्यास की दीक्षा ली और उसके बाद इनका नाम 'श्रीकृष्ण चैतन्य' पड़ा। माता की आज्ञा से पहले तो ये जगन्नाथपुरी में रहते रहे, किंतु बाद में दक्षिण भारत की यात्रा पर निकल गए। इन्होंने गुजरात की भी यात्रा की। भ्रमण के दौरान अनेक हिंदू-मुसलिम संतों से सत्संग किया। इन्होंने ब्रज की यात्रा की। काशी, प्रयाग होते हुए यह मथुरा पहुँचे और वहाँ कृष्णलीला स्थलों का पता लगाया। सन् 1533 में इनका निधन हुआ। चैतन्य महाप्रभु कृष्ण के भक्त थे।

चैत्य–'चैत्य' शब्द चिता से बना है। चिता के अवशिष्ट अंशों को चुनने के बाद

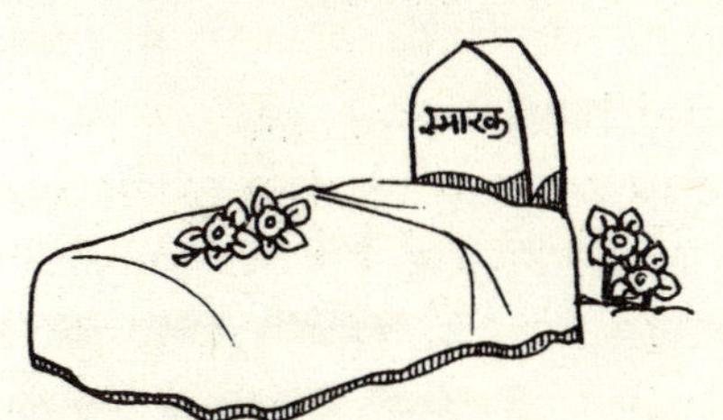

उन्हें जमीन में गाड़कर उसके ऊपर जो स्मारक बनाए गए उन्हें 'चैत्य' कहा गया। ये वे स्मारक थे, जिनमें महापुरुषों की अस्थियाँ, राख, दाँत और केश गाड़कर रखे जाते थे। इनकी पूजा भी होती थी। कालांतर में इन्हीं से मंदिर वास्तु का विकास हुआ। बौद्ध काल के स्तूप इसी प्रकार के चैत्य थे। चैत्य तथा चैत्य परंपरा का उल्लेख ऋग्वेद, अथर्ववेद, शतपथ ब्राह्मण और सूत्र साहित्य में उपलब्ध है। सबसे प्राचीन चैत्य बिहार प्रांत के लौरियानंदनगढ़ के टीलों में मिलते हैं। भाजा, कार्ले, कन्हेरी, नासिक तथा अजंता में 200 ई.पू. से लेकर 700 ई. तक के अनेक बौद्ध चैत्य तथा विहार मिले हैं। दक्षिण भारत के आंध्र प्रदेश में कृष्णा तथा गोदावरी नदियों के मैदान में भी चैत्य मिले हैं। जैन धर्म में भी स्तूप तथा गुहा चैत्य बनाए गए। मथुरा के कंकाली टीले में जैन स्तूप के अवशेष मिले हैं। अजंता के अतिरिक्त एलोरा, एलीफैंटा तथा विदिशा के निकट उदयगिरि की पहाड़ियों की गुफाओं में भी चैत्य हैं।

च्यवन–एक ऋषि, जो भृगु और पुलोमा के पुत्र थे।

□

छठ पूजा–सूर्योपासना का यह अनुपम लोकपर्व कार्तिक शुक्ल की षष्ठी को मनाया जाता

है। बिहार, झारखंड, पूर्वी उत्तर प्रदेश और नेपाल के तराई क्षेत्रों में यह व्यापक रूप से मनाया जाता है।

छप्पन भोग–विशेष धार्मिक आयोजनों में हिंदू धर्मावलंबी भगवान् को छप्पन भोग का प्रसाद चढ़ाते हैं। इनमें शामिल भोग हैं–1. दाल 2. चटनी 3. कढ़ी 4. रसगुल्ला 5. चंद्रकला 6. रबड़ी 7. शूली 8. दही 9. भात 10. साग, 11. मठरी 12. बड़ा 13. कोणिका 14. पूरी 15. खजरा 16. अवलेह 17. बाटी 18. सिखरिणी 19. मुरब्बा 20. मधुर 21. कषाय 22. तिक्त 23. कटु पदार्थ 24. अम्ल (खट्टा पदार्थ) 25. शक्करपारा 26. घेवर 27. चीला 28. मालपुआ 29. जलेबी 30. मेसूब 31. पापड़ 32. सीरा 33. मोहनथाल 34. लौंगपूरी 35. खुरमा 36. गेहूँ दलिया 37. पारिखा 38. सौंफलघा 39. लड्डू 40. दुधीरूप 41. खीर 42. घी 43. मक्खन 44. मलाई 45. शाक 46. शहद 47. मोहनभोग 48. अचार 49. सूबत 50. मँड़का 51. फल 52. लस्सी 53. मट्ठा 54. पान 55. सुपारी 56. इलायची।

छांदोग्य उपनिषद्–सामवेदीय छांदोग्य ब्राह्मण का औपनिषदिक भाग, जो उपनिषदों में सबसे बड़ा है। इसमें दस अध्याय हैं। आखिर के आठ अध्याय ही छांदोग्य उपनिषद् के रूप में हैं। वस्तुतः यह उपनिषद् 'छांदोग्य ब्राह्मण' का ही विस्तृत रूप है।

छाया–सूर्य की पत्नी संज्ञा की दासी। संज्ञा एवं सूर्य के यम नामक पुत्र और यमुना नाम की पुत्री हुई थी। सूर्य के असहनीय तेज के कारण संज्ञा ने अपनी दासी छाया को अपने जैसा बनाकर सूर्य के घर छोड़ा और स्वयं अपने पिता के घर चली गई। छाया संज्ञा के बच्चों के साथ दुर्व्यवहार करने लगी। एक दिन उसका भेद खुल गया। विश्वकर्मा ने बेटी संज्ञा को समझाया और पति के पास लौटने को कहा, पर वह वन में घोड़ी का रूप रखकर घूमने

लगी। तब सूर्य ने घोड़े का रूप धारण कर उससे समागम किया, जिससे अश्विनीकुमार का जन्म हुआ।

छिन्नमस्ता–छिन्नमस्ता दस महाविद्याओं में से एक हैं। छिन्नमस्ता का शाब्दिक अर्थ

है–कटे सिरवाली। एक बार भवानी या पार्वती अपनी दो सखियों जया और विजया के साथ मंदाकिनी सरिता में स्नान करने गईं। वहाँ जया और विजया को जब भूख बरदाश्त नहीं हुई तो भवानी ने खड्ग से अपना सिर काट दिया। शिरोच्छेदन के बाद भी वे जीवित रहीं। उनके धड़ से रक्त की तीन धाराएँ फूटीं। एक धारा जया के मुँह में गई, दूसरी विजया के मुँह में और तीसरी स्वयं भवानी के मुँह में। इस प्रकार उन्होंने सबकी क्षुधा शांत की। तभी से भवानी के इस रूप की छिन्नमस्ता के रूप में पूजा की जाने लगी।

छींक–समाज के विभिन्न वर्गों में छींक को ईश्वरीय उपहार के रूप में माना जाता है। इसका अर्थ जातक के प्रसन्न रहने तथा चिरायु होने से लगाया जाता है। भारतीय समाज में छींक के संबंध में अलग-अलग धारणाएँ प्रचलित हैं। इसके अंतर्गत विभिन्न परिस्थितियों एवं समय-काल में एक ही छींक को लेकर अनेक अर्थ निकाले जाते हैं। □

जंबुद्वीप–पुराणों के अनुसार पृथ्वी के मध्य भाग में स्थित सात द्वीपों में से एक, जो

गोलाकार है और खारे जल से घिरा है। यह एक लाख योजन विस्तृत है। इसके नौ-नौ हजार योजन के नौ खंड हैं। इन खंडों को वर्ष भी कहते हैं। इनके नाम हैं–भारत, किंपुरुष, हरिवर्ष, इलावृत्त, भद्राश्व, उत्तर कुरु, केतुमाल, रम्यक और हिरण्यमय। पुराणों के अनुसार इस द्वीप में जंबू का एक बहुत बड़ा वृक्ष है, जिसमें हाथी के आकार के फल लगते हैं, इसीलिए यह नाम पड़ा।

जगन्नाथपुरी–पुरी, उड़ीसा का श्रीजगन्नाथ मंदिर भगवान् जगन्नाथ (श्रीकृष्ण) को समर्पित है। जगन्नाथ शब्द का अर्थ है–जगत् के स्वामी। इस मंदिर को हिंदुओं के चार धामों में गिना जाता है। यहाँ का वार्षिक रथ-यात्रा उत्सव प्रसिद्ध है। इसमें मंदिर के तीनों मुख्य देवता भगवान् जगन्नाथ, उनके बड़े भाई बलभद्र और

बहन सुभद्रा तीन अलग-अलग भव्य और सुसज्जित रथों में विराजमान होकर नगर की यात्रा को निकलते हैं। मध्य-काल से ही यह उत्सव हर्षोल्लास के साथ मनाया जाता है। इसके साथ ही यह उत्सव भारत के ढेरों वैष्णव कृष्ण मंदिरों में मनाया जाता है एवं यात्रा निकाली जाती है। यह मंदिर वैष्णव परंपराओं और संत रामानंद से जुड़ा है। पुरी को हिंदू धर्म के चार धामों में गिना जाता है।

जटायु–दशरथ का मित्र पक्षी। यह सीता-हरण के समय रावण से युद्ध में घायल हो गया था। इसी ने राम को सीता-हरण की

सूचना दी थी। श्रीराम ने स्वयं इसका अंतिम संस्कार किया था।

जडभरत–राजा ऋषभ के पुत्र एक विष्णु-भक्त राजा।

जनक–जनक ब्रह्मज्ञान प्राप्त बारह ऋषियों में से एक थे, जो निमि के पुत्र मिथि को मथने से उत्पन्न हुए थे, इसीलिए इनका 'मिथिल' नाम पड़ा। विदेह से उत्पन्न होने के कारण ये 'विदेह' भी कहलाते हैं। ये मिथिला नगरी के संस्थापक थे। इनकी पुत्री का नाम सीता था। ये राजा होते हुए भी योगी थे। ये मोक्ष तत्त्व को जान चुके थे। अपनी पुत्री सीता के विवाह के अवसर पर इन्होंने धनुष-यज्ञ का आयोजन किया था, जिसमें शिव धनुष पर प्रत्यंचा चढ़ानी थी। श्री रामचंद्रजी ने शिव धनुष तोड़कर सीताजी से विवाह किया।

जनमेजय–अभिमन्यु के पौत्र तथा परीक्षित एवं इरावती के बड़े पुत्र। इन्होंने तक्षक नाग से बदला लेने के लिए सर्पयज्ञ किया था।

जनस्थान–दंडकारण्य का एक भाग, जहाँ जनकों ने यज्ञ किया था, अतः यह 'जनस्थान' कहलाया। श्रीराम भी वनवास के दौरान यहाँ रहे तथा अनेक राक्षसों का वध किया।

जन्म-कल्याणक–तीर्थंकर शिशु का जन्म होते ही इंद्र द्वारा उन्हें सुमेरु पर्वत की पांडुक शिला पर बैठाकर जलाभिषेक कर जन्मोत्सव मनाने को जन्म-कल्याणक कहते हैं।

जन्मकुंडली–आकाश-मंडल में स्थित बारह राशियों की तरह जातक की कुंडली में भी बारह भाव होते हैं। जन्मकुंडली में किसी जातक के जन्म-समय पर बना ग्रह-नक्षत्रों का आकाशी नक्शा होता है। कुंडली में बारह खानों का चार्ट बनाया जाता है। ज्योतिषी इन्हें भाव कहते हैं।

जन्माष्टमी–भगवान् श्रीकृष्ण का जन्मोत्सव। श्रीकृष्ण का जन्म भाद्रपद माह के कृष्ण

पक्ष की अष्टमी तिथि की मध्य रात्रि में हुआ था। इसलिए यह दिन कृष्ण जन्माष्टमी के रूप में दुनिया भर में मनाया जाता है।

जप–संसार के समस्त आध्यात्मिक कार्यों में 'जप' करने का प्रावधान है। मानसिक शांति के लिए प्रायः प्रत्येक धर्म में जप किए जाने की विविध प्रक्रियाएँ प्रयुक्त की जाती हैं। ये जप प्रायः मालाओं के माध्यम से भी किए जाते हैं; क्योंकि

मालाओं के मनकों को फेरते हुए मन एकाग्र होकर अपने इष्ट पर केंद्रित हो जाता है। आध्यात्मिक उत्कर्ष के लिए यह सर्वोत्कृष्ट प्रक्रिया मानी गई है। जप कार्य प्रायः प्रातःकाल या संध्याकाल में किया जाता है। इस जप से मानसिक शांति तथा मन की एकाग्रता होने के साथ आत्मबल बढ़ता है।

जमदग्नि–सप्तर्षियों में से एक ऋषि और परशुराम के पिता।

जय–1. महाभारत के सबसे छोटे रूप का नाम जय था। 2. विष्णु का एक पार्षद, जिसे सनकादिक मुनियों ने इसके भाई विजय सहित शाप दिया, जिसके फलस्वरूप जय को पृथ्वी पर तीन बार हिरण्याक्ष, रावण और शिशुपाल के रूप में और विजय को हिरण्यकशिपु, कुंभकर्ण तथा कंस के रूप में जन्म लेना पड़ा था।

जयद्रथ–दुर्योधन की बहन दुःशला का पति। द्रौपदी के सौंदर्य पर मुग्ध हो इसने बलपूर्वक उसका हरण कर लिया। पांडवों ने इसका पीछा किया और पकड़कर दंड दिया। बाद में यह अर्जुन के हाथों मारा गया था।

जरत्कारु–एक ऋषि। इनका विवाह वासुकि नाग की बहन से हुआ था। आस्तीक मुनि इनके पुत्र थे।

जरासंध–बृहद्रथ का पुत्र, मगध देश का एक राजा। यह दो टुकड़ों में जनमा था, अतः इसे वन में फेंक दिया गया। वहाँ जरा नाम की राक्षसी ने इसे जोड़कर पुनर्जीवित कर दिया था। जरा द्वारा जोड़े जाने के कारण यह 'जरासंध' कहलाया। भीम ने इसका वध किया था।

जल–रूप, रस, स्पर्श, स्निग्धता जल के गुण हैं। जल में केवल मधुर रस पाया जाता है। उसके बाकी स्वाद खारापन, खट्टापन

आदि पार्थिव परमाणुओं के कारण होते हैं। आधुनिक विज्ञान के अनुसार जल सर्वथा स्वादरहित होता है। पृथ्वी की तरह जल भी परमाणु रूप में नित्य और कार्यरूप में अनित्य होता है। जल का ज्ञान प्रत्यक्ष प्रमाण से होता है।

जांबवती–जांबवान् की पुत्री और श्रीकृष्ण की पटरानियों में एक।

जागेश्वर–यह उत्तराखंड में अल्मोड़ा के निकट हिंदुओं का एक प्रमुख तीर्थ है। प्राकृतिक सौंदर्य से भरपूर इस क्षेत्र में एक ही स्थान पर छोटे-बड़े 200 से अधिक मंदिर स्थित हैं। यहाँ के बारे में कहा गया है कि यहाँ 33 करोड़ देवताओं का वास है। जो व्यक्ति देश भर के तीर्थों का भ्रमण नहीं कर सकता, वह इस एक ही धाम में आकर सभी तीर्थों का पुण्य पा सकता है।

जातक कथा–पालि भाषा में लिखित इन कथाओं में गौतम बुद्ध के पूर्वजन्म की गाथाएँ हैं। इनका रचना काल तीसरी शताब्दी ईसा पूर्व से पहले का माना जाता है। तीसरी शताब्दी ईसा पूर्व में निर्मित साँची के स्तूपों में जातक कथाएँ अंकित हैं। इन कथा-लेखकों का नाम अज्ञात है। इनमें तत्कालीन राजनीतिक व सामाजिक स्थिति का विवरण भी मिलता है।

जाति–'जाति' शब्द संस्कृत की 'जन्' धातु से बना है। 'न्याय सूत्र' के अनुसार–'समान प्रसवात्मिका जातिः'–समान जन्मवाले लोगों को मिलाकर जाति बनती है। जन्म अथवा उत्पत्ति की समानता ही जाति का मुख्य अर्थ है। एक जाति के प्राणियों की यह विशेषता होती है कि वे आपस में प्रजनन कर सकते हैं, परंतु अन्य जातियों के सदस्यों के साथ वे प्रजनन नहीं कर सकते। प्रत्येक जाति स्वयं अनेक उपजातियों तथा समूहों में विभक्त रहती है।

जाति और वर्ण–होकार्ट जैसे लेखकों को जाति तथा वर्ण के एक होने का भ्रम हुआ; किंतु यह युक्तिसंगत नहीं है। जाति का आधार जन्म है, जबकि वर्ण का गुण और कर्म। डॉ. श्रीनिवास जाति को आज की सामाजिक व्यवस्था की इकाई मानते हैं। उनके अनुसार वर्ण और जाति परस्पर संबद्ध हैं। वर्ण की तो सामाजिक स्थिति स्वयंसिद्ध है और इसमें ब्राह्मण वर्ग का सर्वोच्च स्थान है तथा शूद्रों का निम्न। जाति वस्तुतः एक विस्तृत नातेदारी समूह है। हिंदू समाज में जाति और वर्ण भिन्न-भिन्न सामाजिक प्रवृत्तियों और आदर्शों से बँधे हैं। दोनों पृथक् संस्थाएँ हैं, किंतु कालांतर में दोनों एक हो गईं। वेदों में 'वर्ण' शब्द केवल चार जन-समूहों के लिए ही प्रयुक्त हुआ है, इसलिए इसे जाति के रूप में स्वीकार नहीं किया जा सकता। परवर्ती साहित्य में वर्ण के आधार पर जाति की व्याख्या की गई, जिससे भ्रमवश दोनों को एक माना जाने लगा। वर्ण चार हैं और जातियाँ-उपजातियाँ सैकड़ों हैं।

जाति का विभाजन–जन्मगत, प्रदेशगत, व्यवसायगत, भाषागत, धर्मगत आदि विभिन्न आधारों पर आधुनिक समाज-शास्त्रियों ने जाति को सात भागों में विभाजित किया है, जिसके मूल में उनके गुणों को रखा गया है। ये हैं– 1. जनजाति, 2. व्यवसायपरक जाति, 3. संप्रदाय-आश्रित जाति, 4. वर्णसंकर जाति, 5. राष्ट्रीय भावना से बनी जाति, 6. प्रादेशिकता से बनी जाति तथा 7. रीति-रिवाज से बनी जाति। भारत में अनेक जनजातियाँ तथा आदिम जातियाँ रही हैं, जिन्हें समाज में निम्न वर्ग के अंतर्गत रखा गया है। आर्यों के आगमन से पूर्व देश में अनेक जनजातियाँ तथा आदिम जातियाँ थीं, जो बाद में आर्यों द्वारा शूद्रों की श्रेणी में गिनी जाने लगीं।

आज भी अनेक ऐसी जन तथा आदिम जातियाँ बीहड़ जंगलों व दुर्गम स्थानों में निवास करती हैं और आधुनिक सभ्यता से बिलकुल कटी हुई हैं। वर्ण व्यवस्था का आधार व्यवसाय था, अतः पेशे और व्यवसाय के आधार पर हिंदू समाज में अनेक जातियाँ-उपजातियाँ बन गईं; जैसे–चर्मकार, मणिकार, सुराकार आदि।

जानकी–राजा जनक की पुत्री सीता।

जाह्नवी–गंगा नदी का एक नाम।

जिज्ञासा–मैं कौन हूँ? यह सृष्टि क्या है? इसको बनानेवाला कौन है? यह कब बनी और कब इसका अंत होगा? मैं स्वयं भविष्य में रहूँगा या नहीं? इससे पूर्व मेरा अस्तित्व था या नहीं? मैं सुखी क्यों हूँ? प्राणी दुःखी क्यों हैं? इस प्रकार के असंख्य प्रश्नों की जिज्ञासा से दार्शनिक विचार का जन्म होता है। मनुष्य को जब से अपने इतिहास का ज्ञान हुआ है तब से आज तक कोई भी ऐसा समय नहीं जब उसकी मननात्मक प्रवृत्ति ने उसे चैन से बैठने दिया हो। विचारों का बवंडर न केवल संसार के दुःखों से पीड़ित प्राणी को ही झकझोरता है, वरन् सब प्रकार से सुखी मनुष्य के मन में भी वह उथल-पुथल मचा डालता है। यह आँधी जितनी बलवती होती है, उतनी ही गहराई से मनुष्य विचार करने पर विवश हो जाता है। विचारों का यह झंझावात ही सच्ची जिज्ञासा है। इस प्रकार की जिज्ञासा ही दर्शन की जननी है। यह जिज्ञासा दिव्य अग्नि के समान है। इससे दग्ध मनुष्य का हृदय ही सत्य की प्राप्ति का एकमात्र पुण्यस्थल है।

जीण माता–सीकर, राजस्थान का एक प्राचीन

एवं ऐतिहासिक धर्मस्थल। यहाँ हर साल बड़ा मेला भरता है।

जीवात्मा–सभी प्राणी जीवात्मा की उपस्थिति से ही जीवन पाते हैं। शरीर से जीवात्मा के पलायन के साथ ही प्राणी का जीवन समाप्त हो जाता है। यह जीवात्मा ईश्वर का ही अंश होता है।

जीवात्मा की नित्यता–जीवात्मा की नित्यता के विषय में 'कठ उपनिषद्' में कहा गया है–यह ज्ञानमय आत्मा न उत्पन्न होता है, न मरता है। न यह किसी से हुआ है, न इससे कोई हुआ है। यह अजन्मा, नित्य, शाश्वत और सनातन है। शरीर के मारे जाने पर भी यह नहीं मरता। जीवात्मा नित्य और अपरिणामी है अर्थात् चेतन है। 'प्रश्न उपनिषद्' में कहा है कि यह देखनेवाला, स्पर्श करनेवाला, सुननेवाला, सूँघनेवाला, चखनेवाला, मनन करनेवाला, जाननेवाला, कर्म करनेवाला, विज्ञान आत्मा पुरुष जीवात्मा है।

जैन आगम–जैन-साहित्य का प्राचीनतम भाग 'आगम' कहलाता है। जो स्थान वैदिक साहित्य में वेद और बौद्ध साहित्य में

'त्रिपिटक' का है, वही स्थान जैन साहित्य में आगमों का है। आगम ग्रंथों में महावीर के उपदेशों तथा जैन संस्कृति से संबंधित कथा-कहानियों का संग्रह है। ये आगम 46 हैं–12 अंग : आयारंग, सूयगडं, ठाणांग, समवायांग, भगवती, नायाधम्मकहा, उवासगदसा, अंतगडदसा, अनुत्तरोववाइयदसा, पंहवागरण, विवागसुय, दिट्ठवाय। बारह उपांग : ओवाइय, रायपसेणिय, जीवाभिगम, पन्नवणा, सूरियपन्नति, जंबुद्दीवपन्नति, निरयावलि, कप्पवडंसिया, पुफिया, पुफचूलिया, वंहिदसा। दस पइन्ना : चउसरण, आउरपचक्खाण, भत्तपरिन्ना, संथर, तंदुलवेयालिय, चंदविज्झय, देविंदत्थव, गणिविज्जा, महापंचक्खाण, वोरत्थव। छह छेदसूत्र : निसीह, महानिसीह, ववहार, आचारदसा, कप्प (बृहत्कल्प), पंचकप्प। चार मूलसूत्र : उत्तरज्झयण, आवस्सय, दसवेयालिय, पिंडनिज्जुति। दो नंदि और अनुयोग।

जैन आचार्य–अंतिम तीर्थंकर महावीर के बाद जैन धर्म की पताका विद्वान् जैन मुनियों के हाथों में आ गई। उन्होंने उनके संदेश को लोगों तक पहुँचाने में महत्त्वपूर्ण भूमिका निभाई। ऐसे ही कुछ महान् संत हैं–1. आचार्य धरसेन, 2. आचार्य पुष्पदंत, 3. आचार्य भूतबली, 4. आचार्य समंतभद्र, 5. आचार्य अकलंक, 6. आचार्य माघनुंदी, 7. आचार्य कुंदकुंद, 8. आचार्य यतिवृषभ, 9. आचार्य उमास्वामी, 10. आचार्य पूज्यपाद, 11. आचार्य योगेंद्र देव, 12. आचार्य विद्यानंदि, 13. आचार्य जिनसेन, 14. आचार्य अमृतचंद, 15. आचार्य कुमार स्वामी, 16. आचार्य नेमीचंद, 17. मेघचंद्राचार्य, 18. आचार्य शुभचंद्र, 19. आचार्य अमितगति, 20. आचार्य भावसेन, 21. आचार्य गुणभद्र, 22. आचार्य अभयचंद्र, 23. आचार्य प्रभाचंद्र, 24. आचार्य अर्हदबली, 25. आचार्य तिरुवल्लुवर, 26. आचार्य वीरसेन, 27. आचार्य शिवार्य, 28. आचार्य विष्णु, 29. आचार्य नंदिमित्र, 30. आचार्य अपराजित, 31. आचार्य गोवर्धन,

32. आचार्य भद्रबाहु, 33. शिखाचार्य, 34. लोहाचार्य, 35. आचार्य गुणधर, 36. आचार्य नागहस्ति, 37. आचार्य जिनचंद्र (कुंदकुंद के गुरु), 38. आचार्य शिवकोटि, 39. महावीराचार्य, 40. आचार्य माधवाचंद्र, 41. आचार्य अभयनंदी, 42. आचार्य माणिक्यनंदी, 43. आचार्य रविषेण, 44. आचार्य बप्पदेव, 45. कल्याण मुनि, 46. आचार्य सकलकीर्ति, 47. आचार्य नरेंद्रसेन, 48. आचार्य इंद्रनंदि।

जैन तीर्थंकरों की पहचान–चिह्नों द्वारा तीर्थंकरों की पहचान होती है। ये पहचान चिह्न हैं–

1. श्रीऋषभनाथ–बैल,
2. श्रीअजितनाथ–हाथी,
3. श्रीसंभवनाथ–अश्व,
4. श्रीअभिनंदननाथ–बंदर,
5. श्रीसुमतिनाथ–चकवा,
6. श्रीपद्मप्रभ–कमल,
7. श्रीसुपार्श्वनाथ–स्वस्तिक,
8. श्रीचंद्रप्रभ–स्वस्तिक,
9. श्रीपुष्पदंत–स्वस्तिक,
10. श्रीशीतलनाथ–कल्पवृक्ष,
11. श्रीश्रेयांसनाथ–गैंडा,
12. श्रीवासुपूज्य–भैंसा,
13. श्रीविमलनाथ–शूकर,
14. श्रीअनंतनाथ–सेही,
15. श्रीधर्म नाथ–वज्र,
16. श्रीशांतिनाथ–मृग,
17. श्रीकुंथुनाथ–बकरा,
18. श्रीअरनाथ–मछली,
19. श्रीमल्लिनाथ–कलश,
20. श्रीमुनिसुव्रतनाथ–कच्छप,
21. श्रीनमिनाथ–नीलकमल,
22. श्रीनेमिनाथ–शंख,
23. श्रीपार्श्वनाथ–सर्प और
24. श्रीमहावीर–सिंह।

जैन तीर्थ–प्रमुख जैन तीर्थ हैं–1. कैलास पर्वत, 2. सम्मेद शिखर, 3. पावापुरी, 4. चंपापुर, 5. गिरनार, 6. पावागढ़, 7. शत्रुंजय, 8. मांगीतुंगी, 9. सोनागिर, 10. सिद्धवरकूट, 11. बड़वानी, 12. द्रोणगिरि, 13. मुक्तागिरि, 14. कुंथलगिरि, 15. नैनागिरि, 16. राजगृह, 17. श्रवणबेलगोला, 18. महावीरजी, 19. पद्मपुरी, 20. तिजारा, 21. कुंडलपुर, 22. पपौराजी, 23. आहारजी, 24. उदयगिरि, 25. गजपंथा, 26. रामटेक, 27. अहिच्क्षत्र पार्श्वनाथ, 28. अंतरिक्ष पार्श्वनाथ।

जैन धर्म–जैन शब्द 'जिन' से बना है, जिसका अर्थ है–'वह पुरुष, जिसने समस्त विषय-वासनाओं पर विजय प्राप्त कर ली है।' अर्हत या तीर्थंकर ऐसे ही व्यक्ति थे, अतः उनसे प्रवर्तित धर्म जैन धर्म कहलाया।

जैन प्रतीक–'परस्परोपग्रहो जीवानाम्' अर्थात् परस्पर एक-दूसरे की सहायता करना जीवों का उपकार है। समस्त जीवों के कल्याण का संदेश देनेवाला जैन समाज का सर्वमान्य प्रतीक, समन्वित भावना का परिचायक है। दिगंबर, श्वेतांबर, स्थानकवासी, तेरापंथी–सभी जैन धर्मावलंबी इस पावन प्रतीक के प्रति अत्यधिक आस्था रखते हैं। जैन शास्त्रों के अनुसार जैन प्रतीक की आकृति विश्वलोक की परिचायक है। इसका ऊपरी भाग ऊर्ध्वलोकाकाश और नीचे का भाग अधोआकाश के रूप में जाना जाता है। लोकाकाश के ऊपरी भाग में चंद्राकार आकृति सिद्धशिला की परिचायक है, जहाँ मुक्त आत्माओं का वास होता है। इसके नीचे तीन बिंदु हैं,

जो रत्नत्रय–अर्थात् ज्ञान, दर्शन और चरित्र के परिचायक हैं; क्योंकि ज्ञान ही तो मनुष्य को चरमोत्कर्ष पर पहुँचाता है; जबकि ज्ञान, दर्शन और चरित्र की त्रिवेणी मोक्ष-प्रदायक है।

जैन श्रावक–1. राजा श्रोणिक, 2. सुदर्शन सेठ अभय कुमार, 3. सेनापति जयकुमार, 4. जिनदत्त सेठ, 5. विजय सेठ, 6. सम्राट् चंद्रगुप्त, 7. सम्राट् खारवेल, 8. सम्राट् अशोक, 9. सेनापति चामुंडराय, 10. राजा वज्रसंघ, 11. श्रीपाल राजा, 12. भरत चक्रवर्ती, 13. राजा सिद्धार्थ, 14. दीवान अमरचंद्र, 15. गणेश प्रसाद वर्णी, 16. पं. बनारसीदास, 17. पं. दौलतराम, 18. पं. टोडरमल।

जैन साध्वियाँ–1. महासती सीता, 2. महासती मृगावती, 3. महासती राजुल,

4. महासती चंदनबाला, 5. महासती सुलोचना, 6. महासती विजया, 7. महासती सोमा, 8. महासती मनोरमा, 9. महासती ब्राह्मी, 10. महासती सुंदरी, 11. महासती मैना सुंदरी, 12. महासती अंजना, 13. महासती द्रौपदी, 14. महासती चेलना, 15. अनंतमती, 16. महासती रेवती रानी।

जैन साहित्य–महावीर के धर्मोपदेश मौखिक होते थे। विलक्षण स्मृति के धनी विद्वानों ने बाद में उन्हें लिपिबद्ध किया। श्वेतांबरों के कुछ प्रसिद्ध आगम (पवित्र ग्रंथ) हैं–1. ग्यारह अंग, 2. बारह उपांग, 3. दो सूत्र, 4. चार मूल सूत्र, 5. दस प्रकीर्णक, 6. छह छेदसूत्र। ये 45 आगम ग्रंथ कहे जाते हैं। इनकी भाषा प्राकृत है। दिगंबरों के धर्मग्रंथों के अतिरिक्त पुराण, दर्शन और इतिहास भी हैं। दिगंबरों के कुछ प्रमुख ग्रंथ हैं–1. समयसार, 2. षटखंडागम, 3. गोम्मटसार, 4. पंचास्तिकाय, 5. आप्तमीमांसा, 6. कषाय पाहुड़, 7. अष्ट पाहुड़, 8. तत्त्वार्थ सूत्र, 9. ज्ञानार्णव, 10. रत्नकरंड श्रावकाचार।

जैमिनी–1. 'मीमांसा' लेखक जैमिनी (300 ई.) को 'शब्दवादी' कहा गया है। ये उस काल के ग्रंथकार हैं, जब पुराने ऋषियों के नाम पर ग्रंथों को लिखकर धर्म को पुष्ट किया जा रहा था। ये कणाद, नागार्जुन तथा अक्षपाद के बाद के स्वतंत्रचेता दार्शनिक थे। चूँकि बादरायण तथा जैमिनी दोनों ने एक-दूसरे के मत को उद्धृत किया है, अत: ये समसामयिक थे। 'मीमांसा' में बारह अध्याय तथा 2,500 सूत्र हैं। मीमांसा का शुभारंभ 'अथातो धर्म जिज्ञासा' से होता है। जैमिनी ने प्रारंभ से अंत तक धर्म की जिज्ञासा बनाए रखी है। इसमें ऐसे अनेक प्रेरणा वाक्य हैं। राहुल सांकृत्यायन के अनुसार 'मीमांसा' का मुख्य प्रयोजन पुरोहितों की आमदनी को सुरक्षित करना था। यह वैदिक कर्मकांडों के समर्थन से ही संभव था। 'मीमांसा' के अनुसार बाह्य विश्व सच है और वह जैसा दिखाई पड़ता है, वैसा ही है। आत्मा

अनेक हैं। वह स्वर्ग को भी मानता है। किंतु ईश्वर के लिए मीमांसा में गुंजाइश नहीं है। 'मीमांसा' में दर्शन का अंश कम ही है। 2. वेदव्यास के शिष्य। व्यासजी से इन्होंने सामवेद और महाभारत की शिक्षा पाई थी। पूर्वमीमांसा दर्शन इनकी प्रसिद्ध कृति है। इनकी 'भारतसंहिता' कृति 'जैमिनी भारत' नाम से प्रसिद्ध है। इन्होंने द्रोणपुत्रों से मार्कण्डेय पुराण सुना था। इनके पुत्र सुमंतु और पौत्र सत्वान थे। तीनों ने ही वेद की एक-एक संहिता बनाई है।

जौहर—पुराने समय में राजपूत स्त्रियों में जौहर की परंपरा थी। जब उनके पति युद्ध में

वीरगति प्राप्त कर लेते थे तो उनकी स्त्रियाँ शत्रुओं द्वारा अपमानित होने से बचने के लिए जौहर कर लेती थीं। इसमें वे किले में आग लगाकर स्वयं को होम कर देती थीं।

ज्ञान—ज्ञान बहुत से तथ्यों, स्वयं-सिद्धियों, सिद्धांतों, संबंधों, मान्यताओं और प्रक्रियाओं का संकलन है, जिनकी जानकारी से मनुष्य अपनी समस्याओं एवं जिज्ञासाओं को शांत करता है। ये जानकारियाँ उसके व्यवहार को प्रभावित करता हैं। किंतु जो कुछ भी मनुष्य के व्यवहार को प्रभावित करे, वह सब ज्ञान नहीं है। कभी-कभी मनुष्य अंधविश्वासों के आधार पर व्यवहार करता है, उसे ज्ञान नहीं कहा जा सकता। ज्ञान में निम्नलिखित विशेषताएँ होनी चाहिए—1. इसमें अंतरव्यक्तिगत स्थायित्व होना चाहिए, अर्थात् एक व्यक्ति ज्ञान को जिस प्रकार जानता है, दूसरे लोग भी उसे वैसा ही जानें। 2. ज्ञान ऐसा होना चाहिए, जो प्रत्यक्षीकरण किया जा सके और उसे सत्यापित किया जा सके। 3. ज्ञान में किसी घटना को स्पष्ट करने या उसे पूर्व घोषित करने की क्षमता होनी चाहिए।

ज्ञान कल्याणक—जिस दिन प्राणी सभी सांसारिक कर्मों से मुक्त होकर केवल ज्ञान प्राप्त करते हैं, उस दिन इंद्र की आज्ञा से कुबेर समवरण (मंडप) की रचना करते हैं और तीर्थंकर उपदेश देते हैं। इस महोत्सव को ज्ञान कल्याणक कहते हैं।

ज्ञान-प्राप्ति की विधियाँ—मनुष्य जैसे-जैसे प्रगति के पथ पर बढ़ता गया, उसने ज्ञान प्राप्त करने की नवीन विधियाँ खोजीं। बहुधा वह अपनी समस्या का समाधान प्रयास एवं भूल के सिद्धांत से करता है। समस्या के समाधान के लिए वह एक उपाय का उपयोग करता है और उस उपाय के प्रभावकारी न होने पर उसे छोड़कर दूसरे उपाय की परीक्षा करता है। समस्या-समाधान के इसी ढंग को प्रयास एवं भूल का सिद्धांत कहते हैं। ज्ञान प्राप्त करने की विधियाँ इस प्रकार हैं—1. सत्ता, 2. वैयक्तिक अनुभव, 3. निगमन विधि, 4. आगमन विधि, 5. वैज्ञानिक विधि, परंपरा के साथ पूजास्थल, राज्य या विद्वान् लोग भी ज्ञान-प्राप्ति के स्रोत हैं।

ज्योतिर्लिंग-महत्त्व—सोमनाथ के पूजन-अर्चन से क्षय और कुष्ठ रोगों का नाश होता है।

यहाँ स्थित चंद्रकुंड में स्नान करने से मनुष्य संपूर्ण रोगों से मुक्त हो जाता है। महाकाल के दर्शन और पूजन से मनुष्य की सारी कामनाएँ पूरी हो जाती हैं और अंत में मोक्ष की प्राप्ति होती है। केदारनाथ संपूर्ण अभीष्टों को प्रदान करनेवाला है। भीमेश्वर भक्तों की हर प्रकार से रक्षा कर उनकी समस्त मनोकामनाओं को पूर्ण करता है। विश्वेश्वर अथवा विश्वनाथ के पूजन-अर्चन से भोग और मोक्ष की प्राप्ति होती है। मनुष्यों के साथ-साथ विष्णु, ब्रह्मा आदि समस्त देवता नित्य इनकी स्तुति करते हैं। श्रीराम द्वारा स्थापित रामेश्वरम् की नियमित स्तुति से देवताओं के लिए भी दुर्लभ हों, ऐसे भोगों की प्राप्ति होती है और अंत में भक्तों को स्वर्ग में स्थान प्राप्त होता है। घुश्मेश्वर की भक्ति और दर्शन से मनुष्य इस लोक में संपूर्ण सुखों को भोगकर अंत में मुक्ति-लाभ प्राप्त करता है। नागेश्वर दुष्टों को कठोर दंड देते हैं और इनके दर्शन मात्र से बड़े-बड़े पाप नष्ट हो जाते हैं। त्र्यंबकेश्वर के दर्शन और स्पर्श मात्र से सारी कामनाएँ सिद्ध होती हैं और मुक्ति प्राप्त होती है। वैद्यनाथ भक्तों को भोग, मोक्ष और मुक्ति प्रदान करते हैं। परमेश्वर के पूजन-दर्शन से भक्तों की समस्त अभिलाषाएँ पूर्ण होती हैं। मल्लिकार्जुन के पूजन से पुत्र की प्राप्ति होती है और साथ ही भक्तों को अभीष्ट फल प्राप्त होता है।

ज्वालादेवी–हिमाचल के काँगड़ा जिले में स्थित एक सिद्ध पीठ। सती की जिह्वा यहाँ गिरी थी।

□

झाड़-फूँक–झाड़-फूँक कुछ ऐसी क्रियाओं, चेष्टाओं और व्यवहारों का नाम है, जो प्राचीन समय से मनुष्य अपने दुःख-निवारण

के लिए करता आया है। इन क्रियाओं और चेष्टाओं का कोई वैज्ञानिक आधार नहीं है। इनमें मंत्र-तंत्र या तंत्र का प्रयोग किया जाता है। आज जिन बातों के लिए आधुनिक मानव विज्ञान का सहारा लेता है तब उन बातों के लिए प्राचीन मानव मंत्र-तंत्र का सहारा लेता था। प्राचीन मानव सिर की पीड़ा को दूर करने के लिए झाड़-फूँक का सहारा लेता था। उन्माद उत्पन्न होने पर उसे भूतबाधा माना जाता था और झाड़-फूँक की जाती थी। इसी प्रकार साँप, बिच्छू आदि के काटने पर प्राचीन काल में मनुष्य किसी विशेष प्रकार के शल्य-कर्म एवं इंजेक्शन का सहारा न लेकर मंत्रों का सहारा लेता था।

□

टपकेश्वर महादेव–यह मंदिर एक गुफा में स्थित है। यह मंदिर देहरादून के निकट

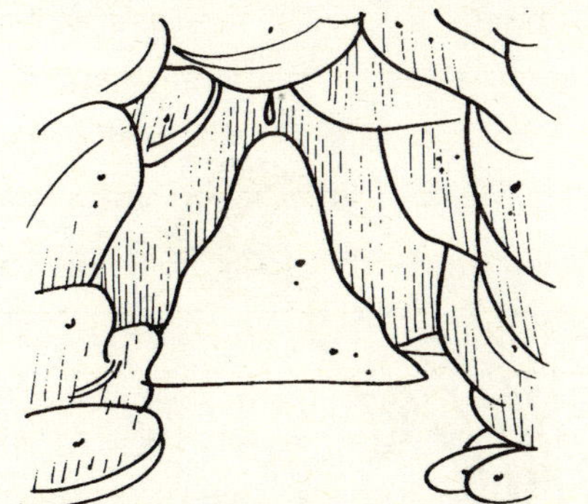

है और सड़क मार्ग से जुड़ा है। गुफा में शिवलिंग स्थापित है, जिस पर एक चट्टान से बूँद-बूँद कर पानी टपकता रहता है। इसी कारण इस मंदिर का नाम टपकेश्वर पड़ा। शिवरात्रि पर यहाँ श्रद्धालुओं का मेला लगा रहता है।

टौंस–यह नदी अयोध्या के पश्चिम से निकलकर बलिया के निकट गंगा में मिलती है। वनवास काल में श्रीराम कुछ दिन यहाँ रहे थे। रामायण कालीन तमसा नदी यही है, जिसके तट पर महर्षि वाल्मीकि आश्रम का होना बताया जाता है। □

ठाकुरजी—भगवान्, देवमूर्ति।

ठाकुरद्वारा—मंदिर।

ठाढ़ेश्वरी—साधु-संतों का एक वर्ग, जो खड़े रहकर ही जप, तप, भोजन आदि करता है।

ठुमरी—गीत गायन की एक शैली।

ठोका—हाथ में पहनने का स्त्रियों का एक गहना।

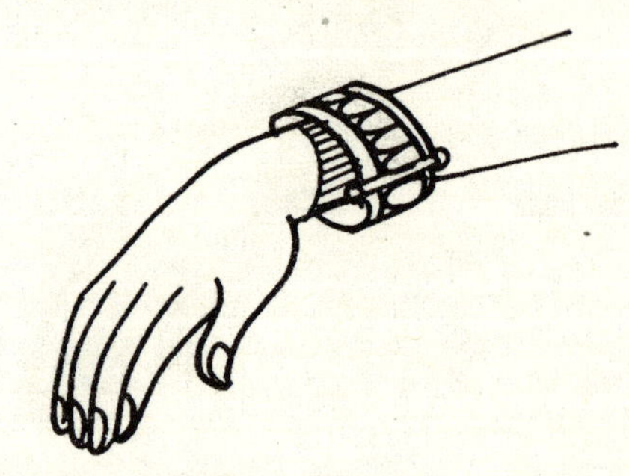

ठोर—एक मिठाई का नाम।

□

डंकारी–शक्ति की एक देवी।

डंकुर–एक पुराना वाद्ययंत्र।

डफली–एक प्रकार का बाजा।

डाकिनी–भगवान् शिव की एक अनुचरी।

डामर–एक शिवतंत्र का नाम।

डिंगन–राजस्थान की एक क्षेत्रीय बोली।

डीठबंध–नजरबंदी कर देना।

डोम–मंगल अवसरों पर गाने-बजानेवाली एक निम्न जाति।

□

ढुंढिराज–ढुंढिराज गणेशजी का मंदिर बनारस में विश्वनाथ मंदिर के पास है। कहा जाता है कि ये संसार भर के पुण्यात्मा लोगों को ढूँढ़कर बनारस में विश्वनाथ मंदिर लाते हैं, जिससे बाबा विश्वनाथ के दर्शन कर वे मुक्ति पा सकें।

ढोल–भारत का एक प्राचीनतम देशज वाद्य-यंत्र। उत्तर भारत में यह खूब बजाया जाता है। हाथ या छड़ी से बजाए जानेवाले छोटे नगाड़े, ढोल, ढोलक या ढोलकी मुख्य रूप से लोक संगीत या भक्ति संगीत को ताल देने के काम में प्रयुक्त होते हैं। □

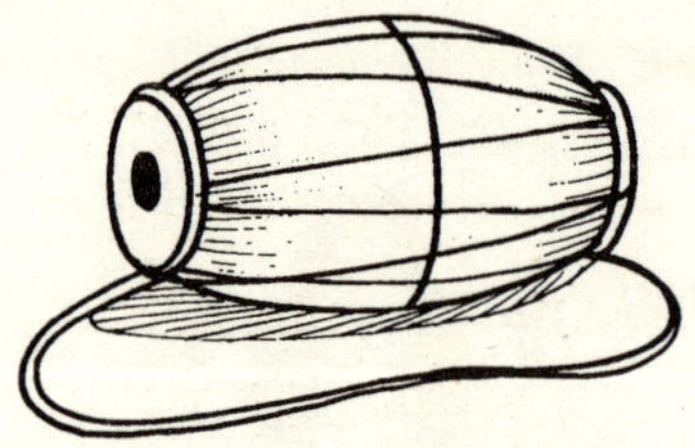

णमोकार मंत्र–णमोकार मंत्र को जैन धर्म का मूल मंत्र कहा जाता है। यह मंत्र है–णमो अरिहंताणं। णमो सिद्धाणं। णमो आइरियाणं। णमो उवज्झायाणं। णमो लोए सव्वसाहूणं। ऐसो पंच णमोक्कारो। सव्वपावप्पणासणा। मंगलाणं च सव्वेसिं पढमं हवई मंगलं। हिंदी अर्थ–अरिहंतों को नमस्कार। श्रीसिद्धों को नमस्कार। आचार्यों को नमस्कार। उपाध्यायों को नमस्कार। लोक के सर्व-साधुओं को नमस्कार। यह पंच नमस्कार मंत्र सभी पापों का नाश करनेवाला और सब मंगलों में पहला मंगल है। इस मंत्र को नवकार मंत्र, पंच नमस्कार मंत्र, महामंत्र, अपराजित मंत्र, अनादि मंत्र, मंत्रराज और मंगल मंत्र भी कहा जाता है। कहते हैं कि इस मंत्र से 84 लाख मंत्रों की उत्पत्ति हुई है। इस मंत्र में 5 पद, 35 अक्षर और 58 मात्राएँ हैं। इस मंत्र को 18,432 तरह से पढ़ा जा सकता है। इसे अनादि मंत्र कहा गया है। पुष्पदंत भूतबली को इस मंत्र का लेखक माना जाता है। इस मंत्र के जप-स्मरण से सभी प्रकार के दुःख-क्लेश दूर हो जाते हैं एवं सुख-शांति की अनुभूति होती है।

णय–एक सरोवर, जो ब्रह्मलोक में स्थित है। □

तंत्र ग्रंथ–इन ग्रंथों में दानधर्म, युगधर्म, व्यवहार, अध्यात्म, सृष्टि, प्रलय, मंत्र-निर्णय, तीर्थ-वर्णन, कल्प-वर्णन, ज्योतिष संस्थान, पुराणाख्यान, कोष, व्रत, स्त्री-पुरुष लक्षण, राजधर्म, आश्रम धर्म, विप्र संस्थान आदि विषय समाहित हैं। सभी संप्रदायों के तंत्र ग्रंथ अलग-अलग हैं।

तंत्रशास्त्र या तंत्र–वैसे तंत्र-मंत्र या मंत्र-तंत्र साथ-साथ उच्चरित होनेवाले शब्द हैं, लेकिन तंत्र में सृष्टि से लेकर राजधर्म तक के लक्षण निहित हैं। अत: तंत्र वस्तुत: शास्त्र है। तंत्रशास्त्र की रचना शिव ने की। इसे तीन भागों में विभाजित किया जा सकता है–आगम, यामल तथा मंत्र। सृष्टि, प्रलय, पूजा, पुरश्चरण, ध्यान तथा योग आगम कहलाते हैं। सृष्टि तत्त्व, ज्योतिष, नित्यकृत्य सूत्र, वर्णभेद और युगधर्म का वर्णन यामल है। सृष्टि, लय, तीर्थ, व्रत कथा, शौच-अशौच, राजधर्म तथा आध्यात्मिक नियम का वर्णन मंत्र है। तंत्रशास्त्र के सिद्धांत गुप्त रखे जाते हैं। इसकी शिक्षा लेने के लिए मनुष्य को पहले दीक्षित होना पड़ता है। मारण, उच्चारण, वशीकरण तथा अनेक सिद्धियों के लिए तंत्र में बताए गए मंत्रों और क्रियाओं का प्रयोग किया जाता है। इसके मंत्र अर्थहीन और एकाक्षरी होते हैं; जैसे–क्लीं, श्रीं, ऐं आदि। तंत्र को माननेवाले तांत्रिक कहलाते हैं। तंत्र साहित्य की सूची बहुत लंबी है। काली, तारा, श्रीविद्या के नाम पर तमाम ग्रंथ हैं।

तक्षक–कद्रू एवं कश्यप ऋषि का पुत्र और पातालवासी एक नाग।

तत्त्व–किसी वस्तु का निश्चित अस्तित्व या आंतरिक भाव तत्त्व है। सूक्ष्म अंतरात्मा से लेकर मानव तक और भौतिक संबंधों को व्यवस्थित करनेवाले नियमों तक के लिए इसका प्रयोग होता है। सांख्य के अनुसार प्रकृति के विकास तथा पुरुष को लेकर 26 तत्त्व हैं। कुछ लोग 36 तत्त्व मानते हैं, किंतु सर्वमान्य तत्त्व पाँच हैं–क्षिति, जल, पावक, गगन और समीर। दार्शनिक परिभाषा में तत्त्व ब्रह्मांड के सार का पर्यायवाची है। पश्चिम में ईश्वर, पुरुष और प्रकृति को तीन तत्त्वों के रूप में स्वीकार किया गया है। भारतीय सांख्य दर्शन के अनुसार पुरुष और प्रकृति के संयोग से जगत् का विकास हुआ है। अद्वैतवाद ने प्रकृतिवाद और अध्यात्मवाद के रूप में केवल एक तत्त्व को ही माना।

तप कल्याणक–तीर्थंकर बननेवाले प्राणी जिस

दिन सांसारिक भोगों को त्यागकर तप के लिए दीक्षा लेने को तत्पर होते हैं, उस समय देवों द्वारा मनाए गए दीक्षा के महोत्सव को 'दीक्षा कल्याणक' कहते हैं।

तपस–प्रत्येक युग में तप की महिमा रही है। परमात्मा तप का परम आदर्श है। जिस तरह वह सत्यस्वरूप, ऋतस्वरूप, आनंदस्वरूप है, उसी प्रकार वह तपोस्वरूप भी है। 'तैत्तिरीय उपनिषद्' में कहा गया है कि 'उसने सृष्टि-रचना की कामना की। मैं संतान पैदा करूँ और अनेक हो जाऊँ, इस निमित्त उसने घोर तपस्या की और यह सब सृष्टि रची।' 'मुंडक उपनिषद्' में कहा है–'तप से ब्रह्म (ब्रह्मज्ञान) बढ़ता है।' 'तैत्तिरीय आरण्यक' में उल्लेख है–'ऋत तप है, सत्य तप है, विद्या का सुनना-सुनाना तप है, दान देना तप है और यज्ञ भी तप है।' उपभोग्य विषयों का परित्याग करके शरीर और मन को दृढ़तापूर्वक संतुलन और समाधि की अवस्था में स्थिर रखना ही तप है। इससे शरीर और मन की शक्ति उद्‌दीप्त होती है। तप की शक्ति से मनुष्य असाधारण कार्य करने में समर्थ हो जाता है। उसमें अद्‌भुत तेज उत्पन्न होता है।

तपोवन–गुरु द्रोणाचार्य का तप-क्षेत्र और एक प्राकृतिक तीर्थ। यह देहरादून के निकट है।

तप्तकुंभ–एक भयानक नरक, जहाँ कड़ाहों में तेल खौलता रहता है, जिनमें पापी फेंके जाते हैं।

तलातल–सात पाताल कहे गए हैं, उनमें से एक पाताल का नाम।

ताड़का–सुकेतु नाम के यक्ष की पुत्री और राक्षस मारीच एवं सुबाहु की माँ, जो अगस्त्य ऋषि के शाप से राक्षसी हो गई

थी। इसे सुकेतुसुता भी कहते हैं। यह ऋषि-मुनियों के यज्ञ-हवनों में बाधा डालती थी। इसके व्यवहार से पीड़ित होकर विश्वामित्र इसके वध के लिए राम-लक्ष्मण को दशरथ से माँग लाए। स्त्री को मारने में राम हिचकिचा रहे थे, किंतु विश्वामित्र की आज्ञा पाकर उन्होंने इसे मार डाला।

तानपूरा–इसमें चार तार होते हैं, जिनसे संगीत के सातों स्वर निकलते हैं। संगीत के आरंभिक शिष्य इसी पर रियाज करते हैं। उत्तर भारतीय संगीत में इस वाद्य को महत्त्वपूर्ण स्थान प्राप्त है। इसका स्वर बड़ा मधुर होता है।

तारकासुर–एक महाबली असुर। यह शिवपुत्र कार्तिकेय के हाथों मारा गया था।

तारनापंथ—इस पंथ का आरंभ तारना स्वामी ने किया। इसके अनुयायी मूर्तिपूजा के विरोधी होते हैं। इनके अपने मंदिर स्थानक कहलाते हैं, जहाँ तारना स्वामी द्वारा रचित ग्रंथों की पूजा की जाती है। पूजा में ये लोग फल-फूल आदि अर्पित नहीं करते। ये आध्यात्मिक मूल्यों को अधिक महत्त्व देते हैं और अपने ही धार्मिक ग्रंथों का पठन-पाठन करते हैं। इस धर्म के अनुयायी बहुत कम संख्या में बुंदेलखंड, मालवा और महाराष्ट्र के कुछ हिस्सों में पाए जाते हैं।

तिथि—नंदा, भद्रा, जया, रिक्ता, पूर्णा।

तिरुपति मंदिर—तिरुपति वेंकटेश्वर मंदिर एक प्रसिद्ध हिंदू मंदिर है। यह आंध्र प्रदेश के चित्तूर जिले में स्थित है। यह दक्षिण भारतीय वास्तु और शिल्पकला का अद्‌भुत उदाहरण है। प्रभु वेंकटेश्वर या बालाजी को भगवान् विष्णु का अवतार माना जाता है। कहा जाता है कि भगवान् विष्णु ने कुछ समय के लिए स्वामी पुष्करणी नामक तालाब के किनारे निवास किया था। यह तालाब तिरुमाला के पास स्थित है। तिरुमाला-तिरुपति के चारों ओर स्थित पहाड़ियाँ शेषनाग के फनों के आधार पर बनी 'सप्तगिरि' कहलाती हैं। श्री वेंकटेश्वर का यह पवित्र व प्राचीन मंदिर सप्तगिरि की वेंकटाद्रि नामक सातवीं चोटी पर स्थित है, जो श्री स्वामी पुष्करणी नामक तालाब के किनारे स्थित है। इसी कारण यहाँ पर बालाजी को भगवान् वेंकटेश्वर के नाम से जाना जाता है। मंदिर के गर्भगृह में भगवान् वेंकटेश्वर की प्रतिमा स्थापित है।

तिल—हमारे सांस्कृतिक प्रतीकों में शारीरिक अंगों पर तिल की विशेष महत्ता विविध रूपों में आँकी गई है। ये तिल नन्ही सी काली बिंदी के रूप में किसी भी अंग पर अपने आप बन जाते हैं। इनके बनने के विषय का वैज्ञानिक या चिकित्सकीय आधार चाहे जो हो, पर सांस्कृतिक आधार अनेक शुभाशुभ रहस्यों से भरपूर है। इस परिप्रेक्ष्य में स्त्री एवं पुरुष के अंगों पर तिल बनने की अलग-अलग मान्यताएँ हैं। नन्हा सा तिल स्त्री के बाएँ अंग पर तथा पुरुष के दाएँ अंग पर शुभकारी माना जाता है; किंतु अंगों पर अलग-अलग स्थितियों के परिप्रेक्ष्य में भी इनके गुण-दोषों की मान्यताएँ हैं। जैसे हथेली पर तिल

होना धनवान् होने का प्रतीक है, जबकि कलाई पर तिल का होना अच्छा नहीं होता है। अनामिका पर तिल होने से धनवान् एवं विद्वान् होने की मान्यता है। कनिष्ठा और मध्यमा उँगली पर तिल पारिवारिक सुख-शांति का जीवन व्यतीत करने का परिचायक है।

तिलक—हमारी संस्कृति में माथे पर तिलक लगाने की पावन परंपरा प्राचीनकाल से प्रचलित है। तिलक, टीका, बिंदी आदि नामों से लोकप्रिय माथे का यह अलंकरण केवल अलंकरण ही नहीं है वरन् इसका मानवीय जीवन में अत्यधिक महत्त्व है,

गूढ़ रहस्य है तथा वैज्ञानिक महत्ता है। तथ्यत: शरीर रूपी साम्राज्य का संचालक मस्तिष्क असंख्य कोशिकाओं का बना हुआ है, जो सारे शरीर से आनेवाले संवेगों को ग्रहण कर शरीर के अन्य अंगों तक पहुँचाता है। ये कोशिकाएँ तंतुओं से संबद्ध हो पूरे शरीर से जुड़ी हैं तथा शरीर के समस्त कार्यों को करने, संयमित रखने आदि में अद्‌भुत भूमिका निभाती हैं। इनका केंद्रबिंदु मस्तिष्क ही है, जिस पर तिलक का अद्‌भुत प्रभाव पड़ता है। व्यक्तित्व के विकास तथा कृतित्व को द्विगुणित करने में तिलक का महत्त्वपूर्ण स्थान है। तिलक लगाने से एक ऐसी सात्त्विक आभा प्रस्फुटित होती है, जो व्यक्तित्व के सर्वांगीण विकास की ओर व्यक्ति को उन्मुख करती है।

तिलोत्तमा–एक रूपवान् अप्सरा। इसकी रचना में ब्रह्मा ने संसार भर की सुंदर वस्तुएँ तिल-तिल भर ली थीं। सुंद-उपसुंद नाम के दो असुरों ने देवों की नाक में दम कर रखा था। इसे देख दोनों भाई आपस में लड़ मरे और देवताओं की समस्या हल हो गई।

तीर्थंकर–जो देवों और मनुष्य द्वारा पूज्य होते हैं, जो स्वयं तरते हैं तथा औरों को तरने का मार्ग बताते हैं, उन्हें तीर्थंकर कहते हैं। तीर्थंकर जन्म और मृत्यु के बंधन से मुक्त होते हैं। जैन धर्म के इन्हीं तीर्थंकरों ने क्रमिक रूप से जैन धर्म की आधारशिला रखी। आदि तीर्थंकर ऋषभदेव थे, जिनकी गणना विष्णु के चौबीस अवतारों में की गई है। तेईसवें तीर्थंकर पार्श्वनाथ थे, जिनका निर्वाण 776 ई.पू. हुआ। चौबीसवें तीर्थंकर वर्धमान महावीर हुए। यद्यपि जैन धर्म महावीर के पूर्व से प्रचलित था, किंतु इसके प्रवर्तन का श्रेय उन्हीं को जाता है। उन्होंने पार्श्वनाथ की शिक्षाओं को अपना आधार बनाया। महावीर ने पूर्ण (कैवल्य) ज्ञान प्राप्त किया तथा 'निर्ग्रंथ' कहलाने लगे। इसलिए इनके अनुयायी जैन तथा निर्गंठ (निर्ग्रंथ) कहलाए। जैन धर्म की दो प्रमुख शाखाएँ हैं–दिगंबर और श्वेतांबर। दिगंबर का अर्थ है–दिक् यानी दिशा, जिसका अंबर (वस्त्र) हैं अर्थात् नग्न। यह अपरिग्रह और त्याग का चरम उदाहरण है। इस शाखा के अनुसार स्त्रियों को मोक्ष नहीं मिल सकता, क्योंकि वे निर्वस्त्र नहीं रहतीं। इनके तीर्थंकरों की मूर्तियाँ नग्न होती हैं। श्वेतांबर का अर्थ है, जिसका अंबर (वस्त्र) श्वेत हो। ये श्वेत वस्त्र धारण करते हैं और नग्नता को नहीं मानते। इनकी देवमूर्तियाँ लंगोट पहनती हैं। पार्श्वनाथजी के अनुसार महाव्रतों की संख्या चार थी–अहिंसा, सत्य, अस्तेय और अपरिग्रह। महावीर ने इसमें ब्रह्मचर्य को जोड़कर पाँच महाव्रत कर दिए।

तीर्थ–तीर्थ उस पवित्र स्थान को कहा जाता है, जिसका संबंध किसी देवता, महापुरुष

या महान् घटना से होता है। तीर्थ भवसागर को पार करने का घाट है। 'स्कंदपुराण' के काशीखंड में तीन प्रकार के तीर्थों का उल्लेख मिलता है–जंगम, स्थावर तथा मानस। जंगम तीर्थ ब्राह्मणों को बताया गया है। ब्राह्मण पवित्र स्वभाव के होते हैं। इस कारण उनकी सेवा करने से तीर्थ का फल मिलता है, सभी पाप नष्ट हो जाते हैं और कामनाओं की सिद्धि होती है। पृथ्वी तल के कतिपय पुण्य स्थानों को स्थावर तीर्थ कहा गया है। ऐसे तीर्थों में जाने से उत्कृष्ट फल की प्राप्ति होती है। सत्य, क्षमा, इंद्रिय-निग्रह, दया, ऋजुता, दान, दम, ब्रह्मचर्य, विप्रवादिता, ज्ञान, धैर्य आदि ऊर्ध्वमुखी मन की वृत्तियों को 'मानस तीर्थ' कहा गया है। समस्त तीर्थों में मानस तीर्थ को ही अधिक महत्त्व दिया गया है। 'स्कंदपुराण' के काशी खंड में बताया गया है कि सत्य तीर्थ है, क्षमा तीर्थ है, इंद्रियों पर नियंत्रण रखना तीर्थ है, सब प्राणियों पर दया करना तीर्थ है, सरलता भी तीर्थ है, दान तीर्थ है, मन का संयम तीर्थ है, संतोष तीर्थ है, ब्रह्मचर्य तीर्थ है, प्रिय वचन बोलना तीर्थ है, ज्ञान तीर्थ है और धैर्य तीर्थ है; लेकिन तीर्थों में सर्वश्रेष्ठ तीर्थ--अंतःकरण की आत्यंतिक विशुद्धि। मुख्य तीर्थों में सात पुरियाँ और चार धाम आते हैं। सात पुरियाँ हैं–अयोध्या, मथुरा, मायापुरी, काशी, कांची, अवंतिका तथा द्वारावती। चार धाम हैं–बदरिकाश्रम, द्वारिका, जगन्नाथ, रामेश्वरम्।

तुंबरू–गीत-संगीत में निपुण एक गंधर्व। यह विष्णुजी का परम मित्र भी कहा गया है।

तुकाराम–सत्रहवीं शताब्दी के एक महान्

संत कवि। ये भक्ति आंदोलन के प्रमुख स्तंभ थे। इन्होंने विट्ठल नाम से विष्णुजी की भक्ति की थी।

तुरीयातीत उपनिषद्–इस उपनिषद् में श्री आदिनारायण एवं ब्रह्माजी के मध्य हुए वार्त्तालाप का वर्णन है। जिसमें परमपिता ब्रह्माजी श्रीनारायण से अवधूत मार्ग का रहस्य प्राप्त करते हैं।

तुलसी–तुलसी एक ऐसा दिव्य पौधा है, जिसकी सांस्कृतिक, पौराणिक, धार्मिक तथा औषधीय महत्ता का जितना बखान किया जाए, थोड़ा है। यही कारण है कि

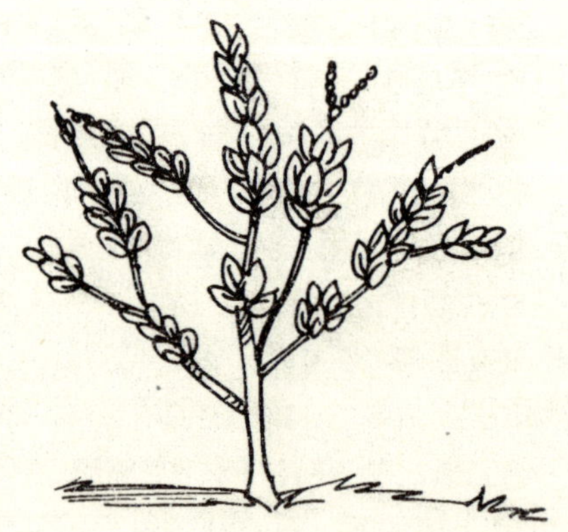

प्रायः प्रत्येक सुसंस्कृत परिवार में तुलसी का पौधा आँगन में, द्वार पर या घर में अवश्य पाया जाता है। जहाँ ढेर सारे तुलसी के पौधे लगाए गए हों, वहाँ सर्प, बिच्छू, कीड़े-मकोड़े एवं अन्य घातक बीमारियों

के कीटाणु नहीं फटक सकते। इस प्रकार तीर्थवत् पावन वह स्थान सब प्रकार से सुरक्षित रहकर निवास के योग्य माना जाता है। इससे दीर्घायु प्राप्त होती है। तुलसी के स्पर्श से बहनेवाली वायु शुद्ध होकर सुखदाई हो जाती है। तुलसी के पौधे के प्रतिदिन संपर्क में रहने से भी शुद्ध वायु मिलती है, जो अत्यधिक स्वास्थ्यवर्द्धक होती है।

तुलसीदास–अवधी महाकाव्य 'रामचरितमानस' के रचयिता के रूप में गोस्वामी तुलसीदासजी की ख्याति न केवल भारत में अपितु विदेशों में भी फैली हुई है।

उनका बचपन का नाम 'रामबोला' था। उन्हें नरहरिदास के यहाँ प्रारंभिक शिक्षा मिली। बाद में गुरु के साथ काशी चले आए। तुलसीदास ने अनेक रचनाएँ कीं; यथा–'रामचरितमानस', 'रामलला नहछू', 'वैराग्य संदीपनी', 'बरवै रामायण', 'पार्वती मंगल', 'जानकी मंगल', 'रामाज्ञा', 'दोहावली', 'कृष्ण गीतावली' तथा 'विनयपत्रिका'। इन रचनाओं में 'रामचरितमानस' तथा 'विनयपत्रिका' सर्वोत्कृष्ट हैं।

तृणावर्त–श्रीकृष्ण को मारने हेतु कंस ने इस दैत्य को गोकुल भेजा। यह बवंडर का रूप रखकर श्रीकृष्ण को उड़ा ले चला। श्रीकृष्ण ने भार बढ़ाया और इसकी गरदन दबाने लगे। अंत में यह निष्प्राण हो जमीन पर गिर पड़ा।

तेगबहादुरजी–सिखों के नौवें गुरु गुरु तेगबहादुर का विश्व इतिहास में धर्म, मानवीय मूल्यों, आदर्शों एवं सिद्धांतों की रक्षा के लिए प्राणों की आहुति देनेवालों में अद्वितीय स्थान है। जब कश्मीर के मुगल सुल्तान ने हिंदुओं पर धर्म-परिवर्तन के लिए दबाव डाला तब गुरु तेग बहादुर ने उसके विरुद्ध संघर्ष का निर्णय लिया। उनका मानना था कि जबरन धर्म-परिवर्तन

कराने की आज़ादी कोई धर्म नहीं देता। अपमानित औरंगजेब ने गुस्से में आकर गुरु साहिब का शीश काटने का हुक्म दे दिया। उन्होंने दिल्ली के चाँदनी चौक पर हँसते-हँसते अपना शीश कटवाकर बलिदान दे दिया। उनके शहीदी स्थल पर एक गुरुद्वारा बनाया गया, जिसका नाम गुरुद्वारा शीशगंज साहिब है।

तेरापंथ–भट्टारकों के तथाकथित प्रतिकूल व्यवहार के कारण उत्तर भारत में इस संप्रदाय की नींव पड़ी। परिणामत: इस उपसंप्रदाय में भट्टारकों का प्रभाव घट गया। इनके मंदिरों में तीर्थंकरों की पूजा की जाती है। लेकिन ये फूल, फल और हरी सब्जियों से तीर्थंकरों की पूजा नहीं

करते हैं। अक्षत, लौंग, चंदन, बादाम, सूखा नारियल, खजूर आदि अर्पित करते हैं। ये लोग खड़े होकर पूजा करते हैं और प्रसाद नहीं बाँटते हैं। इस संप्रदाय के लोग उत्तर प्रदेश, राजस्थान और मध्य प्रदेश में अधिक मिलते हैं। तेरापंथ नाम के उपसंप्रदाय दिगंबर और श्वेतांबर दोनों संप्रदायों में मिलते हैं, लेकिन दोनों पूरी तरह भिन्न हैं। जहाँ दिगंबर तेरापंथी नग्नता और मूर्तिपूजा में विश्वास रखते हैं, वहीं श्वेतांबर तेरापंथी इनका विरोध करते हैं।

तोमर–यह लौह निर्मित बाण के समान, सर्पाकार होता है। इसके आगे लोहे का मुँह लगा होता है। धड़ लकड़ी का होता है। नीचे की तरफ उड़ने के लिए पंख लगे होते हैं। यह डेढ़ गज लंबा और लाल रंग का होता है।

तोशल–कंस का एक मल्ल, जो श्रीकृष्ण के हाथों मारा गया था।

त्रिजटा–विभीषण की बहन, जो अशोक वाटिका में सीता के साथ रहती थी।

त्रिदेव–रज, तम तथा सत्त्व इन तीन गुणों के संघर्ष से तीन सदेह देवता उत्पन्न।

त्रिदेवी–सरस्वती, लक्ष्मी, पार्वती (काली)।

त्रिदोष–वात (वायु), पित्त (गरमी) और कफ (सर्दी)–इन्हें त्रिदोष कहते हैं। आयुर्वेद में कहा गया कि शरीर में सारे रोग इन तीनों के कुपित होने पर ही होते हैं।

त्रिपथगा–गंगा का एक नाम।

त्रिपिटक–बौद्ध धर्म के आधारभूत और मुख्य ग्रंथ। इनमें भगवान् बुद्ध के उपदेश संकलित हैं। त्रिपिटक संख्या में तीन हैं–विनयपिटक, सुत्तपिटक और अभिधम्मपिटक।

त्रिपुर–राक्षस तारकाक्ष, कमलाक्ष तथा विद्युन्माली के तीन नगर, जो क्रमशः सोने, चाँदी और लोहे के थे। भगवान् शिव ने इन तीनों नगरों एवं तीनों असुरों को 'अघोर' नामक एक ही बाण से नष्ट कर दिया था।

त्रिफला–आँवला, हर्र, बहेड़ा।

त्रिमूर्ति–त्रिशक्ति का समन्वित स्वरूप जहाँ त्रिमूर्ति के रूप में स्तुत्य है, पूज्य है एवं वंदनीय है वहीं अलग-अलग रूपों में भी इसकी अतुलनीय महत्ता है। इस परिप्रेक्ष्य

में सत्यं, शिवं, सुंदरम्; सत, रज, तम; उत्पत्ति, गति और समाप्ति; उत्थान, पतन और लय; सृष्टि, स्थिति और संहार; जन्म, पालन और मरण आदि ऐसी यथार्थताएँ हैं, जो प्रत्येक दृष्टि से गूढ़ार्थ लिये हुए रहस्यमयी प्रतीकात्मक हैं। हमारी दैवी शक्तियाँ जहाँ सत्पथ पर चलने से प्रभावित हो पालन-पोषण करती हैं, वहीं दुष्कर्म करने पर विनाश भी कर देती हैं। हमारे दैनिक जीवन में पूज्य ब्रह्मा, विष्णु, महेश; आकाश, पाताल, मृत्युलोक; भूत, वर्तमान, भविष्य; सत्, रज, तम; प्रातः, मध्याह्न,

संध्या; स्वर्गलोक, मृत्युलोक, पाताललोक; देवऋण, ऋषिऋण, पितृऋण; माता, पिता, गुरु; शैशव, यौवन, वृद्धावस्था तथा स्थूल शरीर, सूक्ष्म शरीर और कारण शरीर आदि की त्रिविध वरीयता असीम है, जिसके नियंत्रक त्रिलोकीनाथ हैं। इनकी आराधना से मनुष्य त्रिविध तापों (दैहिक, दैविक, भौतिक) और कष्टों से छुटकारा पा सकता है।

त्रिराम–परशुराम, श्रीराम और बलराम। तीनों को राम कहा जाता है।

त्रिशंकु–एक प्रसिद्ध सूर्यवंशी राजा, जिन्हें महर्षि विश्वामित्र ने सशरीर स्वर्ग भेज दिया था, लेकिन इंद्र ने उन्हें बीच में ही रोक दिया। तब से त्रिशंकु आकाश में लटके हैं और नक्षत्र उनकी परिक्रमा करते हैं।

त्रिशूल–1. इसके तीन सिर होते हैं। लंबा हत्था होता है। ये छह से आठ फीट तक के होते हैं। 2. दार्शनिक गरिमा से समलंकृत

त्रिलोकीनाथ का त्रिशूल ब्रह्मा, विष्णु एवं महेश की वरीयता से विभूषित दैहिक, दैविक एवं भौतिक तापों से प्राणियों की रक्षा का वह प्रतीक है, जो देश के कोने-कोने में भगवान् भोलेनाथ की भक्ति-भावना का स्रोत भक्तों में प्रवाहित करता है। त्रिशूल हमारी संस्कृति का, समाज का, धर्म और दर्शन का वह प्रतीक है, जिसे ग्रहण कर साधु-संत आध्यात्मिक उत्थान, धार्मिक जागृति, नैतिक निखार आदि मानवीय गुणों के विकास की अलख जगाते हुए देश के कोने-कोने में घूमते हैं और सदुपदेश देते हैं।

त्रेतायुग–त्रेता की अवधि 12,96,000 वर्ष मानी जाती है। इस युग का आरंभ कार्तिक शुक्ल नवमी से होता है। मनु और शतरूपा के दो पुत्र प्रियव्रत और उत्तानपाद इसी युग में हुए। ये पृथ्वी के सर्वप्रथम राजा थे। श्रीराम और परशुराम ने इसी युग में अवतार लिया। इस युग में पुण्य अधिक होता है। मनुष्य की आयु अधिक होती है।

त्रैधातुक–(बौद्ध दर्शन में 'धातु' का अर्थ है–जो धारण करे)। 1. कामधातु (यह काम संप्रयुक्त धातु है। इसमें नरक, प्रेत, तिर्यक् (पशु-पक्षी) तथा मनुष्य, ये चार गतियाँ हैं। इसमें देवगति-प्रदेश तथा भाजन-लोक भी सम्मिलित हैं)। 2. रूपधातु (रूपधातु का स्थान कामधातु से ऊपर है। यह स्थानसंप्रयुक्त धातु है। इसमें सोलह स्थानों का उल्लेख है)। 3. आरूप्यधातु (यह रूप-रहित है। यह स्थान से संबद्ध नहीं है। यह चार प्रकार का है)।

त्र्यंबक–शिव।

त्र्यंबकेश्वर–श्रीत्र्यंबकेश्वर ज्योतिर्लिंग महाराष्ट्र में नासिक के निकट गोदावरी के किनारे स्थित है। यहाँ पवित्र गोदावरी का उद्गम भी है।

त्र्यग्नि–शुचि (सूर्य से उत्पन्न), पावक (विद्युत् से उत्पन्न) तथा पवमान (लकड़ियों के मंथन से उत्पन्न) अग्नि। □

थ

थंडिल–यज्ञ-वेदी।

थंभन–तंत्र का एक प्रयोग।

थान–देव-स्थान।

थानापति–ग्राम-देवता।

थानुसुत–गणपतिज।

थानेश्वर–पंजाब स्थित एक हिंदू तीर्थ। इसे स्थानेश्वर भी कहते हैं। यहाँ भगवान् शिव का एक भव्य मंदिर है।

थिबाऊ–दाहिने अंग का फड़कना।

□

दंडकारण्य–गोदावरी नदी के किनारे फैले एक प्राचीन वन का नाम। वनवास काल में श्रीराम यहाँ रहे थे। इसी वन में लक्ष्मण ने शूर्पणखा के नाक-कान काटे थे और यहीं रावण ने सीता-हरण किया था।

दक्ष–ब्रह्माजी के अँगूठे से इनका जन्म हुआ। प्रजापति वीरण की पुत्री असिकी से इनका विवाह हुआ। ब्रह्माजी की आज्ञा से ये प्रजा की सृष्टि करने लगे। इनके 53 कन्याएँ हुईं, उनमें से 10 का विवाह धर्म के साथ, 13 का महर्षि कश्यप के साथ, 27 का चंद्रमा के साथ, 1 का पितृ के साथ, 1 का अग्नि के साथ और 1 का भगवान् शिव के साथ हुआ। महर्षि कश्यप को ब्याही 13 कन्याओं से ही जगत् के समस्त प्राणी उत्पन्न हुए, इसलिए उन्हें 'लोकमाता' कहा जाता है। एक बार भगवान् शिव से विवाद होने के कारण दक्ष ने उन्हें यज्ञ में आमंत्रित नहीं किया। इससे रुष्ट हो सती ने योगाग्नि से शरीर त्याग किया। भगवान् शिव ने क्रुद्ध हो वीरभद्र की सृष्टि की। वीरभद्र ने दक्ष का सिर काटकर हवन कुंड में झोंक दिया। देवताओं की प्रार्थना से प्रसन्न हो शिव ने बकरे का सिर जोड़कर प्रजापति दक्ष को पुनर्जीवित कर दिया। इन्हें देवताओं का आदिपुरुष कहते हैं।

दक्षहस्त तीर्थ–(दाहिने हाथ के तीर्थ) देव तीर्थ (उँगलियों के अग्रभाग में), पितृ तीर्थ (तर्जनी तथा अंगुष्ठ के मध्य), ब्रह्म

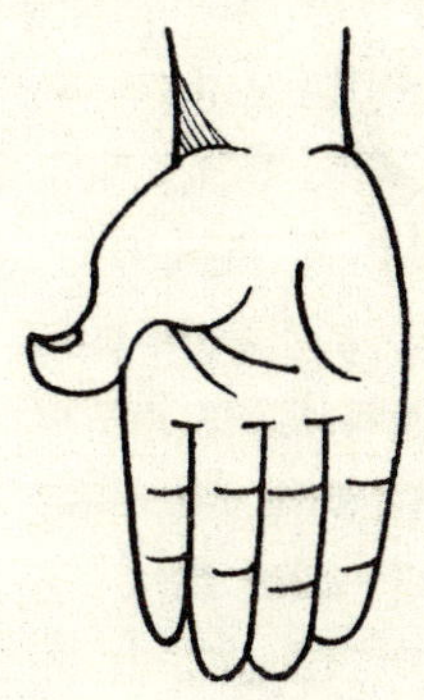

तीर्थ (अँगूठे के मूल में कलाई पर), प्राजापत्य तीर्थ (कनिष्ठा के मूल में) तथा सौम्य तीर्थ (करतल के मध्य में)।

दत्तात्रेय–इन्हें विष्णुजी के चौबीस अवतारों में से एक माना जाता है। ये एक सिद्ध पुरुष थे।

दधीचि–एक वैदिक ऋषि। इन्हीं की हड्डियों से बने वज्र से इंद्र ने वृत्रासुर को मारा था।

दमयंती–राजा भीमसेन की पुत्री और राजा नल की पत्नी। यह दमन नामक ऋषि के वरदान से उत्पन्न हुई थी, इसलिए यह

नाम पड़ा। एक हंस द्वारा राजा नल के गुणों की प्रशंसा सुनकर यह उस पर आसक्त हो गई थी। जब राजा भीम ने इसका स्वयंवर रचाया तो देवताओं तथा बड़े-बड़े महाराजाओं को छोड़कर इसने राजा नल के गले में वरमाला पहनाई। फलतः जीवन में इसे बड़े कष्ट उठाने पड़े।

दयानंद सरस्वती–दयानंद सरस्वती आर्यसमाज के संस्थापक और संस्कृत के प्रकांड विद्वान् थे, किंतु अंग्रेजी का ज्ञान भी इन्हें कम न था। ये वैदिक धर्म, वैदिक शिक्षा और वैदिक दर्शन के पक्षपाती थे। इनका नारा था–'वेदों की ओर चलो'। इन्होंने परवर्ती पौराणिक धर्म की आलोचना की और बहुदेववाद तथा मूर्ति-पूजा का खंडन किया। इन्होंने जाति-बंधन, बाल-विवाह और समुद्र-यात्रा न करने को गलत ठहराया तथा उसकी निंदा की। यह नारी शिक्षा तथा विधवा विवाह के भी समर्थक थे। इनका कहना था कि अहिंदू भी हिंदू धर्म ग्रहण कर सकते हैं। इसके लिए इन्होंने शुद्धि आंदोलन चलाया। ये महान् वक्ता थे और जनता के बीच ऐसे उपदेश देते थे कि इनकी बात मानने को बाध्य हो जाती थी। स्वामीजी के अनुयायियों ने भारत में सैकड़ों दयानंद एंग्लो-वैदिक स्कूल व कॉलेज में खोले हैं, जिनमें आधुनिक ज्ञान-विज्ञान के साथ अंग्रेजी की भी शिक्षा दी जाती है। स्वामी दयानंद के दर्शन को समझने के लिए भी वैदिक धर्म तथा आर्य समाज विषय पर प्रचुर साहित्य उपलब्ध है।

दर्शन नाम की सार्थकता–'दर्शन' कहते हैं देखने को। यह शब्द देवादि महान् सत्ताओं को देखने में विशिष्ट हो गया है, जैसे–चंद्रदर्शन, देवदर्शन आदि। किंतु दर्शन सदा मूर्त पदार्थों का ही नहीं होता वरन् अमूर्त पदार्थों का भी होता है। उपनिषदों में आत्मा को भी दर्शन का विषय माना है। हमारे वातांबुपराणहारी ऋषियों ने भारत के विस्तृत तपोवनों में, 'सत्यं ज्ञानमनन्तं ब्रह्म' के दर्शन कर अमरत्व प्राप्त किया था। यह दर्शन भिन्न-भिन्न झरोखों में से प्राप्त करने के कारण पूर्ण नहीं हो सकता, किंतु देवताओं की सी झाँकी का सा महत्त्व रखता है। यही 'दर्शन' शब्द की सार्थकता है और यही भारतीय दृष्टिकोण को अन्य देशों के दृष्टिकोण से पृथक् कर देता है।

दर्शनशास्त्र–दर्शनशास्त्र अनुभव की व्याख्या है। इस व्याख्या में जो अस्पष्ट होता है, उसे स्पष्ट करने का यत्न किया जाता है। दर्शन के प्रमुख विषय तीन हैं–बाह्य जगत्, चेतन आत्मा और परमात्मा। प्राचीन यूनान में भौतिकी, तर्क और नीति दर्शनशास्त्र के तीन अंग माने जाते थे। भौतिकी बाहर की ओर देखती है, तर्क स्वयं चिंतन को प्रेरित करता है और नीति जीवन को व्यवस्थित करने के लिए निरपेक्ष आदेश ढूँढ़ती है। पहले दर्शन को तत्त्व ज्ञान का रूप माना जाता था। यूनान में सुकरात, प्लेटो और अरस्तू तथा जर्मनी में कांट और हेगेल ने तत्त्व ज्ञान के विषय में विचार-मंथन किया, जिसमें मुख्य विषय के अतिरिक्त गौण विषय (यथार्थवाद, संदेहवाद) पर भी विचार हुआ।

दशनामी–संन्यासियों के एक संगठन विशेष के लिए प्रयुक्त होनेवाला शब्द। कहा जाता है कि इस शब्द को सर्वप्रथम

शंकराचार्य ने चलाया था।

दशरथ–इंदुमती व महाराज अज के पुत्र तथा श्रीराम के पिता।

दशहरा–असत्य पर सत्य की जीत का त्योहार। यह हिंदू धर्मावलंबियों का एक प्रमुख त्योहार है, जो आश्विन (क्वार) मास के

शुक्ल पक्ष की दशमी तिथि को मनाया जाता है। श्रीराम ने इसी दिन लंकापति रावण का वध किया था। इसीलिए इस दशमी को 'विजयादशमी' के नाम से जाना जाता है।

दशाश्वमेध घाट–वाराणसी में गंगा का एक प्रसिद्ध और पुनीत घाट। पुराणों के अनुसार ब्रह्माजी ने इसी स्थान पर दस अश्वमेध यज्ञ किए थे, इसलिए इसका यह नाम पड़ा।

दातुन–आयुर्वेद में गूलर, नीम, आम, करंज,

वज्रदंती, बेर, कीकर, खदिर की दातुनें उपयुक्त कही गई हैं। यदि दाँतों की स्वच्छता के साथ गले को भी मधुर बनाना है तो बेर की दातून करें। यदि जीभ बोलते समय लड़खड़ाती हो एवं कालापन हो तो इसके लिए गूलर की दातुन नियमित करें। यदि मुख की दुर्गंध दूर करनी हो अथवा पायरिया जैसे रोग से छुटकारा पाना हो तो नीम की दातून करें। स्मृति एवं बुद्धि के विकास के लिए अपामार्ग की दातून लाभकारी होती है।

दादू दयाल–गुजरात में जनमे भक्तिकाल के प्रमुख संत कवि। इन्होंने कई वर्षों तक कठिन तप किया और सिद्धि प्राप्त की। इनके सैकड़ों अनुयायी बने। इन्होंने 'दादू पंथ' बनाया। इनके दयालु व्यवहार के कारण इनका नाम 'दादू दयाल' पड़ गया।

दान–हमारी संस्कृति में 'दान' देने की पुण्य परंपरा प्राचीनकाल से ही प्रचलित है और आज भी यथावत् बनी हुई है। प्राचीन और आधुनिक दान-प्रवृत्तियों को परखने से प्रतीत होता है कि जहाँ पूर्व में दान उदारता, कर्तव्यपरायणता, पुण्य-प्राप्ति, संवेदनशीलता, निष्ठा, न्यायप्रियता आदि के परिप्रेक्ष्य में दिया जाता था, वहीं आज अधिकांश दानदाता प्राय: सम्मान अर्थात् लोकप्रियता पाने को लालायित होकर दान करते हैं। समय और परिस्थिति के अनुरूप दान का मान किया जाता है। एक भूखे को भोजन देता अन्नदान की महत्ता है। एक मरणासन्न प्राणी के प्राण की रक्षा जीवनदान की महत्ता है। इसी क्रम में आवश्यकता के अनुरूप दान दिया जाना श्रेयस्कर होता है। दान हमारी संस्कृति का वह संबल है, जो दानदाताओं को मोक्ष का मार्ग दिखाता है तथा याचकों का पालन-पोषण

करने में महत्त्वपूर्ण भूमिका निभाता है।

दानघाटी–दानघाटी मथुरा में गोवर्धन परिक्रमा का एक स्थान है और यहाँ पर गोवर्धनजी का मंदिर भी बना हुआ है।

दानव गुरु–शुक्राचार्य। ये दानवों के गुरु कहे गए हैं।

दिक्पाल–दसों दिशाओं के पालक देवता। ये हैं–पूर्व के इंद्र, नैऋत्य के निऋति, पश्चिम के वरुण, अग्निकोण के वह्नि, दक्षिण के यम, वायु कोण के मारुत, उत्तर के कुबेर, ईशान कोण के ईश, ऊर्ध्व दिशा के ब्रह्मा और अधोदिशा के अनंत।

दिग्मुखी भोजनफल–पूर्वमुखी भोजन से आयुष्य-प्राप्ति। दक्षिणमुखी भोजन से यशः प्राप्ति। पश्चिममुखी भोजन से लक्ष्मी-प्राप्ति। उत्तरमुखी भोजन से ऋणग्रस्तता।

दिति–कश्यप की पत्नी, जिसने सभी दैत्यों को जन्म दिया।

दिलीप–राजा अंशुमान के पुत्र और अयोध्या के एक पराक्रमी राजा। इन्होंने देवासुर संग्राम में भाग लेकर इंद्र की सहायता की

थी। कामधेनु ने इन्हें पुत्रहीन रहने का शाप दे दिया था। इन्होंने नंदिनी गाय की सेवा करके उस शाप से मुक्ति पाई, जिससे इन्हें महाराज रघु जैसा प्रतापी पुत्र प्राप्त हुआ।

दीघनिकाय–बौद्ध धर्म ग्रंथ 'त्रिपिटक' के सुत्तपिटक का प्रथम निकाय। इसमें 34 लंबे दीर्घ सूत्र हैं, इसलिए इस निकाय को दीघनिकाय कहा गया है। पालि भाषा में 'दीर्घ' को 'दीघ' कहते हैं।

दीपक–ज्ञान, विवेक और ज्योति का प्रतीक 'दीपक' भारतीय साधना-पद्धति का वह सर्वोत्तम संबल है, जिसके मद्धिम प्रकाश

में मनीषियों, चिंतकों, विद्वानों, साधकों आदि ने ज्ञानराशि का वह उन्नत शिखर बनाया है, जिसकी ऊँचाई संसार में सर्वोपरि है। दीपक की दिव्यता से अभिभूत उसे देवत्व प्रदान करते हुए अखंड ज्योति की आराधना आज भी लोकप्रिय है। दीपक इस बात व आस्था का प्रतीक है कि हमारा जीवन प्रकाशमय व ज्ञानमय हो।

दीपदान व्रत–इस व्रत में घी या तेल के दीयों को मंदिरों, नदियों, कुओं, वृक्षों,

गोशालाओं, चौराहों, घरों में प्रज्वलित किया जाता है। ये दीये संक्रांति, ग्रहण, एकादशी आदि पर जलाए जाते हैं। इस व्रत से पुण्य प्राप्त होता है।

दीपावली–हिंदू धर्मग्रंथों के अनुसार कार्तिक अमावस्या को भगवान् श्रीराम चौदह वर्ष का वनवास बिताकर अयोध्या लौटे थे।

तब अयोध्यावासियों ने घी के दीये जलाकर खुशियाँ मनाई थीं। तब से यह परंपरा बन गई। दीपावली हिंदुओं का एक प्रमुख त्योहार है। इस दिन घर-घर लक्ष्मी की पूजा होती है। इसी दिन व्यापारी अपने बही-खाते बदलते हैं।

दुःशला–गांधारी और धृतराष्ट्र की एकमात्र पुत्री तथा दुर्योधन, दुःशासन आदि सौ कौरव भाइयों की इकलौती बहन। इसका विवाह सिंधु-नरेश जयद्रथ से हुआ था, जो अपनी दुष्टता के कारण अर्जुन के हाथों कुरुक्षेत्र में मारा गया।

दुःशासन–धृतराष्ट्र का पुत्र और दुर्योधन का भाई। पांडवों के जुए में सबकुछ हार जाने के बाद इसी ने दुर्योधन के कहने पर द्रौपदी का चीर-हरण किया था।

दुर्गा सप्तशती–यह एक अत्यंत प्रचलित एवं प्रसिद्ध तथा अनेक प्रकार के विशिष्ट प्रयोगों से परिपूर्ण ग्रंथ है। सभी तिथियाँ भगवती की पूजा-अर्चना के लिए शुभ होती हैं। तत्काल सिद्धि के लिए स्वयं जगदंबा कहती हैं, 'अष्टमी, चतुर्दशी और नवमी को जो सच्चे दिल से मेरे 1, 2, 9 एवं 10 अध्यायों के प्रसंग का पाठ करेंगे, उन्हें कोई पाप छू भी नहीं सकेगा। घर में दरिद्रता नहीं होगी तथा कभी कष्ट नहीं भोगना पड़ेगा।' चैत्र शुक्ल प्रतिपदा से लेकर नवमी तक दुर्गा सप्तशती का पाठ एवं हवन करने की परंपरा है। इन्हें ही नवरात्र कहते हैं। दुर्गा सप्तशती में दुर्गा के नवस्वरूप–शैलपुत्री, ब्रह्मचारिणी, चंद्रघंटा, कूष्मांडा, स्कंदमाता, कात्यायनी, कालरात्रि, महागौरी एवं सिद्धिदात्री हैं।

दुर्योधन–धृतराष्ट्र और गांधारी का सबसे बड़ा पुत्र और महाभारत के युद्ध का जनक।

दुर्वासा–अत्रि एवं अनसूया के पुत्र। ये दत्तात्रेय के छोटे भाई थे तथा शिवजी के अंशावतार कहलाते हैं।

दुष्यंत–एक प्रसिद्ध राजा। इन्होंने कण्व मुनि के आश्रम में मेनका (अप्सरा) एवं विश्वामित्र की पुत्री शकुंतला से गांधर्व विवाह किया था।

दृष्ट एवं अदृष्ट–जो पदार्थ पाँच ज्ञानेंद्रियों आँख, नाक, कान, जीभ और त्वचा द्वारा देखे व अनुभव किए जा सकें, वे दृष्ट कहलाते हैं। इसके विपरीत जो पदार्थ पाँचों ज्ञानेंद्रियों द्वारा देखे या अनुभव न किए जा सकें, केवल बुद्धि या मन द्वारा ही अपना प्रत्यक्षीकरण करा सकें, वे अदृष्ट हैं।

देवकी–कंस की चचेरी बहन तथा श्रीकृष्ण की माता, जिनका विवाह वसुदेव से हुआ था।

देवघर–एक पौराणिक स्थल। यह 51 शक्तिपीठों में से एक वैद्यनाथ धाम के नाम से प्रसिद्ध है। यहाँ सती का हृदय गिरा था। कहा जाता है कि लंकापति रावण जब कैलास पर्वत से शिव-प्रतीक लिंग को लंका में स्थापनार्थ ले जा रहा था, तब ब्रह्माजी ने यह शर्त रखी थी कि शिवलिंग को कैलास पर्वत से लंका तक नीचे कहीं भी नहीं रखे; लेकिन विधि के विधानानुसार रावण को वह शिवलिंग भूमि पर रखना पड़ा और तभी से शिव बिहार के देवघर में विराजमान हो गए। यहाँ अब एक विशाल मंदिर है।

देवता–पुराणों में कहा गया है कि जो देता है, वही देवता है। देवता स्वयं प्रकाशमान हैं, शक्ति-संपन्न हैं। अपनी शक्ति, द्युति आदि संपर्क में आए व्यक्तियों को भी प्रदान करते हैं। वेदों में ईश्वरीय शक्ति के विभिन्न रूपों की कल्पना देव रूप में की गई है। मनुष्य भी दिव्य कर्म करके देव कहलाते हैं तथा देव-पूजा के पात्र बन जाते हैं। 'देवता' शब्द देव का ही पर्याय है। संस्कृत में 'देवता' स्त्रीलिंग शब्द है, किंतु हिंदी में पुल्लिंग की तरह तथा देव के ही पर्याय रूप में प्रयुक्त होता है। भारतीय गाथाओं और पुराणों में देवताओं का मानवीकरण हुआ। कालांतर में इनकी मूर्तियाँ बनने लगीं और इनके संप्रदाय बनाकर इनकी पूजा होने लगी। पहले सब देवता त्रिमूर्ति–ब्रह्मा, विष्णु तथा शिव–में परिणत हुए। तदनंतर देवमंडल में विस्तार होता गया। हिंदू देव परिवार का उद्‌भव ब्रह्मा से माना जाता है। त्रिदेवों में ब्रह्मा प्रथम हैं। ब्रह्मा ही स्रष्टा हैं और वे ही प्रजापति हैं। पुराणों तथा शिल्पशास्त्रों के अनुसार ब्रह्मा चतुर्मुख हैं। सावित्री और सरस्वती इनकी शक्तियाँ हैं। सृष्टि की स्थिति में विष्णु की इच्छा प्रधान है। वे सृष्टि का परिपालन अपनी शक्ति लक्ष्मी के सहयोग से करते हैं। बाद में विष्णु के अनेक अवतार हुए।

देवदासी–पहले मंदिरों की स्थापना तथा मूर्ति-प्रतिष्ठा के साथ कन्याओं का भी दान होता था, जो देवदासी कहलाती थीं। देवदासियों को पवित्र ढंग से रहते हुए मंदिर बुहारना, दीप जलाना और देव-पूजा के समय या समय-समय पर नृत्य-गान करना पड़ता था। देवदासी का मानसिक विवाह मूर्ति के साथ होता था। यह प्रथा 'देवदासी प्रथा' कहलाती थी। दक्षिण भारत (रत्नागिरि जिले) में इस प्रथा को 'भाविनों की प्रथा' कहा जाता था। कालांतर में यह प्रथा व्यभिचार का कारण बन गई और मंदिरों से संलग्न देवदासियाँ वेश्या तुल्य मानी जाने लगीं। प्राचीन हिंदू ग्रंथों में सात प्रकार की देवदासियों का उल्लेख मिलता है–1. दत्ता, जो मंदिर में भक्ति हेतु स्वतः अर्पित हो जाती है; 2. विक्रीता, जो मंदिर की सेवार्थ स्वयं को बेच देती है; 3. भृत्या, जो अपने परिवार के भरण-पोषण के लिए मंदिर में दासी का कार्य करती है; 4. भक्ता, जो श्रद्धा-भक्ति के चलते मंदिर में सेवा करती है; 5. हृता, जिसे हरण करके मंदिर सेवा हेतु भेंट कर दिया जाता है; 6. अलंकारा, राजा और प्रभावशाली लोग जिस युवती को योग्य और अपेक्षित परंपरा में पूर्ण

दीक्षित समझते थे, उसे अलंकृत कर मंदिर में भेंट कर देते थे और 7. रुद्र गणिका या गोपिका, जो नियमित वृत्ति या वेतन पर नाचने-गाने का काम करती थी। भारत में अब यह प्रथा गैर-कानूनी घोषित कर दी गई है।

देवनागरी–यह अक्षरात्मक लिपि है। इसमें स्वर तथा व्यंजन दोनों हैं। ये केवल ध्वनियाँ नहीं, अपितु सस्वर अक्षर हैं। भाषा-वैज्ञानिक दृष्टि से देवनागरी लिपि की वर्णमाला विश्व में परंपरागत वर्णमाला लिपियों की अपेक्षा पूर्णतर है। किसी भी भाषा की लिपि के लिए आवश्यक है कि जितनी भी उच्चारण ध्वनियाँ हों, उनके लिए अलग-अलग लिपि-चिह्न हों तथा प्रत्येक लिपि-चिह्न द्वारा केवल एक उच्चारण ध्वनि का बोध हो। देवनागरी में केवल श, ष आदि एकाध लिपि-चिह्न ही अनावश्यक जान पड़ते हैं। प्राचीन भारत में ब्राह्मी तथा खरोष्ठी दो लिपियाँ थीं। देवनागरी की उत्पत्ति ब्राह्मी से मानी जाती है। देवनागरी की वर्णमाला का क्रम अत्यंत वैज्ञानिक है। आरंभ में 13 स्वर ध्वनियाँ थीं और तब 27 स्पर्श व्यंजन, 4 अंतःस्थ व्यंजन और 3 ऊष्म ध्वनियाँ हैं।

देवप्रयाग–उत्तराखंड में गंगा और अलकनंदा के संगम पर स्थित एक तीर्थ। रावण-वध के बाद आत्मशुद्धि के लिए श्रीराम ने यहाँ तप किया था। यहाँ उनका एक मंदिर भी है।

देवयानी–दैत्य गुरु शुक्राचार्य की बेटी। यह देवगुरु बृहस्पति के पुत्र कच से प्रेम करने लगी थी, जो वेश बदलकर शुक्राचार्य से मृत-संजीवनी विद्या सीखने आया था। देवयानी का यह प्रेम असफल रहा। बाद में राजा ययाति से देवयानी का विवाह हुआ।

देवर्षि–नर, नारायण, नारद, बालखिल्य, पर्वत, कर्दम आदि।

देवव्रत–शांतनु और गंगा का पराक्रमी पुत्र। इनका लोकप्रिय नाम 'भीष्म' था, जो उनकी आजन्म अविवाहित रहने की कठोर प्रतिज्ञा के कारण पड़ा।

देवी–भारत में देवताओं की तरह देवियाँ भी पूज्य हैं। सभी देवताओं की शक्तियाँ उनकी पत्नियों (देवियों) के रूप में प्रसिद्ध हैं, लेकिन कुछ देवियों की अपनी स्वतंत्र सत्ता और उनके नाम पर संप्रदाय हैं। वैष्णवों में लक्ष्मी और सरस्वती की पूजा लोकप्रिय है। ये श्री तथा विद्या की अधिष्ठात्री हैं। सरस्वती चतुर्भुजी हैं, इनके हाथों में पुस्तक, माला, पुष्प तथा वीणा या कमंडलु है। शिव-पत्नी गौरी के अनेक नाम और आयुध हैं। देवियों में आदिशक्ति कात्यायनी की बड़ी महिमा है। इन्हें चंडी, अंबिका, दुर्गा, महिषासुरमर्दिनी आदि नामों से जाना जाता है। सप्त मातृकाएँ भी देवियाँ हैं।

देहद्वार–दक्षिण नेत्र, वाम नेत्र, दक्षिण कर्ण, वाम कर्ण, दक्षिण नासिका, वाम नासिका, मुख, लिंग, गुदा। (नवद्वार–पुरुष पक्ष में। स्त्री पक्ष में त्रयोदश-द्वार। इन नौ द्वारों के अतिरिक्त एक गर्भद्वार और दो दुग्धद्वार कुल तेरह द्वार। इसीलिए तंत्रशास्त्र में नारी को 'त्रयोदशद्वारिणी' कहा गया है)।

देव-विवाह–किसी सेवा कार्य, विशेषतः धार्मिक अनुष्ठान के मूल्य के रूप में अपनी कन्या को दान में दे देना 'दैव विवाह' कहलाता है।

द्रविड़–इसके दो अर्थ हैं। पहला, देश का

नाम तथा दूसरा भारत में बसी प्राचीन जातियों में से एक। द्रविड़ तमिलनाडु का प्राचीन नाम था। यह मद्रास से लेकर कन्याकुमारी तक दक्षिण भारत का भूभाग था। द्रविड़ जाति पहले उत्तर भारत के द्रविड़ मेसोपोटामिया, इराक की ओर चले गए और रास्ते में बलूचिस्तान में अपनी ब्राहुई शाखा छोड़ गए, जो आज भी द्रविड़ भाषा से मिलती-जुलती बोली बोलते हैं। दक्षिण में द्रविड़ बहुत काल से रहते आए हैं और इनकी संतानें आज भी दक्षिण भारत में हैं, जो तमिल, तेलुगु, कन्नड़ और मलयालम भाषाएँ बोलती हैं। धीरे-धीरे आर्यों और द्रविड़ों में सम्मिश्रण हुआ तो दोनों की सभ्यता, संस्कृति और धर्म में समन्वय स्थापित हो गया। द्रविड़ों के देवी-देवता वैदिक धर्म में सम्मिलित हो गए और उत्तर भारत में भी पूजे जाने लगे।

द्रुपद–भीष्म, द्रोणाचार्य और द्रुपद परशुराम के शिष्य थे। अध्ययन के दौरान द्रुपद

और द्रोण गहरे मित्र बन गए। द्रोण गरीबी के कारण दुखी रहते थे। द्रुपद ने उन्हें वचन दिया कि राजा बनने पर वे आधा राज्य उन्हें दे देंगे, जिससे उनकी गरीबी दूर हो जाएगी। लेकिन राजा बनने पर वे अपने वचन से न केवल फिरे, वरन् उन्होंने द्रोण का अपमान भी किया।

द्रोणाचार्य–कौरवों तथा पांडवों के गुरु और भरद्वाज के पुत्र। अश्वत्थामा इनका पुत्र था। महाभारत के युद्ध में ये कौरवों की ओर से लड़े थे। धृष्टद्युम्न ने छल से इनका वध किया था।

द्रौपदी–राजा द्रुपद की पुत्री और पाँचों पांडवों

(युधिष्ठिर, भीम, अर्जुन, नकुल और सहदेव) की पत्नी।

द्वापर युग–चार युगों में तीसरा। इसका आरंभ भाद्रपद कृष्ण त्रयोदशी से होता है। इसकी अवधि पुराणों में 8,64,000 वर्ष मानी गई है। यह युद्ध प्रधान युग है और इसके लगते ही धर्म का क्षय आरंभ हो जाता है। भगवान् कृष्ण ने इसी युग में अवतार लिया था।

द्वारिका–द्वारिका गुजरात की एक प्रधान नगरी है, जो पश्चिमी समुद्र-तट पर स्थित है। पुराणों के अनुसार यह सात पुरियों में से एक है, जहाँ द्वारिकानाथजी का सुप्रसिद्ध मंदिर है। यह द्वारावती या कुशस्थली नाम से विख्यात रही है। यह चार धामों में से एक है। भगवान् कृष्ण के जीवन से संबद्ध होने के कारण इसका विशेष महत्त्व है।

जरासंध के उपद्रव के कारण कृष्ण मथुरा छोड़कर यहाँ चले आए थे। पुराणों के अनुसार श्रीकृष्ण के देह-त्याग के पश्चात् द्वारिका समुद्र में डूब गई। आज द्वारिका एक छोटा सा कस्बा है, जो चारदीवारी में बंद है। इसके भीतर ही सारे बड़े-बड़े मंदिर हैं। यहाँ के वंदनीय तीर्थ हैं-गोमती तीर्थ, निष्पाप कुंड, रणछोड़जी मंदिर, दुर्वासा और त्रिविक्रम मंदिर, शारदा मठ, चक्र तीर्थ, बेट द्वारिका, शंख तालाब आदि।

द्विजन्मा-ब्राह्मण।

द्विजिह्व-सर्प।

द्विपद राशि-मिथुन, तुला, कुंभ, कन्या।

द्विरागमन-विवाह के पश्चात् पिता के घर से कन्या का पतिगृह में पुनरागमन।

द्विरूढ़ा-दूसरी बार विवाहिता स्त्री।

□

धन्वंतरि–धन्वंतरि को हिंदू धर्म में देवताओं का वैद्य माना जाता है। ये एक महान् चिकित्सक थे, जिन्हें देवपद प्राप्त हुआ। इनका पृथ्वी पर अवतरण समुद्र-मंथन के

समय हुआ था। दीपावली के दो दिन पूर्व धन्वंतरि का जन्म धनतेरस के रूप में मनाया जाता है। इसी दिन इन्होंने आयुर्वेद का भी प्रादुर्भाव किया था। इन्हें भगवान् विष्णु का अवतार कहते हैं, जिनकी चार भुजाएँ हैं। ऊपर की दोनों भुजाओं में शंख और चक्र धारण किए हुए हैं, जबकि दो अन्य भुजाओं में से एक में जलूका और औषध तथा दूसरे में अमृत कलश है। इनकी प्रिय धातु पीतल मानी जाती है, इसलिए धनतेरस के दिन पीतल आदि के बरतन खरीदने की परंपरा है।

धर्म–धर्म व्यक्ति के आचरण और व्यवहार की संहिता है, जो उसके कार्यों को देश, काल और परिस्थिति के अनुसार व्यवस्थित, संयमित और नियंत्रित करता है तथा उसके स्वस्थ एवं उज्ज्वल जीवन के लिए ज्ञान का मार्ग प्रशस्त करता है। आचार अथवा सदाचार को धर्म का लक्षण माना गया है और आचार से ही धर्म फलीभूत होता है। धर्म आत्मा तथा अनात्मा का, आत्मा तथा शरीर का विधायक है। यह समाज का भी विधायक है। प्रत्येक पदार्थ का व्यक्तित्व जिस वृत्ति पर निर्भर है, वही उस पदार्थ का धर्म है। धर्म की वृद्धि से उस पदार्थ की वृद्धि और धर्म के क्षय से उस पदार्थ का क्षय होता है। 'वैशेषिक दर्शन' में धर्म की परिभाषा इस प्रकार दी गई है–'धर्म वह है, जिससे इस जीवन का अभ्युदय और भावी जीवन में निःश्रेयस की सिद्धि हो।' धर्म द्वारा मनुष्य अपने कर्तव्यों व व्यवहारों को निर्वहण करता है और अपनी वांछित कामनाओं की पूर्ति करता है।

धर्म और संस्कृति–धर्म में भी प्रायः वे ही संस्कार आते हैं, जो संस्कृति में हैं। हमारे यहाँ 'धर्म' व्यापक शब्द है। वह सारे जीवन को शासित करता है। धर्म और संस्कृति में अंतर केवल इतना ही है कि

धर्म में श्रुति, स्मृतियों और पुराण ग्रंथों का आधार रहता है; किंतु संस्कृति में परंपरा का आधार रहता है। धर्म और संस्कृति का कोई विरोध नहीं है। धर्म देश-निरपेक्ष है, किंतु संस्कृति का संबंध देश से अधिक है।

धर्मनाथ–पंद्रहवें तीर्थंकर धर्मनाथ रत्नपुर (फैजाबाद, उ.प्र. के निकटस्थ) के राजा थे। एक दिन उल्कापात देखकर इन्हें बोध हुआ कि मेरा जन्म भोग-विलास के लिए नहीं, वरन् जन-कल्याण के लिए हुआ है। इन्होंने तत्क्षण राज्य त्याग दिया। एक वर्ष के घोर तप के पश्चात् पौष माह की पूर्णिमा के दिन इन्हें कैवल्यज्ञान प्राप्त हुआ और ये सर्वज्ञ, त्रिकालदर्शी तीर्थंकर बन गए।

धर्मानुकूल धनस्रोत–दाय (वंश-परंपरागत धन), लाभ (निधि आदि का लाभ), क्रय (खरीदकर लाया हुआ), जय (जीतकर लाया हुआ), प्रयोग (ब्याज आदि), कर्मयोग (कृषि, वाणिज्य) तथा सत्प्रतिग्रह।

धृतराष्ट्र–हस्तिनापुर के राजा, दुर्योधन के

पिता और गांधारी के पति। यह जन्मांध थे।

धौलीगंगा–गंगा की पाँच आरंभिक सहायक नदियों में से एक। इसका अलकनंदा (बदरीनाथ में गंगा का नाम अलकनंदा है) से विष्णुप्रयाग में संगम होता है।

ध्यान–चेतन मन की एक प्रक्रिया, जिसमें व्यक्ति अपनी चेतना को भौतिक जगत् के किसी निश्चित लक्ष्य अथवा बिंदु विशेष पर केंद्रित करता है।

ध्रुव–राजा उत्तानपाद एवं रानी सुनीति के पुत्र। इन्होंने बचपन में ही कठोर तपस्या की। इनकी तपस्या से प्रसन्न होकर विष्णुजी

ने इन्हें नक्षत्रों में उच्च स्थान प्रदान किया। इनका स्थान ध्रुवलोक कहलाता है।

ध्वज–एक पावन प्रतीक, जिसके प्रति मानव असीम आस्था, श्रद्धा, सम्मान, स्नेह, आत्मीयता आदि के सद्भाव उड़ेलते हुए तन-मन-धन और जीवन से समर्पित रहता है। अपनी संस्कृति का संदेशवाहक, अपनी विजय का शंखनाद, अपने अस्तित्व का उद्बोधक, अपने कल्याण का प्रतीक मानकर विविध भावों से भरी हुई ध्वजाएँ अतीत काल से फहराई जाती रही हैं और आज भी ध्वज का महत्त्व यथावत् बना हुआ है; क्योंकि ध्वज की मर्यादा मानवीय प्रतिष्ठा एवं सर्वांगीण विकास से जुड़ी हुई है। प्रायः सभी धर्मों के लोग अपनी-अपनी संस्कृति के अनुरूप ध्वज का प्रयोग करते हैं। □

नंदनवन--इंद्र के बगीचे का नाम, जो स्वर्ग में है।

नंदप्रयाग–उत्तराखंड में हिंदुओं का एक प्रसिद्ध तीर्थ। सागर-तल से 2,805 फीट की ऊँचाई पर यह तीर्थ मंदाकिनी तथा अलकनंदा नदियों के संगम पर स्थित है। यहाँ गोपालजी का मंदिर दर्शनीय है।

नंदादेवी–गढ़वाल और कुमाऊँ मंडल में जन-सामान्य की पूज्य देवी। उपनिषद् और

पुराणों में वर्णन है कि नंदादेवी की उपासना यहाँ प्राचीन काल से ही की जा रही है। नंदादेवी को पार्वती एवं नवदुर्गाओं में से एक माना गया है।

नंदादेवी पर्वत शिखर–उत्तराखंड में स्थित इस पर्वत शिखर की ऊँचाई 7,816 मीटर है। इसे उत्तराखंड में मुख्य देवी के रूप में पूजा जाता है। यह भारत का दूसरा एवं विश्व का 23वाँ सर्वोच्च पर्वत शिखर है। देश का सर्वोच्च पर्वत शिखर कंचनजंगा है।

नंदी--किसी भी शिवालय में प्रवेश करते ही सर्वप्रथम 'नंदी' के दर्शन होते हैं। नंदी भगवान् शिव के गणों में एक है। भगवान्

भोलेनाथ नंदी को सदैव अपने समीप रखते हैं। आनंद का द्योतक 'नंदी' शब्द 'शिव' शब्द के समान ही कल्याणकारी है। इन्हीं कारणों से शिव-नंदी की उपासना कल्याण की कामना से की जाती है।

नकुल–पांडु एवं माद्री के पुत्र, चौथे पांडव। कुशल अश्वारोही, अश्व विशेषज्ञ, धर्मशास्त्र, नीति तथा पशु-चिकित्सा में दक्ष थे। सहदेव इनके सहोदर थे। ये अश्विनीकुमारों के औरस और पांडु के क्षेत्रज पुत्र थे। अज्ञातवास में ये राजा

विराट के यहाँ ग्रंथिक नाम से घुड़साल सँभालते थे। चेदिराज की पुत्री करेणुमती इनकी पत्नी थी। निरमित्र और शतानीक इनके पुत्र थे।

नक्की झील–माउंट आबू, राजस्थान का एक सुंदर पर्यटन स्थल। पुराणों में वर्णन आया है कि एक हिंदू देवता ने अपने नाखूनों से खोदकर यह झील बनाई थी, इसलिए इसका नाम नक्की (नाखून से बनी) झील पड़ गया। झील चारों ओर से पहाड़ियों से घिरी है, जिससे इसकी सुंदरता देखते ही बनती है। यह झील सर्दियों में अकसर जम जाती है।

नक्षत्र–अश्विनी, भरणी, कृत्तिका, आर्द्रा, मृगशिरा, रोहिणी, पुनर्वसु, पुष्य, आश्लेषा, उत्तरा-फाल्गुनी, पूर्वा-फालगुनी, मघा, हस्त, चित्रा, स्वाती, ज्येष्ठा, अनुराधा, विशाखा, मूल, पूर्वाषाढ़, उत्तराषाढ़, शततारका, धनिष्ठा, श्रवण, पूर्वाभाद्रपद, उत्तराभाद्रपद, रेवती। (ये सभी चंद्र की पत्नियाँ भी हैं।)

नचिकेता–वाजश्रवा ऋषि का पुत्र। वाजश्रवा ने एक बार दक्षिणा में अपना सबकुछ दान दे दिया। नचिकेता ने पिता से पूछा, 'आप मुझे किसको प्रदान करते हैं?' वाजश्रवा ने क्रोधपूर्वक कह दिया–'मृत्यु को!' इस पर नचिकेता यम के पास चला गया था। वहाँ तीन दिन तक निराहार रहकर उनसे ब्रह्मज्ञान प्राप्त किया।

नटराज–शिवजी का एक नाम। इस रूप में

वे श्रेष्ठ नर्तक, सभी कलाओं के आधार और ब्रह्मांड की प्रत्येक गतिविधि के नियंता हैं। शिवजी का तांडव नृत्य प्रसिद्ध है, जो नवसृजन का प्रतीक है।

नदी–हमारी सुख-समृद्धि और मंगल के लिए हमारी नदियाँ अहर्निश प्रवाहित होती रहती हैं। इनका जल जहाँ जीवन के लिए वरदान है, वहीं विविध अवसरों पर इनके जल

में स्नान करके परम पुण्य एवं मोक्ष की कामना की जाती है। यही नहीं अपितु धार्मिक-सांस्कृतिक अनुष्ठानों एवं पूजा-अर्चना में इन नदियों का पावन जल प्रयुक्त होता है। प्राचीनकाल में ऋषि-मुनियों ने नदियों के किनारे रहकर ही श्रेष्ठ एवं अनुपम कृतियाँ समाज को दीं। नदी तट का शांत एवं सुखद वातावरण ऋषियों, मनीषियों, चिंतकों के लिए इतना प्रेरक एवं प्रभावकारी रहा है कि वैदिक वाङ्मय की विशाल थाती उन्होंने संसार को सौंपी।

नरक–नरक वह स्थान है, जहाँ मृत्यु के बाद पापियों को दंड के लिए भेजा जाता है। इसे 'यम का स्थान' कहा जाता है। नरकों की कुल संख्या 27 है, जिनके अधिपति 'यम' या यमराज हैं। 'भागवत' तथा 'मनुस्मृति' के अनुसार नरकों की संख्या 21 है। प्रमुख नरक हैं–तामिस्र, अंधतामिस्र, सूकरमुख,

रौरव, महारौरव, कुंभीपाक, कालसूत्र, असिपत्रवन, अंधकूप, कृमिभोजन, संदंश, तप्तसूर्मि, वज्रकंटक, शाल्मली, वैतरणी, पूयोद, प्राणरोध, विरासन, लालाभक्ष, सारमेयादन, अवीचि तथा अय:पान। वेदों में नरक का कोई उल्लेख नहीं मिलता।

नर-नारायण–विष्णु के चौथे अवतार नर और नारायण नाम के दो ऋषि।

नल–निषध देश के राजा वीरसेन के पुत्र, जिनका विवाह विदर्भराज भीमसेन की पुत्री दमयंती से हुआ था।

नलकूबर–कुबेर का एक नाम।

नवग्रह यज्ञ–'याज्ञवल्क्य स्मृति' के अनुसार श्री और शांति के लिए नवग्रह यज्ञ करना चाहिए। नवग्रह यज्ञ अंड-पिंड सिद्धांत पर आधारित है। सूर्य ने मानव पिंड में आत्मा, चंद्रमा ने मन-संचालन, मंगल ने रक्त-संचार, बुध ने कल्पना-शक्ति, बृहस्पति ने ज्ञान, शुक्र ने वीर्य एवं शनि ने सुख-दु:ख का अनुभव दिया है। इस प्रकार यह संपूर्ण शरीर ग्रहों से प्रभावित है। यही कारण है कि नवग्रहों का पूजन किया जाता है।

नवदुर्गा–शैलपुत्री, ब्रह्मचारिणी, चंद्रघंटा, कूष्मांडा, स्कंदमाता, कात्यायनी, कालरात्रि, महागौरी और सिद्धिदात्री।

नवधा भक्ति–1. श्रवण भक्ति : अपने इष्टदेव विषयक विविध प्रसंगों, कथाओं, गीतों, भजनों आदि को सुनना, उस पर मनन-चिंतन करना, उसके अनुसार अपने जीवन में सुधार करना आदि कार्य श्रवण भक्ति में आते हैं। 2. कीर्तन भक्ति: देवी-देवता विषयक कीर्तन करके, भजन, भक्तिगीत, लोकगीत आदि के द्वारा अपनी श्रद्धा-भक्ति के भाव उनके प्रति अर्पित करना इस प्रक्रिया के अंतर्गत आता है। 3. स्मरण भक्ति : अपनी-अपनी परिस्थिति के अनुसार भक्तजन अपने आराध्य देवी-देवता को स्मरण करके भी भक्तिभाव का आनंद ले सकते हैं। 4. पाद सेवन भक्ति: इष्टदेव के कमलवत् चरणों में समर्पित होकर सतत सेवा करना। 5. अर्चन भक्ति : इस प्रकार की भक्ति में दो प्रक्रिया होती हैं, जिसमें एक है आध्यात्मिक प्रक्रिया तथा दूसरी है सेवा प्रक्रिया। 6. वंदन भक्ति : अपने इष्टदेव के समक्ष उपस्थित होकर उनकी वंदना करना, उनके संबंध में रचित भजन-कीर्तन गाकर अपनी भक्ति-भावना को अभिव्यक्त करना इसमें समाविष्ट है। 7. दास्य भक्ति : स्वयं को इष्टदेव का सेवक समझकर जो सेवा, पूजा-अर्चना आदि की जाती है, वह दास्य भक्ति कहलाती है। 8. सख्य भक्ति : अपने आराध्य से न कुछ दुराव, न छिपाव, अपितु सख्य भाव से सबकुछ उन्हें बताकर कल्याण की कामना करना, मोक्ष की याचना करना आदि समानता की भावना का व्यवहार कार्य सख्य भक्ति में आता है। 9. आत्मविभेदन भक्ति : इस भक्ति में भक्त अपने को छोटा, अधम, तुच्छ, दुराचारी, अल्पज्ञ रूप में प्रस्तुत कर अपने आराध्य को बड़ा, महान्, अधमोद्धारक, शक्तिशाली आदि प्रकार से सर्वश्रेष्ठ कहकर अपने आंतरिक भावों को खोलकर रख देता है तथा अपने उद्धार, कल्याण, मोक्ष की कामना करता है, जो आत्मनिवेदन भक्ति के रूप में मान्य है।

नवनाथ–नागनाथ (आविर्होत्रनारायण के अवतार), गोरखनाथ अथवा गोरक्षनाथ (हरिनारायण के अवतार), मत्स्येंद्रनाथ (कविनारायण के अवतार), जलंधरनाथ

(अंतरिक्षनारायण के अवतार), रेवणनाथ (चमसनारायण के अवतार), चर्पटीनाथ (पिप्पलायननारायण के अवतार), गहिनीनाथ (करभाजन नारायण के अवतार), कानीफानाथ (प्रबुद्धनारायण के अवतार), भर्तृहरिनाथ (द्रुमिलनारायण के अवतार)।

नवरात्र–'नवरात्र' शब्द से विशेष महत्त्व रखनेवाली नौ रात्रियों का बोध होता है। इस काल में 'आदि शक्ति' के नौ रूपों की पूजा दिन से रात्रि-पर्यंत की जाती है। दोनों नवरात्र ऋतुओं के संधिकाल में आते हैं, जब एक ऋतु से दूसरी ऋतु में परिवर्तन होता है। इसका वैज्ञानिक कारण यह है कि संधिकाल में आकाशमंडल में ग्रहों की स्थिति व वातावरण दोनों मनुष्य के आध्यात्मिक विकास के लिए उपयुक्त होते हैं। ऋतु-परिवर्तन के कारण मनुष्य के शरीर की रासायनिक रचना में परिवर्तन होता है। अत: इन नौ दिनों में व्रत करना हितकर है, क्योंकि व्रत करने से हमारे शरीर की ऊर्जा बढ़ती है, जो हमारे स्थूल व सूक्ष्म दोनों शरीर पर प्रभाव डालती है।

नवाधिदेवता–शिव (सूर्य के), पार्वती (चंद्र के), स्कंद (मंगल के), विष्णु (बुध के), ब्रह्मा (बृहस्पति के), इंद्र (शुक्र के), यम (शनि के), काल (राहु के) तथा चित्रगुप्त (केतु के) अधिदेवता हैं।

नवारण्य–दंडकारण्य, सैंधवारण्य, पुष्करारण्य, नैमिषारण्य, कुरु जांगल, उत्पलावर्तकारण्य, जंबूमार्गारण्य, हिमवदरण्य तथा अर्बुदारण्य।

नहुष–चंद्रवंशी राजा पुरूरवा का पौत्र। इंद्र की अनुपस्थिति में देवताओं ने इसे इंद्र के पद पर आसीन कर दिया। स्वर्ग का सुख भोगने से इसका अहंकार बढ़ गया। एक दिन इसने इंद्र की साध्वी पत्नी शची पर कुदृष्टि डाली और उसे पाने का प्रयत्न किया। भयभीत शची देवगुरु बृहस्पति की शरण में पहुँची। उन्होंने शची से कहा कि नहुष से कहो कि वह उससे मिलने सप्तर्षियों की पालकी में बैठकर आए। कामांध नहुष ने वैसा ही किया। वह सप्तर्षियों की पालकी में बैठकर चल पड़ा। सप्तर्षियों को धीरे चलते देख उसने 'सर्प-सर्प' (शीघ्र चलो) कहकर अगस्त्य मुनि को एक लात मारी। इस पर मुनि ने क्रोधित होकर उसे शाप दे दिया कि वह सर्प बनकर 10,000 वर्षों तक उसी योनि में पड़ा रहे। बाद में पांडव भीम के स्पर्श से उसे सर्प योनि से मुक्ति मिली।

नागपंचमी–यह पर्व श्रावण मास के शुक्ल पक्ष की पंचमी को मनाया जाता है। इस दिन नागों की पूजा की जाती है, इसलिए इसे 'नागपंचमी' कहते हैं। ज्योतिष के अनुसार पंचमी तिथि के स्वामी नाग हैं। इस दिन व्रत भी रखा जाता है। इससे घर में सुख-समृद्धि रहती है।

नागमाता–कश्यप ऋषि की पत्नी कद्रू को नागमाता कहा जाता है।

नागराज–नागों का राजा। महर्षि कश्यप तथा कद्रू के पुत्र शेषनाग (अनंत), तक्षक तथा

वासुकि को नागराज कहा जाता है। नागों को पाताललोकवासी कहा गया है।

नागव्रत–यह व्रत कार्तिक शुक्ल पक्ष की चतुर्थी को किया जाता है। इस दिन उपवास रखा जाता है, सर्पों की पूजा की जाती है, उन्हें दूध पिलाया जाता है। इससे सर्प कोई हानि नहीं पहुँचाते, बल्कि समृद्धि प्राप्त होती है।

नागेश्वर–श्रीनागेश्वर ज्योतिर्लिंग द्वारिका के निकट स्थित है। हैदराबाद के अंतर्गत औढ़ा ग्राम में स्थित शिवलिंग को ही कोई-कोई नागेश्वर ज्योतिर्लिंग मानते हैं। यागेश (जागेश्वर) शिवलिंग ही नागेश ज्योतिर्लिंग है।

नाड़ी–(शरीर में 72,000 नाड़ियाँ हैं, उनमें 72 प्रमुख हैं। उनमें भी 14 अति प्रमुख नाड़ियाँ हैं।) ये हैं–सुषुम्ना, पिंगला, इड़ा, सरस्वती, पूषा, वरुणा, हस्तिजिह्वा, यशस्विनी, अलंबुषा, कुहू, विश्वोदरी, पयस्विनी, शंखिनी तथा गांधारा।

नाड़ीत्रय–इडा, पिंगला, सुषुम्ना।

नाथद्वारा–राजस्थान में वल्लभ संप्रदाय के वैष्णवों का एक तीर्थ। यहाँ श्रीनाथ का प्रसिद्ध मंदिर स्थित है। यह मूर्ति पहले मथुरा के निकट गोकुल में थी; किंतु जब औरंगजेब ने इसे तोड़ना चाहा तो वल्लभ गोस्वामी इसे राजपूताना (राजस्थान) ले गए और जहाँ पर इसकी पुन: प्रतिष्ठा हुई, वह स्थान नाथद्वारा नाम से लोकप्रिय हुआ।

नाथ संप्रदाय–गुरु गोरखनाथ को नाथ संप्रदाय का प्रवर्तक माना जाता है। ये मत्स्येंद्रनाथ के शिष्य थे। नाथ संप्रदाय में इन्हें महासिद्ध के रूप में पूजा जाता है।

नादविंदु उपनिषद्–ऋग्वेद के इस उपनिषद्

में ओंकार के स्वरूप का हंस के रूप में वर्णन है। साथ ही ॐ की बारह मात्राओं का इस प्रकार वर्णन है कि उनके साथ प्राणों के उत्सर्ग को बताया गया है। तत्पश्चात् इसमें नाद द्वारा मन को लयबद्ध अथवा वशीभूत करने का वर्णन है। इसमें तीन खंड हैं।

नानक–गुरु नानक देव शांति और भाईचारे का संदेश लेकर 15 अप्रैल, 1469 को तलवंडी में अवतरित हुए। तलवंडी अब पाकिस्तान में है। गुरु नानक के पिता का नाम मेहता कालू तथा माता का नाम तृप्ता था। गुरु नानक ने धार्मिक सुधार और मनुष्य की आध्यात्मिक शक्ति को जाग्रत् किया। उन्होंने अपने आचरण से आदर्श प्रस्तुत कर लोगों को अपनी ओर आकर्षित किया। उन्होंने सिख पंथ की नींव रखी। उनके अनुयायी सिख कहलाए।

नामदेव–महाराष्ट्र के कसारा कस्बे के नरसीबामणी नामक गाँव में एक दरजी

परिवार में जनमे नामदेव विट्ठल (विष्णु) भक्त एक प्रसिद्ध संत थे। इनका जन्म सन् 1269 में बताया जाता है। ये संत ज्ञानेश्वर के समकालीन थे। दोनों ने साथ-साथ पूरे महाराष्ट्र का भ्रमण किया, भक्ति-गीत रचे और जन-सामान्य को समानता व भक्ति का संदेश दिया। संत नामदेव ने मराठी के साथ-साथ हिंदी में भी भक्ति-गीत रचे। ये कई वर्ष पंजाब में रहे और वहाँ भक्ति रस की वर्षा की। सिखों की धार्मिक पुस्तकों में भी संत नामदेव की रचनाएँ मिलती हैं।

नारद–नारद 'देवर्षि' के नाम से बहुज्ञात हैं। प्रत्येक पौराणिक आख्यान में विष्णु-भक्ति से ओत-प्रोत नारद को रावण से लेकर कंस तक की सभा में देखा जा सकता है। 'भागवत' में इन्हें सूर्य की भाँति त्रिलोकी पर्यटक, वायु के समान सबके अंदर विचरण करनेवाला और आत्मसाक्षी कहा गया है। नारद के संबंध में अनेक कथाएँ हैं। ये गायन विद्या में निपुण माने जाते हैं। ये अपनी वीणा पर हरि-गुणगान करते रहते हैं। देवर्षि नारद वेदांत, योग, ज्योतिष, वैद्यक तथा संगीत के साथ ही भक्ति के मुख्याचार्य हैं। इन्हें 'कलहप्रिय' भी कहा गया है। इनके द्वारा रचित दो ग्रंथ प्रसिद्ध हैं–'नारद पंचरात्र' तथा 'नारद भक्तिसूत्र'। कहा जाता है कि 'नारद पुराण' भी नारदोक्त है। इसमें नारद ने बृहत् कल्प की व्याख्या की है।

नाराच–एक प्रकार का तीक्ष्ण बाण।

नारायणास्त्र–इसका केवल एक ही प्रतिकार है कि शत्रु अस्त्र छोड़कर नम्रतापूर्वक अपने को अर्पित कर दे। शत्रु कहीं भी हो, यह बाण वहाँ जाकर ही भेद न करता है।

नारायणी–श्रीकृष्ण की सेना का नाम। कुरुक्षेत्र के युद्ध में यह सेना दुर्योधन के पक्ष में लड़ी थी।

नारी-चतुरवस्था–बाला (सोलह वर्ष की अवस्था तक), तरुणी (सत्रह से तीस वर्ष की अवस्था तक), प्रौढ़ा (इकतीस से पचपन वर्ष की अवस्था तक) तथा वृद्धा (छप्पन से आगे के शेष वर्षों तक)।

नालंदा–नालंदा भारत का विश्व-प्रसिद्ध विश्वविद्यालय रहा है। यह बौद्ध धर्म का भी प्रमुख केंद्र रहा। चीनीयात्री ह्वेनसांग ने यहाँ रहकर अध्ययन किया। नालंदा विश्वविद्यालय की स्थापना सम्राट् अशोक द्वारा तीसरी शताब्दी ई.पू. में की गई थी। यह ज्ञान वितरण का सर्वोपरि केंद्र था। उस समय यहाँ पर 1,500 अध्यापक और 10,000 छात्र अध्ययनरत थे।

नास्तिक–नास्तिक लोग ईश्वर, देवी-देवता, आत्मा-परमात्मा आदि के अस्तित्व को नहीं मानते। ये किसी ईश्वर को नहीं पूजते।

नास्तिकता–ईश्वर को न मानने का सिद्धांत। इस के समर्थक अनीश्वरवादी होते हैं और जगत् की सृष्टि, संचालन और नियंत्रण करनेवाले किसी ईश्वर के अस्तित्व को स्वीकार नहीं करते।

निकुंभ–कुंभकर्ण का एक पुत्र, जिसे हनुमान ने मारा था।

निघंटु–यह शब्द नाम-संग्रह के अर्थ से जुड़ा है। यह वैदिक ग्रंथों में प्राप्त शब्दों का

असाधारण संग्रह है। इसे कतिपय साहित्य की प्रथम कोश-कृति माना जा सकता है। इसमें वैदिक साहित्य के विशिष्ट शब्दों का संग्रह बहुत ही सुव्यवस्थित रूप में किया गया है।

निधि–ये नौ कही गई हैं–पद्म, महापद्म, शंख, मकर, कच्छप, मुकुंद, कुंद, नील और खर्ब।

निमि–महाराज इक्ष्वाकु के पुत्र और वैजयंत नगर के राजा। एक बार निमि ने एक यज्ञ के लिए वसिष्ठ मुनि को होता बनाया। लेकिन नियत समय पर वसिष्ठ यज्ञ कराने नहीं आए तो निमि ने गौतमादि होताओं का वरण करके यज्ञ आरंभ कर दिया। वसिष्ठ को यह पता चला तो उन्होंने शाप दे दिया कि निमि शरीर-रहित हो जाए। निमि ने भी वसिष्ठ को देह-रहित होने का शाप दे दिया। फलत: दोनों भस्म हो गए। यज्ञ संपन्न होने पर देवताओं ने निमि को पुनर्जीवित होने का वरदान दिया, लेकिन शरीर-रहित होने के कारण निमि ने मनुष्यों की पलकों में बसने का वरदान माँग लिया। तभी से लोगों की पलकें गिरने लगीं। गौतमादि होताओं ने मंत्रोपचार से यज्ञ-समाप्ति तक निमि का शरीर सुरक्षित रखा था। उन्होंने अरणि से उनका शरीर मथा तो उनसे एक पुत्र उत्पन्न हुआ। पिता से जन्म लेने के कारण 'जनक', देह-रहित होने के कारण 'विदेह' और मंथन से उत्पन्न होने के कारण उस बालक का नाम 'मिथि' पड़ा। उसी ने मिथिलापुरी बसाई। इसी कुल में राजा जनक के यहाँ सीताजी ने अवतार लिया।

निरुक्त–वेदों के लिए पृथक् कोष भी बने। ये निघंटु के नाम से प्रसिद्ध हुए। लेकिन शब्दों का अर्थ जानना ही पर्याप्त न था, उनकी व्युत्पत्ति और उनके साथ भाषा के विकास के नियम भी जानना जरूरी था। निरुक्त द्वारा इस कमी की पूर्ति की गई। यास्क निरुक्त के प्रधान आचार्य हैं। वर्ण विकार (जैसे 'प्रकट' का 'प्रगट' हो जाना), वर्ण विपर्यय (जैसे 'हिंस' का 'सिंह' अथवा 'लॉइब्रेरी' का 'रायबरेली' हो जाना) आदि का इसमें विवेचन है। इसमें व्याकरण की पूर्ति है। शिक्षा, व्याकरण–जिसमें प्रातिशाख्य ग्रंथ भी शामिल हैं–और निरुक्त इन तीनों शास्त्रों में आधुनिक भाषा-विधान के बहुत से जटिल नियम आ जाते हैं। जो नियम उन्नीसवीं शताब्दी में निर्धारित हुए, उनमें से बहुत से हमारे यहाँ ईसा पूर्व ही सोचे जा चुके थे।

निर्वाण उपनिषद्–ऋग्वेद से संबंधित इस उपनिषद् में परमहंस परिव्राजकों द्वारा निर्वाण ज्ञान (मोक्ष ज्ञान) प्राप्त करने का वर्णन है। साथ ही संन्यासी कौन है? उसकी दीक्षा, भिक्षा, देव-दर्शन आदि का भी वर्णन है।

निर्वाण कल्याणक–जिस दिन तीर्थंकर अपने सभी कर्मों का क्षय करके शरीर त्यागते हैं, उसी क्षण अग्निदेव उस शरीर का अंतिम संस्कार करते हैं। इस उत्सव को निर्वाण (मोक्ष) कल्याणक कहते हैं।

नीतिशास्त्र–नीतिशास्त्र जिन नैतिक नियमों की खोज करता है, वे स्वयं मनुष्य की मूल चेतना में निहित हैं। नीतिशास्त्र की प्रधान समस्या यह बतलाना है कि मानव जीवन का परम श्रेय क्या है। परम श्रेय का बोध हो जाने पर हम शुभ कर्म उन्हें कहेंगे, जो उस श्रेय की ओर ले जाने वाले हैं। दूसरे शब्दों में, नीतिशास्त्र का कार्य उस

नियम या नियम-समूह का स्वरूप स्पष्ट करना है, जिसके अनुसार अनुष्ठित कर्म शुभ अथवा धार्मिक होते हैं।

नीलकंठ—भगवान् शिव के नीलकंठी स्वरूप का प्रतीक 'नीलकंठ' पक्षी समाज द्वारा उसी स्वरूप में देखा जाता है। इस पक्षी का नाम भी संभवतः भगवान् शिव की उस कथा से जुड़ा हुआ है, जब समुद्र-मंथन से निकले विष को पीकर वे नीलकंठ कहलाए, जिसके अनेक पौराणिक आख्यान प्रचलित हैं। इस प्रकार भगवान् शिव के नाम से समलंकृत नीलकंठ पक्षी हमारी संस्कृति में बड़ा पवित्र माना गया है। दशहरे के दिन प्रातःकाल इसका दर्शन अत्यधिक शुभकारी माना जाता है।

नृसिंह—आधा मनुष्य और आधा सिंह रूपी भगवान् विष्णु का चौथा अवतार, जिसने

हिरण्यकशिपु का वध कर अपने भक्त प्रह्लाद की रक्षा की थी।

नेमिनाथ—बाईसवें तीर्थंकर नेमिनाथ का जन्म द्वापर युग में वैशाख शुक्ल त्रयोदशी को शौर्यपुर में हुआ था। शौर्यपुर को 'शौरीपुर' भी कहा जाता है, जो आगरा के निकट स्थित है और जैनियों का एक प्रसिद्ध तीर्थस्थल है। जैन परंपरा के अनुसार

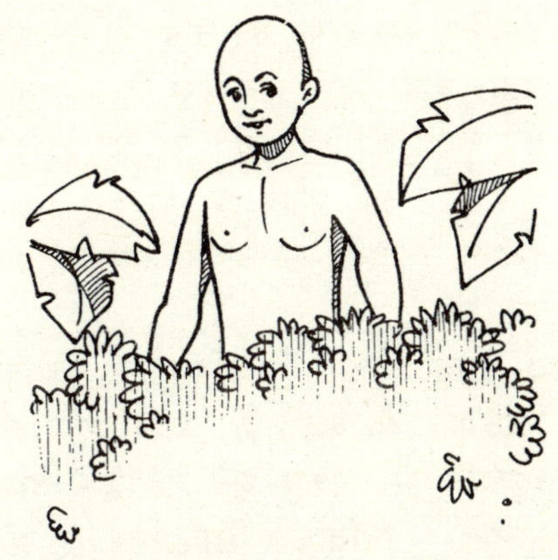

नेमिनाथ को श्रीकृष्ण का चचेरा भाई भी कहा जाता है। इनका एक नाम अरिष्टनेमि भी है। अपने विवाह के समय इन्हें संसार से विरक्ति हो गई। इन्होंने वस्त्र-आभूषण उतार दिए और मुनि-दीक्षा ग्रहण करके तप करने चले गए। केवल 56 दिनों की कठोर साधना के बाद इन्हें कैवल्यज्ञान प्राप्त हो गया और ये तीर्थंकर बन गए। जैन मान्यता के अनुसार नेमिनाथ ने श्रीकृष्ण को अहिंसा का उपदेश दिया था। कहा जाता है कि तीर्थंकर बनने से पूर्व नेमिनाथ ने महाभारत के युद्ध में भी हिस्सा लिया था। गिरनार पर्वत (गुजरात में जूनागढ़ के पास स्थित एक पर्वत। इसे रैवतक भी कहा जाता है) पर इन्हें निर्वाण प्राप्त हुआ।

नैमिषारण्य—नैमिषारण्य उत्तर प्रदेश के सीतापुर जिले में स्थित एक प्रसिद्ध तीर्थ है। यह भगवान् शंकर को परम प्रिय तथा महापातकों को दूर करनेवाला है। यहाँ की गई तपस्या, श्राद्ध, यज्ञ, दान आदि एक-एक क्रिया सात जन्मों के पापों का विनाश कर देती है। प्राचीन काल में यहाँ गौरमुख मुनि का आश्रम था। उन्होंने यहाँ निमिष नामक असुर को भस्म किया था।

इसीलिए इस स्थान का नाम 'नैमिषारण्य' पड़ा। यहीं महर्षि वेदव्यास ने महाभारत की रचना की थी। यहीं पर वह दधीचि कुंड है, जहाँ स्नान के पश्चात् महर्षि दधीचि ने इंद्रदेव को अपनी अस्थियाँ दान की थीं।

न्याय–इसके प्रवर्तक हैं महर्षि गौतम, जिनको 'अक्षपात' भी कहते हैं। 'न्याय' शब्द की व्युत्पत्ति इस प्रकार की गई है–'नीयते प्राप्यते विविक्षितार्थसिद्धिरनेन इति न्याय:'–अर्थात् जिसके द्वारा अभीष्ट अर्थ की सिद्धि तक पहुँचा जाए, वही न्याय है। न्याय में विवेच्य विषयों की अपेक्षा विवेचन या सत्योपलब्धि के साधनों पर अधिक ध्यान दिया गया है। इसीलिए उनके सोलह पदार्थों में पंद्रह तर्कशास्त्र से संबंध रखते हैं और प्रमेय में दुनिया के और सब विषय आ जाते हैं। न्याय के पदार्थ इस प्रकार हैं–प्रमाण, प्रमेय, संशय, प्रयोजन, दृष्टांत, अवयव, तर्क, निर्णय, वाद, जल्प, वितंडा, हेत्वाभास, छल, जाति, निग्रह स्थान। पिछले छह दूषित तर्क ही हैं। न्याय ने प्रत्यक्ष, अनुमान, उपमान और शब्द नाम के चार प्रमाण माने हैं। □

पंचक–धनिष्ठा, शततारका, पूर्वाभाद्रपद, उत्तराभाद्रपद, रेवती।

पंचकन्या–अहल्या, द्रौपदी, कुंती, तारा, मंदोदरी।

पंच कल्याणक–तीर्थंकर के गर्भ, जन्म, तप, ज्ञान और निर्वाण के समय होनेवाली घटना विशेष को कल्याणक कहा जाता है। कल्याणक पाँच होते हैं–1. गर्भ कल्याणक, 2. जन्म कल्याणक, 3. तप कल्याणक, 4. ज्ञान कल्याणक और 5. निर्वाण कल्याणक। पंच कल्याणक तीर्थंकरों के ही होते हैं। सामान्य केवली के ज्ञान कल्याणक और मोक्ष कल्याणक ही होते हैं।

पंचकषाय–पाँच कसैले फल–जामुन, सेमर, मौलसिरी, बहेड़ा, बेर।

पंचकारण–काल, स्वभाव, नियति, पुरुष, कर्म।

पंचकाशी–वाराणसी, गुप्तकाशी, उत्तरकाशी, दक्षिणकाशी तथा शिवकाशी।

पंचकेदार–पंचकेदार गढ़वाल हिमालय के पाँच पवित्र तीर्थ हैं। महाभारत युद्ध के पश्चात् जब मुक्ति हेतु पांडव गढ़वाल हिमालय में शिव के दर्शनार्थ आगे बढ़े तो शिव वहाँ से प्रस्थान करने लगे। पांडव भी उनके पीछे लग गए। तब शिव ने महिष का रूप धारण किया और भागने लगे। लेकिन भीम ने उनका पिछला हिस्सा पकड़ लिया, जिससे महिष रूपी शिव का शरीर खंडित होकर इधर-उधर फैल गया। उनके अंग पाँच स्थानों पर गिरे। इन पाँचों स्थानों पर पांडवों ने मंदिर स्थापित किए। यही पंचकेदार कहलाए।

पंचकोश (पंचकोष)–अन्नमय, प्राणमय, मनोमय, विज्ञानमय, आनंदमय।

पंचक्षेत्र–हरिद्वार, प्रयाग, गया, कुरुक्षेत्र, नैमिषारण्य।

पंचगंग–गंगा, यमुना, सरस्वती, किरणा और धूतपापा।

पंचगणयोग–विदारीगंधा, बृहती, पृश्निपर्णी, निदिग्धिका, भूकूष्मांडका–इन पाँच गणों का जहाँ योग हो।

पंचगव–पाँच गायों का समूह।

पंचगवधन–पाँच गाएँ ही जिसका धन हों।

पंचगव्य–दुग्ध, दधि, घृत, गोमय, गोमूत्र। (गोमूत्रं गोमयं क्षीरं दधिसर्पिर्यथाक्रमम् पञ्चगव्यमिदं प्रोक्तम्।)–व्रतराज।

पंचगव्य देवता–1. गोमूत्र में वरुण देवता का निवास। 2. गोमय में अग्नि देवता का निवास। 3. गोदुग्ध में चंद्र देवता का निवास। 4. गोदधि में वायु देवता का निवास। 5. गोघृत में सूर्य देवता का निवास।

पंचचूड़ा–अप्सरा विशेष, जिसकी चूड़ा (जूड़ा) में पंचरत्न जड़ित हों। वे अप्सराएँ हैं–उर्वशी, मेनका, रंभा, पंचचूड़ा, तिलोत्तमा।

पंचजन–गंधर्व, पितर, देव, असुर, राक्षस।

पंचतंत्र–यह संस्कृत कहानियों का संग्रह है। 'पंचतंत्र' के पाँच प्रकरण में पाँच मुख्य कहानियाँ हैं, जिनके भीतर अवांतर कहानियाँ प्रसंगानुसार अनुस्यूत हैं। इस ग्रंथ की रचना विष्णु शर्मा द्वारा दक्षिण के राजा अमरकीर्ति के मूर्ख पुत्रों को नीति तथा व्यवहार की शिक्षा देने के उद्देश्य से की गई थी। भिन्न-भिन्न प्रांतों में इसके भिन्न-भिन्न संस्करण प्राप्त होते हैं; यथा–पहलवी अनुवाद, बृहत्कथा में अंतर्निविष्ट रूप, दक्षिण पंचतंत्र, नेपाली पंचतंत्र तथा हितोपदेश द्वारा निर्दिष्ट संस्करण। कहा जाता है कि ईसप की कहानियाँ 'पंचतंत्र' पर आधारित हैं। पशु-पक्षियों के माध्यम से कथाओं को रोचक बनाकर नीति तथा सदाचार की शिक्षा देना 'पंचतंत्र' की विशेषता है।

पंचतत्त्व–गुरुतत्त्व, मंत्रतत्त्व, मनस्तत्त्व, देवतत्त्व, ध्यानतत्त्व (तत्त्वज्ञान)। मद्य, मांस, मत्स्य, मुद्रा, मैथुन (पंचमकारतंत्रगत)। पृथ्वी, जल, अग्नि, वायु, आकाश (पंचभूत)।

पंचतत्त्व-देवताधिपति–1. आकाश के अधिपति विष्णु, 2. अग्नि की अधिपति महेश्वरी, 3. वायु के अधिपति सूर्य, 4. पृथ्वी के अधिपति शिव, 5. जल के अधिपति गणेश।

पंचतपा–चारों ओर अग्नि और ऊपर सूर्य से तपता हुआ तपस्या करनेवाला।

पंचदीर्घ–शरीर के पाँच अंग अपनी दीर्घता में अच्छे लगते हैं। वे अंग हैं–बाहु (दोनों), आँखें (दोनों), नासिका (उभयपुट), कुक्षि (काँख सहित पुट्ठे दोनों) तथा स्तन।

पंचदुर्लभ–माघ मास, मनुष्य-जन्म, प्रातः स्नान, कृष्ण-पूजा तथा एकादशी व्रत।

पंचनाथ–1. श्रीजगन्नाथ (श्री नीलाचलपुरी) पूर्व (उड़ीसा) में। 2. श्रीद्वारिकानाथ (श्री द्वारिका) पश्चिम (सौराष्ट्र) में 3. श्रीबदरीनाथ (बदरिकाश्रम) उत्तर (उत्तराखंड) में। 4. श्रीरंगनाथ (श्रीरंगम्) दक्षिण (तमिलनाडु) में तथा 5. श्री गोवर्धननाथ (श्रीनाथ) मध्य (राजस्थान) में।

पंचपर्व–अष्टमी, चतुर्दशी, पूर्णमासी, अमावस्या, संक्रांति।

पंचपल्लव–(क) आम्र, अश्वत्थ, वट, पर्कटी,

उदुंबर (आम, पीपल, बरगद, पाकड़, गूलर)–वैदिक विधान में। पनस, आम्र, अश्वत्थ, वट, बकुल (कटहल, आम, पीपल, बरगद, अगस्त)–तांत्रिक विधान में। आम्र, जंबूक, कपित्थ, बीजपूरक, बिल्व (आम, जामुन, कत्था (कैथ), नींबू, बेल)–सर्वकार्य के लिए।

पंचपिता–जन्मदाता, अन्नदाता, विद्यादाता, यज्ञोपवीतदाता, संस्कारदाता (गुरु)।

पंचपुण्यपर्व–श्रीकृष्ण-जन्माष्टमी, श्रीराम-नवमी, शिवरात्रि, एकादशी, रविवार।

पंचप्रयाग–देवप्रयाग, रुद्रप्रयाग, कर्णप्रयाग, नंदप्रयाग तथा विष्णुप्रयाग–उत्तराखंड के इन पाँच तीर्थों को पंचप्रयाग कहते हैं।

पंचप्राण–मन, चित्त, बुद्धि, जीव तथा अहंकार।

पंच भूतगुण–आकाश गुण : शब्द; वायु गुण: शब्द, स्पर्श; अग्नि गुण: शब्द, स्पर्श, रूप; जल गुण : शब्द स्पर्श, रूप, रस; पृथ्वी गुण : शब्द स्पर्श, रूप, रस, गंध।

पंचभूतगुण-विलय–जल में पृथ्वी, अग्नि में जल, वायु में अग्नि और आकाश में वायु का विलय-विधान है।

पंचमुख–शिवजी के पाँच मुख। ये मुख हैं–पश्चिमीमुख : सद्य, पूर्वीमुख : तत्पुरुष, उत्तरीमुख : वामदेव, दक्षिणीमुख : अघोर, मध्यमुख : ईशान।

पंचलिंग–(आदि शंकराचार्य ने तैंतीस कोटि देवता-समूह के पूजन को संक्षिप्त कर पंचदेवता-पूजन का विधान प्रतिष्ठित कर दिया। वे पंचदेवता हैं–शिव, विष्णु, सूर्य, शक्ति तथा गणेश। इन पाँचों देवताओं की अलग-अलग लिंग-पूजा होती है। वे हैं–बाणलिंग (शिव-प्रतीक), शालग्राम-लिंग (विष्णु-प्रतीक), स्फटिक-लिंग (सूर्य-प्रतीक), धातुयंत्र (शक्ति-प्रतीक) तथा रक्तवर्णिक चतुष्कोण-प्रस्तर (गणपति-प्रतीक)।

पंचवटी–गोदावरी तट पर नासिक के निकट स्थित एक स्थान। यहाँ वट के पाँच वृक्ष लगे थे, इसलिए यह नाम पड़ा। वनवास काल में श्रीराम कुछ समय यहाँ रहे थे। सीताहरण इसी स्थान से हुआ था।

पंचशील–सत्य, अहिंसा, अस्तेय, ब्रह्मचर्य तथा मद्य-निषेध। पंचशील का अर्थ है–भिन्न राजनीतिक, सामाजिक तथा आर्थिक व्यवस्था वाले देशों में पारस्परिक सहयोग के पाँच आधारभूत सिद्धांत। इसके अंतर्गत आनेवाले पाँच सिद्धांत इस प्रकार हैं–1. एक-दूसरे की राष्ट्रीय अखंडता एवं प्रभुसत्ता का सम्मान करना। 2. एक-दूसरे के विरुद्ध आक्रामक काररवाई न करना। 3. एक-दूसरे के आंतरिक मामलों में हस्तक्षेप न करना। 4. समानता तथा परस्पर लाभ की नीति का पालन करना। 5. शांतिपूर्ण सह-अस्तित्व में विश्वास करना। भारत में बौद्ध गृहस्थों के आचरण संबंधी पाँच सिद्धांत थे, जिन्हें 'पंसिका' कहा गया है। अंतरराष्ट्रीय राजनीतिक आचार में इन्हीं सबसे प्रेरणा पाकर 'पंचशील' बना। नेहरूजी द्वारा प्रतिपादित पंचशील के सिद्धांतों को चीन, इंडोनेशिया, म्याँमार, वियतनाम तथा यूगोस्लाविया ने स्वीकार किया। जनवरी 1966 में भारत तथा पाकिस्तान के बीच जो ऐतिहासिक 'ताशकंद समझौता' हुआ, उसमें पंचशील सिद्धांत ही प्रमुख आधार थे। पंचशील न केवल भारत की विदेश नीति का आधार है अपितु यह विश्व-शांति एवं अंतरराष्ट्रीय सद्भाव का मुख्य प्रेरक तत्त्व बन गया है।

पंचसरोवर–बिंदु सरोवर (सिद्धपुर), नारायण सरोवर (कच्छ), पंपा सरोवर (मैसूर), पुष्कर सरोवर (राजस्थान) तथा मानसरोवर (हिमालय-तिब्बत)।

पंचसूना-दोष–भोजन पकाने के स्थान (चूल्हा), आटा आदि पीसने के स्थान (चक्की), मसाला आदि पीसने के साथ

(सिलवट्टा), जल कलश रखने के स्थान तथा झाड़ू देने से अनजाने हिंसा हो जाती है। गृहस्थों को इसी कारण पंचसूना-दोष लगता है। पंचमहायज्ञ करने से पंचसूना-दोष का निवारण हो जाता है।

पंचांग–लोक-जीवन के प्रयोग हेतु धार्मिक उत्सवों तथा ज्योतिष विषयक बातों को जानने के लिए पहले से ही दिनों, महीनों तथा वर्ष के बारे में जो ग्रंथ या नियम बनता है, उसे ही पंचांग, पंजिका, पंजी या पत्रा कहते हैं। हिंदुओं में कई प्रकार के पंचांग व्यवहृत हैं। कुछ सूर्य सिद्धांत पर, कुछ आर्य सिद्धांत पर तो कुछ ग्रह-लाघव आदि पर आधारित हैं। पूरे भारत में तीन सिद्धांत प्रयोग में आते हैं–सूर्य सिद्धांत (सारे भारत में), आर्य सिद्धांत (त्रावणकोर, मलाबार तथा कर्नाटक में) एवं ब्रह्म सिद्धांत (गुजरात तथा राजस्थान में)। सिद्धांतों में महायुग से आरंभ करके

गणनाएँ की जाती हैं; किंतु ये बहुत श्रमसाध्य होती हैं, अतः सिद्धांतों पर आधारित करण नामक ग्रंथों के आधार पर पंचांग बनाए जाते हैं; यथा–बंगाल में मकरंद, गणेश का ग्रह-लाघव आदि।

पंचाकाश–आकाश, पराकाश, महाकाश, सूर्याकाश तथा परमाकाश।

पंचाक्षर मंत्र–नमः शिवाय। (न+म:+शि+वा+य)

पंचामृत–पूजा का प्रसाद जो दूध, दही, घी, चीनी और शहद को मिलाकर बनाया जाता है।

पंढरपुर–महाराष्ट्र में भीमा नदी के तीर पर बसा हिंदुओं का एक प्रसिद्ध तीर्थ। यह विष्णुस्वामी संप्रदाय के आचार्य नामदेव, राकाजी और नरहरि के जन्म-स्थान के रूप में प्रसिद्ध है। यहाँ विष्णुपाद एवं नारद के लोकप्रिय मंदिर हैं। इनके अलावा विट्ठलनाथ मंदिर, विठोबा का मंदिर भी श्रद्धेय हैं। विठोबा मंदिर के आस-पास के क्षेत्र को अति पवित्र

माना जाता है। यह पंढर क्षेत्र कहलाता है। यहाँ साल में तीन मेले लगते हैं, जिनमें विशाल भीड़ होती है।

पक्ष–एक चंद्र मास को तीस तिथियों और दो चरण में बाँटा गया है। प्रत्येक चरण चौदह दिन का होता है। इन चरणों को क्रमशः शुक्ल पक्ष एवं कृष्ण पक्ष कहा जाता है। इस प्रकार माह के पंद्रह दिन के एक भाग को 'पक्ष' कहते हैं। चौदह दिन के बाद पंद्रहवें दिन क्रमशः पूर्णिमा या अमावस्या होती है। शुक्ल पक्ष में देवपूजा एवं अन्य धार्मिक अनुष्ठान संपन्न किए जाते हैं। कृष्ण पक्ष पितृकर्म एवं तंत्र-मंत्र से जुड़े लोगों को प्रिय है।

पटना–दुनिया के प्राचीनतम शहरों में एक पटना शहर अपने इतिहास के कारण विश्व-प्रसिद्ध है। यह गंगा एवं सोन नदी के तट पर बसा है। एक प्राचीन कथा के अनुसार पुत्रक नामक राजकुमार ने अपनी पत्नी राजकुमारी पाटली के नाम पर इसका नाम रखा था। इसके पश्चात् यह शहर कुसुमपुर, पाटलिपुत्र, पुष्पापुरा, अजोभाबाद आदि कई नामों से जाना गया। ईसा पूर्व तीसरी शताब्दी में सम्राट् अशोक ने पाटलिपुत्र के नाम से इसे अपनी राजधानी बनाया था। आज पटना शहर बिहार की राजधानी है।

पट्टिश–एक प्रकार का कुल्हाड़ा।

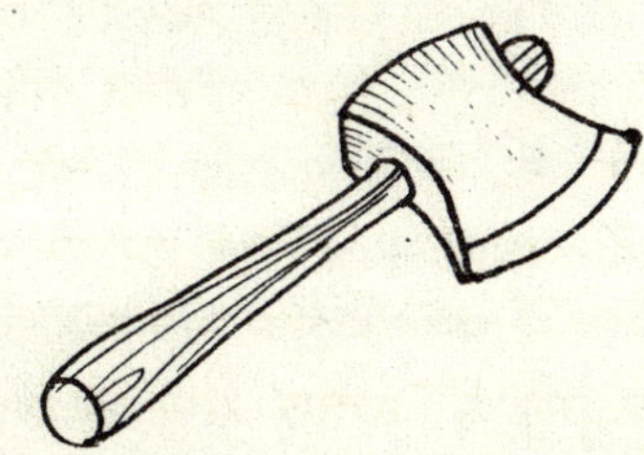

पतंजलि–योगशास्त्र के रचनाकार। पाणिनि की 'अष्टाध्यायी' पर महाभाष्य (योगसूत्र) की रचना करनेवाले पतंजलि थे। इन्होंने पहले से प्रचलित योग-क्रियाओं को 194 सूत्रों में संगृहीत किया। वेदांत सूत्रों से पहले अपने सूत्र लिखे। इनके 'योगशास्त्र' को 'ईश्वरवादी सांख्य' कहा गया है। योगसूत्र का प्रयोजन है उन साधनों या अंगों के बारे में बतलाना, जिनसे पुरुष कैवल्य पा सकता है। ये योग के आठ अंग हैं। इसलिए पतंजलि के योग को 'अष्टांग योग' भी कहते हैं। ये आठ अंग हैं–यम, नियम, आसन, प्राणायाम, प्रत्याहार, धारणा, ध्यान तथा समाधि। धारणा, ध्यान तथा समाधि–इन तीन अंतरंग योगांगों को 'संयम' भी कहते हैं।

पद्मप्रभनाथ–छठे जैन तीर्थंकर। ये जन्म से ही असाधारण कांतिवान् थे। इनका बचपन राजसी वैभव के बीच व्यतीत हुआ। युवावस्था में परंपरानुसार इनका विवाह कर दिया गया। एक दिन एक हाथी की मृत्यु हो गई। वह पद्मप्रभनाथ का प्रिय हाथी था। वे दुःख से भर उठे। उन्होंने राजपाट त्यागा और मुनि-दीक्षा लेकर तप करने चल पड़े। छह माह पश्चात् चैत्र शुक्ल पूर्णिमा के दिन उन्हें कैवल्यज्ञान प्राप्त हुआ और वे तीर्थंकर के रूप में पूजे जाने लगे। सम्मेद शिखर में फाल्गुन कृष्ण चतुर्थी के दिन उन्हें निर्वाण प्राप्त हुआ और जन्म-मरण की परंपरा से मुक्त होकर वे मृत्युंजयी हो गए।

पन्नग–इससे सर्प पैदा होते हैं। इसके प्रतिकारस्वरूप गरुड़ बाण छोड़ा जाता है।

परब्रह्म–ब्रह्म से परे सर्वोच्च सूक्ष्म सत्ता। पुराणों में कहा गया है कि ब्रह्म से भी परे एक सर्वोच्च सत्ता है, जिसे वाणी द्वारा व्यक्त

नहीं किया जा सकता। वेदों में उसे नेति-नेति (ऐसा भी नहीं, ऐसा भी नहीं) कहा गया है। वह सनातन है, सर्वव्यापक है, सत्य है, परम है। वह समस्त जीव-निर्जीव, समस्त अस्तित्व का एकमात्र परम कारण, सर्वसमर्थ, सर्वज्ञानी है। वह वाणी और बुद्धि का विषय नहीं है। उपनिषदों में कहा गया है कि यह जगत् ब्रह्म पर टिका है और ब्रह्म परब्रह्म पर।

परमात्मा—परम का अर्थ है--सर्वोच्च एवं आत्मा का अर्थ है—चेतना या प्राण-शक्ति। 'परमात्मा' शब्द ईश्वर एवं परमेश्वर का भी पर्याय है। परमेश्वर वह सर्वोच्च अलौकिक शक्ति है, जिसे इस संसार का स्रष्टा और नियंता माना जाता है।

परशु—भगवान् परशुराम के पास अकसर रहता था। इसके नीचे लोहे का एक चौकोर मुँह लगा होता है। यह दो गज लंबा होता है।

परशुराम—ऋषि जमदग्नि के पुत्र। इन्होंने शिवजी की तपस्या करके अमोघ 'परशु' प्राप्त किया था, अतएव 'परशुराम'

कहलाए। इन्होंने अपने पिता की आज्ञा का पालन करने के लिए अपनी माता का सिर काटा था, अत: पिता ने परम प्रसन्न होकर इनसे वर माँगने को कहा। परशुराम ने चार वर माँगे। माता जीवित हो उठें, भाई सचेत हों, मैं युद्ध में अपराजेय और दीर्घजीवी होऊँ। जब कार्तवीर्य (सहस्रार्जुन) ने इनके पिता की हत्या कर डाली तो इन्होंने पृथ्वी को क्षत्रिय-विहीन करने का प्रण किया। परशुराम को विष्णु के दस अवतारों में से छठा माना जाता है। परशुराम ऋषि दुर्वासा की तरह अपने क्रोधी स्वभाव के लिए प्रसिद्ध थे। जनकपुर में लक्ष्मणजी से इनका वाक्‌युद्ध हुआ था।

पराविद्या—वह ज्ञान, जो शब्दों की पहुँच से परे हो।

पराशर—वसिष्ठ के पुत्र शक्ति मुनि को वन में राक्षसों ने खा लिया था। पराशर इन्हीं शक्ति मुनि के पुत्र थे। पराशर ने प्रतिशोध लेने के लिए राक्षस सत्र का अनुष्ठान किया। प्रज्वलित अग्नि में राक्षस नष्ट होने लगे। तब महर्षि पुलस्त्य ने समझा-बुझाकर इन्हें शांत किया।

परिक्रमा—गतिशीलता की परिचायक 'परिक्रमा' (प्रदक्षिणा) का हमारे सामाजिक एवं सांस्कृतिक जीवन में अत्यधिक महत्त्व है। अपने धार्मिक, सांस्कृतिक जीवन में प्राय: प्रात:काल अधिकांश श्रद्धालु स्नान करने के पश्चात् देवालय जाते हैं। वहाँ अपने इष्टदेव (देवी-देवता) की पूजा-अर्चना के पश्चात् देवालय की परिक्रमा भी करते हैं। सूर्य, चंद्रमा, पृथ्वी एवं सभी ग्रह जब गतिशील हैं तब इस गतिशीलता को संतुलित रखनेवाले परमपिता परमेश्वर के समक्ष पहुँचकर भक्त भी क्यों न अपनी गतिशीलता को व्यक्त करें—अर्थात् सबके साथ हम भी हैं। इस कृत्य से समन्वयात्मक भावना सुदृढ़ होती है। प्रभु के सम्मुख सभी श्रद्धालु एक समान हैं।

परिघ–इसमें लोहे की एक मूठ होती है। दूसरे रूप में यह लोहे की छड़ी भी होती है और तीसरे रूप के सिरे पर वजनदार मुँह बना होता है।

परीक्षित्–अर्जुन के पौत्र तथा उत्तरा व अभिमन्यु के पुत्र। हस्तिनापुर इनकी राजधानी थी और ये एक लोकप्रिय सम्राट् थे। इनके राज्यकाल में द्वापर का अंत और कलियुग का आरंभ हुआ था। इनकी मृत्यु तक्षक नाग के डसने से हुई थी।

परोक्षवाद–शब्द प्रमाण को सबसे उपयुक्त प्रमाण माना गया है, यही परोक्षवाद है।

पर्जन्य–यह विस्फोटक बाण है। यह जल के

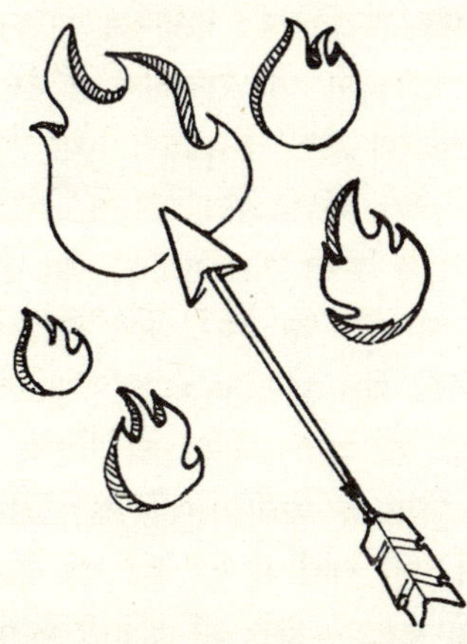

समान अग्नि बरसाकर सबकुछ भस्मीभूत कर देता है।

पर्यूषण पर्व–वर्षा का मौसम जैन भिक्षु (साधु) एक ही स्थान पर रहकर बिताते हैं। इस प्रवास को पर्यूषण कहा जाता है। लोकप्रिय भाषा में इसे चातुर्मास्य कहते हैं, क्योंकि वर्षा का मौसम चार महीनों का होता है। यह न्यूनतम 70 दिनों का भी हो सकता है, लेकिन इसका आरंभ भाद्रपद शुक्ल पंचमी से होना चाहिए, क्योंकि ऐसा विश्वास है कि महावीर ने इसी दिन से पर्यूषण की शुरुआत की थी। इस पर्व के दौरान दिगंबर लोग 10 दिन का व्रत और ध्यान करते हैं, जिसे 'दशलक्षण व्रत' कहते हैं। श्वेतांबर लोग 8 दिनों का पर्व मनाते हैं। पर्व के दौरान जैन मुनि प्रवचन देते हैं। श्रावक जन प्रातः और सायं मंदिरों में तीर्थंकरों का पूजन-अर्चन करते हैं। व्रत के अंतिम दिन शोभायात्रा भी निकाली जाती है।

पर्व–विशेष तिथियाँ, जयंतियाँ एवं त्योहार आदि पर्व कहलाते हैं। पर्व के दिन तीर्थयात्रा, दान, उपवास, जप, श्राद्ध, भोज, उत्सव और मेला आदि होते हैं। सभी हिंदू पर्व मनाते हैं और तीर्थयात्राएँ करते हैं। होली, दीवाली, दशहरा, गणेश चतुर्थी, जन्माष्टमी, नाग पंचमी, वसंत पंचमी आदि मुख्य त्योहार भी पर्व हैं। जनजातियों में इन पर्वों से संबद्ध कथाएँ प्रचलित हैं। स्वतंत्रता दिवस, गणतंत्र दिवस, गांधी जयंती आदि राष्ट्रीय पर्व हैं।

पलाश–एक पवित्र वृक्ष, जिसका वर्णन वेदों में भी मिलता है।

पशु-पूजा–भारत में पशु-पूजा आत्मा के विभिन्न योनियों में जन्म लेने के सिद्धांत से संबंधित है। कुछ संप्रदायों का विश्वास है कि मनुष्य के पितर मृत्युपरांत पशु

योनि में जन्म ग्रहण करते हैं। इस प्रकार प्रकृति की महान् शक्तियों, पितरों, देवताओं अथवा दैवी दृष्टि के प्राणियों के पशु रूप में अवतरित होने की धारणा ही पशु-पूजा का मूल कारण है, जिसके साथ भय और स्वार्थमूलक दृष्टिकोण का मेल परवर्ती है।

पांचजन्य–श्रीकृष्ण के शंख का नाम।

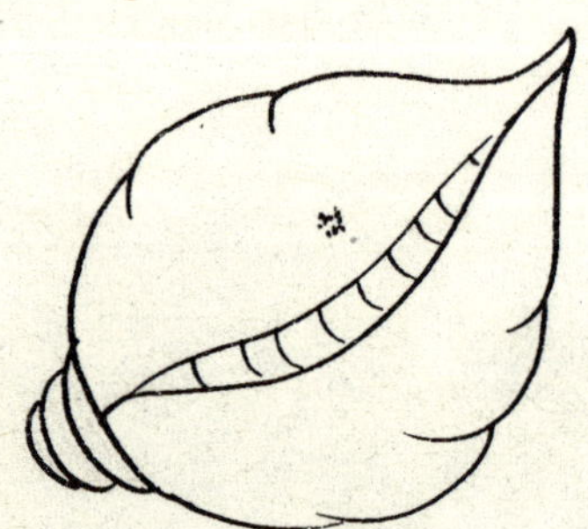

पांडव–कुंती और माद्री के गर्भ से उत्पन्न महाराज पांडु के पाँच पुत्र हुए, जिनके नाम युधिष्ठिर, भीम, अर्जुन, नकुल और सहदेव थे। इनमें सबसे बड़े युधिष्ठिर थे। वह धर्मात्मा थे। अर्जुन धनुर्धर थे। भीम गदाधारी तथा नकुल और सहदेव पंडित थे। इन पाँचों भाइयों को पंचाल राजकुमारी

द्रौपदी को पत्नी-रूप में स्वीकार करना पड़ा था।

पाटलिपुत्र–पाटलिपुत्र (आधुनिक पटना) मगध की राजधानी थी। राजोद्यान में उगे फूलों के कारण इसे 'कुसुमपुर' तथा 'पुष्पपुर' भी कहा जाता था। वस्तुतः पाटलिपुत्र मगध में स्थित 'पाटलिग्राम' नाम का गाँव था, जो गंगा के दूसरी ओर कोटिग्राम के सम्मुख था। पाटलिपुत्र का निर्माण मध्य प्रदेश की गंगा, सोन और गंडक नदियों के संगम के समीप हुआ था; किंतु अब सोन नदी वहाँ से दूर हट गई है। चीनी यात्री फाह्यान ईसा की पाँचवीं शताब्दी में इस नगर में आया था। उसने यहाँ पर अशोक द्वारा निर्मित स्तूप के पार्श्व में हीनयान विहार, नगर के मध्य में स्थित भव्य राजप्रासाद का वर्णन किया है। पाटलिपुत्र उत्तरकालीन शिशुनागों, नंदों और मौर्य सम्राट् चंद्रगुप्त एवं अशोक की राजधानी थी। भारत सरकार के पुरातत्त्व विभाग द्वारा की गई खुदाई के फलस्वरूप यहाँ पर सरोवर, प्रतिमाएँ, स्तंभशीर्ष, कुषाणकालीन मुद्राएँ एवं महायान, हीनयान विहारों में अवशेष मिले हैं। संप्रति पटना

बिहार राज्य की राजधानी है। यह सिखों का धार्मिक स्थान भी है। गुरु गोविंद सिंह की यह जन्म-स्थली रही है।

पाणिनि–व्याकरणाचार्य पाणिनि का काल 3,400 से लेकर 2,800 ई.पू. के बीच मानते हैं, जबकि वेबर तथा मैक्समूलर उन्हें 350 ई.पू. में विद्यमान मानते हैं। विद्वानों के अनुसार पाणिनि का जन्म

पश्चिमी पंजाब के अटक ज़िले के लाहुर (शालातुर) ग्राम में हुआ था। इनकी माता का नाम दाक्षी था। 'पंचतंत्र' के कथनानुसार पाणिनि की मृत्यु सिंह के द्वारा हुई थी। पाणिनि शब्द-शास्त्र के ज्ञाता होने के साथ-साथ समस्त प्राचीन वाङ्मय के भी पंडित थे। उन्हें वैदिक साहित्य के अतिरिक्त भूगोल, इतिहास, मुद्रा-शास्त्र तथा लोक-व्यवहार का भी ज्ञान था। पाणिनि की सर्वश्रेष्ठ रचना 'अष्टाध्यायी' है, जो संस्कृत के व्याकरण से संबद्ध है। इसमें आठ अध्याय होने के कारण यह नाम पड़ा। आगे चलकर 'अष्टाध्यायी' पर अनेक आचार्यों ने वार्तिक पाठ तैयार किए। इन वार्तिकारों में कात्यायन मुख्य हैं। 'अष्टाध्यायी' पर महाभाष्य की रचना करनेवाले पतंजलि ने अक्षय कीर्ति पाई।

पाताल–पुराणानुसार सात पाताल माने हैं–अतल, वितल, सुतल, तलातल, महातल, रसातल और पाताल। ये सभी स्वर्ग से भी बढ़कर सुखद हैं। सूर्य और चंद्रमा यहाँ का परिवेश आलोकित करते हैं।

पादुका–प्राचीनकाल में जब ऋषि-मुनि वनों में रहकर एकांत साधना करते थे, सरोवरों में स्नान के लिए जाते थे अथवा फल-फूल लेने जब इधर-उधर जाते थे, तब लकड़ी की पादुका पैरों की सुरक्षा के लिए पहनते

थे। पादुका को खड़ाऊँ भी कहते हैं। रामायण काल में पादुका का महत्त्व इतना अधिक बढ़ गया कि भरत द्वारा इसे राजसिंहासन पर रखकर, इसे राजा का प्रतीक मानकर आदर्श राज्य-संचालन किया गया।

पान–किसी भी सनातन पूजा-पाठ में पान-सुपारी उसके अभिन्न अंग होते हैं। पान की बेल को 'नागर बेल' भी कहते हैं। पान की बेल बहुत सात्त्विक होती है। पान के पत्ते के द्वारा हम वायुमंडल से दैविक तरंगों को अपनी ओर खींच सकते हैं। इन दैविक तरंगों को ग्रहण करने के लिए पान के पत्ते में उसका डंठल बहुत जरूरी है। बिना डंठल के पान का पत्ता उपयोगी नहीं रहता। इसीलिए पान के पत्ते के डंठल को देवी-देवता की तरफ

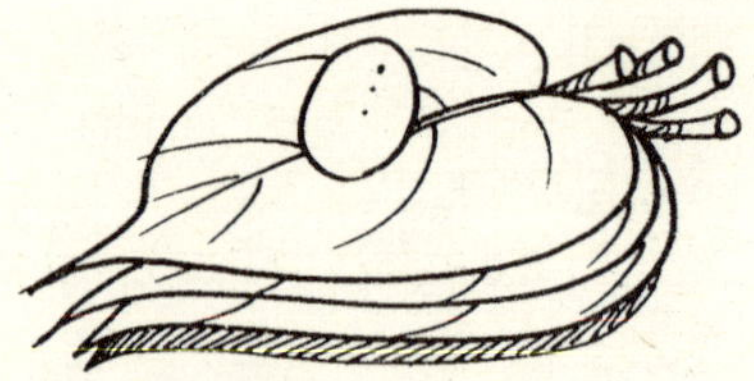

करके ही अर्पण किया जाता है, क्योंकि डंठल के द्वारा ही पान का पत्ता देव कण को अपने में समाविष्ट करता है। पान का पत्ता भूलोक व ब्रह्मलोक को जोड़ने की कड़ी का कार्य करता है। नागर बेल में भूमि-तरंगें व ब्रह्म-तरंगें आकृष्ट करने की क्षमता है। पान का पत्ता औषधि के रूप में भी प्रयोग किया जाता है। इसमें पौष्टिक गुण हैं। इसीलिए विवाह के समय वर-वधू को पान खिलाने की प्रथा अब भी प्रचलित है।

पारिजात—इंद्र के उपवन का एक वृक्ष। इसका पुष्प न कभी मुरझाता है, न इसकी सुगंध खत्म होती है। 'महाभारत' में कहा गया है कि इसके दर्शन मात्र से स्वर्ग प्राप्त हो जाता है।

पार्श्वनाथ—तेईसवें तीर्थंकर पार्श्वनाथ का जन्म आज से लगभग 3,000 वर्ष पूर्व पौष कृष्ण एकादशी के दिन वाराणसी में हुआ था। दिगंबर मतावलंबी इन्हें बाल ब्रह्मचारी मानते हैं। श्वेतांबर मतावलंबियों का एक धड़ा उनकी बात का समर्थन करता है, लेकिन दूसरा उन्हें विवाहित मानता है। ये सौ वर्ष तक जीवित रहे। तीर्थंकर बनने के बाद इनका शेष जीवन जैन धर्म के प्रचार-प्रसार में गुजरा। श्रावण शुक्ल सप्तमी को सम्मेद शिखर पर इन्हें निर्वाण प्राप्त हुआ।

पालि—प्राचीन भारत की एक भाषा। यह हिंद-यूरोपीय भाषा-परिवार की एक बोली या प्राकृत है। इसे बौद्ध त्रिपिटक की भाषा के रूप में भी जाना जाता है। पालि ब्राह्मी लिपि में लिखी जाती थी।

पावटा—पावटा साहिब गुरु गोविंद सिंहजी से संबंधित है। पावटा का अर्थ है पग अथवा पैर। सिखों के दसवें गुरु गोविंद सिंह जब यहाँ आए और अपने घोड़े से उतरकर उन्होंने जिस स्थान पर अपने पग रखे, उसी स्थान पर उनकी स्मृति में एक गुरुद्वारा बनाया गया है और इस स्थान का नाम 'पावटा' रखा गया। इसी गुरुद्वारे में गुरु गोविंद सिंह ने 'गुरु ग्रंथ साहिब' के कुछ अंश लिखे थे।

पावापुरी—महावीर स्वामी ने यहाँ 490 ई.पू. में निर्वाण प्राप्त किया था। कहा जाता है कि अंतिम संस्कार के बाद जब लोग महावीर स्वामी के फूल चुनने लगे तो भस्मी खत्म हो गई, फिर भी लोग उठाते गए, वहाँ एक गहरा गड्ढा हो गया और पानी निकलने लगा, जिसने एक कुंड का रूप ले लिया। वहीं कमल सरोवर का निर्माण हुआ। यहीं पर जल मंदिर बना है, जिसमें महावीर स्वामी के पद-चिह्न बने हैं। कहा जाता है कि दीपावली के दिन (महावीर स्वामी का जन्मदिवस) यहाँ महावीर स्वामी का आगमन होता है।

पाश—ये दो प्रकार के होते हैं—वरुण पाश और साधारण पाश। ये महीन तारों को बटकर बनाए जाते हैं।

पाशुपत—पाशुपत संप्रदाय शैव मत की एक शाखा है। इस मत में पशुपति सब देवों में मुख्य हैं और वे ही सारी सृष्टि के सर्जनहार हैं। पशु का अर्थ समस्त सृष्टि है—ब्रह्मा से लेकर समस्त जड़ पदार्थ। 'पशु' शब्द का प्रयोग जीवात्मा के लिए

भी होता है। पशुपति या शिव संपूर्ण जगत् के स्वामी हैं। वेदों से ही परमेश्वर रूप में शंकर की उपासना प्रारंभ हुई। रुद्र भी शिव का ही नाम है। 'यजुर्वेद' में रुद्र की विशेष स्तुति है। क्षत्रियों में यजुर्वेद और रुद्र की विशेष उपासना प्रचलित है। महाभारत काल में पांचरात्र के समान पाशुपत मत को प्रमुख स्थान मिला है। पाशुपत ग्रंथों में लिंग को अर्चनीय बतलाया गया है। नेपाल की राजधानी काठमांडू में पशुपतिनाथ का मंदिर है, जहाँ इस संप्रदाय के अनुयायियों और दर्शनार्थियों का ताँता लगा रहता है।

पाशुपतास्त्र–शिवजी का एक महास्त्र, जिसे उन्होंने अर्जुन के तप से प्रसन्न होकर उन्हें दे दिया था। इससे विश्व का नाश हो जाता है। यह बाण महाभारतकाल में केवल अर्जुन के पास था।

पितृगण–देवताओं का एक वर्ग। वंश-वृद्धि के लिए अमावस्या को इनकी पूजा की जाती है।

पिनाक–शिवजी का धनुष। सीता-स्वयंवर के समय जनकपुर में श्रीराम ने इसी धनुष को तोड़ा था।

पिप्पलाद–महर्षि दधीच और सुवर्चा के पुत्र। जब दधीच ने अपनी हड्डियाँ इंद्र को दान कीं, उस समय ऋषि पत्नी सुवर्चा गर्भवती थीं। वे भी पति के देह-त्याग के साथ ही अपना उदर विदीर्ण कर नवजात शिशु को पीपल के एक वृक्ष के समीप रखकर पतिलोक चली गईं। पीपल के वृक्ष ने उस बालक का लालन-पालन किया, इसलिए उसका नाम 'पिप्पलाद' पड़ा। इन्हें भगवान् शिव का अंशावतार कहा जाता है।

पीठ–यह वह देवस्थान अथवा तीर्थ है, जँहाँ तप, पुरश्चरण आदि करने से सिद्धि प्राप्त होती है। तंत्र-साहित्य में इनकी बड़ी महिमा बताई गई है। ये स्थान शिव अथवा शक्तिपीठ के नाम से अभिहित किए जाते हैं। इनकी संख्या भिन्न-भिन्न ग्रंथों में भिन्न-भिन्न है। पुराणानुसार सती-दाह के पश्चात् जब शिव ने अपने गणों द्वारा दक्ष यज्ञ का विध्वंस करा दिया और वे अधीरतापूर्वक सती का मृत शरीर कंधे पर रख विश्व में घूमने लगे तो ब्रह्मांड डाँवाँडोल हो उठा। तब शिव को स्थिर करने के लिए विष्णु ने अपने चक्र से सती के अंग-प्रत्यंग काट डाले। ये अंग-प्रत्यंग इक्यावन खंडों में कटकर जिन-जिन स्थानों पर गिरे, वे सभी महापीठ कहलाते हैं। यहाँ शिवजी अनेक रूपों में निवास करते हैं। 'तत्त्वचूडामणि' के अनुसार, इन इक्यावन पीठों का परिचय इस प्रकार है। अंतिम दो पीठों का उल्लेख सर्वत्र नहीं है। स्थान नाम–1. हिंगुला, 2. शंकरार, 3. सुगंधा, 4. कश्मीर, 5. जालंधर, 6. ज्वालामुखी, 7. वैद्यनाथ, 8. नेपाल, 9. मानस, 10. विरजा क्षेत्र (उत्कल), 11. गंडकी, 12. बहुला, 13. उज्जयिनी, 14. त्रिपुरा, 15. चट्टल, 16. त्रिस्रोता, 17. कामगिरि, 18. प्रयाग, 19. जयंती, 20. युगाद्या, 21. कालीपीठ, 22. किरीट, 23. वाराणसी, 24. कन्याश्रम, 25. कुरुक्षेत्र, 26. मणिबंध, 27. श्रीशैल, 28. कांची, 29. कालमाधव, 30. शोणदेश, 31. रामगिरि, 32. वृंदावन, 33. शुचि, 34. पंचसागर, 35. करतोयातट, 36. श्रीपर्वत, 37. विभाष, 38. प्रभास, 39. भैरव पर्वत, 40. जनस्थल,

41. सर्वशैल, 42. गोदावरी तीर, 43. रत्नावली, 44. मिथिला, 45. नलहाटी, 46. कर्णाट, 47. वक्रेश्वर, 48. अशोर, 49. अट्टहास, 50. लंका, 51. नंदिपुर, 52. विराट, 53. मगध।

पीपल–अतीत से अब तक पीपल वृक्ष की पावनता हमारी संस्कृति में अक्षुण्ण बनी हुई है। संस्कृत साहित्य में पीपल को 'अश्वत्थ' कहा गया है। अपनी मनोकामनाओं की पूर्ति के लिए लोग पीपल की पूजा बड़ी श्रद्धा एवं भक्ति से आज भी करते हैं। पीपल के पेड़ की परिक्रमा

का विशेष विधान है; इसकी छाया वायु-पित्तशामक होती है। इसकी छाल कफनाशक, वीर्य-दोष दूर करनेवाली, व्रण, वमन, वात तथा रक्त के अनेक रोगों की औषधि के रूप में प्रयुक्त की जाती है। सर्प-विष दूर करने के लिए भी इसका प्रयोग किया जाता है। पुत्र-प्राप्ति की कामना से भी स्त्रियाँ पीपल के पेड़ की पूजा बड़ी श्रद्धा-भक्ति से करती हैं। पीपल के पत्तों का प्रयोग मस्तिष्क की शांति के लिए भी किया जाता है। संभवतः इन्हीं कारणों से गजराज को पीपल की पत्तियाँ उसकी उन्मत्तता शांत करने के लिए खिलाई जाती हैं।

पुत्र-कामेष्टि–एक यज्ञ का नाम। हिंदू मान्यताओं के अनुसार पुत्र-प्राप्ति की कामना से किया जानेवाला एक यज्ञ अनुष्ठान।

पुनर्जन्म सिद्धांत–एक ही आत्मा का नाना योनियों (84 लाख योनियों) में भटकना और उन शरीरों में किए गए कर्मों का फल भोगने के लिए समय-समय पर नए शरीर धारण करना ही पुनर्जन्म है। जीवन-मरण की यह शृंखला संसार की असारता का बोध न होने तक आगे बढ़ती जाती है; किंतु बोध होते ही इसका अंत हो जाता है। वस्तुतः यह आत्मा है, जिसका पुनर्जन्म होता है, क्योंकि शरीर तो नष्ट हो जाता है। जन्म-मरण का क्रम कब पूर्ण होगा, इसकी कोई निश्चित अवधि नहीं होती। भारतीय जनजीवन में पुनर्जन्म का सिद्धांत मान्य है। यह आशावादिता को प्रश्रय देकर वर्तमान जीवन की कठिनाइयों का सामना करने के लिए मनोबल देता है और नैतिक जीवन को निरर्थक होने से बचाता है। किंतु पाश्चात्य मत में पुनर्जन्म स्वीकृत नहीं है। प्रश्न किया जाता है कि यदि पुनर्जन्म होता है तो उसे अपने पहले जन्म की बातें स्मरण क्यों नहीं रहतीं? भारतीय मत इसका उत्तर देता है कि अज्ञान से आवृत होने के कारण आत्मा अपना वर्तमान देखती है और भविष्य बनाने में लगी रहती है, इसलिए भूत को एकदम भूल जाती है। यदि अज्ञान का नाश हो जाए तो पूर्वजन्म का ज्ञान असंभव नहीं है।

पुराण–'पुराण' शब्द का अर्थ है–प्राचीन अथवा पुरानी कथाओं तथा आख्यायिकाओं का संग्रह। 'वायुपुराण' ने पुराण की व्युत्पत्ति पुरा+अन् से की है, जिसका अर्थ है–'जो

अतीत में जीवित है या जो प्राचीन काल की साँस लेता है।' 'पद्मपुराण' के अनुसार, 'पुराण अतीत को चाहता या पसंद करता है।' ये कथाएँ अत्यंत प्राचीन काल से पवित्र धरोहर एवं परंपरागत संपदा के रूप में सुरक्षित हैं। पुराणों को वेदों का उपांग भी कहा गया है। महापुराणों की संख्या अठारह है। इनके क्रम के संबंध में यद्यपि मतैक्य नहीं है, तथापि जो क्रम यहाँ दिया जा रहा है, उसे बहुसम्मत माना जाता है–1. ब्रह्म, 2. पद्म, 3. विष्णु, 4. शिव, 5. श्रीमद्भागवत, 6. नारद, 7. मार्कंडेय, 8. आग्नेय, 9. भविष्य, 10. ब्रह्मवैवर्त, 11. लिंग, 12. वाराह, 13. स्कंद, 14. वामन, 15. कूर्म, 16. मत्स्य, 17. गरुड़ तथा 18. ब्रह्मांड पुराण। इनके अतिरिक्त 18 उपपुराण भी हैं। पुराण सात्त्विक कथाओं के भी आगार हैं। पुराणों का प्रधान उद्देश्य परमात्मा के पाँच सगुण रूपों–ब्रह्मा, शिव, सूर्य, गणेश और शक्ति–की उपासना है। अवतारवाद पुराणों का प्रधान अंग है। सभी पुराणों में अवतार प्रसंग दिए गए हैं।

पुरुषार्थ–मनुष्य के कर्तव्यों को पुरुषार्थ कहते हैं। पुरुषार्थ चार कहे गए हैं–धर्म, अर्थ, काम और मोक्ष। धर्म के अंतर्गत माता-पिता, शरीर आदि; अर्थ के अंतर्गत व्यवसाय और धन कमाने के साधन; काम के अंतर्गत पति, पत्नी, पुत्र, पुत्री आदि और मोक्ष के अंतर्गत अंतिम शांति का मार्ग आता है।

पुलस्त्य–ब्रह्मा के दस मानस पुत्रों में से एक। हविर्भू इनकी पत्नी थीं, जिनसे 'अगस्त्य' और 'विश्रवा' नामक पुत्र हुए। ये सप्तर्षियों में सम्मिलित हैं।

पुलह–ये पुलस्त्य के भाई थे। पुलह ऋषि भी ब्रह्मा के मानस पुत्रों में एक थे। इनकी उत्पत्ति ब्रह्मा की नाभि से हुई थी। ये दक्ष के जामाता थे। इनकी पत्नी का नाम 'क्षमा' था, जिससे कर्दम, उर्वरीयान्, सहिष्णु तथा कनकपीठ नामक चार पुत्र उत्पन्न हुए तथा 'पीवरी' नामक एक पुत्री हुई। महर्षि पुलह जगत् की आध्यात्मिक शक्ति के विकास के लिए अहर्निश कठोर तपस्या में संलग्न रहे।

पुष्कर–यह वह पौराणिक स्थल है, जहाँ ब्रह्माजी ने 33 करोड़ देवताओं के साथ यज्ञ किया था। ब्रह्माजी यज्ञ हेतु उपयुक्त स्थान की खोज में निकले। उनके हाथ में कमल पुष्प थे, जिनमें से तीन पुष्प

धरती पर गिर गए। जहाँ वे गिरे, वहाँ से तीन जलधाराएँ निकलीं और उन्होंने झील का रूप ले लिया। इन स्थानों का नाम बड़ा पुष्कर, मध्य पुष्कर और छोटा पुष्कर पड़ा। बड़ा पुष्कर शिवजी के लिए, मध्य श्रीहरि के लिए और छोटा ब्रह्माजी के लिए यज्ञ हेतु उपयुक्त माना गया। ब्रह्माजी ने सभी देवताओं के साथ यज्ञ की तैयारी की, लेकिन उनकी पत्नी सावित्री को आने में देरी हो गई। शुभ मुहूर्त टलने के डर से उन्होंने एक गोपबाला को 'गायत्री'

नाम देकर पत्नी के रूप में बैठा लिया। उसी समय सावित्री देवी आ गईं। यह सब देख वे क्रोधित हो गईं और उन्होंने ब्रह्माजी को शाप दे दिया कि आपकी पूजा कहीं नहीं होगी। तभी से ब्रह्माजी को कहीं भी पूजा नहीं जाता। केवल पुष्कर में ही उनका मंदिर बना है।

पुष्पक–कुबेर के विमान का नाम, जो आकाश मार्ग से चलता था। इसका निर्माण विश्वकर्मा ने किया था। लंकेश्वर रावण ने कुबेर को हराकर पुष्पक विमान अपने अधिकार में ले लिया। जब श्रीरामचंद्रजी रावण का वध करके अयोध्या लौटने लगे तो वे पुष्पक विमान से ही लौटे थे। बाद में उन्होंने इसे कुबेर को दे दिया।

पुष्पदंत–नौवें तीर्थंकर पुष्पदंत काकंदी नगरी (पूर्वी उत्तर प्रदेश का वर्तमान खुखंदू कस्बा) के राजा थे। एक दिन वे वन-भ्रमण कर रहे थे कि एकाएक तीव्र शोर के साथ उल्कापात हुआ। पुष्पदंत सोचने लगे, 'यह उल्का मेरे मन के मोह रूपी अंधकार को दूर करने के लिए दीपक की तरह प्रकट हुई है। मैं अब तक इसी की भाँति क्षण-भंगुर संसार सुख में डूबा रहा। तदनंतर उसी क्षण पुष्पदंत ने मुनि-दीक्षा ले ली। चार वर्ष की निरंतर मौन साधना के पश्चात् उन्हें कैवल्यज्ञान प्राप्त हुआ और वे तीर्थंकर बन गए। भाद्रपद शुक्ल अष्टमी के दिन सम्मेद शिखर में अपने एक हजार अनुयायियों के साथ उन्होंने निर्वाण प्राप्त किया।

पूजा–पूजा एक पारंपरिक अनुष्ठान है, जो सभी जातियों में किसी-न-किसी रूप में मौजूद है। हिंदू परंपरा में पूजा के तीन भेद हैं–पंचोपचार, दशोपचार और

षोडशोपचार। निस्स्वार्थ पूजा सात्त्विक, सस्वार्थ पूजा राजसिक और आडंबरी पूजा तामसिक कहलाती है।

पृथु–इन्हें धरती का प्रथम राजा कहा जाता है। उन्होंने धरती को पुत्री माना। तब से यह भूमि पृथ्वी कही जाती है। 'पृथ्वी के पालन-पोषण के लिए राजा का होना अत्यावश्यक है।' यह विचार कर ऋषि-मुनियों ने अपनी योग शक्ति से एक दिव्य पुरुष पृथु और एक नारी अर्चि को प्रकट किया। पृथु ने पृथ्वी को समतल किया। खेती प्रारंभ हुई। मनुष्य वन एवं गुफाओं का निवास छोड़कर घरों में रहने लगे। सामाजिक ताना-बाना बना। नगर-ग्राम बसाए गए।

पैशाच विवाह–कन्या की गहन निद्रा, मानसिक दुर्बलता आदि का लाभ उठाकर छलपूर्वक उससे शारीरिक संबंध बना लेना और उससे विवाह करना 'पैशाच विवाह' कहलाता है।

पौंड्रक–पुंड्र देश का राजा। इसके पिता का नाम वसुदेव था, इसलिए यह स्वयं को 'वासुदेव' या कृष्ण कहता था और वैसी ही वेशभूषा धारण करता था। इसने नकली चक्र भी धारण कर लिया था। यह श्रीकृष्ण के हाथों मारा गया था।

प्रकृति–पाँचों तत्त्वों से पाँच-पाँच प्रकृति का

निर्माण। (क) पृथ्वी से–अस्थि, मांस, त्वक्, रोम, नाटिका। (ख) जल से–मूत्र, वीर्य, रक्त, वसा, राल। (ग) अग्नि से–बुभुक्षा, पिपासा, आलस्य, कांति, निद्रा। (घ) वायु से–चलन, धावन, कूर्दन, संकोच, विस्तार। (ङ) आकाश से–शिर, कंठ, हृदय, उदर, कटि।

प्रजापति–एक वैदिक देवता। ये ब्रह्मा के मानस पुत्र कहलाते थे। पुराणों में ब्रह्मा, सूर्य, मनु, अंगिरा, अत्रि, पुलस्त्य, दक्ष, भृगु, धर्मराज, यमराज, मरीचि, पुलह, क्रतु, वसिष्ठ, परमेष्ठी, विवस्वान्, सोम, कर्दम, क्रोध, अर्वाक् और क्रीत प्रजापतियों का उल्लेख है।

प्रजापत्य विवाह–कन्या की सहमति के बिना उसका विवाह आभिजात्य वर्ग के वर से कर देना प्रजापत्य विवाह कहलाता है।

प्रज्ञा–भारतीय विचारकों ने अपने वाङ्मय के उषःकाल से ही प्रज्ञा को महत्त्वपूर्ण तत्त्व समझकर उसका प्रचार किया है। ज्ञान-सिद्ध ऋषि-महर्षियों का जो साक्षात्कार था, उसको उन्होंने 'श्रुति' कहा है। श्रुति का जन्म प्रज्ञा से होता है। 'प्रज्ञा' ज्ञान-प्राप्ति का सबसे सूक्ष्म और मूल्यवान् साधन है। भारतीय दर्शनकारों ने श्रुति और शास्त्र की प्रामाणिकता में सदा अंतर किया है। शास्त्र को प्रमाणकोटि में लाने के लिए उसे बुद्धि पर कसना पड़ता है, जबकि श्रुति ज्ञान और अनुभव का मथा हुआ घृत है। शंकर आदि दार्शनिक श्रुति के सामने नतमस्तक होकर श्रद्धांजलि अर्पित करते हैं।

प्रतिमा विज्ञान–ध्यान को एकाग्र करने के लिए किसी-न-किसी आधार की आवश्यकता होती है। प्रतिमा इसी उद्देश्य की पूर्ति का साधन है। प्रतिमा का धर्म के साथ अन्योन्याश्रय संबंध है। प्रतिमा का अर्थ प्रतिरूप है। इसी भाव को स्पष्ट करने के लिए प्रतिकृति, प्रतिमा, बिंब आदि शब्दों का प्रयोग किया जाता है। बिंब का अर्थ है छाया। यह शब्द पारलौकिक प्रतिमाओं के लिए प्रयुक्त होता है। प्रतिमाएँ तीन प्रकार की बताई गई हैं–चल, अचल तथा चलाचल। अचल प्रतिमाओं के अंतर्गत स्थानक (खड़ी), आसन (बैठी) तथा शयन (लेटी) तीन उपभेद बताए गए हैं।

प्रत्यक्ष प्रमाण–जब किसी वस्तु को पाँचों ज्ञानेंद्रियों द्वारा देखा व अनुभव किया जा सके तो वह प्रत्यक्ष प्रमाण है। जैसे पुष्प की गंध और जल में शीतलता आदि प्रत्यक्ष प्रमाण हैं।

प्रत्यक्षवाद–प्रत्यक्ष प्रमाण सबसे उचित प्रमाण है और इस प्रत्यक्ष प्रमाण को मानना ही प्रत्यक्षवाद है। इसके संबंध में कहा भी गया है कि प्रत्यक्षं किं प्रमाणम्–अर्थात् प्रत्यक्ष से बड़ा और क्या प्रमाण है।

प्रद्युम्न–कामदेव के अवतार। भगवान् श्रीकृष्ण की पटरानी रुक्मिणी के पुत्र।

प्रभामंडल–प्रत्येक व्यक्ति के मस्तक के चारों ओर प्रभामंडल या आभामंडल रहता है; किंतु प्रभामंडल की यह आभा व्यक्ति के व्यक्तित्व, कृतित्व, ओज, तेज, ब्रह्मचर्य, ज्ञान, प्रतिज्ञा, पौरुष आदि उच्चादर्शों के पालन से ही प्रस्फुटित होती है। हाँ, इस आभा को देखने-परखने के लिए भी वही गुण अपेक्षित होते हैं। शरीर से निकलनेवाली किरणें उसके कार्य का परिचय कराने में सक्षम होती हैं। आभामंडल व्यक्तित्व का दर्पण होता है, जिससे व्यक्ति को परखा

जा सकता है। योग-साधना तथा सदाचार से अपने को आभामय बनाया जा सकता है। आभामंडल से उसके आसपास का क्षेत्र भी प्रभावित होता है।

प्रभास–द्वारिका स्थित एक प्राचीन तीर्थ। श्रीकृष्ण की मृत्यु के पश्चात् द्वारिका और प्रभास दोनों समुद्र में समा गए थे।

प्रम्लोचा–एक अप्सरा, जिसने इंद्र के कहने पर कंडु ऋषि की तपस्या भंग की थी। कंडु से इसने मारिषा नामक पुत्री को जन्म दिया था।

प्रयाग–गंगा और यमुना नदियों के संगम पर बसा एक प्राचीन नगर। वर्तमान में इसे इलाहाबाद कहा जाता है। अकबर ने 1584 ई. में यहाँ पर एक किले की नींव डाली और नया नगर बसाया, जिसका नाम इलाहाबाद रखा गया। प्राचीन ग्रंथों में प्रयाग में एक तीसरी नदी सरस्वती के प्रवाहित होने का भी उल्लेख मिलता है, जो संगम में मिलती थी। किंतु अब यह लुप्त हो चुकी है। वैसे किले के पास सरस्वती नामक घाट उसका स्मरण दिलाता है। इलाहाबाद का प्रयाग स्टेशन प्राचीन नगर का अवशेष है। भरद्वाज आश्रम प्रयाग स्टेशन से कुछ दूर एक ऊँचे स्थान पर स्थित है, जो भरद्वाज मुनि के आख्यान से त्रेतायुग का स्मरण दिलाता है। ऐसा माना जाता है कि श्रीरामचंद्रजी चित्रकूट जाते समय भरद्वाज आश्रम में रुके थे। तीर्थस्थान के रूप में, विशेषतया कुंभ मेले के कारण, इलाहाबाद का धार्मिक महत्त्व ज्यों-का-त्यों बना हुआ है। प्राय: त्रिवेणी तथा प्रयाग एक-दूसरे के पूरक बन जाते हैं।

प्रलय–प्रलय या लय का अर्थ है पूर्णतया विनाश या संहार। ब्रह्मा सर्जन के अधिष्ठाता हैं, विष्णु जगत् के पालक हैं और शिव सृष्टि के संहर्ता हैं। जिस प्रकार इच्छा मात्र से सृष्टि का सृजन हुआ वैसे ही उसका संहार भी संभव है। प्रलय के बाद पुन: सृष्टि होती है; किंतु विज्ञान ऐसे विचारों का समर्थन नहीं करता। विज्ञान के अनुसार जब से पृथ्वी की उत्पत्ति हुई, उसमें लगातार विकास होता रहा है। उसका विनाश कब होगा, यह कल्पनातीत है। पुराणों में प्रलय के चार प्रकार दिए हैं–1. नित्य–जो जन्म लेते हैं, उनकी मृत्यु ध्रुव है। 2. नैमित्तिक–जब ब्रह्मा का एक दिन समाप्त होता है तो विश्व का विनाश हो जाता है। 3. प्राकृतिक–मोक्ष, सम्यक् ज्ञान से परमात्मा में विलीन होना। 'भगवद्गीता' में ब्रह्मा की रात के आने पर सभी प्राणियों के लय होने एवं ब्रह्मा के दिन के शुरू होते ही प्राणियों के फिर से उत्पन्न होने की बात कही गई है।

प्रश्न ज्योतिष–ज्योतिष की वह कला, जिसके द्वारा आप अपने मनचाहे सवाल का जवाब पा सकते हैं। कोई काम होगा अथवा नहीं, यह भी जान सकते हैं। प्रश्न ज्योतिष द्वारा जन्म-कुंडलियाँ भी बनाई जाती हैं।

प्रसाद–प्रसाद श्रद्धालु की श्रद्धा-भक्ति का एक प्रतीक है, जिसे मिष्टान्न, मेवे, फल, दूध, दही, शहद, तुलसीदल, पँजीरी आदि रूप में प्रयुक्त किया जाता है। किंतु जब वह नैवेद्य सर्वव्यापी, समदर्शी, सर्वशक्तिमान् प्रभु परमेश्वर को चढ़ाया जाता है, उनकी मूर्ति के समक्ष रखा जाता है तथा आनुष्ठानिक प्रक्रिया पूरी की जाती है, तब उस प्रसाद की पावनता में भक्त एवं भगवान् की भावना का जो सम्मिश्रण

होता है, वह वास्तव में अद्‌भुत, अनूठा तथा अवर्णनीय होता है।

प्रह्लाद–राक्षसराज हिरण्यकशिपु के पुत्र प्रह्लाद भगवान् विष्णु के अनन्य उपासक थे। पिता के घोर अत्याचार के बावजूद वह विष्णुजी की पूजा करते रहे। हिरण्यकशिपु ने इन्हें जान से मारने की ठानी। इनकी

बहन होलिका को वरदान प्राप्त था कि वह अग्नि में नहीं जलेगी। वह प्रह्लाद को गोद में लेकर चिता में बैठ गई; लेकिन भगवान् विष्णुजी ने अपने भक्त पर आँच तक न आने दी और होलिका जलकर राख हो गई। जब हिरण्यकशिपु के अत्याचार बढ़ गए तो भगवान् विष्णु नृसिंह के रूप में प्रकट हुए और उसे मार डाला।

प्राकृत भाषा–यह भाषा भारतीय आर्य भाषा का एक प्राचीन रूप है। इसके प्रयोग का समय 500 ई.पू. से 1000 ईसवी तक माना जाता है। धार्मिक कारणों से जब संस्कृत का महत्त्व कम होने लगा तो प्राकृत भाषा अधिक व्यवहार में आने लगी।

प्राणमय कोश–प्राण से तात्पर्य श्वास का अंदर-बाहर करना है। यह एक जैविक क्रिया है, जिसके माध्यम से वायु शरीर में प्रवेश करके उसके अंगों को क्रियाशील

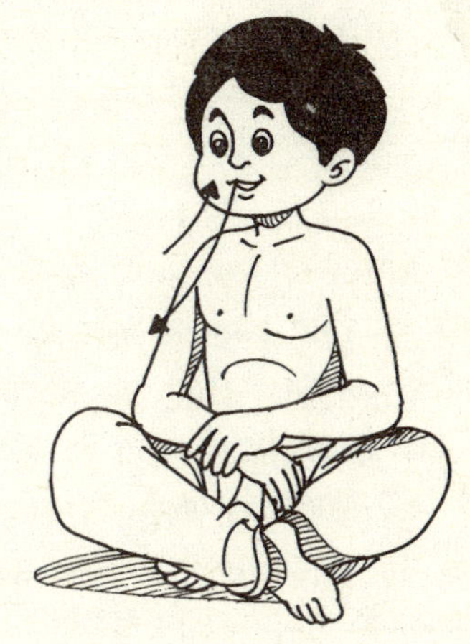

बनाती है, जिससे शारीरिक क्रियाएँ जैसे–रुधिर का आवागमन अर्थात् रुधिर परिसंचरण, भोजन का पचना, मल-मूत्र का त्यागना आदि संचालित होती हैं। इसके माध्यम से शरीर का तापमान नियंत्रित होता है। इसका केंद्र हृदय होता है। इसी वायु के कारण हम बोल सकते हैं, शब्दों को उच्चारित कर सकते हैं। जब वायु शरीर में प्रवेश करती है तो वह पाँच प्रकार से प्रमुख प्राणों एवं पाँच प्रकार से गौण प्राणों में बदल जाती है। इस प्रकार यह शरीर में जाकर दस भागों में बँट जाती है। वे दस भाग पाँच प्रमुख प्राण एवं पाँच गौण प्राण इस प्रकार हैं–प्रमुख प्राण 1. प्राण : यह हृदय क्षेत्र में होता है। 2. अपान : इसका स्थान गुदा प्रदेश होता है। 3. उदान : इसका स्थान कंठ में होता है। 4. व्यान : इसका स्थान पूरे शरीर में होता है। 5. समान : यह समान रूप से कंठ में होती है। **गौण प्राण** 1. नाग वायु : इसमें वायु का संबंध छींक आदि से होता है। 2. कृकर वायु : इसमें वायु का संबंध भूख-प्यास लगने से होता है। 3. धनंजय वायु : इसमें वायु का

संबंध शरीर के पोषण से होता है। 4. कूर्म वायु : इसमें वायु का संबंध संकोचनीय क्रियाओं या संकुचन आदि से होता है। 5. देवदत्त वायु : इसमें वायु का संबंध शरीर की उस क्रिया से है, जब मनुष्य को निद्रा आती है और वह निद्रा के लिए अपनी पलकों से आँखों को ढक लेता है अर्थात् सो जाता है। प्राणवायु शरीर की समस्त क्रियाओं को संचालित रखती है। यही प्राणवायु योग से संबंधित क्रियाओं को भी संचालित करती है, तभी योगी योग साधना कर पाता है। यह वायु ब्रह्म को प्राप्त करवाने में महत्त्वपूर्ण भूमिका निभाती है।

प्राणवायु–प्राणों को धारण करनेवाली वायु, जो मुख के भीतर वास करती है। यह जीवनदायिनी वायु कहलाती है, जो जीव को जीवित रखती है। इस प्राणवायु की सहायता से ही भोज्य पदार्थ उदरस्थ होते हैं। जब यह वायु दूषित होकर कुपित होती है तो हिचकी, श्वास और इन अंगों से संबंधित विकार होते हैं।

प्राणायाम–योग की शक्ति द्वारा प्राण का विस्तार करना। प्राण एक चंचल जीव है। नियमित योग द्वारा इसे नियंत्रित व अनुशासित किया जा सकता है। प्राणायाम

से एकाग्रता बढ़ती है और शारीरिक विकारों से मुक्ति मिलती है।

प्राणि-जाति–जरायुज (मनुष्यादि), अंडज (पक्षी आदि), स्वेदज (जूँ आदि) तथा उद्भिज (वृक्षादि)।

प्रार्थना–इष्ट-प्राप्ति और अनिष्ट-परिहार के लिए प्रार्थी द्वारा प्राय: प्रार्थना की जाती है। प्रार्थना की तन्मयता में आत्मशुद्धि का उफान उमड़ता है, जिसमें भाव-विह्वलता

अधिक होती है। शुद्ध मन से की गई प्रार्थना अवश्य मनोवांछित फल प्रदान करती है। प्रार्थना द्वारा परमेश्वर को प्रसन्न करने का प्रयास किया जाता है। प्रार्थनाएँ तीन प्रकार की होती हैं 1. स्तुति : इसमें उपासक (प्रार्थी) उपास्य के सद्गुणों का गुणगान करते-करते अत्यधक अभिभूत हो जाता है। 2. आत्मनिवेदन : प्रार्थी द्वारा इसमें अपनी अकिंचनता को उजागर करते हुए ऐसे भाव भरे जाते हैं कि सर्वशक्तिशाली उपास्य उसकी उपासना पर अभिभूत हो उसे मनोवांछित फल प्रदान करे। 3. याचना : याचक बनकर प्रभु से प्रार्थना की जाती है कि हे प्रभु! मुझे मेरी अपेक्षाओं के अनुरूप फल प्रदान करो।

प्रेत–'प्रेत' शब्द प्र+इत–इन दो शब्दों से बना

है, जिसका अर्थ है–'वह जो चला गया'। वैदिक साहित्य में प्रेत का अर्थ मृत व्यक्ति से है। परवर्ती साहित्य में इसका अर्थ प्रेतात्मा (भूत-प्रेत) हो गया, जो अशरीरी होते हुए भी घूमता रहता है और जीवधारियों को सताता है। प्रेत की कल्पना का आधार जीववाद है। इसके अनुसार जीव का अस्तित्व शरीर से भिन्न होता है और देहांत के बाद वह अदृश्य रूप में इधर-उधर भटकता रहता है।

□

फगुआ–बिहार के पूर्वांचल में वसंत पंचमी के बाद से ही लोग होली के गीत गाने लगते हैं और यह क्रम होली तक जारी रहता है। कुछ लोग इन गीतों को फाग कहते हैं और कुछ फगुआ। फगुआ का मतलब है फागुन या होली।

फणिकेश्वर महादेव–छत्तीसगढ़ के फिंगेश्वर शहर में स्थित भगवान् शिव का एक ऐतिहासिक मंदिर। यह प्राचीन स्मारक राज्य सरकार द्वारा संरक्षित है।

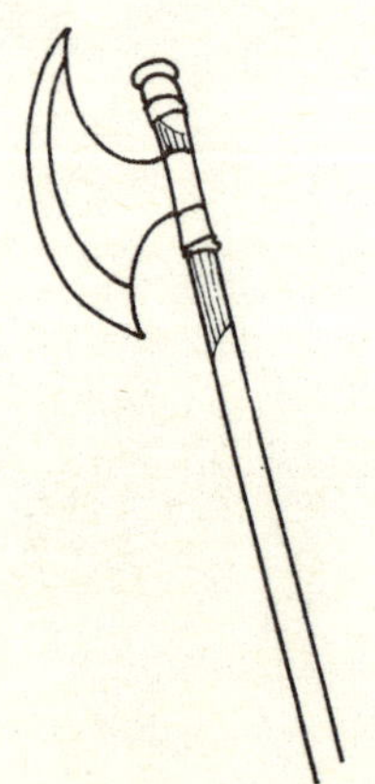

फरसा–यह कुल्हाड़ा है, पर युद्ध का आयुध है।

फलादेश–ज्योतिष विद्या द्वारा भूत, वर्तमान और भविष्य के आकलन को फलादेश कहते हैं।

फलासी तुंगनाथ–फलासी उत्तराखंड के रुद्रप्रयाग जिले का एक गाँव है और तुंगनाथ भगवान् शिव का नाम है। फलासी में भगवान् तुंगनाथ का एक अतिप्राचीन मंदिर है।

फल्गु–बिहार की एक पवित्र नदी। तीर्थ नगरी गया इसी नदी के किनारे बसी है। पितृपक्ष में यहाँ बड़ा मेला लगता है।

फलित ज्योतिष–'ज्योतिष' शब्द का अर्थ है–ग्रह तथा नक्षत्रों से संबंध रखनेवाली विद्या। इसके द्वारा मनुष्य तथा पृथ्वी पर ग्रहों और तारों के शुभाशुभ प्रभावों का अध्ययन किया जाता है।

फाग–उत्तर प्रदेश की एक प्रसिद्ध लोकगीत विधा। फाग लोकगीत होली के अवसर पर गाए जाते हैं। बुंदेली कवि 'ईसुरी' की फाग बुंदेलखंड में बहुत प्रसिद्ध है।

फाल्गुन–हिंदू पंचांग के अनुसार चैत्र माह से प्रारंभ होनेवाले वर्ष का बारहवाँ तथा अंतिम महीना। ईसवी कैलेंडर के अनुसार यह मार्च महीने में पड़ता है। इसे वसंत ऋतु का माह भी कहा जाता है, क्योंकि इस समय न अधिक गरमी होती है, न अधिक सर्दी। इस माह में पड़नेवाले पर्वों में होली प्रमुख है।

□

बदरिकाश्रम–हिमालय में गढ़वाल के पास अलकनंदा नदी के किनारे स्थित एक तीर्थ।

बदरीनाथ–एक प्रसिद्ध हिंदू तीर्थ, जो उत्तराखंड में अलकनंदा नदी के तट पर स्थित है। यह हिंदुओं के चार धामों में से एक है। इस मंदिर-धाम में भगवान् विष्णु के बदरीनाथ रूप की पूजा होती है। बदरीनाथ को 'बदरीनारायण' भी कहते हैं।

बरसाना–मथुरा-वृंदावन का कृष्ण-भक्तों का एक गाँव। इसे राधा का गृहनगर कहा

गया है। यहाँ की लठमार और कोड़ामार होली देश-विदेश में प्रसिद्ध है।

बर्बरीक–घटोत्कच और नाग-कन्या अहिलावती का वीर पुत्र। इसने घोर तप करके भगवान् शिव को प्रसन्न किया और तीन अमोघ बाण प्राप्त किए। यह महाभारत के युद्ध में हारनेवाली सेना की ओर से लड़ने का इच्छुक था। यह देख श्रीकृष्ण ने इससे इसका सिर दान में माँग लिया। बर्बरीक ने इच्छा व्यक्त की कि वह अंत तक युद्ध देखना चाहता है, अतः उसका सिर एक पहाड़ी के शीर्ष पर लटका दिया गया, जहाँ से उसने अंत तक युद्ध देखा।

बलराम–कारागार में कैद देवकी-वसुदेव की सातवीं संतान। योगमाया ने इन्हें आकर्षित

करके नंद बाबा के यहाँ रोहिणी के गर्भ में स्थापित कर दिया था, इसलिए इनका एक नाम 'संकर्षण' पड़ा। श्रेष्ठ बलवान होने के कारण इन्हें बलभद्र या बलराम भी कहा जाता है। ये शेषावतार कहे जाते

हैं। इनकी पत्नी का नाम रेवती था। इन्होंने महाभारत युद्ध में भाग नहीं लिया था। ये तीर्थयात्रा पर चले गए थे। यदुवंश के नाश के बाद इन्होंने भी शरीर त्याग दिया था।

बलि–विरोचन एवं सुरुचि का पुत्र तथा प्रह्लाद का पौत्र एक महाप्रतापी असुरराज। वामन रूपी विष्णु ने दान में इससे 3 पग भूमि माँगी। उन्होंने दो पग में पृथ्वी और आकाश नाप लिया और तीसरा पग इसके सिर पर रखकर इसे पाताल भेज दिया।

बलिदान–सामान्य अर्थ में पशु-पक्षियों का वध करके देवी-देवताओं पर चढ़ाने को बलिदान कहा जाता है। किसी अच्छे कार्य के लिए अपनी प्राणाहुति दे देने या किसी की प्राणाहुति ले लेने को भी बलिदान कहा जाता है। जनहित में प्रसन्नतापूर्वक अपनी खुशियों का त्याग भी बलिदान कहलाता है।

बहुदेववाद–अनेक देवताओं की सत्ता में विश्वास एवं उनकी पूजा बहुदेववाद है। वैदिक युग के प्रारंभ में अनेक देवताओं की उपासना का प्रचलन था। 'ऋग्वेद' में अनेक देवों की स्तुतियाँ हैं। पुराणों में विभिन्न देवताओं की प्रधानता प्रतिपादित की गई। विष्णु या शिव को प्रधानता देते हुए बताया गया कि अन्य सभी देवता इन्हीं की उपासना करते हैं। यह भी एक प्रकार का बहुदेववाद ही है। ऐसा माना जाता है कि प्रारंभ में प्रकृति के कोप को शांत करने और वरदान पाने के विचार से मनुष्य ने सूर्य, चंद्र, बादल, बिजली, सागर, नदी आदि शक्तियों को देवता मानकर बहुदेववाद का पालन किया होगा।

बाण–इसके सायक, शर और तीर आदि

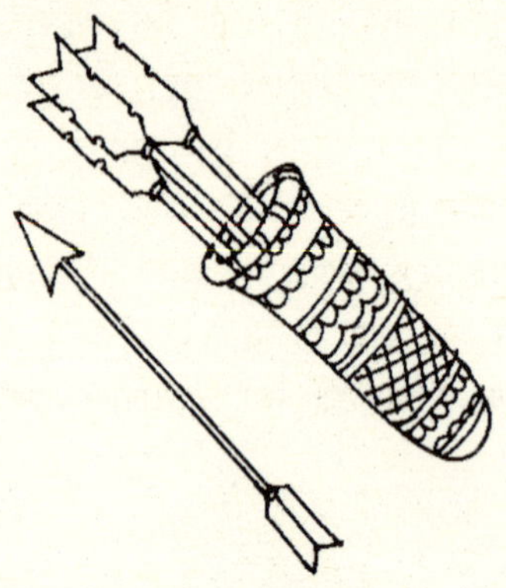

भिन्न-भिन्न नाम हैं। ये बाण भिन्न-भिन्न प्रकार के होते हैं। इनके गुण और कर्म भिन्न-भिन्न होते हैं।

बाणगंगा–हिमालय के सोमेश्वर शिखर से निकली एक पवित्र नदी। रावण ने बाण चलाकर इसकी उत्पत्ति की थी।

बाणासुर–बलि का ज्येष्ठ पुत्र, शोणितपुर का राजा। यह शिवजी का बड़ा भक्त था और उनसे अनेक वरदान प्राप्त किए थे। इससे यह अहंकारी भी हो गया था। इसके 1,000 भुजाएँ थीं। प्रद्युम्न का पुत्र और श्रीकृष्ण का पौत्र अनिरुद्ध उसकी रूपवती पुत्री उषा पर आसक्त हो गया तथा दोनों गुप्त रूप से मिलने लगे। बाणासुर को भनक लगी तो इसने दोनों को कारागार में डाल दिया। श्रीकृष्ण ने बलराम तथा प्रद्युम्न के साथ इस पर आक्रमण कर दिया और इसकी सारी भुजाएँ काटकर उषा व अनिरुद्ध को छुड़ा लिया।

बादामी–कर्नाटक स्थित इस स्थान का पूर्व नाम वातापी था। यहाँ अगस्त्य मुनि का आश्रम था। यही मुनि वातापी की भी तपस्थली थी। उन्हीं के नाम पर इसका नाम 'वातापी' पड़ा। यहाँ कई दर्शनीय

गुफा मंदिर हैं, जो कि वास्तुकला के अनूठे उदाहरण हैं। यहाँ के गुफा मंदिरों में जैन मंदिर व शिव मंदिर का विशेष स्थान है। शिव मंदिर में शिव की नृत्यमय मुद्रा 18 हाथों की है। यहाँ विक्रमादित्य ने भी राज किया।

बालि–किष्किंधा का वानरराज, जो सुग्रीव

का ज्येष्ठ भाई तथा अंगद का पिता था। राम ने छल से बालि का वध किया था।

बीसापंथ–इस पंथ के अनुयायी धर्म गुरुओं का समर्थन करते हैं। धर्म के प्रमुखों को भट्टारक कहते हैं, जो जैन मठों के प्रमुख होते हैं। इनके मठों में तीर्थंकर की प्रतिमाओं की पूजा होती है, इस धर्म के अनुयायी सौंफ, पुष्प, फूल, मिठाई और अगरबत्ती आदि से जमीन पर बैठकर पूजा करते हैं। थाल सजाकर आरती करते हैं और प्रसाद बाँटते हैं। दिगंबर पंथ से निकले इस धर्म के अनुयायी महाराष्ट्र, कर्नाटक, राजस्थान, गुजरात, तमिलनाडु, केरल, आंध्र प्रदेश आदि राज्यों में बड़ी संख्या में हैं।

बुधदेव–भगवान् बुधदेव देवगुरु बृहस्पति और तारा की संतान हैं। कुछ धर्म-ग्रंथों में इन्हें चंद्रमा और तारा की संतान और बृहस्पति देव को पालक पिता कहा गया है। इनकी बुद्धि की श्रेष्ठता का लोहा सभी देवता मानते हैं। ब्रह्माजी ने इनकी बुद्धि की गहराई को देखते हुए ही इन्हें नवग्रह में स्थान दिया था। बुध ग्रह का वर्ण कनेर पुष्प के समान है। इनके मस्तक पर स्वर्ण-मुकुट और गले में पीले पुष्पों की माला सुशोभित होती है। ये सदैव सुनहरे वस्त्र धारण करते हैं। सिंह इनका वाहन है। ये अपने हाथों में तलवार, ढाल, गदा और वर-मुद्रा धारण किए होते हैं। भगवान् बुधदेव मिथुन और कन्या राशि के स्वामी हैं। इनकी महादशा सत्रह वर्ष तक की होती है।

बृहदारण्यक–यह सब उपनिषदों से आकार में बड़ा है। इसके आरंभ में 'अश्वमेध' की व्याख्या की गई है। अश्व के अंग-प्रत्यंग के निरूपण में विश्वरूप का संतुलन किया गया है। आगे चलकर ब्रह्म, सृष्टि तथा आत्मा की एकता दिखाई गई है।

बृहस्पति देव–ये देवताओं के गुरुपद पर आसीन हैं। इन्हें बुद्धि, विद्या और धन का देवता कहा जाता है। ये न्यायशास्त्र और वेदों के ज्ञाता हैं। बृहस्पति देव पीले वर्ण के हैं और पीले ही वस्त्र धारण करते हैं। इनके शीश पर स्वर्ण-मुकुट और गले में पुखराज की माला होती है। कमल-पुष्प पर आसीन बृहस्पति देव के तीन हाथों में दंड, रुद्राक्ष की माला और पात्र सुशोभित हैं। इनका चौथा हाथ वर-मुद्रा में है, जो अपने भक्तों की समस्त मनोकामनाएँ पूर्ण करता है। इनकी कृपा-दृष्टि प्राप्त करनेवाले मनुष्य विद्वान्, न्यायप्रिय, धनवान् और सद्व्यवहार वाले होते हैं।

बेल–शिवरात्रि के पावन अवसर पर भगवान् शिव को बिल्व पत्र चढ़ाने की विशेष महत्ता है। ऐसी मान्यता है कि भगवान् शिव बेलपत्र पाकर बेहद प्रसन्न हो जाते

हैं। इस विषय में अनेक पौराणिक किंवदंतियाँ प्रचलित हैं, जिनमें एक व्याध की कथा है कि एक बार वह शिकार हेतु जंगल में गया तथा रात्रि को घर नहीं लौट सका। अंततः उसने एक बेल के पेड़ पर चढ़कर रात्रि बिताई। बेल के पत्ते शिवलिंग पर गिरे, जो बेल के वृक्ष के नीचे ही था। भगवान् शिव उससे बड़े प्रसन्न हुए, उसे मनोवांछित फल प्रदान किए। बेल के अनेक नाम शास्त्रों में वर्णित हैं; यथा–बिल्व, महाकपित्थाख्य, श्रीफल, गोहरीतकी, पूतिवात, मंगल्य, मालूर, त्रिशिख।

बौद्ध धर्म–इसके प्रवर्तक गौतम बुद्ध थे (ई. पू. छठी शताब्दी के उत्तरार्द्ध में)। बुद्ध ने अपने नए धर्म की घोषणा तत्कालीन साहित्यिक भाषा संस्कृत में न करके जनता की बोली (पालि) में की। उन्होंने लोगों को बतलाया कि मनुष्य दुःखी है, लेकिन दुःख अकारण नहीं है। इस दुःख का निरोध संभव है और इस निरोध का मार्ग भी है। ये ही बौद्ध धर्म के चार आर्य सत्य हैं, जिन पर बौद्ध धर्म आधारित है–1. दुःख आर्य सत्य है, 2. दुःख समुदय आर्य सत्य है, 3. दुःख निरोध आर्य सत्य है, 4. दुःख निरोध गामिनी प्रतिपदा आर्य सत्य है। बौद्ध धर्म के अनुसार दुःखों का मूल कारण तृष्णा है, अतः तृष्णा के क्षय से संसार-चक्र और दुःखों से मुक्ति मिलती है। तृष्णा क्षय के लिए अष्टांग मार्ग का उपदेश दिया गया है, जो इस प्रकार है– 1. सम्यक् दृष्टि–अर्थात् चार आर्य सत्यों तथा संसार-चक्र के कारणों का ज्ञान, 2. सम्यक् संकल्प–अर्थात् सांसारिक विषयों, राग-द्वेष तथा हिंसा-परित्याग के लिए दृढ़ संकल्प, 3. सम्यक् वचन–अर्थात् मिथ्या, अनुचित तथा दुर्वचनों का परित्याग, 4. सम्यक् कर्म–अर्थात् हिंसा, परद्रव्य का अपहरण तथा वासना-पूर्ति की इच्छा का परित्याग, 5. सम्यक् आजीव–अर्थात् गलत रोजगार छोड़कर सही रोजगार में लगना, 6. सम्यक् व्यायाम–अर्थात् बुरे कर्मों को छोड़कर अच्छे कर्म के लिए उद्यत होना, 7. सम्यक् स्मृति–अर्थात् चित्त-शुद्धि की एकाग्रता। बुद्ध ने ईश्वर का नाम नहीं लिया और न लोगों को किसी देवता की भक्ति करने का उपदेश दिया। बौद्धों के धर्मग्रंथ 'त्रिपिटक' कहे जाते हैं। ये हैं विनय पिटक, सुत्त पिटक तथा अभिधम्म पिटक। विनय पिटक में संघ के आचार-विचार, नियम और अनुशासन हैं। सुत्त पिटक में बुद्ध द्वारा दिए गए उपदेशों का संग्रह है। इसके पाँच विभाग हैं–दीर्घ निकाय, मज्झिम निकाय, संयुक्त निकाय, अंगुत्तर निकाय तथा खुद्दक निकाय। अभिधम्म पिटक में आध्यात्मिक और दार्शनिक सिद्धांतों का संग्रह है।

ब्रह्मकमल–केदारनाथ एवं बदरीनाथ तीर्थों के बीच मदमहेश्वर घाटी में ब्रह्मकमल पाया जाता है, जिसे भक्तजन भगवान् शिव को चढ़ाकर फूले नहीं समाते। ब्रह्मकमल को 'विष्णुकमल' भी कहा जाता

है। इस विषय में एक किंवदंती है कि भगवान् विष्णु स्वयं शिव की पूजा के लिए 1001 ब्रह्मकमल मँगवाकर पूजा करने लगे; किंतु अचानक एक फूल घट जाने पर उन्होंने अपना एक नेत्र शिवजी को अर्पित कर दिया। इस पर शिवजी बड़े प्रसन्न हुए। तभी से ब्रह्मकमल को 'विष्णुकमल' भी कहा जाता है। ब्रह्मकमल हिमालय क्षेत्र की लगभग तीन या चार हजार फीट की ऊँचाई पर पाया जाता है। मदमहेश्वर, केदारनाथ, कल्पेश्वर, रुद्रनाथ, तुंगनाथ में इस पुष्प की विशेष धार्मिक महत्ता है। 'शिवार्चन' में यह अत्यधिक महत्त्वपूर्ण माना जाता है।

ब्रह्मचर्य–ब्रह्मचर्य का जीवन बड़ी कठिनाई और संयम का जीवन था। नित्य स्नान करके ऋषि और पितरों का तर्पण, देवता का अर्चन, समिधाओं से होम करना उसका नित्य का कर्तव्य था। उसके लिए शहद, मांस, गंध, माला, रस और स्त्री वर्जित थी। जो चीजें पानी में भीगी हुई समय पाकर खट्टी हो जाती हैं, वे भी ब्रह्मचारी के लिए वर्जित थीं। इनके अतिरिक्त उबटन, नेत्रों में कज्जलादि का लगाना, पादुका और छत्र का धारण करना, काम (सभी प्रकार के विषय-भोग इसमें आ जाते हैं), क्रोध, नृत्य, गीत, वाद्यादि सब चीजों का उसके लिए निषेध था। जुआ और निरर्थक वाद तथा कलह, पराई निंदा, झूठ, स्त्रियों की ओर देखना और दूसरों को नुकसान पहुँचाना–ये सब बातें ब्रह्मचर्य जीवन में मना थीं।

ब्रह्मचारिभेद–1. गायत्र (जो यज्ञोपवीत होने पर तीन रातों तक लवण-रहित भोजन कर गायत्री का जप करता है।) 2. ब्राह्मण (जो अड़तालीस वर्षों तक वेद-पठन हेतु ब्रह्मचर्य का पालन करता है। प्रत्येक वेद में बारह वर्ष व्यतीत करता हुआ चार वेदों में अड़तालीस वर्ष वेदाध्ययन करनेवाला।) 3. प्राजापत्य (अपनी स्त्री में ऋतु, ऋतुकालाभिगामी, सदा परदारवर्जी।) 4. बृहन् (जो जीवनपर्यंत गुरु के सन्निधान में अध्ययननिष्ठ रहे।)

ब्रह्मा–त्रिदेवों में से एक। 'भागवत' आदि पुराणों के अनुसार–जब भगवान् विष्णु ने योगनिद्रा में पड़कर शयन किया तब उनकी नाभि से

एक कमल निकला, जिससे ब्रह्मा की उत्पत्ति हुई। अलग-अलग ग्रंथों में इनके मानस पुत्रों की संख्या अलग-अलग बताई गई है—कहीं 10, कहीं 17 और कहीं 21; ब्रह्मा का एक दिन चारों युगों के एक हजार चक्रों के तुल्य होता है। प्रलय इनकी रात है। ब्रह्मा का रंग पीत मिश्रित लाल कहा गया है। इनकी चार भुजाएँ हैं। ये सृष्टि करनेवाले देवता हैं। पुराण में ब्रह्मा वेदों को प्रकट करनेवाले कहे गए हैं। मनुष्य के कर्मानुसार शुभाशुभ फल को ब्रह्मा ही गर्भावस्था में स्थिर कर देते हैं। कहते हैं, पहले इनके पाँच सिर थे, पर शिवजी ने इनके एक मिथ्या कथन से रुष्ट होकर इनका एक सिर काट दिया था और ये चतुर्मुख हो गए। ब्राह्मी इनकी पत्नी तथा हंस इनका वाहन है। केवल पुष्कर (अजमेर) के निकट एक ब्रह्मा मंदिर है।

ब्रह्मास्त्र—ब्रह्मास्त्र एक प्रकार का अस्त्र था, जो मंत्र द्वारा संचालित होता था। यह अमोघ अस्त्र सबसे श्रेष्ठ समझा जाता

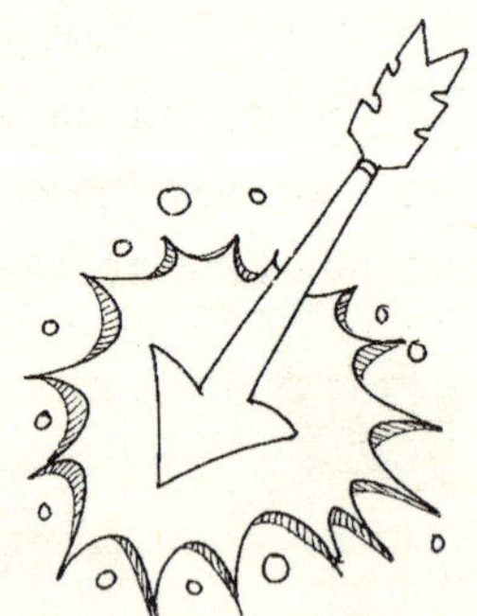

था। यह अत्यंत विनाशक अस्त्र था। महाभारत के अनुसार जहाँ एक बार ब्रह्मास्त्र का प्रयोग हो जाए, वहाँ बारह वर्षों तक वर्षा नहीं होती थी। अश्वत्थामा ने इसी अस्त्र से अभिमन्यु-पुत्र परीक्षित् को गर्भ में ही मार डालना चाहा था, जिससे भगवान् श्रीकृष्ण ने उसकी रक्षा की थी।

ब्राह्मण ग्रंथ—'ब्राह्मण' का अर्थ है—यज्ञकर्म में किए जानेवाले विविध विषयों का विवेचन। ब्राह्मण ग्रंथ में यज्ञकर्म के अतिरिक्त अनेक बातों की जानकारी भी दी गई है, जो आनुषंगिक है। प्रत्येक वेद के अलग-अलग ब्राह्मण हैं। उनमें से कुछ प्रमुख हैं—1. ऐतरेय ब्राह्मण : इतरा नामक स्त्री से उत्पन्न बालक 'ऐतरेय' कहलाया। जैसे गंगा का पुत्र गांगेय या राधा का पुत्र राधेय। इतरा के पुत्र का नाम महीदास था। इसी महीदास ऐतरेय ने इस 'ब्राह्मण' की रचना की। अतः इसे 'ऐतरेय ब्राह्मण' कहा जाता है। इस ब्राह्मण ग्रंथ में सोमयाग, अग्निहोत्र तथा राजसूय यज्ञ का वर्णन है। 2. कौषीतकी ब्राह्मणः इसे 'शांखायन ब्राह्मण' भी कहते हैं। यह भी 'ऋग्वेद का ब्राह्मण' है। इसमें अग्न्याधान, अग्निहोत्र, ऋतुयान आदि का वर्णन है। 3. पंचविंश ब्राह्मण : यह 'सामवेद' का ब्राह्मण है। इसमें पच्चीस अध्याय हैं। इसीलिए इसे 'पंचविंश ब्राह्मण' कहा जाता है। इसको 'तांड्य ब्राह्मण' के नाम से भी जाना जाता है। इसकी विशेषता है कि इसमें व्रात्य यज्ञ-स्तोम का वर्णन है। पतितों को पवित्र कर देनेवाला यह कर्मकांड है। 4. शतपथ ब्राह्मण : सभी ब्राह्मण ग्रंथों में शतपथ की महिमा ज्यादा है। इसके सौ अध्याय हैं। इसीलिए इसका नाम 'शतपथ ब्राह्मण' पड़ा है। यह 'शुक्ल यजुर्वेद' का ब्राह्मण है। विभिन्न वेदों के ब्राह्मणों में यदि अंतर पहचानना हो तो यह कहा जा सकता है कि 'ऋग्वेद' के ब्राह्मण ग्रंथों में यज्ञ-विधि का विवेचन करते समय 'होता' द्वारा अर्थात् ऋग्वेद की 'ऋचाएँ'

पढ़ने वाले द्वारा जो विधि करनी है, उसका संपूर्ण वर्णन उन ब्राह्मणों में दिया गया है। 'सामवेद' के ब्राह्मण में सामवेद गायक द्वारा जो कर्तव्य कर्म करने हैं, उनकी जानकारी दी गई है। इसी प्रकार यजुर्वेद ब्राह्मण में अध्वर्यु द्वारा जो काम करने हैं, उनकी संपूर्ण जानकारी सिलसिलेवार दी गई है।

ब्राह्म मुहूर्त—रात्रि के अंतिम प्रहर का तीसरा भाग ब्राह्म मुहूर्त है। शास्त्रों के अनुसार यही समय सोकर उठने का है। जो व्यक्ति ब्राह्म मुहूर्त में उठता है, वह सौंदर्य, बुद्धि, लक्ष्मी, स्वास्थ्य, आयु आदि प्राप्त करता है और उसका शरीर कमल के समान सुंदर हो जाता है।

ब्राह्म विवाह—दोनों पक्षों की सहमति से समान स्तरीय सुयोग्य वर से कन्या का विवाह करके उसे विदा करना ब्राह्म विवाह कहलाता है।

ब्राह्मसमाज—राजा राममोहन राय ने सन् 1928 में कलकत्ता में एक संगठन की स्थापना की, जिसका नाम रखा ब्राह्म सभा। इसका उद्देश्य असांप्रदायिक आधार पर एकेश्वरवाद का प्रचार करना था। यह सभा जाति-पाँति उन्मूलन, अंतर्जातीय विवाह और शिक्षा प्रचार की पक्षपाती थी। यद्यपि ब्राह्मसमाज का सूत्रपात कलकत्ता में हुआ, किंतु शीघ्र ही यह सारे बंगाल और बंगाल के बाहर उत्तर प्रदेश, पंजाब एवं मद्रास में फैल गया। महाराष्ट्र में यह प्रार्थना समाज के नाम से जाना जाता है। बाद में यह आंदोलन कमजोर पड़ गया। यह आंदोलन परदा प्रथा मिटाने, विधवा विवाह कराने, अंतर्जातीय विवाह को वैध ठहराने, हिंदुओं को ईसाई बनने से रोकने तथा उच्च शिक्षा और महिला शिक्षा का प्रचार करने में सहायक सिद्ध हुआ।

ब्राह्मी लिपि—पाश्चात्य पुराविद् ब्राह्मी की उत्पत्ति दक्षिणी सेमिटिक लिपि से बताते हैं। कुछ विद्वान् इसे यूनानी लिपि से उत्पन्न मानते हैं तो कुछ इसकी उत्पत्ति द्रविड़ों की लिपि से मानते हैं। चूँकि ब्रह्म अर्थात् वेद अथवा वैदिक मंत्र (देवस्तत्वं तपो ब्रह्म) की सुरक्षा के लिए इसका सृजन किया गया था, अतएव इसे ब्राह्मी लिपि कहा गया। या फिर वैदिक मंत्रों के प्रयोक्ता ब्राह्मण थे, इसलिए इसे ब्राह्मी नाम दिया गया। ब्रह्मा द्वारा सृजित होने के कारण भी इसे ब्राह्मी कहा गया। या फिर सरस्वती एवं दृशद्वती नदियों के बीच के क्षेत्र ब्रह्मावर्त क्षेत्र में प्रयुक्त होने के कारण इसे ब्राह्मी कहा गया। ब्राह्मी वर्णों की पूर्ण सूची बनाने का श्रेय वूलर को है। ब्राह्मी की कुछ विशेषताएँ हैं—1. सभी उच्चरित ध्वनियों के लिए स्वतंत्र चिह्न पाए जाते हैं। 2. उच्चरित और लिखित वर्ण में अभिन्नता पाई जाती है। 3. स्वरों तथा व्यंजनों के लिए सर्वाधिक चिह्न हैं—कुल 64; 4. ह्रस्व और दीर्घ स्वरों के चिह्न भिन्न-भिन्न हैं। 5. अनुस्वार, अनुनासिक तथा विसर्ग के चिह्न हैं। 6. मात्राओं की सहायता से व्यंजनों के स्वरों का योग होता है। उत्तरी सेमेटिक वर्णमाला में केवल 18 ध्वनियों के 22 चिह्न हैं। ध्वन्यात्मक दृष्टि से भी सेमेटिक में अलिफ, बे (ओष्ठ से) आता है। अतः यह वर्णमाला ब्राह्मी की जननी नहीं हो सकती। वूलर का कथन है कि ब्राह्मी अन्य वर्णमालाओं की तुलना में अधिक उन्नत है।

□

भक्ति—भक्ति भज् धातु से बना है, जिसका अर्थ है—सेवा करना या भजना अर्थात् श्रद्धा और प्रेमपूर्वक इष्टदेव के प्रति आसक्ति। 'नारद भक्तिसूत्र' में भक्ति को प्रेमरूप और अमृत स्वरूप कहा गया है। गर्ग के अनुसार कथा-श्रवण में अनुरक्ति

ही भक्ति है। भक्ति का उदय वैदिक काल में हुआ। देवों के रूप-दर्शन, उनकी स्तुति के गायन और उनके प्रति समर्पण में आनंद का अनुभव—ये सभी उपादान वेदों में पाए जाते हैं। 'ऋग्वेद' के विष्णु सूक्त और वरुण सूक्त में भक्ति के मूल तत्त्व विद्यमान हैं। 'ज्ञानामृतसार' में छह प्रकार की भक्ति बतलाई गई हैं—स्मरण, कीर्तन, वंदन, पादसेवन, अर्चन और आत्मनिवेदन। बाद में इनमें तीन प्रकार और जोड़ दिए गए—श्रवण, दास्य और सख्य।

भक्ति आंदोलन—भक्तिकाल के कवियों का मध्यकालीन भारत के सांस्कृतिक उत्थान में महत्त्वपूर्ण स्थान है। इस काल में भक्त कवियों ने भगवद्-भक्ति द्वारा सामाजिक सुधार और सांप्रदायिक सद्भाव का प्रचार-प्रसार किया। यह एक मौन क्रांति थी, जिसमें हिंदू, मुसलिम, सिख आदि सभी ने बढ़-चढ़कर भाग लिया। हिंदुओं द्वारा कीर्तन, मुसलिमों द्वारा कव्वाली और गुरुद्वारों में गुरुवाणी का गायन भक्ति आंदोलन की ही देन हैं।

भरत—भरत श्रीरामचंद्रजी के भाई थे, जो आदर्श भ्रातृप्रेम उपस्थित करनेवाले थे। ये राजा दशरथ के पुत्र थे, जिन्हें कैकेयी ने जन्म दिया था। इनका विवाह मांडवी से हुआ था। वे रामचंद्रजी को वनवास से लौटाने चित्रकूट गए। किंतु जब रामचंद्रजी ने लौटने में विवशता प्रकट की तो ये उनकी खड़ाऊँ ले आए और तपस्वियों का जीवन बिताने लगे। जब वनवास की अवधि पूरी कर राम अयोध्या लौटे तो भरत ने उन्हें राजपाट सौंप दिया। उनका त्याग, संयम, व्रत, नियम सभी सराहनीय तथा अनुकरणीय हैं।

भरद्वाज–महर्षि भरद्वाज वैदिककाल से सर्वाधिक प्राचीन एवं पूजनीय ऋषियों में एक हैं। 'विष्णुपुराण' में भरद्वाज के जन्म एवं नामकरण की कथा दी गई है। भरद्वाज ने तपस्या करके देवराज इंद्र को प्रसन्न किया और सौ वर्ष की आयु प्राप्त की।

कहते हैं कि तीन बार जन्म लेने पर भी उनकी ज्ञान-पिपासा नहीं मिटी। 'महाभारत' के अनुसार भरद्वाज राजशास्त्र के प्रणेता थे। पाणिनि ने अपने जिन पूर्ववर्ती आचार्यों के नाम लिये हैं, उनमें भरद्वाज का भी नाम है। स्मृतिकारों ने भी भरद्वाज का नाम लिया जाता है। भरद्वाज रणविद्या के भी मर्मज्ञ थे। काशी के राजा दिवोदास ने भरद्वाज की मंत्र-शक्ति की धाक के कारण उन्हें अपना पुरोहित बनाया था। उनके नाम से अनेक शास्त्रों के ग्रंथ मिलते हैं। उनका लिखा 'यंत्र सर्वस्व' प्रसिद्ध है, जिससे पता चलता है कि वैमानिक शास्त्र तथा लौह विज्ञान पर उनका समान अधिकार था।

भर्तृहरि–हमारे मुक्तककारों में महाराज भर्तृहरि का नाम अमर रहेगा। उन्होंने तीन शतक लिखे हैं–'श्रृंगारशतक', 'नीतिशतक' और 'वैराग्यशतक'। उनको अपनी स्त्री के ही असत्य व्यवहार से वैराग्य हो गया था। इसमें तथ्य कथन के अतिरिक्त कवि की

कल्पना और भावुकता भी है। इनके 'श्रृंगारशतक' से मालूम पड़ता है कि इन्होंने जीवन के सुखों का पूरा-पूरा उपभोग किया था। इसी के साथ वे जीवन के व्यावहारिक तथ्यों से भी परिचित थे। इनके 'नीतिशतक' में भारतीय संस्कृति का पूरा रूप उतर आया है।

भल्लट–कश्मीर निवासी एक संस्कृत कवि। इनकी कृति 'भल्लटशतक' लोकप्रिय है।

भवभूति–भवभूति का समय 640-740 ईसवी के बीच माना जाता है। नाटककारों में भवभूति एवं कालिदास समकक्ष समझे जाते हैं, किंतु करुण रस में भवभूति विशिष्ट माने जाते हैं। भवभूति के तीन नाटक हैं–'महावीरचरित', 'मालती माधव' और 'उत्तररामचरित'। किंतु भवभूति की ख्याति 'उत्तररामचरित' पर ही निर्भर है।

भस्म–भारतीय संस्कृति में 'भस्म' (भभूत) की पावनता तथा प्रभावोत्पादकता को परखकर भरपूर सराहना की गई है। इसकी व्यापकता ही इसकी महत्ता की परिचायक है। भस्म (भभूत) का उपयोग शायद ही कोई ऐसा हो, जो किसी-न-किसी रूप में न करता हो। धार्मिक-आनुष्ठानिक कार्यों के पश्चात् यज्ञ की वेदी की राख सभी श्रद्धालु भक्त माथे पर लगाते हैं।

भागवत धर्म–भागवत धर्म का तात्पर्य है, जिसके उपास्य स्वयं 'भगवान्' हों। वासुदेव कृष्ण ही भगवान् शब्द के वाच्य हैं। अतः भागवत धर्म में कृष्ण ही परमोपास्य तत्त्व हैं, जिनकी आराधना भक्तों को भगवान् का सान्निध्य तथा सेवकत्व प्राप्त कराती है। भागवत का महामंत्र है 'ॐ नमो भगवते वासुदेवाय', जिसे द्वादशाक्षर मंत्र की संज्ञा से विभूषित किया जाता है। इसे वैष्णव धर्म भी कहा जाता है। जीवात्मा उन्हीं का अंश है। समय-समय पर जब संसार पर संकट आता है तब भगवान् अवतार लेते हैं और उस संकट को दूर करते हैं। भागवत धर्म अपनी उदारता और सहिष्णुता के लिए प्रख्यात है। इस धर्म में कोई भी दीक्षित हो सकता है। भागवत धर्म का सर्वश्रेष्ठ ग्रंथ 'श्रीमद्भागवत' है।

भारत–भारत एक पुरातन देश है। यहाँ आर्यों का वास होने के कारण इसे आर्यावर्त भी कहा जाता है। प्रतापी भरत के नाम पर इसका नाम 'भारत' पड़ा। यह सात महाद्वीपों में से एशिया महाद्वीप का अंग है। इसमें हिमालय की ऊँची-ऊँची पर्वत-श्रेणियाँ, अनेकानेक नदियाँ हैं। दक्षिण में हिंद महासागर इसके चरण धोता प्रतीत होता है। पश्चिम में अरब सागर है तो पूर्व में बंगाल की खाड़ी। इस प्रकार यह तीन ओर से समुद्र से घिरा हुआ है। गंगा और यमुना इसकी प्रमुख नदियाँ हैं। नदियों के बीच की भूमि बड़ी उपजाऊ है, जिसमें तरह-तरह के अन्न उत्पन्न होते हैं। 'अथर्ववेद' के पृथ्वी सूक्त में प्रकारांतर से भारतभूमि के ही गौरव की गाथा प्रकट हुई है। भारत एक स्वतंत्र भौगोलिक इकाई है। प्राकृतिक दृष्टि से भारत को तीन क्षेत्रों में विभक्त किया जा सकता है–हिमालय का क्षेत्र; उत्तर का गंगा, सिंधु और ब्रह्मपुत्र का मैदान तथा दक्षिण का पठार, जिसे विंध्य पर्वतमाला उत्तर के मैदान से अलग करती है। इस देश में 200 से अधिक बोलियाँ बोली जाती हैं और संसार के सभी प्रमुख धर्मों को माननेवाले लोग यहाँ वास करते हैं।

भारत का इतिहास–भारत का इतिहास प्रागैतिहासिक काल से शुरू होता है। 3000 ई.पू. तथा 1500 ई.पू. के बीच सिंधु घाटी में एक उन्नत सभ्यता विद्यमान थी, जिसके अवशेष मोहनजोदड़ो और हड़प्पा के अतिरिक्त लोथल तथा अन्य स्थानों से भी प्राप्त हुए हैं। आर्यों का प्राचीन साहित्य वेद हैं। 'ऋग्वेद' की रचना 3000 ई.पू. बताई गई है। प्राचीन काल में भारत काबुल की घाटी से लेकर गोदावरी तक षोडश जनपदों में विभक्त था। गुप्तकाल भारत के लिए स्वर्णिम युग था। भारत में हिंदू धर्म राज्यधर्म बना, बौद्ध धर्म तथा जैन धर्म के प्रति सहिष्णुता बरती गई। ज्ञान-विज्ञान, साहित्य और कला के क्षेत्र में उन्नति हुई। कालिदास, वराहमिहिर जैसे विद्वान् इसी काल में हुए। इसी युग में चीनीयात्री फाहियान आया। किंतु गुप्त साम्राज्य को छठी शताब्दी में हूणों ने तहस-नहस कर दिया। सातवीं शताब्दी में हर्षवर्धन ने कन्नौज को राजधानी बनाकर दूसरा साम्राज्य खड़ा किया। 647 ई. में हर्ष की मृत्यु के बाद देश में अव्यवस्था फैल गई। तभी राजपूतों का उदय हुआ। 712 ई. में भारत इसलाम का प्रवेश हो चुका था। फिर गोरी, गजनवी के आक्रमण हुए जिससे हिंदू राजाओं

की शक्ति समाप्त हो गई। यद्यपि दक्षिण बहुत समय तक स्वतंत्र रहा, किंतु अलाउद्दीन खिलजी ने दक्षिण को जीतकर दिल्ली सल्तनत में मिला लिया। फिर तैमूर का 1398 ई. में भारत पर आक्रमण हुआ। 1526 ई. में बाबर ने पानीपत की लड़ाई में इब्राहीम लोदी को हराकर मुगल वंश की नींव रखी। इस वंश का सबसे प्रतापी राजा अकबर हुआ; किंतु अकबर के प्रपौत्र औरंगजेब ने अकबर की धार्मिक सहिष्णुता त्याग दी और हिंदुओं को उत्पीड़ित किया। 1739 ई. में फारस के नादिरशाह ने दिल्ली पर भयानक आक्रमण किया और दिल्ली को निर्दयतापूर्वक लूटा। तब तक फिरंगी भारत में पैर जमा चुके थे। अठारहवीं शताब्दी के प्रारंभ में अंग्रेजों की ईस्ट इंडिया कंपनी ने बंबई, मद्रास और कलकत्ता पर कब्जा कर लिया। 1773 ई. में ब्रिटिश पार्लियामेंट ने रेग्युलेटिंग ऐक्ट पारित करके भारत में ब्रिटिश शासन को व्यवस्थित रूप देने का प्रयास किया और वारेन हेस्टिंग्स को पहला गवर्नर जनरल बनाया। 1773 से 1947 ई. तक का काल दो भागों में बाँटा जा सकता है--पहला कंपनी का शासन काल, जो 1858 ई. तक चला और दूसरा 1858 से 1947 ई. तक, जब भारत का शासन सीधे ब्रिटेन से होने लगा। ईसाई मिशनरियों के धर्म-प्रचार, लॉर्ड डलहौजी की राज्य हड़पने की नीति तथा भारतीय सिपाहियों के असंतोष ने 1857 ई. की क्रांति को जन्म दिया। इससे भारत में कंपनी राज्य समाप्त हो गया और महारानी विक्टोरिया ने एक घोषणा-पत्र जारी करके भारतीय प्रजा की शासन-डोर अपने हाथों में ले ली। 1885 ई. में भारतीय राष्ट्रीय कांग्रेस की स्थापना हुई, जिसने भारत में केंद्रीय तथा प्रांतीय विधानमंडलों के विस्तार की माँग उठाई और कहा कि इनमें आधा प्रतिनिधित्व भारतीयों का होना चाहिए। 1912 ई. में ब्रिटिश शासन की राजधानी कलकत्ता से उठकर दिल्ली चली आई। सितंबर 1946 में लॉर्ड वेवेल ने पं. जवाहरलाल नेहरू के नेतृत्व में भारतीय नेताओं की एक अंतरिम सरकार गठित की। 3 जून, 1947 को ब्रिटिश सरकार की ओर से घोषणा की गई कि भारत का विभाजन करके उसे स्वतंत्रता दे दी जाए। 15 अगस्त, 1947 को भारत स्वतंत्र हुआ और पं. नेहरू देश के पहले प्रधानमंत्री बने। किंतु भारत-पाकिस्तान बँटवारे के समय भयंकर रक्तपात हुआ। 30 जनवरी, 1948 को राष्ट्रपिता महात्मा गांधी की हत्या कर दी गई। संविधान सभा द्वारा 26 नवंबर, 1949 को पारित भारत का संविधान अधिनियम 26 जनवरी, 1950 को लागू हुआ और भारत गणतंत्र राज्य घोषित हुआ। भारत ने अंतरिक्ष अनुसंधान, आणविक ऊर्जा अनुसंधान, सुरक्षा अनुसंधान, मौसम अनुसंधान के लिए अपने स्वतंत्र संगठन गठित किए। आज वह संसूचना क्षेत्र में भी कदम बढ़ा चुका है। उसके पास विज्ञानियों की बहुत बड़ी संख्या है। अन्नोत्पादन बढ़ा है। कृषि-विज्ञानी उत्तरोत्तर बढ़ती जनसंख्या की उदर-पूर्ति के लिए संसाधन जुटाने में लगे हैं।

भारतीय दर्शन–एक तरह से वेद भारतीय दर्शन, धर्म, संस्कृति तथा साहित्य के मूल स्रोत हैं। अधिकांश भारतीय दर्शन

वेदों को अपना आदिस्रोत मानते हैं, फलतः वे आस्तिक दर्शन कहलाते हैं। उपनिषदों का दर्शन आध्यात्मिक है। ब्रह्म की साधना ही उपनिषदों का मुख्य लक्ष्य है। वेदों का अंतिम भाग होने के कारण उपनिषदें वेदांत कहलाती हैं। उपनिषदों का अभिमत ही आगे चलकर वेदांत का सिद्धांत और संप्रदायों का आधार बन गया। अहिंसा और आचार की महत्ता तथा जातिभेद का खंडन इन धर्मों की विशेषता है। यद्यपि अहिंसा के बीज उपनिषदों में थे, किंतु अहिंसा को धर्म का अंग बनाने में जैन तथा बौद्ध संप्रदायों की निर्णायक भूमिका रही है। वैदिक और अवैदिक दर्शनों के अतिरिक्त शैव और शाक्त संप्रदायों के भी दर्शन हैं। इनमें शिव की प्रधानता है। शैव संप्रदाय गुप्त तंत्रों के रूप में रहे हैं। शैव परंपरा के अनेक संप्रदाय हैं–शैव, पाशुपत, वीर शैव, कालामुख, कापालिक, कश्मीर शैव तथा दक्षिणी मत। शिव वेदांत के ब्रह्म के समान हैं।

भारवि–संस्कृति के महान् लेखक। इनका समय 600 ईसवी के आस-पास का है, क्योंकि 634 के एहोल के शिलालेखों में इनका उल्लेख है। 'किरातार्जुनीय' इनका एकमात्र ग्रंथ है। इसमें अठारह सर्ग हैं। इसका कथानक महाभारत के वनपर्व से लिया गया है। यह वीररस-प्रधान रचना है। इसमें द्रौपदी और भीम युधिष्ठिर को फिर लड़ने के लिए प्रोत्साहन देते हैं। 'किरातार्जुनीय' में भारतीय नारी की वीर भावना और उसके आत्म-गौरव के दर्शन होते हैं।

भास्कराचार्य–प्राचीन भारत के एक प्रसिद्ध गणितज्ञ। ये उज्जैन की वेधशाला के कर्ता-धर्ता थे। उन्होंने 'सिद्धांत शिरोमणि', 'करण-कुतूहल और वासना', 'भास्कर व्यवहार' तथा 'भास्कर विवाह पटल' नामक ग्रंथ लिखे।

भीम–कुंतीपुत्र भीम पाँचों पांडवों में द्वितीय। इनमें दस हजार हाथियों का बल था। महाभारत युद्ध में इन्होंने दुर्योधन का वध किया था।

भीमबेटका–मध्य प्रदेश के रायसेन जिले में स्थित यह स्थान आदि-मानव द्वारा बनाए गए भित्ति-चित्रों के लिए प्रसिद्ध है। ये चित्र पुरा पाषाण काल से मध्य पाषाण काल के माने जाते हैं। यहाँ पत्थर के बने भवन, शुंग-गुप्त कालीन अभिलेख, प्राचीन किले की दीवार, लघु स्तूप और परमार कालीन मंदिर के अवशेष भी मिले हैं। यूनेस्को ने इसे विश्व धरोहर स्थल घोषित किया है।

भीमशंकर–श्रीभीमशंकर ज्योतिर्लिंग मुंबई से पूर्व और पूना से उत्तर भीमा नदी के किनारे सह्याद्रि पर्वत पर है। नासिक से यह लगभग 120 मील दूर है। सह्याद्रि पर्वत के एक शिखर का नाम डाकिनी है। शिवपुराण की एक कथा के आधार पर भीमशंकर को असम के कामरूप जिले में गुवाहाटी के पास ब्रह्मपुर पहाड़ी पर स्थित बतलाया जाता है। कुछ लोग मानते हैं कि नैनीताल जिले के काशीपुर में स्थित विशाल शिवमंदिर भीमशंकर का स्थान है।

भीष्म–राजा शांतनु एवं गंगा के पुत्र और एक वीर योद्धा। दे. देवव्रत।

भीष्मक–रुक्मिणी के पिता और कृष्ण के श्वसुर। ये विदर्भ के राजा थे, जहाँ की

राजधानी कुंडिनपुर थी। महाभारत के युद्ध में ये कौरवों की ओर से लड़े थे।

भुवन–पुराणानुसार चौदह लोक हैं–भू, भुवः, स्वः, महः, जनः, तपः, सत्य, अतल, सुतल, वितल, गभिस्तमल, महातल, रसातल और पाताल।

भुवर्लोक–हिंदू धर्मानुसार पृथ्वी और सूर्य के बीच के स्थान को भुवर्लोक कहते हैं।

भूतजय-लब्ध सिद्धि–भूत (पंचभूत) जप होने पर अष्टसिद्धियाँ स्वायत्त होती हैं। 1. अणिमा (शरीर को सूक्ष्म कर लेना), 2. लघिमा (शरीर को हलका कर लेना), 3. महिमा (शरीर को बड़ा कर लेना), 4. प्राप्ति (जिस पदार्थ को चाहें, प्राप्त कर लेना), 5. प्राक्राम्य (बिना बाधा के इच्छापूर्ति होना), 6. वशित्व (पाँचों भूतों को वश में कर लेना), 7. ईशित्व (भूत-भौतिक पदार्थों में उत्पत्ति-विनाश की सामर्थ्य) और 8. यत्रकामावसायित्व (प्रत्येक संकल्प का पूरा होना)।

भृगु–सप्तर्षियों में से एक। जो शिवजी के पुत्र कहे जाते हैं। इन्होंने विष्णुजी की छाती में लात मारकर उनके धैर्य की परीक्षा ली थी।

भैरव–भगवान् शिव का रौद्र रूप। शिव का यह रूप नेपाल में सर्वत्र पूजनीय है।

भौतिकवाद–वस्तुतः यह अनीश्वरवादी दर्शन है और 'चार्वाक दर्शन' के नाम से जाना जाता है। इसके अनुसार–1. चेतना (जीव)–चार्वाक जीव को भौतिक उपज मानते हैं, जो चार भूतों (पृथ्वी, जल, हवा तथा आग) से चैतन्य उत्पन्न होता है। 2. अनीश्वरवाद–सृष्टि के निर्माता की आवश्यकता नहीं है। विश्व की सृष्टि स्वभाव से होती है। 3. मिथ्या विश्वास खंडन–न स्वर्ग है, न अपवर्ग, न परलोक में जानेवाली आत्मा। वर्ण और आश्रम की क्रियाएँ निष्फल हैं। 4. नैराश्य-वैराग्य खंडन–विषय के संसर्ग से होनेवाला सुख दुःख से संयुक्त होने के कारण त्याज्य है–यह मूर्खों का विचार है। आत्मा के बिना प्राणी चल-फिर सकते हैं। बाद में शरीर और आत्मा को एक मान लिया गया। भौतिकवादी व्यक्ति पर नहीं, समाज के कल्याण पर जोर देते थे।

भौत्य–चौदहवें मनु।

भौम–मंगल ग्रह का एक नाम।

भौमन–विश्वकर्मा।

भ्रातृ द्वितीया–भइया दूज।

□

मंगलदेव–धार्मिक ग्रंथों और पुराणों के अनुसार मंगल पृथ्वी के अंश से उत्पन्न हुए हैं, इसलिए इन्हें भूमि-पुत्र भी कहा गया है। इनके मस्तक पर स्वर्ण मुकुट और गले में लाल पुष्पों की माला सुशोभित है। ये लाल रंग के वस्त्र धारण करते हैं। भगवान् विष्णु के समान इनके भी चार भुजाएँ हैं। इनके हाथों में त्रिशूल, गदा, अभयमुद्रा और वरमुद्रा सुशोभित होती हैं। इनका वाहन भेड़ है। मंगलदेव मेष और वृश्चिक राशि के स्वामी हैं। मंगलदेव के साधकों के सभी कष्टों का अंत हो जाता है और मंगलदेव उनकी समस्त इच्छाओं की पूर्ति करते हैं। इनकी महादशा सात वर्षों तक रहती है।

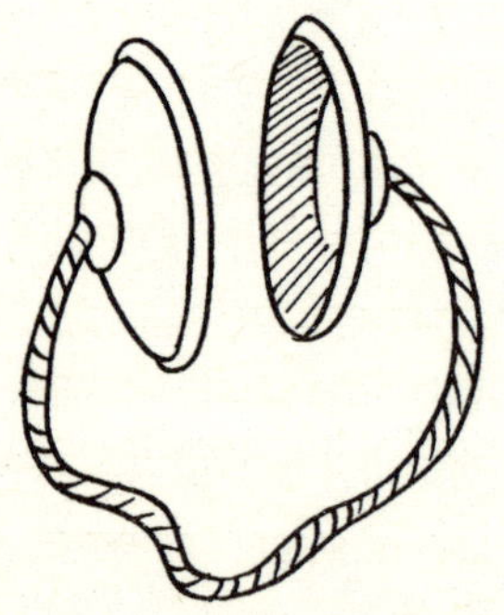

मंजीरा–भजन में प्रयुक्त होनेवाला एक प्रमुख वाद्य। कटोरियों के आकार का यह वाद्य दोनों हाथों से बजाया जाता है।

मंडन मिश्र–पूर्व मीमांसा दर्शन एवं अद्वैत वेदांत दर्शन के प्रसिद्ध विद्वान्। ये आदि-शंकराचार्य के समकालीन और कुमारिल भट्ट के शिष्य थे। आदिशंकराचार्य से इनका शास्त्रार्थ भी हुआ था, जिसमें इनकी पराजय हुई थी। परंतु इनकी पत्नी ने शंकर को पराजित किया। इन्होंने अनेक मौलिक ग्रंथ लिखे।

मंत्र–मंत्र वे शब्द समूह हैं, जो मनन करने पर कष्टों को दूर करते हैं। दूसरे शब्दों में, मंत्र वह शक्ति है, जो हमें बंधन-मुक्त करती है। मंत्र-ध्वनि अक्षरों एवं शब्दों के समूह से बनती है। हमारे धार्मिक अनुष्ठानों में मंत्रों का कल्याण की कामना से प्रयोग किया जाता है। अपने दैनिक जीवन में भी अधिकांश लोग सुख-समृद्धि, मानसिक शांति आदि के लिए मंत्र-जप करते हैं। वैदिक वाङ्मय में मंत्र की महत्ता का बहुत अधिक बखान किया गया है। वेद तो मंत्रों के भंडार हैं। मंत्र हमारी प्राचीनतम सांस्कृतिक थाती की एक अद्वितीय विधा है, विद्या है।

मंत्रद्रष्टा ऋषि–1. भृगु, 2. कश्यप, 3. प्रचेता, 4. दधीच, 5. आत्मवान्, 6. अथ, 7. ऊर्ध्व, 8. जमदग्नि, 9. वेद,

10. सारस्वत, 11. आर्ष्टिषेण, 12. च्यवन, 13. वीतहव्य, 14. सवेधस, 15. वैन्य, 16. पृथु, 17. दिवोदास, 18. गृत्स तथा 19. शौनक। (ये सभी उन्नीस मंत्रकर्ता ऋषि भृगुवंश में उत्पन्न हुए।) 20. अंगिरा, 21. त्रित, 22. भरद्वाज, 23. लक्ष्मण, 24. कृतवाच, 25. गर्ग, 26. संस्कृति, 27. गुरुशील, 28. मांधाता, 29. अंबरीष, 30. युवनाश्व, 31. पुरुकुत्स, 32. स्वश्रव, 33. सदस्यवान्, 34. अजमीढ, 35. स्वहार्य, 36. उत्कल, 37. कवि, 38. पृषदश्व, 39. विरूप, 40. काव्य, 41. मुद्गल, 42. उतथ्य, 43. शरद्वान्, 44. वाजिश्रवा, 45. अपस्यौष, 46. सुचिति, 47. वामदेव, 48. ऋषिज, 49. बृहच्छुल्क, 50. दीर्घतमा ऋषि, 51. कक्षीवान् तथा 52. स्मृति। (ये ऋषि अंगिरस-वंशोत्पन्न हैं) 53. काश्यप, 54. सहवत्सार, 55. नैध्रुव, 56. नित्य, 57. असित तथा 58. देवल। (ये छह ऋषि कश्यप-वंश में उत्पन्न हैं) 59. अत्रि, 60. अर्घ-स्वन, 61. शावास्य, 62. गविष्ठिर, 63. कर्णक तथा 64. पूर्वातिथि। (ये ऋषि अत्रि गोत्रीय हैं) 65. वसिष्ठ, 66. शक्ति, 67. पराशर, 68. इंद्र-प्रतिभ, 69. भरद्वसु, 70. मित्रावरुण तथा 71. कुंडिन। (ये ऋषि वसिष्ठ गोत्र के हैं) 72. विश्वामित्र, 73. देवरात, 74. बल, 75. मधुच्छंदा, 76. अघमर्षण, 77. अष्टक, 78. लोहित, 79. भृतकील, 80. मांबुंधि, 81. देवश्रवा, 82. धनंजय, 83. शिशिर, 84. (महातेजा) शालंकायन। (ये ऋषि कौशिक वंशीय हैं) (यहाँ तक सभी ऋषि ब्राह्मण-कुलोत्पन्न हैं।) 85. अगस्त्य, 86. दृढद्युम्न तथा 87. इंद्रबाहु। (ये ऋषि अगस्त गोत्रोत्पन्न हैं) 88. वैवस्वत मनु तथा 89. इलापुत्र ऐलराजा पुरूरवा। (ये ऋषि क्षत्रीय कुलोत्पन्न हैं।) 90. भलंदक, 91. वसाश्व तथा 92. संकील। (ये ऋषि वैश्य कुलोत्पन्न हैं।) (इस प्रकार ब्राह्मण, क्षत्रिय, तथा वैश्य तीनों वर्णों से कुल 92 मंत्रकर्ता ऋषि हुए)।

मंदराचल पर्वत–समुद्र-मंथन के समय इस पर्वत को मथानी बनाया गया था। यही कारण है कि इससे लोक-आस्था जुड़ी हुई है। इसे मंदार या मंदर पर्वत भी कहते हैं। यह बिहार राज्य के भागलपुर अंचल में स्थित है।

मंदोदरी–मयदानव एवं हेमा अप्सरा की पुत्री, रावण की पटरानी तथा मेघनाद की माता। कहा जाता है कि शतरंज का खेल इसी ने आरंभ किया था। यह रावण को सदा बुरे कामों से बचने की सलाह देती थी।

मुंबादेवी मंदिर–मुंबादेवी मंदिर मुंबई के भूलेश्वर में स्थित है। मुंबई का नाम ही मराठी में 'मुंबा आई' यानी 'मुंबा माता' के नाम पर पड़ा है। यह मंदिर लगभग 400 वर्ष पुराना है। मुंबई आरंभ में मछुआरों की बस्ती थी। उन्हें यहाँ कोली कहते थे। इन्हीं कोली लोगों ने बोरीबंदर में तब मुंबादेवी के मंदिर की स्थापना की थी। इन देवी की कृपा से उन्हें कभी सागर ने नुकसान नहीं पहुँचाया। यह मंदिर अपने मूल स्थान पर सन् 1737 में बना था, ठीक उस स्थान पर जहाँ आज छत्रपति शिवाजी (विक्टोरिया) टर्मिनस इमारत है। बाद में अंग्रेजों के शासन काल में मंदिर को मैरीन लाइंस-पूर्व क्षेत्र में बाजार के बीच स्थापित किया गया।

मकरध्वज–अहिरावण का एक मुख्य द्वारपाल।

इन्हें हनुमान का पुत्र कहा जाता है। इनका जन्म हनुमान के पसीने से हुआ था, जिसे एक मछली ने पी लिया था।

मणिकरण—अतीत में इस स्थान का नाम कालंत पीठ था। कहा जाता है कि एक बार शिव-पार्वती यहाँ घूमने आए तो पार्वती के कान की मणि यहाँ गिर गई, जिसे शेषनाग ने उठा लिया और पाताल में जाकर छिप गया। शिव ने तीसरे नेत्र से नयनादेवी की उत्पत्ति की। उन्होंने पता लगाया तो शेषनाग उक्त मणि के साथ अन्य मणियाँ भी शिव को प्रसन्न करने के लिए लेकर आया। लेकिन शिव ने पार्वतीजी की उक्त मणि लेकर बाकी सभी को पाषाण का बनाकर वहीं पानी में रख दिया। यह स्थान ही मणिकरण बन गया। यहाँ गरम जल का एक कुंड भी है। वर्ष 1574 में यहाँ गुरु नानक देवजी का आगमन हुआ। उन्होंने इस स्थान की खोज की और यहाँ कुछ समय व्यतीत किया। उन्हीं की स्मृति में यहाँ मणिकरण गुरुद्वारा भी स्थित है।

मणिकर्णिका—वाराणसी का एक प्रमुख तीर्थ। यहाँ स्थित कुंड में स्नान करनेवालों की सभी मनोकामनाएँ पूरी होती हैं।

मत्स्यगंधा—अद्रिका नामक एक अप्सरा ब्रह्माजी के शाप के कारण मछली की योनि में पैदा हुई। एक मल्लाह ने मछली की गंधवाली उस बालिका का लालन-पालन किया। एक बार पराशर मुनि ने उसे देखा तो वे उस पर आसक्त हो गए। दोनों के मिलन से वेदव्यास का जन्म हुआ। पराशर मुनि ने उसे अक्षत यौवन का वर दिया और उसके शरीर से आनेवाली मछली की दुर्गंध को उत्तम सुगंध में बदल दिया।

यह 'गंधवती' और 'योजनगंधा' नाम से विख्यात हुई। बाद में राजा शांतनु से उसका विवाह हुआ और यह 'सत्यवती' नाम से भी जानी गई।

मथुरा—आधुनिक मथुरा यमुना नदी के दाएँ तट पर और प्राचीन मथुरा नगरी से 5 मील दक्षिण-पश्चिम में स्थित है, जो कौशांबी से उत्तर-पश्चिम 217 मील दूर स्थित थी और शूरसेन देश की राजधानी थी। इसकी स्थापना श्रीरामचंद्र के कनिष्ठ भ्राता शत्रुघ्न ने लवणासुर को मारकर की थी। यहाँ बुद्ध के प्रसिद्ध शिष्य महाकच्चायन, अशोक के पथ-प्रदर्शक उपगुप्त, वसुबंधु एवं उनके शिष्य गुणपभु, ध्रुव एवं प्रसिद्ध नगरवधू वासवदत्ता रहा

करती थी। पाणिनि तथा यूनानी और चीनी यात्री इस नगर से परिचित थे। मथुरा कृष्ण की जन्म-स्थली है। मथुरा वैष्णव संप्रदाय का केंद्र रही। यहाँ पर जैन तथा बौद्ध मूर्तियाँ भी पाई गई हैं। मथुरा के मंदिर स्थापत्य कला के सुंदर नमूने हैं। मथुरा के संग्रहालय में अमूल्य कलाकृतियाँ हैं। भारतीय धर्म, दर्शन, कला एवं साहित्य के निर्माण तथा विकास में मथुरा का महत्त्वपूर्ण योगदान रहा है। आज भी महाकवि सूरदास, संगीताचार्य स्वामी हरिदास, स्वामी दयानंद के गुरु स्वामी विरजानंद, कवि रसखान आदि महान् आत्माओं ने इन नगरी को पावन किया। मथुरा के चारों ओर चार शिव मंदिर हैं, इस कारण शिवजी को मथुरा का कोतवाल कहा जाता है। मथुरा मंदिरों की नगरी है। यहाँ हर गली में मंदिर मिल जाएगा। विश्राम घाट या विश्रांत घाट एक बड़ा सुंदर स्थान है। मथुरा में यही प्रधान तीर्थ है। भगवान् श्रीकृष्ण ने कंस-वध के पश्चात् यहीं विश्राम किया था।

मथुरा घाट–विश्राम घाट, प्रयाग घाट, कनखल घाट, बिंदु घाट, बंगाली घाट, सूर्य घाट, चिंतामणि घाट, ध्रुव घाट, ऋषि घाट, मोक्ष घाट, कोटि घाट तथा बुद्ध घाट (ये सभी उत्तर के घाट हैं)। गणेश घाट, मानस घाट, दशाश्वमेध घाट, चक्रतीर्थ घाट, कृष्णगंगा घाट, सोमतीर्थ घाट, ब्रह्मलोक घाट, घंटाभरण घाट, धारापतन घाट, संगमतीर्थ घाट, नवतीर्थ घाट तथा असिकुंडा घाट।

मदनमोहन मालवीय–भारतीय संस्कृति के पोषक। जन्म 25 दिसंबर, 1861 को प्रयाग में। कुछ समय अध्यापन कार्य किया, फिर इलाहाबाद उच्च न्यायालय में वकालत की। सन् 1886 में कांग्रेस में सम्मिलित हुए। कई समाचार-पत्रों का संपादन किया और हिंदी के प्रचार-प्रसार में योगदान दिया। इनके ही प्रयत्न से उत्तर प्रदेश की कचहरियों में देवनागरी लिपि को प्रवेश मिला। महामना मालवीय दो बार अखिल भारतीय कांग्रेस के और तीन बार हिंदू महासभा के अध्यक्ष बने। इन्होंने काशी हिंदू विश्वविद्यालय की स्थापना की।

मधु-कैटभ–ये सृष्टि के सर्वप्रथम असुर कहे गए हैं। इनका जन्म विष्णुजी के कान के मैल से हुआ था।

मधुपर्क–देव-पूजन में दही, शहद, जल, घी और चीनी मिलाकर बनाया जानेवाला प्रसाद।

मनुस्मृति–भारतीय परंपरा में 'मनुस्मृति' को प्राचीनतम स्मृति एवं प्रमाणभूत शास्त्र के रूप में मान्यता प्राप्त है। यह सामाजिक व्यवस्था का आधारभूत ग्रंथ है। मनु ने इस धर्मशास्त्र में दो समस्याओं का समाधान प्रस्तुत किया। पहला, इस ग्रंथ की रचना करके वैदिक विचारों की रक्षा की; दूसरा, एक ऐसे समाज की रूपरेखा प्रस्तुत की, जिसमें कम-से-कम टकराहट हो। 'मनुस्मृति' पर कई व्याख्याएँ भी प्रचलित हैं।

मनोमय कोश–यह शरीर का सबसे महत्त्वपूर्ण

कोश है, जिसके द्वारा यह शरीर ब्रह्म को प्राप्त कर सकता है। मनोमय अर्थात् मनवाला कोश। मन प्राय: गतिशील रहता है। यह तीव्र गति से चलता है। इसकी गति कभी क्षीण नहीं होती। मस्तिष्क मन का केंद्र-बिंदु है। इसके द्वारा ही शरीर के समस्त कार्यों को दिशा-निर्देश मिलते हैं। अर्थात् इसके निर्देशानुसार सभी शारीरिक कार्य संचालित होते हैं। यही वह कोश है, जिससे योग संभव होता है और मनुष्य ब्रह्म से साक्षात्कार कर सकता है। जिसने मन पर नियंत्रण कर लिया, वही ब्रह्मज्ञानी है।

मन्वंतर–सृष्टि की आयु का अनुमान लगाने के लिए चार युगों सतयुग, त्रेतायुग, द्वापरयुग और कलियुग का एक महायुग माना जाता है। 71 महायुग मिलकर एक मन्वंतर बनता है। महायुग की अवधि 43 लाख 20 हजार वर्ष मानी गई है। 14 मन्वंतरों का 1 कल्प होता है। प्रत्येक मन्वंतर में सृष्टि का एक मनु होता है और उसी के नाम पर उस मन्वंतर का नाम पड़ता है। मानवीय गणना के अनुसार एक मन्वंतर में 30 करोड़ 68 लाख 20 हजार वर्ष होते हैं।

मय–असुरों तथा दैत्यों का शिल्पी। इसे विश्वकर्मा भी कहा जाता है।

मरीचि–ब्रह्मा के दस मानस पुत्रों में से एक। ये एक प्रजापति थे। स्वायंभुव मन्वंतर के सप्तर्षियों में महर्षि मरीचि का स्थान है। श्रीमद्भागवत के अनुसार इनकी पत्नी का नाम 'कला' तथा वायुपुराण के अनुसार 'संभूति' था, जिनसे 'पूर्णभास' नामक एक पुत्र तथा आठ पुत्रियाँ थीं। मरीचि दक्ष प्रजापति के यज्ञ में सम्मिलित हुए थे। ब्रह्मा के सृष्टि-कार्य में संलग्न रहने के कारण इन्हें 'द्वितीय ब्रह्मा' भी कहा जाता है। ब्रह्मा ने 'पद्मपुराण' के कुछ अंश इन्हें सुनाए थे। महर्षि मरीचि ने भृगु को दंडनीति की शिक्षा दी थी। इनके पुत्र महर्षि कश्यप हुए, जो संपूर्ण लोकों के आदिकारण माने जाते हैं। ये अपनी कठोर तपस्या, प्रखर पांडित्य तथा लोक-कल्याणकारी कार्यों के लिए वंदनीय हैं।

मरुद्गण–अग्नि, चक्षु, रवि, ज्योति, सावित्र, मित्र, अमर, शरवृष्टि, सुकर्ष, महाभुज, विराज, वाच, विश्वावसु, मति, अश्वमित्र, चित्ररश्मि, निषधन, हूयंत, वाडव, चारित्र, मंदपन्नग, बृहंत, बृहद्रूप तथा पूतनानुग।

मल्लिकार्जुन–आंध्र प्रदेश के कृष्णा जिले में कृष्णा नदी के तट पर श्रीशैल पर्वत पर श्रीमल्लिकार्जुन ज्योतिर्लिंग विराजमान है। इसे दक्षिण का कैलास कहते हैं।

मल्लिनाथ–उन्नीसवें तीर्थंकर मल्लिनाथ बाल ब्रह्मचारी थे। युवावस्था में दीक्षा ग्रहण कर वे दिगंबर मुनि बन गए। केवल छह दिन के तप के बाद ही पौष कृष्ण द्वितीया को उन्हें कैवल्यज्ञान प्राप्त हो गया और वे तीर्थंकर बन गए। उनके मुनि संघ में 5 लाख से अधिक गणधार, विद्वान् शिक्षक, कैवल्यज्ञानी, मुनि, आर्यिकाएँ, श्राविकाएँ, श्रावक आदि थे। ये 55 हजार वर्ष की आयु तक जीवित रहे और अपने उपदेशों द्वारा लोक-कल्याण करते रहे। फाल्गुन शुक्ल पंचमी के दिन सम्मेद शिखर पर इन्हें निर्वाण प्राप्त हुआ।

महाकालेश्वर–श्री महाकालेश्वर ज्योतिर्लिंग मध्य प्रदेश के मालवा क्षेत्र में क्षिप्रा नदी के तट पर पवित्र उज्जैन नगर में स्थित है। उज्जैन को प्राचीनकाल में अवंतिकापुरी कहते थे।

महाजनपद–ईसा पूर्व छठी शताब्दी से भी पहले भारत के ये सोलह महाजनपद उल्लेखनीय रहे–1. अवंति : मालवा, राजधानी उज्जयिनी। 2. गांधार : पाकिस्तान स्थित पश्चिमोत्तर क्षेत्र, राजधानी तक्षशिला। 3. कंबोज : आधुनिक अफगानिस्तान, राजधानी राजापुर। 4. पंचाल : बरेली, बदायूँ और फर्रुखाबाद, राजधानी अहिच्छत्र तथा कांपिल्य। 5. शूरसेन : मथुरा के आसपास का क्षेत्र, राजधानी मथुरा। 6. वत्स : इलाहाबाद और उसके आसपास; राजधानी कौशांबी। 7. कौशल : अवध, राजधानी साकेत और श्रावस्ती। 8. मल्ल : जिला देवरिया, राजधानी कुशीनगर और पावा (आधुनिक पडरौना)। 9. कुरु : मेरठ और थानेश्वर, राजधानी इंद्रप्रस्थ। 10. मत्स्य : जयपुर, राजधानी विराटनगर। 11. अश्मक : गोदावरी घाटी, राजधानी पांड्य। 12. काशी: वाराणसी, राजधानी वाराणसी। 13. अंग : भागलपुर, राजधानी चंपा। 14. वज्जि : जिला दरभंगा और मुजफ्फरपुर, राजधानी मिथिला, जनकपुरी और वैशाली। 15. चेदि : बुंदेलखंड, राजधानी शुक्तिमती (वर्तमान बाँदा)। 16. मगध : दक्षिण बिहार, राजधानी गिरिव्रज (आधुनिक राजगृह)।

महाबलीपुरम–चेन्नई के निकट महाबलीपुरम वह पौराणिक स्थान है, जहाँ भगवान् विष्णु ने वामन अवतार धारण कर महाबली असुर को परास्त किया था। उसी के नाम पर इस स्थान का नाम 'महाबलीपुरम' पड़ा। यह भी कहा जाता है कि 630 से 668 ईसवी तक यहाँ पल्लव राजा नरसिंह प्रथम राज करते थे। वह महाबली एवं पराक्रमी तथा महामल्ल थे। उन्हीं के नाम

पर इसका नाम 'महामल्लपुरम' पड़ा। 600-630 ई. में यहाँ जैन राजा महेंद्र वर्मन प्रथम का राज था। बाद में उन्होंने हिंदू धर्म अपनाया और अनेक हिंदू मंदिरों का निर्माण कराया।

महाभारत–महाभारत दुनिया का सबसे विशाल ग्रंथ तथा महाकाव्य है, जिसकी रचना मूल रूप से कृष्ण द्वैपायन वेदव्यास ने 'जय' नाम से की। इसमें 24,000 श्लोक हैं। व्यास शिष्य वैशंपायन ने अपनी ओर से कुछ और श्लोक मिलाकर जनमेजय के सर्पयज्ञ में 'भारत' नाम से 'जय' काव्य को लोक-विश्रुत किया। तत्पश्चात् सौति उग्रश्रवा ने अनेक कथाएँ और उपाख्यान जोड़कर भारत को 'महाभारत' का वर्तमान स्वरूप दिया। वृहदाकार तथा विषय की महत्ता के कारण इसका नाम 'महाभारत' पड़ा। महाभारत की अनुक्रमणिका में 18 पर्व और 1,00,000 श्लोक हैं। 'महाभारत' में मुख्यत: कौरवों और पांडवों की कथा है, जो आपस में चचेरे भाई थे। 'महाभारत' में मुख्य कथा के अतिरिक्त अनेक उदात्त राजाओं और उनकी रानियों तथा अनेक ऋषियों की नैतिक शिक्षाओं से भरी कहानियाँ भी हैं। 'भगवद्गीता' भी इसी का एक अंश है।

'महाभारत' संस्कृत साहित्य का एक बृहत् ग्रंथ है, जिसमें धर्म, अर्थ, काम और मोक्ष के विषयों में सबकुछ है। उसमें वेदों, उपनिषदों और पुराण का रहस्य; भूत, वर्तमान और भविष्य वर्णन; जरा, मृत्यु, भय और व्याधि का कारण तथा प्रतिकार; अनेक धर्मों तथा आश्रमों के लक्षण; चातुर्वर्ण्य का विधान; तपस्या, ब्रह्मचर्य, पृथ्वी, चंद्रमा और सूर्य, ग्रह, नक्षत्र एवं ताराओं का युगों के साथ प्रमाण; ऋग्वेद, यजुर्वेद, सामवेद तथा अध्यात्म विद्या, सात्त्विक इत्यादि कर्मों के साथ देवता और मनुष्य जन्म का वर्णन एवं देवताओं के नगरों और धनुर्वेदोक्त युद्ध की क्रियाओं, सेना, गृह-रचना, पवित्र तीर्थों, देशों, नदियों, पर्वतों, वनों और समुद्रों का वर्णन—अर्थात् आधिभौतिक, आधिदैविक और आध्यात्मिक विषयों की मीमांसा समाविष्ट है।

महावाक्य—हिंदू धर्म ग्रंथों में कई महावाक्य आए हैं, जैसे—त्वं तदसि (तू वह है)। त्वं ब्रह्मासि (तू ब्रह्म है)। अहं ब्रह्मास्मि (मैं ब्रह्म हूँ)। नेति-नेति (यह भी नहीं, यह भी नहीं)। अयम् आत्मा ब्रह्म (यह आत्मा ब्रह्म है)। यत्पिण्डे तद् ब्रह्माण्डे (जो पिंड में है वही ब्रह्मांड में है)। तत्त्वमसि (तुम वही हो)। प्रज्ञानं ब्रह्मा (आत्मा ही ब्रह्म है)। सर्वंखिलविदं ब्रह्म (सर्वत्र ब्रह्म ही है)।

महावीर—अंतिम तीर्थंकर महावीर का जन्म चैत्र शुक्ल त्रयोदशी तदनुसार सोमवार 27 मार्च, 599 वर्ष ईसा पूर्व हुआ था। इनका सूत्र वाक्य था—जिओ और जीने दो। कहा जाता है कि जीव को 84 लाख योनियों में भटकने के बाद मानव योनि प्राप्त

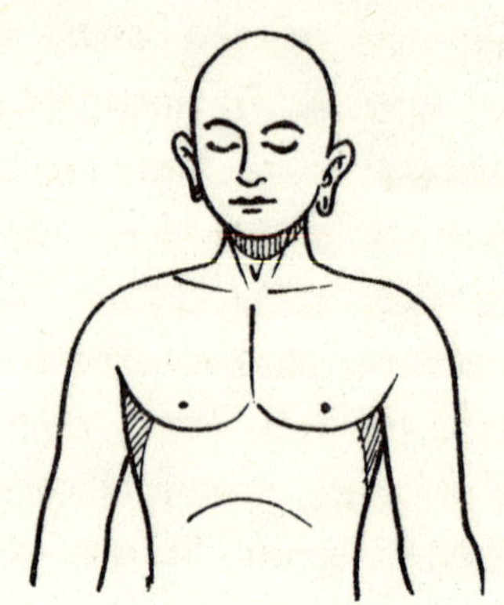

होती है, जिसमें पुण्य करके वह जन्म-मृत्यु के बंधन से मुक्त होकर मृत्युंजयी बन सकता है। भगवान् महावीर को भी तीर्थंकर बनने के लिए अनगिनत जन्म लेने पड़े। कभी शुभ कर्मों के प्रताप से वे राजा या देवता के रूप में जनमे तो कभी दुष्ट कृत्यों के फलस्वरूप उन्हें नरक में जन्म लेकर पीड़ा भोगनी पड़ी।

महिरावण—पाताल निवासी एक राक्षस। इसे राक्षसराज रावण का पुत्र भी कहते हैं। जब अहिरावण राम और लक्ष्मण को लंका से पाताल में उठा ले आया था, तब यह भी उसके साथ था।

महिषासुर—हिंदू पुराणानुसार रंभ असुरों का राजा था। उसने प्रेमवश एक भैंस से विवाह किया। इनका एक महाप्रतापी पुत्र हुआ। वही महिषासुर कहलाया। यह भैंसे और मनुष्य का रूप धारण करने में निपुण था। इसने ब्रह्माजी से वर प्राप्त किया कि कोई भी देवता या दानव उस पर विजय प्राप्त नहीं कर सकता। अजेय महिषासुर ने स्वर्ग पर आक्रमण कर इंद्रलोक पर कब्जा कर लिया। तब सभी देवताओं ने मिलकर दुर्गा का आह्वान किया। उन्होंने महिषासुर का वध कर देवताओं को मुक्ति दिलाई।

महेश्वर—यह स्थान इंदौर से लगभग 92 कि. मी. दूर है और नर्मदा नदी के तट पर बने अपने ऐतिहासिक शिव मंदिरों की शृंखला के लिए प्रसिद्ध है। इनका निर्माण इंदौर की महारानी अहिल्याबाई ने करवाया था। रामायण काल में इस स्थान को माहिष्मती कहा जाता था। पूर्व में यह महेश्वर इंदौर की राजधानी भी रहा।

माउंट आबू—माउंट आबू अपने मंदिरों के लिए विश्व-प्रसिद्ध है। यहाँ जैन तीर्थंकर आदिनाथ, नेमिनाथ, ऋषभदेव एवं पार्श्वनाथ के मंदिर हैं। इन मंदिरों को इनके निर्माताओं के नामों से भी जाना जाता है। इनके पत्थरों की नक्काशी इतनी सजीव है कि इसका अनुभव उन्हें देखकर ही किया जा सकता है। इनके गुंबद, फल-फूल, जीव-जंतु, नृत्य की मुद्राएँ आदि बिलकुल सजीव लगती हैं। ऋषभदेव मंदिर में 200 मन की पंचधातु की प्रतिमा अपने आप में अनूठी है।

माघ—हिंदू पंचांग के अनुसार वर्ष का ग्यारहवाँ महीना। माघ महीने में कल्पवास का विशेष महत्त्व कहा गया है। माघ महीने में संगम-तट पर निवास को 'कल्पवास' कहते हैं। धार्मिक कर्मकांडों को कल्प कहा जाता है। कल्पवास पौष शुक्ल एकादशी से माघ शुक्ल द्वादशी तक किया जाता है।

माद्री—मद्र देश के राजा ऋतायन की पुत्री, शल्य की बहन और नकुल व सहदेव की माता। पांडु इनके पति थे। पांडु को नारी संसर्ग से मृत्यु होने का शाप मिला था। एक बार वन-विहार के समय जैसे ही पांडु ने काम-पीड़ित हो इन्हें बाहुपाश में भरा, उनकी मृत्यु हो गई। माद्री ने भी उनके साथ ही प्राण त्याग दिए।

मानसरोवर—शिवधाम कैलास के अंचल में स्थित एक झील। यह हिंदुओं के पवित्र तीर्थ के रूप में विख्यात है। यह झील लगभग 320 वर्ग कि.मी. में फैली, औसतन 90 मीटर गहरी और समुद्र तल से लगभग 4,556 मीटर की ऊँचाई पर स्थित है। हर वर्ष हजारों हिंदू धर्मावलंबी कैलास मानसरोवर की दुर्गम यात्रा करते हैं। कहा जाता है कि इस झील का निर्माण भगवान् ब्रह्मा के मानस (मन) से हुआ था, इसलिए इसका नाम मानसरोवर (मानस सरोवर—मन का सरोवर) पड़ा। यहाँ सती का दायाँ हाथ गिरा था, इसलिए यह एक शक्तिपीठ भी है।

माया—अपनी जिस शक्ति से ब्रह्म संसार में प्रतिभासित होता है, वह माया है। माया भ्रम या अज्ञान नहीं। इसको न सत्य कह सकते हैं और न असत्य। यह दोनों का मिला-जुला रूप है। माया शक्तिरूपा है। माया के कारण ब्रह्म में जगत् का आरोप हो जाता है। माया के दो कार्य हैं—आवरण और विक्षेप। आवरण से मोह उत्पन्न होता है, जिससे जीव-जगत् को सत्य समझने लगता है। जब ब्रह्म विद्या में विक्षेप करता है तो जीव बन जाता है और जब माया में विक्षेप करता है तो ईश्वर कहलाता है। शंकर मत के अनुसार माया के लक्षण इस प्रकार हैं—1. यह सांख्य की प्रकृति के समान जड़ है, किंतु ब्रह्म से स्वतंत्र नहीं है। 2. यह शक्तिरूपा ब्रह्म की सहवर्तिनी है और उस पर आश्रित है। 3. यह अनादि है। 4. यह सत और असत से विलक्षण है। 5. यह विवर्त मात्र है। 6. यह आरोप और भ्रांति है। 7. यह

विज्ञान से दूर है। 8. इसका आश्रय और विषय दोनों ब्रह्म हैं। शंकराचार्य के अद्वैतवाद को मायावाद कहा गया है।

माला–माला एक अलंकरण है तो जप-तप की पवित्र वस्तु भी है, जिसमें 108 मनके

होते हैं। साधना करनेवाला जब अनुष्ठान आदि में जप करता है तो इस माला से उसे मंत्रों की संख्या का भान रहता है। माला के बिना संख्याहीन जप निष्फल होते हैं। जब अँगूठे एवं उँगली से माला के मनकों को फेरा जाता है तो एक अद्भुत विद्युत् उत्पन्न होती है, जो धमनियों द्वारा सीधी हृदय तक जाती है, जिससे मन स्थिर हो जाता है।

माल्यवान्–लंकापति रावण का नाना। इसने रावण द्वारा सीता-हरण को अनुचित ठहराया था और उन्हें लौटाने की राय दी थी।

मीनाक्षी मंदिर–मदुरई का मीनाक्षी मंदिर भारत का दूसरा सबसे बड़ा मंदिर है। इसकी कला देख आँखें व शरीर मूर्तिमान हो ठगा सा रह जाता है। इसकी बनावट में देवी-देवताओं के अतिरिक्त जीव-जंतु, पौराणिक आख्यानों आदि को भी स्थान दिया गया है। यह मंदिर शिव एवं दुर्गा माँ को समर्पित है।

मीराबाई–अत्यंत प्रेम, विह्वलता, आकुलता और तन्मयता के साथ वह स्वयं कृष्ण

रस में डूबी थीं। उनका सारा जीवन, सारा अस्तित्व कृष्ण के निमित्त था। मीरा ने स्फुट पदों संख्या 200 से 500 के बीच है। कुछ विद्वान् इनके चार ग्रंथ बताते हैं–'नरसी का मायरा', 'गीतगोविंद टीका', 'राग गोविंद' तथा 'राग सोरठ'।

मुंडक उपनिषद्–सब उपनिषदों में उत्तम होने के कारण यह मस्तक-स्वरूप है। अतएव इसे मुंडक कहा गया है। यह उपनिषद् अथर्ववेद की शौनकीय शाखा के मंत्रभागांतर्गत है। इस उपनिषद् में परा और अपरा दो विद्याओं का वर्णन है। उनमें परमार्थ तत्त्व का बोध करानेवाली परा विद्या है। जो सांसारिक जीवों की प्रवृत्ति का विषय है, उसे अपरा विद्या कहते हैं। इस उपनिषद् के पूर्वार्द्ध में अधिकतर अपरा विद्या का और उत्तरार्द्ध में परा विद्या का वर्णन किया गया है।

मुकुट–किसी राज्य की जिम्मेदारी या

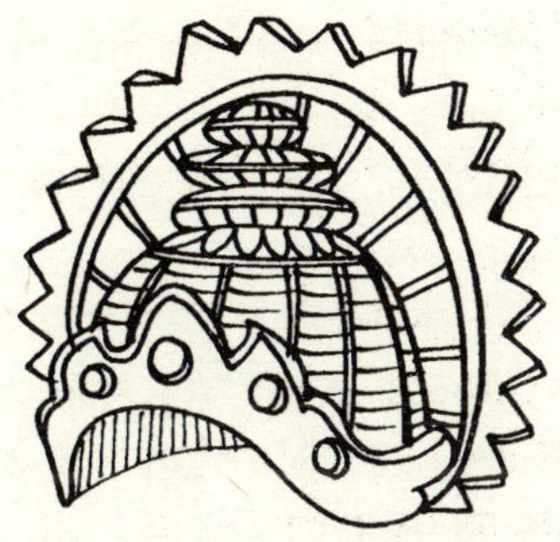

उत्तरदायित्व को ग्रहण करते हुए उसके प्रतीक स्वरूप सिर पर धारण किया जाने वाला टोप, पटका या साफा। मुकुट की मर्यादा के निर्वाह में अथवा अपने-अपने कर्तव्य-पालन में अनेक विभूतियाँ ऐसी हुई हैं, जिन्होंने स्वयं के प्राणों तक को सहर्ष न्योछावर कर दिया।

मुक्ति–गीता में कहा गया है कि कर्म के बंधन से छूटना ही मुक्ति है। यह मुक्ति जीते-जी प्राप्त की जा सकती है।

मुद्गल उपनिषद्–ऋग्वेद के इस उपनिषद् में चार खंड हैं। यह ऋग्वेद के एक सूक्त पर ही निर्भर है। इसमें भगवान् श्रीहरि (विष्णु) के विराट् स्वरूप, मनुष्यों की उत्पत्ति, लोकों की उत्पत्ति, जीवों की उत्पत्ति का वर्णन है।

मुनिसुव्रतनाथ–बीसवें तीर्थंकर मुनिसुव्रतनाथ राजगृह (बिहार) के राजा थे। एक दिन एक सेवक ने आकर समाचार दिया कि उनके प्रिय हाथी ने भोजन त्याग दिया है। यह सुनकर उनके मन में वैराग्य उत्पन्न हो गया। वे उसी समय मुनि-दीक्षा लेकर तप करने निकल पड़े। ग्यारह मास के तप के बाद वैशाख कृष्ण नवमी के दिन उन्हें कैवल्यज्ञान प्राप्त हुआ और वे तीर्थंकर बन गए।

मुर–पाँच सिरोंवाला एक दैत्य, जिसे श्रीकृष्ण ने मारा था। इसके वध के कारण कृष्ण का नाम 'मुरारि' पड़ा था।

मुरली–मुरली खोखले बाँस का बना सर्वसुलभ वाद्य है। 'मुरली' हमारी संस्कृति का एक

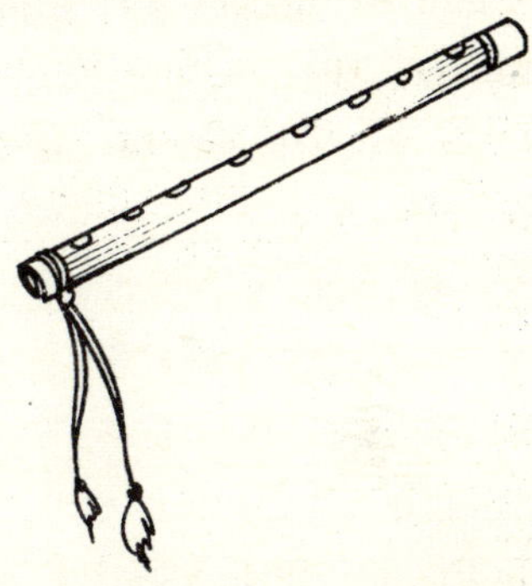

श्रेष्ठ वाद्ययंत्र है। यह भगवान् श्रीकृष्ण को विशेष रूप से प्रिय है, जिसकी धुन सुनकर ग्वाल-गोपाल, गऊ व गोपिकाएँ दौड़ी चली आती थीं।

मृत्यु–1. जीवन का अंत मृत्यु है। चिकित्सा-विज्ञान के अनुसार समस्त शारीरिक क्रियाओं का बंद हो जाना मृत्यु है। जिसने इस जगत् में जन्म लिया है, उसकी मृत्यु निश्चित हैं। 'गीता' में देह को नश्वर, किंतु देही यानी आत्मा को अमर बताया गया है। मृत्यु दो प्रकार की

बताई गई है–प्राकृतिक और अकाल। दोनों ही दशाओं में एक जैसे लक्षण मिलते हैं। दुर्घटना, आघात, विष के अलावा संक्रामक रोगों से भी आकस्मिक मृत्यु होती है। 2. शास्त्रानुसार जब जीवात्मा स्थूल देह से अलग होती है तो वह मृत्यु कहलाती है। प्राणी की मृत्यु के समय हाथ, पैर आदि निश्चेष्ट हो जाते हैं एवं प्राण, समान, अपान, उदान व व्यान पंच विधि प्राणवायु सभी अपने-अपने निश्चित स्थान से निकल जाते हैं। जब अपान व उदानवायु की स्थिति नष्ट होती है तो प्राणवायु रुक जाती है और यही स्थिति मृत्यु होती है।

मेघनाद–रावण का पुत्र, जिसे लक्ष्मण ने मारा था। इसने देवराज इंद्र को युद्ध में पराजित कर दिया था, इसलिए इसे 'इंद्रजित्' भी कहा जाता था।

मेनका–इंद्र की सभा की एक अप्सरा। इंद्र ने इसे भेजकर महर्षि विश्वामित्र की तपस्या भंग कराई थी। इसने विश्वामित्र की पुत्री शकुंतला को जन्म दिया और उसे वन में छोड़कर स्वर्ग लौट गई।

मोक्ष–हिंदू मान्यताओं के अनुसार प्राणी एक के बाद एक अनेक जन्म लेता रहता है। इस जन्म-मरण के अनवरत चक्र से मुक्ति पाना ही मोक्ष है।

मौनी अमावस्या–माघ मास की अमावस्या 'मौनी अमावस्या' कहलाती है। इस दिन मौन रहा जाता है। कहा जाता है कि मौन व्रत धारण करनेवाले को मुनि पद मिलता है। इस दिन मौन व्रत धारण कर नदी-स्नान किया जाता है। इस दिन अमावस्या और सोमवार हो तो महत्त्व और बढ़ जाता है। इस अवसर पर स्नान के बाद दानादि पुण्य कर्म भी किए जाते हैं।

□

यक्ष–आधे देवता और जादुई शक्ति से संपन्न। यक्षिणी को जादूगरनी भी कहा जाता है। यक्षों को राक्षसों से थोड़ा ठीक समझा जाता है। सामान्यतया ये मनुष्यों के शत्रु नहीं होते, लेकिन पुराणों के कई प्रसंगों में ये हिंसक दिखाए गए हैं। कुबेर को इनका राजा कहते हैं, जो उत्तर के दिक्पाल तथा स्वर्ग के कोषाध्यक्ष कहलाते हैं।

यजुर्वेद–क्रम से दूसरा वेद, जिसमें यज्ञ-कर्म का विस्तृत विवरण दिया गया है।

यज्ञ–यज्ञ का अर्थ है यजन, पूजन, वस्तुओं का वितरण, आहुति, बलि या चढ़ावा। वैदिक विधानों में यह प्रधान धार्मिक कार्य है। सृष्टि के आरंभ से ही यज्ञ की परंपरा चली आ रही है। सृष्टि की उत्पत्ति ब्रह्मा द्वारा संपन्न यज्ञ का फल कही जाती है। 'शतपथ ब्राह्मण' में पाँच प्रकार के यज्ञों का वर्णन है, जो 'पंच महायज्ञ' कहलाते थे–भूतयज्ञ, मनुष्ययज्ञ, पितृयज्ञ, देवयज्ञ तथा ब्रह्मयज्ञ। जब अग्नि में आहुति दी जाती है, भले ही वह समिधा हो, तो यह देवयज्ञ है। जब पितरों को स्वधा (श्राद्ध) दी जाती है, चाहे वह जल ही क्यों न हो, पितृयज्ञ है। जब जीवों को बलि (भोजन का ग्रास या पिंड) दी जाती है तो भूतयज्ञ कहलाता है। जब ब्राह्मणों (या अतिथियों) को भोजन दिया जाता है तो उसे मनुष्ययज्ञ कहते हैं और जब स्वाध्याय किया जाता है, चाहे एक ही ऋचा हो या 'यजुर्वेद' अथवा 'सामवेद' का एक ही सूक्त हो तो वह ब्रह्मयज्ञ कहलाता है। 'गीता' में कर्म को ही यज्ञ कहा गया है और यज्ञ करने से वर्षा होने की बात भी कही गई है। कालांतर में यज्ञों में अश्वमेध का विशेष महत्त्व है, जिसका उद्‌देश्य चक्रवर्ती सम्राट् बनना होता था।

यज्ञोपवीत–यज्ञोपवीत या उपनयन संस्कार को ग्रामीण क्षेत्रों में 'जनेऊ' कहा जाता है तथा तीन धागों के जनेऊ को तिगुना करके तैयार किया जाता है, अर्थात् एक-एक धागे में नौ धागों का समावेश करके नौ देवताओं (प्रजापति, ॐकार, अनंत, अग्नि, सूर्य, चंद्रमा, वायु, सर्प एवं पितृगणों) का समावेश मानकर इसकी पावनता और महत्ता आँकी गई है। जनेऊ

मुख्यतः छियानबे चौआ (96 गुणा 4 अंगुल) के सूत का बनाया जाता है। यह 96 की संख्या वेद की 9,600 ऋचाओं की प्रतीक है। इस प्रकार चार उँगलियों (सत्य, धर्म, काम, मोक्ष) पर 96 बार लपेटे सूत को तिहरा करके तीन लड़ियोंवाला जनेऊ तैयार किया जाता है। ये तीन धागे देवऋण, गुरुऋण एवं पितृऋण के द्योतक हैं।

यदु—देवयानी और राजा ययाति के ज्येष्ठ पुत्र। श्रीकृष्ण इन्हीं के वंशज थे।

यमराज—हिंदू धर्म के अनुसार यमराज मृत्यु के देवता हैं। इनका उल्लेख वेद में भी

है। इनकी जुड़वाँ बहन यमुना (यमी) हैं। विश्वकर्मा की पुत्री संज्ञा से भगवान् सूर्य के पुत्र यमराज, श्राद्धदेव मनु और यमुना हुईं। यमराज जीवों के शुभाशुभ कर्मों के निर्णायक हैं। दक्षिण दिशा के इन लोकपाल की संयमनीपुरी समस्त प्राणियों के लिए, जो अशुभकर्मा हैं, बड़ी भयप्रद है। यम, धर्मराज, मृत्यु, अंतक, वैवस्वत, काल, सर्वभूतक्षय, औदुंबर, दघ्न, नील, परमेष्ठी, वृकोदर, चित्र और चित्रगुप्त—इन चौदह नामों से इन भैंसा सवार दंडधर की आराधना होती है। इन्हीं नामों से इनका तर्पण किया जाता है।

यशोदा—पुराणों में इन्हें नंद गोप की पत्नी कहा गया है। कंस के कारागार में जनमे देवकी और वसुदेव के पुत्र कृष्ण का लालन-पालन यशोदा ने ही किया था। कृष्ण-जन्म के बाद उनके पिता वसुदेव गोकुल में यशोदा के घर छोड़ आए थे, तब इन्होंने पुत्रवत् उनका पालन किया।

यामल ग्रंथ—इन ग्रंथों में ज्योतिष, नित्यकृत्य, कल्पसूत्र, सृष्टि तत्त्व, वर्णभेद, जातिभेद और युगधर्म आदि विषय समाहित हैं।

युधिष्ठिर—पाँच पांडवों में कुंती के सबसे बड़े पुत्र। ये धर्म के पुत्र थे।

योग—भक्तियोग, मंत्रयोग, लययोग, चर्यायोग, हठयोग, राजयोग, लक्ष्ययोग, अष्टांगयोग, सांख्ययोग, ज्ञानयोग, ब्रह्मयोग, अद्वैतयोग। योग का अर्थ है—जुड़ना। भारत के प्राचीन ऋषि-मुनियों ने संसार को अनेक उपहार दिए हैं, जिनमें से योग भी एक है। आचार्य कपिल मुनि ने योग के शास्त्रीय सिद्धांतों को प्रतिपादित किया और उन्हीं सिद्धांतों को लेकर महर्षि पतंजलि ने योग को व्यावहारिक रूप प्रदान किया। चित्त में उठती हुई समस्त वृत्तियों का समाधान हो जाना, सम्यक् अवस्था को प्राप्त हो जाना अथवा शांत हो जाना, सब ओर से हटकर एक में लग जाना ही समाधि है और यही योग है। योग का अभीष्ट उद्देश्य आत्मा का अपने स्वरूप में प्रतिष्ठित होना और उसका परमात्मा के स्वरूप में अवस्थित होना है। चित्त के व्यापारों का नाम वृत्ति है। चित्त की वृत्तियों को निरोध में (वश में, नियंत्रण में) रखने का नाम योग है।

योगक्षेम—योगक्षेम = योग (प्राप्ति) तथा क्षेम (रक्षा)। यह कल्याण और मंगल का पर्याय है। राजसूय यज्ञ करने के पूर्व राजा अपना

पुनरभिषेक कराता था। इसमें योगक्षेम भी एक क्रिया होती थी। राजा पुरोहित को अपनी विजय के लिए उपहार देता था और हाथ में समिधा लेकर तीन पग उत्तर-पूर्व दिशा में चलता था। यह दिशा इंद्र की अपराजित दिशा मानी जाती है। इसका आशय योगक्षेम (प्राप्ति और उसकी रक्षा) की कामना करना होता था। 'याज्ञवल्क्य स्मृति' के अनुसार अप्राप्य की प्राप्ति योग है। (अलब्धलाभो योग:) और जो प्राप्त हो गया हो, उसका परिपालन तथा रक्षा क्षेम है। (अलब्ध परिपालनं क्षेम:)।

योगनिद्रा–मन को इंद्रियों की सभी क्रियाओं से अलग कर लेना योगनिद्रा है। यह मन को साध लेने की ही एक क्रिया है और निद्रा एवं जाग्रतावस्था के बीच की स्थिति है। योगनिद्रा से शरीर व मस्तिष्क तरोताजा हो जाते हैं।

योगवासिष्ठ–वसिष्ठ ऋषि द्वारा रचित अद्वैत वेदांत का एक महान् ग्रंथ। इस ग्रंथ में जड़-चेतन, लोक-परलोक, बंधन-मोक्ष, सुख-दु:ख, जरा-मृत्यु, जीव-जगत्, जीव-ब्रह्म, आत्मा-परमात्मा, आत्मज्ञान-अज्ञान, सत्-असत्, मन-इंद्रियाँ, धारणा-वासना जैसे गूढ़ विषयों की सूक्ष्म व्याख्या की गई है, जो अन्यत्र ग्रंथों में अदृष्ट है।

योगसहायक–अहिंसा, सत्य, अक्रोध, ब्रह्मचर्य, अपरिग्रह, अनीर्ष्या (ईर्ष्या-राहित्य) तथा दया।

योगासन–पतंजलि ने आसन की परिभाषा इस प्रकार दी है–स्थिर सुखमासनम्–यानी आसन वह है, जिसमें स्थिर सुख हो, अर्थात् योगाभ्यासी इस प्रकार से पैर आदि

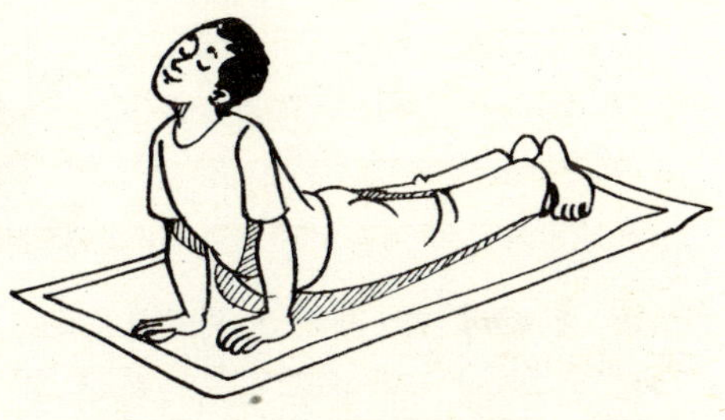

समेटकर बैठे, जिसमें वह देर तक सहज भाव से बैठा रह सके। उसके किसी अंग पर तनाव या दबाव न पड़े। योगासनों का लक्ष्य शरीर को सुडौल बनाना, मांसपेशियों को सुगठित करना, शरीर को निरोग बनाना, रोगों से लड़ने की शक्ति उत्पन्न करना और विकारों को शरीर से बाहर निकालना है। इस प्रकार आसनों का आनंद स्वस्थ व्यक्ति ही ले सकता है, रोगी नहीं।

योगिनी–मंगला, पिंगला, धान्या, भ्रामरी, भद्रा, उल्का, सिद्धि।

योगेश्वर–धर्मग्रंथों में नौ योगियों के नाम आए हैं, जो योगेश्वर कहलाते हैं। ये हैं–पिप्पलायन, आविर्होत्र, द्रमिल, कवि, हरि, अंतरिक्ष, प्रबुद्ध, चमस और करभाजन।

योजनगंधा–वेदव्यास की माता और राजा शांतनु की पत्नी। इनका एक नाम सत्यवती भी था।

□

रंगोली–ये खुशी के अवसरों पर रंग-बिरंगे रंगों से बनाई जानेवाली कलाकृतियाँ हैं, जिनमें लोग अपनी लोक-कला और संस्कृति का प्रकटीकरण करते हैं। यह

भारत की एक अति प्राचीन लोक-परंपरा है। देश भर में इसे अलग-अलग तरह से बनाया जा सकता है, नाम में भी भिन्नता हो सकती है; लेकिन इसके पीछे निहित भावना समान होती है। रंगोली मन के उद्‌गारों को प्रकट करने का अच्छा माध्यम है।

रंभा–कश्यप तथा प्राधा की पुत्री एक अप्सरा। यह कुबेर की सभा की नर्तकी कही गई है। शुकदेवजी से इसका संवाद 'रंभा-शुक संवाद', नाम से प्रसिद्ध है। इंद्र के कहने पर इसने विश्वामित्र की तपस्या भंग करने की कोशिश की। विश्वामित्र ने शाप देकर इसे शिला बना दिया। श्वेत मुनि ने इसका उद्धार किया।

रक्तबीज–एक महाशक्तिशाली दैत्य। इसने ब्रह्माजी से वर माँगा था कि यह किसी

पुरुष के हाथों न मारा जाए; यदि उसके रक्त की एक भी बूँद भूमि पर गि़रे तो इससे इसके ही जैसे शक्तिशाली दूसरे राक्षस उत्पन्न हो जाएँ। अब यह ऋषि-मुनियों को मारने लगा, उनके आश्रम नष्ट करने लगा। इसके भय से ऋषि-मुनि आश्रम छोड़कर भागने लगे। तब त्रिदेवों ने अन्य देवताओं के सहयोग से भगवती दुर्गा की उत्पत्ति की। देवी दुर्गा तलवार लेकर इस पर टूट पड़ीं, किंतु जैसे ही इसका रक्त भूमि पर गिरता, प्रत्येक बूँद से एक नया रक्तबीज उत्पन्न हो जाता। देवी इसका रक्त खप्पर में भरकर पीने लगीं। अंत में पापी रक्तबीज भगवती दुर्गा के हाथों मारा गया।

रक्षासूत्र–पूजा-अर्चना, अनुष्ठान, सत्यनारायण कथा आदि धार्मिक कार्यों की संपन्नता

में यजमान एवं उसके परिजन के हाथों में रक्षासूत्र बाँधने की परंपरा है। सूत के इन धागों में अति पवित्र भावना समाहित रहती है, आस्था समाहित रहती है कि ये आपदाओं से हमारी रक्षा अवश्य करेंगे। इसीलिए इसे 'रक्षासूत्र' या केवल 'रक्षा' कहा जाता है। इसी महत्ता के मान में रक्षाबंधन का पावन पर्व बड़े हर्षोल्लास से मनाया जाता है, जब बहनें अपने भाइयों के हाथ में रक्षा धागे बाँधती हैं कि वे धागे सदैव उनकी रक्षा करेंगे। इन्हीं आस्थाओं का प्रतीक रक्षासूत्र हमारी संस्कृति में श्रेष्ठ रक्षा-कवच माना गया है।

रघु–इक्ष्वाकु वंश के एक प्रतापी राजा, जो राजा दिलीप के पुत्र थे। बचपन में ही एक बार इन्होंने युद्ध में इंद्र को पराजित कर दिया था। ये विश्व-विजेता बने और निर्लिप्त भाव से अपना सारा राजपाट दान कर दिया।

रत्न–ये रंग-बिरंगे पत्थर अनादिकाल से ही मनुष्य को अपनी ओर आकर्षित करते रहे हैं। इन्हें प्रकृति का एक अमूल्य वरदान कहा गया है। ये धारणकर्ता की न केवल सुंदरता बढ़ाते हैं, बल्कि उन्हें स्वस्थ रखते हैं और उनके दुर्भाग्य को सौभाग्य में बदलने की सामर्थ्य भी रखते हैं। पन्ना, पुखराज, माणिक्य, हीरा आदि कुछ ऐसे ही रत्न हैं।

रथ–पुरी-रथोत्सव का विश्व स्तर पर उच्च स्थान है वहीं जैन धर्म में 'गजरथ महोत्सव' की भी बड़ी महत्ता है और देश भर में अनेक रथ महोत्सव आयोजित किए जाते हैं। इनके प्रति जनता की असीम आस्था रहती है; तभी तो रथ खींचने, रथयात्रा निकालने तथा रथ संबंध की विविध धार्मिक-सांस्कृतिक आयोजन किए जाने की प्रथा प्रचलित है। महाभारत और रामायण काल में तो रथों का प्रचुर प्रयोग युद्ध के लिए किया जाता था। रावण का रथ जहाँ अमूल्य मणियों, हाथीदाँत तथा स्वर्ण-निर्मित घंटियों से सुशोभित था वहीं उसके पुत्र के रथ में एक सहस्र घोड़े एवं चार सारथियों का उल्लेख है। श्रीमद्भगवद्गीता में रथ का प्रयोग विविध रूपों में हुआ है। महाभारत के युद्ध में कुल 2,40,570 रथ थे। इस प्रकार 'रथ', अपनी गौरवशाली परंपरा में महत्त्वपूर्ण स्थान रखता है।

रसखान–कृष्ण-भक्त तथा रीतिकालीन हिंदी कवियों में महत्त्वपूर्ण। इनके काव्य में भक्ति एवं श्रृंगार दोनों रसों की प्रधानता है। उन्होंने बाललीला, रासलीला, फागलीला, कुंजलीला आदि में कृष्ण-लीला का सूक्ष्म वर्णन किया है।

रसांग–विभाव, अनुभाव, संचारी भाव तथा स्थायी भाव।

राखी–रक्षाबंधन के दिन बहनें अपने भाइयों की कलाई पर जो धागा बाँधती हैं, वही राखी है। राखी बहन-भाई के पवित्र और शाश्वत प्रेम की डोर है। राखी की डोरी

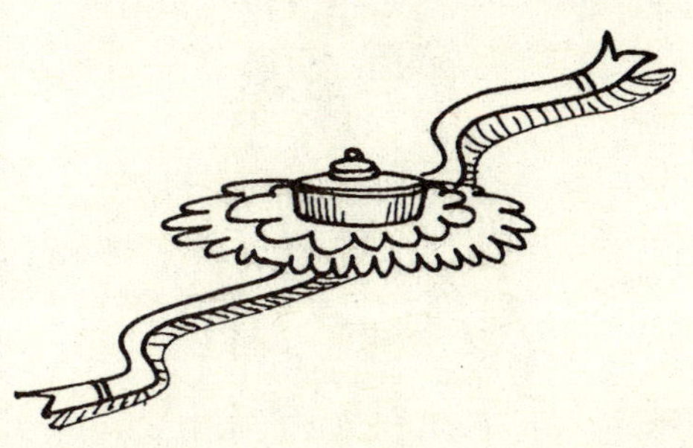

में बहन का निस्स्वार्थ प्रेम इतनी शक्ति

भर देता है कि वह हर मुसीबत से भाई की रक्षा करती है।

राजगीर—राजगीर एक पौराणिक नगर है। रामायण में भी इसका उल्लेख है। अतीत में इसका नाम राजगृह था, जो महाभारतकालीन जरासंध की राजधानी थी। राजगीर बुद्ध व महावीर स्वामी से भी संबंधित रहा है। भगवान् बुद्ध ने अपने जीवन के पाँच वर्ष यहाँ पर व्यतीत किए थे।

राजतरंगिणी—संस्कृत भाषा का एक काव्य-ग्रंथ। इसकी रचना कल्हण ने सन् 1147-1149 के बीच की थी। इसमें कश्मीर और वहाँ के राजाओं का इतिहास दर्ज है।

राजराजेश्वरी—दस महाविद्याओं में दूसरी।

राजसंपूज्य—राजा के द्वारा सात आदरणीय हैं—वैदिक, व्याधिग्रस्त, बालक, वृद्ध, दरिद्र, श्रेष्ठकुल तथा उदारचरित्र।

राजसूय यज्ञ—चक्रवर्ती राजा बनने के लिए यह यज्ञ किया जाता था।

राधा—वृषभानु गोप और कीर्ति की पुत्री। राधा कृष्ण की पत्नी नहीं थीं, लेकिन उनका नाम राधा के नाम से जुड़े बिना अधूरा जान पड़ता है। कहीं-कहीं यद्यपि उन्हें कृष्ण की प्रेमिका और पत्नी के रूप में प्रस्तुत किया गया है। पुराण में यह कथा मिलती है कि विष्णुजी ने कृष्ण अवतार लेते समय सभी देवताओं से पृथ्वी पर अवतार लेने के लिए कहा। तब राधा विष्णुजी की अर्धांगिनी लक्ष्मी के रूप में वैकुंठलोक में निवास करती थीं। वे भी राधा बनकर पृथ्वी पर आईं। 'ब्रह्मवैवर्त पुराण' में राधा को कृष्ण की सखी बताया गया है। यह भी कहा जाता है कि राधा जन्म लेते ही वयस्क हो गई थीं।

राधा उपनिषद्—ऋग्वेद के इस उपनिषद् में ब्रह्माजी ने श्रीकृष्ण को पहला देवता बताया है और उनकी शक्ति श्रीराधा को सर्वश्रेष्ठ शक्ति कहा है। इसमें राधाजी के 28 नामों का भी उल्लेख किया गया है।

राम—श्रीराम अयोध्या के राजा दशरथ के ज्येष्ठ पुत्र थे। इनकी माता कौशल्या थीं। इनका जन्म चैत्र शुक्ल नवमी को हुआ था। यह श्याम वर्ण के थे। इन्होंने महर्षि

वसिष्ठ से शस्त्र और शास्त्र की शिक्षा पाई थी। राक्षसों से यज्ञ की रक्षा हेतु

महर्षि विश्वामित्र इन्हें तथा इनके अनुज लक्ष्मण को माँगकर ले गए थे, जहाँ इन्होंने ताड़का व सुबाहु आदि को मारकर ऋषि के यज्ञ की रक्षा की। पाषाण-शिला बनी अहल्या को इनके चरणों के स्पर्श से मुक्ति मिली थी। सीता स्वयंवर में इन्होंने शिव-धनुष भंग किया और सीताजी से इनका विवाह हुआ। कैकेयी द्वारा राजा दशरथ से माँगे गए दो वर–भरत को राजगद्दी और राम को चौदह वर्ष का वनवास–को इन्होंने सहर्ष स्वीकारा और पिता की आज्ञा मानकर चौदह वर्ष वनवास किया। वन में रावण द्वारा सीता का हरण किए जाने पर इन्होंने वानरों, रीछों आदि की सेना के साथ लंका पर चढ़ाई की और रावण, कुंभकर्ण जैसे दुर्धर्ष राक्षसों का वध कर विजय प्राप्त की। लंका-विजय के बाद ये सीता व लक्ष्मण सहित वापस अयोध्या आए और वहाँ का राज-पाट सँभाला। इनके शासन को 'राम-राज्य' कहा जाता है।

रामकृष्ण परमहंस–स्वामी विवेकानंद के गुरु और भारत के एक महान् संत एवं चिंतक।

वे धार्मिक एकता के पक्षधर और मानवता के सच्चे पुजारी थे। ये काली के महान् साधक थे। इनका संदेश है कि दुनिया के सभी धर्म समान हैं। सब धर्म विभिन्न मार्गों से ईश्वर तक पहुँचने के साधन हैं।

रामचरितमानस–'रामचरितमानस' हिंदी के प्रसिद्ध भक्त-कवि तुलसीदास की सर्वप्रमुख कृति है। इसकी रचना उन्होंने संवत् 1631

में रामनवमी (चैत्र शुक्ल नवमी) को अयोध्या में प्रारंभ की थी। इसकी भाषा अवधी है, लेकिन इसमें कहीं-कहीं पर ब्रजभाषा के भी शब्द मिल जाते हैं। इसकी शब्दावली में संस्कृत के तत्सम तथा अर्धतत्सम शब्दों की भी बहुतायत है। मानस में प्रमुख छंद चौपाई है, जिसके बीच-बीच में दोहा और सोरठा छंद भी आए हैं। इनके अतिरिक्त हरिगीतिका तथा कुछ और छंद भी कहीं-कहीं मिल जाते हैं। इसमें श्रीराम के जीवन की समस्त घटनाएँ आवश्यक विस्तार के साथ क्रमशः कही गई हैं। 'रामचरितमानस' में सात कांड या सोपान हैं–1. बालकांड, 2.अयोध्याकांड, 3. अरण्यकांड, 4. किष्किंधाकांड, 5. सुंदरकांड, 6. लंकाकांड तथा 7. उत्तरकांड। मानस की संपूर्ण रामकथा शिव-पार्वती संवाद के रूप में है। इस ग्रंथ का दुनिया की अनेक भाषाओं में अनुवाद हो चुका है।

रामतीर्थ–स्वामी रामतीर्थ का जन्म 1873 ई. में पंजाब के मुरारीवाला गाँव में एक

धर्मनिष्ठ ब्राह्मण परिवार में हुआ था। 18 वर्ष की आयु में पंजाब विश्वविद्यालय से बी.ए. की परीक्षा प्रथम श्रेणी में उत्तीर्ण की। इसके बाद गणित लेकर एम.ए. परीक्षा में प्रथम स्थान प्राप्त किया। 1900 ई. में इन्होंने परिवार का त्याग कर संन्यास ग्रहण किया और स्वामी रामतीर्थ बनकर हिमालय में विचरण करते हुए जापान तथा अमेरिका भी गए। अमेरिका में इनके आकर्षक व्यक्तित्व तथा मधुर वाणी से लोग अत्यधिक प्रभावित हुए। इन्होंने वहाँ वेदांत का उपदेश दिया। 1906 ई. में 33 वर्ष की अल्पायु में इन्होंने गंगा में समाधि ले ली। वे अद्वैतवादी थे। उनकी दृष्टि में सारा संसार केवल एक आत्मा का खेल है। यह विकासवाद के भी समर्थक थे। यह आनंद को जीवन का लक्ष्य मानते थे। यह राष्ट्रधर्म के उपासक थे। वर्णाश्रम व्यवस्था इन्हें मान्य नहीं थी। स्वामी रामतीर्थ ने देश-विदेश में भारत के आदर्शों का प्रचार किया।

रामदेव–एक प्रसिद्ध योग गुरु। स्वामी रामदेव ने जनसामान्य को योग और प्राणायाम के लिए प्रेरित करके इस क्षेत्र में क्रांति ला

दी है। इनके योग शिविर में लाखों लोग भाग लेते हैं। हरियाणा के महेंद्रगढ़ जनपद के अलीपुर नामक गाँव में जनमे बाबा रामदेव का मूल नाम रामकिशन यादव है। प्रारंभिक शिक्षा पूरी करने के बाद इन्होंने एक गुरुकुल में वेद, उपनिषद् और योग की शिक्षा ली। बाद में इन्होंने संन्यास धारण कर लिया और 'स्वामी रामदेव' के नाम से विख्यात हुए।

रामराज्य–हिंदू राजनीति में राम को आदर्श राजा माना गया है, फलतः आज भी आदर्श राज-व्यवस्था के लिए 'रामराज' शब्द का प्रयोग होता है। रामराज्य की कल्पना गोस्वामी तुलसीदास ने 'रामचरितमानस' में इस प्रकार की है–दैहिक दैविक भौतिक तापा। रामराज काहू नहि ब्यापा।। अर्थात् रामराज्य में किसी को दैहिक, दैविक और भौतिक दुःख नहीं व्यापते थे। इसके अतिरिक्त भी कुछ ऐसी बातें कही गई हैं, जो आदर्श व्यवस्था की सूचक हैं। आधुनिक काल में महात्मा गांधी ने रामराज्य की कल्पना की थी।

रामानुजाचार्य–वैष्णव मतावलंबी, मद्रास के समीप पेरुंबुदूर गाँव में जन्म। पिता का नाम केशव भट्ट था। ये कुशाग्र बुद्धि के थे। इन्होंने अल्पकाल में ही वेदाध्ययन कर लिया था। यहाँ तक कि अपने गुरु की ही गलतियाँ निकालने लगे थे। एक बार इनके गुरु इतने रुष्ट हुए कि द्वेष में भरकर इनकी हत्या का षड्यंत्र रच डाला; किंतु किसी तरह इनकी जान बच गई। इन्होंने वेदांत की शिक्षा ग्रहण की। इनके तर्क बड़े अकाट्य होते थे। जल्दी ही लोग इनके शिष्य बनने लगे। रामानुज ने 'विशिष्टाद्वैत' सिद्धांत का प्रतिपादन किया।

रामायण–वाल्मीकि कृत प्रसिद्ध हिंदू धर्मग्रंथ।

यह सात खंडों में बँटा है। इसमें रामकथा का विशद वर्णन है।

रामेश्वरम्–रामेश्वरम् तीर्थ तमिलनाडु के रामनाड जिले में स्थित है। इस ज्योतिर्लिंग की स्थापना लंका जाने के लिए पुल बाँधते समय श्रीरामचंद्र ने की थी। कोई भी शिल्प कार्य आरंभ करने के पहले देव–स्थापना करने की प्रथा थी। तदनुसार श्रीरामचंद्र ने पुल बनाने के पहले रामेश्वर की स्थापना की।

रावण–राक्षसराज रावण लंका का राजा था, जिसका वध श्रीरामचंद्रजी के हाथों हुआ। यह पुलस्त्य का नाती और विश्रवा का पुत्र था। यह कैकसी के गर्भ से उत्पन्न हुआ था। इसके दस सिर थे, इसलिए

'दशानन' कहलाता था। यह अत्यंत वीर, पंडित किंतु स्वभाव से क्रूर था। इसके दो भाई थे–विभीषण तथा कुंभकर्ण। बहन का नाम शूर्पणखा था। विभीषण भगवद्भक्त था। पूर्वजन्म में रावण केकश–नरेश प्रतापभानु था, जो ब्राह्मणों के शाप से परिवार सहित रावण बना। रावण का विवाह मयदानव की पुत्री मंदोदरी से हुआ था। मंदोदरी के गर्भ से महाप्रतापी पुत्र मेघनाद का जन्म हुआ। अहंकारी होने के कारण रावण ने अपनी पत्नी मंदोदरी का भी कहना नहीं माना और युद्ध में भगवान् राम के हाथों मारा गया।

राशि–मेष, वृष, मिथुन, कर्क, सिंह, कन्या, तुला, वृश्चिक, धनु, मकर, कुंभ, मीन।

रासलीला–रास या लास्य नृत्य है और नृत्य करना रासलीला है। कृष्ण–भक्ति में आनंद की उत्कट अभिव्यक्ति के लिए कृष्ण के बाल चरित्रों का अनुकरण करना रासलीला है। वृंदावन में निवास करते हुए श्री चैतन्य महाप्रभु के रूप सनातन आदि शिष्यों ने रासलीला का वार्षिक उत्सव भी आरंभ

किया था। इसमें कृष्ण के साथ गोपियों का नृत्य मुख्यत: होता है। बीच में कृष्ण तथा उनके चारों ओर गोपियों का समूह एक मंडल बनाकर नृत्य करता है। रासलीला का उद्देश्य भगवान् के सायुज्य में नृत्य द्वारा प्रेम का परिपाक करना है।

'श्रीमद्भागवत' के दशम स्कंध के उनतीस से तैंतीसवें तक पाँच अध्याय रास पंचाध्यायी कहलाते हैं।

राहु–सिंहिका और विप्रचित्ति का पुत्र, नव ग्रहों में से एक। इसने देवताओं की पंक्ति में बैठकर चोरी से अमृत पी लिया था। तब विष्णु ने चक्र से इसका सिर काट दिया। लेकिन अमृत पीने के कारण यह अमर हो गया। इसका मस्तक 'राहु' और धड़ 'केतु' कहलाया। इसकी महादशा अठारह वर्ष की होती है। यह प्राय: अशुभ प्रभाव देनेवाला ग्रह है। राहु एक छाया ग्रह है, जिसमें वायु तत्त्व प्रधान होता है। इसकी देवी दुर्गा हैं। जिस धातु में यह तत्त्व पाया जाता है, वह शीशा है। वायु तत्त्व प्रधान राहु का रंग काला है।

रुद्रप्रयाग–अलकनंदा एवं मंदाकिनी नदियों के संगम पर उत्तराखंड में स्थित हिंदुओं का एक तीर्थ। भगवान् शिव के नाम पर इस स्थान का नामकरण हुआ। यहाँ की प्राकृतिक दृश्यावली बड़ी मनोहारी है।

रुद्रमणि–भाग्यवर्धक, वर्ण–वैश्य, रंग–स्वर्ण, स्वामी–महादेव। इसे महादेव धारण करते हैं।

रुद्राक्ष–इसके शाब्दिक विवेचन में रुद्र+अक्ष = रुद्राक्ष से इसकी उत्पत्ति कथा का भाव प्रकट होता है, जो हमारे प्राचीन साहित्य में पाया जाता है। शिवपुराण, पद्मपुराण, स्कंदपुराण, आदिपुराण आदि में जो कथाएँ दी गई हैं, उनसे स्पष्ट होता है कि भगवान् रुद्र (शिव) की आँख से निकले बिंदुओं से इसकी उत्पत्ति हुई, जो इसके नाम से ध्वनित होती है। रुद्राक्ष का प्रभाव साधक को सिद्धि-प्राप्ति में जहाँ सहायक होता है, वहीं सुख–समृद्धि, वैभव की प्राप्ति में भी चमत्कारी है। स्वास्थ्य के लिए भी रुद्राक्ष का प्रयोग बड़ा प्रभावकारी माना गया है। इसे धारण कर जीवन को शांतिपूर्ण व सुखमय बनाया जा सकता है, शास्त्रों की ऐसी मान्यता है।

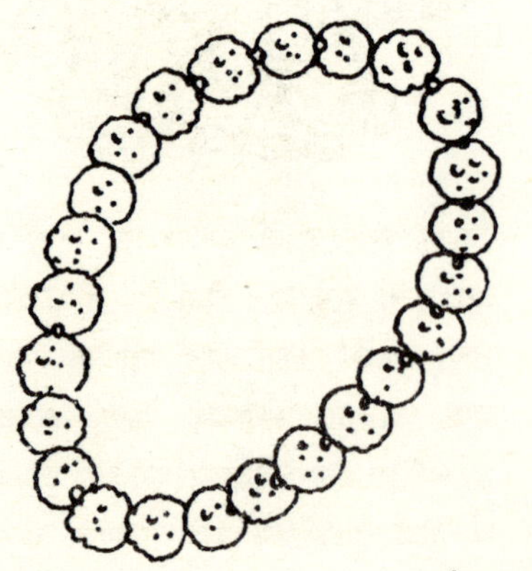

रोमहर्षण या लोमहर्षण–एक सुप्रसिद्ध पौराणिक कथावाचक। इनका जन्म क्षत्रिय पिता तथा ब्राह्मणी माता से सूत कुल में हुआ था। इन्होंने व्यास लिखित कुछ पुराणों की संहिताएँ भी लिखी थीं। एक बार ये कथावाचन कर रहे थे, तभी वहाँ बलरामजी आ पहुँचे। इन्होंने उठकर बलरामजी का स्वागत नहीं किया, जिससे रुष्ट होकर बलरामजी ने इनका वध कर दिया।

रोहिणी–बलराम की माता और वसुदेव की पत्नी। योगमाया ने देवकी के सातवें शिशु को गर्भकाल में ही इनके उदर में स्थापित कर दिया था। उसी से बलराम का जन्म हुआ था। यादव वंश का नाश होने पर जब वसुदेव ने द्वारिका में शरीर त्यागा तो रोहिणी भी उनके साथ सती हो गई थीं।

□

लंकिनी–रावण की लंका नगरी की एक प्रहरी। सीता की खोज में यहाँ पहुँचे हनुमान की पहली मुठभेड़ लंकिनी से ही हुई और यह मृत्यु को प्राप्त हो गई।

लक्ष्मण–अयोध्या के राजा दशरथ एवं सुमित्रा के पुत्र। इनका विवाह उर्मिला के साथ हुआ था। ये सदैव श्रीराम के सेवक बनकर वनवास के समय उनके साथ-साथ रहे। इन्होंने ज्येष्ठ भाई राम तथा भाभी सीता

की निरंतर सेवा की। लंका में युद्ध करते हुए मेघनाद ने जब इन पर शक्ति का प्रहार किया तो ये मूर्च्छित हुए, किंतु संजीवनी बूटी से पुनः जीवित हो गए। फिर इन्होंने मेघनाद का वध किया। लक्ष्मण का स्वभाव उग्र था। जनकपुर में धनुष-यज्ञ के बाद परशुराम से इनका वाग्युद्ध हुआ था। दंडकारण्य में इन्होंने रावण की बहन शूर्पणखा के नाक-कान काटकर मानो रावण को युद्ध की चुनौती दी। पुराणों के अनुसार लक्ष्मण शेषनाग के अवतार थे। वाल्मीकि रामायण में इन्हें भगवान् विष्णु का अंशावतार माना गया है। श्रीराम द्वारा त्याग दिए जाने पर ये तुरंत परमधाम सिधार गए थे।

लक्ष्मणा–मद्र देश के राजा बृहत्सेन की पुत्री, जो श्रीकृष्ण की आठ पटरानियों में से एक थी।

लक्ष्मी–धन की देवी। प्रत्येक घर और दुकान में इनकी नियमित पूजा-अर्चना की जाती है। दीपावली पर हिंदू घरों में गणेशजी के साथ इनकी विशेष आराधना होती है। जब-जब मनुष्य धन-संपन्नता, वैभव आदि

से परिपूर्ण रहता है तो कहा जाता है कि उस पर लक्ष्मीजी की विशेष कृपा है और जब किसी को व्यापार, कारोबार आदि में हानि उठानी पड़ जाए तो कहा जाता है कि उससे लक्ष्मी रूठ गई हैं। पुराणों के अनुसार श्रीलक्ष्मी को ही समस्त देवियों के अवतार की शक्ति कहा गया है। श्रीलक्ष्मी ही विष्णु के साथ लक्ष्मी के रूप में, शिव के साथ गौरी के रूप में तथा ब्रह्माजी के साथ सरस्वती के रूप में निवास करती हैं। सृष्टि और अपने भक्तों की रक्षा के लिए यही शक्ति दुर्गा अथवा काली बन जाती है। सूर्य से भी हजारों गुना तेजस्विनी यह शक्ति हाथ में खप्पर लेकर शत्रुओं का रक्त पीती है। इस प्रकार श्रीलक्ष्मी ही शक्ति के रूप में सृष्टि की रचना, पालन और विनाश तीनों कार्य कर रही हैं। सृष्टि के आरंभ से ही महालक्ष्मी की पूजा की जाती रही है। इनके सहयोग के बिना मनुष्य का जीवन अधूरा रहता है।

लग्न—जन्म-कुंडली के बारह भावों में से प्रथम भाव को लग्न कहा जाता है। जातक के जन्म के समय पूर्वी क्षितिज में उदित होनेवाली राशियों के आधार पर लग्न बनाई जाती है।

लंबोदर—लंबोदर अर्थात् बड़े उदरवाला। कहते हैं, जिसका बड़ा पेट होता है वह धैर्यशाली

होता है। वह बड़ी-से-बड़ी बात को पचा जाता है। गणेश भी सौम्य व धैर्यवान् हैं। वे कभी किसी पर क्रुद्ध भी नहीं होते। यही कारण है कि उन्हें लंबोदर कहते हैं।

लव-कुश—लव और कुश राम तथा सीता के जुड़वाँ बेटे थे। इनका जन्म तथा

लालन-पालन वाल्मीकि आश्रम में हुआ था।

लाक्षागृह—लाख से निर्मित घर। दुर्योधन ने इसे पांडवों को जलाकर मारने के लिए इसे बनवाया था। लेकिन पांडव सपरिवार बचकर निकल गए और इसे बनानेवाला पुरोचन ही जल मरा।

लामा—तिब्बती बौद्ध भिक्षु या धर्मगुरु को लामा कहते हैं। लामाओं की कई श्रेणियाँ होती हैं; जैसे दलाई लामा, पंचेन लामा, करमापा लामा इत्यादि।

लाल किताब—यह ज्योतिष का एक लोकप्रिय ग्रंथ है। लाल किताब को प्रचलित ज्योतिष ज्ञान से हटकर व्यावहारिक ज्ञान माना जाता

है। फरवाला, जालंधर निवासी पं. रूप चंद जोशी को इसका रचयिता कहा गया है। सन् 1939 में रचित यह पुस्तक मूलतः उर्दू एवं फारसी भाषा में लिखी गई है।

लिंगायत–वीर शैवों का एक अन्य नाम लिंगायत भी है। यह एक संप्रदाय है, जिसकी उत्पत्ति कर्नाटक के समुद्र-तट पर तथा महाराष्ट्र में बारहवीं सदी के मध्य में हुई। कर्नाटक में सैकड़ों वर्ष तक या तो शैव थे या दिगंबर जैन। इस नए संप्रदाय की स्थापना जैनियों को शैव धर्म में लेने के लिए हुई थी। वीर शैवों की सांप्रदायिक व्यवस्था महत्त्वपूर्ण है। इनके पाँच मठ हैं, जिनके महंत पाँच संन्यासी होते हैं। ये मठ केदारनाथ, श्रीशैल, बलेहल्ली (मैसूर), उज्जयिनी तथा वाराणसी में हैं। प्रत्येक लिंगायत ग्राम में एक मठ होता है, जो किसी-न-किसी आदिमठ से संबंधित होता है। प्रत्येक लिंगायत का एक गुरु होता है। लिंगायत शिव की ही पूजा करते हैं तथा गले में भी छोटा लिंग लटकाते हैं। लिंगायतों के ग्रंथ संस्कृत तथा कन्नड़ में हैं। कुछ ग्रंथ तेलुगु में भी हैं।

लुंबिनी–गौतम बुद्ध के जन्म-स्थान के रूप में जगत्-प्रसिद्ध। उत्तर प्रदेश के ककराहा नामक गाँव के निकट भारत-नेपाल सीमा से कुछ दूर नेपाल में रुमिनोदेई नाम का गाँव ही लुंबिनी है। एक बार कपिलवस्तु से कोलिय गणराज्य की राजधानी देवदह जाते समय बुद्ध की माता मायादेवी लुंबिनी में एक शाल वृक्ष के नीचे ठहरी थीं, उसी समय बुद्ध का जन्म हुआ था।

लोकत्रय–(क) स्वर्ग, पृथ्वी, पाताल। (ख) भूः भुवः स्वः।

लोकपाल–सूर्य, चंद्र, वायु, अग्नि, इंद्र, कुबेर, वरुण, यम।

लोकमान्य तिलक–'स्वतंत्रता हमारा जन्मसिद्ध अधिकार है', यह गर्जना करनेवाले

लोकमान्य तिलक ही थे, जिन्होंने अंग्रेजों को ललकारा। कांग्रेस के लखनऊ अधिवेशन में तिलक ने यह घोषणा की थी। गंगाधर तिलक का जन्म महाराष्ट्र प्रांत के रत्नागिरि में 23 जुलाई, 1856 को हुआ था। देश-सेवा के लिए कई बार जेल-यात्रा करनी पड़ी। जेल में 'गीता-रहस्य' जैसे महान् ग्रंथ की रचना की। तिलक ने 'मराठा' और 'केसरी' नामक पत्रों का संपादन किया।

लोपामुद्रा–महर्षि अगस्त्य की पत्नी। वनवासकाल में श्रीराम ने अगस्त्य तथा लोपामुद्रा से आशीर्वाद लिया था। ऋषि ने

उपहार-स्वरूप धनुष, अक्षय तूणीर तथा खड्ग आदि दिए थे।

लोमश–लोमश-संहिता, लोमश-शिक्षा तथा लोमश रामायण के रचयिता एक ऋषि। ये रामकथा के प्रसिद्ध वक्ता थे। शरीर पर रोएँ अधिक होने के कारण इनका यह नाम पड़ा। ये शिवजी के बड़े भक्त थे।

लोहित–अरुणाचल का एक मनोरम नगर, जहाँ तिब्बत से निकलनेवाली लोहित नदी प्रवाहित होती है। यहीं पर वह परशुराम कुंड है, जहाँ जमदग्नि ऋषि के पुत्र परशुराम ने अपनी माँ रेणुका की परशु से हत्या की और इस कुंड का जलपान कर पाप से मुक्ति पाई थी।

लोहित्या–एक अप्सरा।

लौहचारक–एक भयानक नरक।

□

वज्जि–प्राचीन भारत के सोलह महाजनपदों में से एक। इसकी राजधानी वैशाली थी। कई छोटे राज्यों को मिलाकर इसे गणराज्य बनाया गया और अष्टकुलों ने इसका प्रशासन सँभाला। यहाँ के निवासी बज्जिका नामक भाषा बोलते थे। आज भी बिहार के मुजफ्फरपुर, वैशाली, सीतामढ़ी, समस्तीपुर एवं शिवहर के साथ-साथ नेपाल के कुछ भागों में यह भाषा बोली जाती है।

वज्र–इंद्र देवता का अस्त्र।

वज्रेश्वरी–इन्हें वज्रयोगिनी, व्रजेश्वरी, व्राजेश्वरी देवी अथवा व्रजबाई भी कहते हैं। बौद्ध धर्मावलंबी इनकी पूजा करते हैं। जालंधर में ब्रजेश्वरी का प्रसिद्ध मंदिर है, जो

शक्तिपीठ में शामिल है। यहाँ सती का स्तनभाग गिरा था।

वट वृक्ष–वट वृक्ष की पावनता का बखान हमारे धर्मग्रंथों में भरपूर किया गया है, तभी तो लोग वट वृक्ष की पूजा बड़ी श्रद्धा-भक्ति के साथ करते हैं। वट वृक्ष पूजा-अर्चना, तपःसाधना तथा मनोकामनाओं की पूर्ति करनेवाला माना गया है। महाभारत

में भी वट वृक्ष की महिमा का गान किया गया है। महर्षि विश्वामित्र एवं जमदग्नि की कथाएँ इससे जुड़ी हुई हैं। पांडव भी अपने वनवास के समय जब प्रयाग पहुँचे तब अपना चातुर्मास्य व्रत ग्रहण करके पूजा-अर्चना की, जहाँ अक्षय वट विशेष रूप से विख्यात है। अक्षय वट के मूल में भगवान् विष्णु के वास के कारण इसे

'वट-माधव' भी कहा गया है। भगवान् विष्णु तीन नाम धारण करके अक्षय वट में निवास करते हैं, जबकि ब्रह्मा स्वयं उसके पत्तों पर शयन करते हैं। यही नहीं वरन् ब्रह्मा ने जब सृष्टि-रचना शुरू की तब भी उन्हें अक्षय वट का सहारा लेना पड़ा।

वराह—भगवान् विष्णु का एक अवतार, जिन्होंने

हिरण्याक्ष राक्षस का वध कर जलमग्न पृथ्वी का उद्धार किया था।

वराहमिहिर—छठी शताब्दी ईसवी में उज्जैन में जनमे भारतीय गणितज्ञ एवं खगोलशास्त्री। इन्होंने त्रिकोणमिति के महत्त्वपूर्ण सूत्रों का प्रतिपादन करते हुए बृहज्जातक, बृहत्संहिता और पंचसिद्धांतिका ग्रंथों की रचना की। इन्होंने फलित ज्योतिष के

लघुजातक, बृहज्जातक तथा बृहत्संहिता नामक तीन ग्रंथ भी लिखे। 'बृहत्संहिता' में वास्तुविद्या, भवन-निर्माण-कला, वायुमंडल की प्रकृति, वृक्षायुर्वेद आदि विषय सम्मिलित हैं।

वरुण—वरुण को पश्चिम दिशा का अधिपति और जल का स्वामी कहा जाता है। समुद्र-तल में इनका प्रासाद है। अकाल के समय श्रद्धालु वरुणदेव की उपासना करते हैं। वरुण को भगवान् का पद प्राप्त है।

वर्ण एवं जाति—'वर्ण' एवं 'जाति' दोनों शब्दों का प्रयोग बहुधा समान अर्थ में होता रहा है। वर्ण की धारणा मूलतः वंश, संस्कृति, स्वभाव एवं व्यापार पर आधारित है। इसमें व्यक्ति की नैतिक एवं बौद्धिक योग्यता का समावेश होता है और यह स्वाभाविक वर्गों की व्यवस्था का द्योतक है। 'ऋग्वेद' में कई स्थलों पर वर्ण का अर्थ रंग या प्रकाश मिलता है—यानी गोरा या काला। जाति-व्यवस्था जन्म एवं आनुवंशिकता पर बल देती है। यह कर्तव्यों के आचरणों पर बल दिए बिना केवल विशेषाधिकार पर आधारित है। वैदिक साहित्य में जाति के आधुनिक अर्थ का प्रयोग नहीं हुआ। मनु ने 'वर्ण' शब्द को मिश्रित जातियों के अर्थ में प्रयुक्त किया है; लेकिन कहीं-कहीं इसका प्रयोग जाति के अर्थ में भी मिलता है। आज कोई भी जाति किसी भी व्यवसाय को अपनाने के लिए स्वतंत्र है।

वर्ण विभाग—कार्य-विभाजन की दृष्टि से भारतीय समाज को चार वर्णों में और मानव-जीवन को चार आश्रमों में बाँटा गया था। श्रीमद्भगवद्गीता में वर्ण-व्यवस्था

को गुण-कर्म के आधार पर माना गया है-'चातुवर्ण्यं मयासृष्टं गुणकर्म विभागशः।' समाज को एक जीवित संस्थान या शरीर मानकर अवयवावयवी संबंध से भगवान् के विराट् स्वरूप में चारों वर्णों को स्थान दिया गया है। इन वर्णों की उत्पत्ति उनके कर्म और गुण-धर्म के अनुकूल शरीर के उन-उन धर्मोंवाले अवयवों से उत्पत्ति मानी है।

वर्णाश्रम-हमारी संस्कृति में कार्य-विभाजन को बड़ा महत्त्व दिया गया है। समाज को भी चार भागों में बाँटा है और मानव-जीवन को भी। सामाजिक विभाजन बढ़ते-बढ़ते संकुचित और अपरिवर्तनीय बन गया। अपरिवर्तित बनने में भी इतनी हानि न थी, यदि सबका महत्त्व सिद्धांत और व्यवहार दोनों में एक सा मान लिया गया होता। कुछ लोगों ने श्रेष्ठता का एकाधिकार कर लिया और 'पण्डितः समदर्शनः' की बात भूल गए। हमारे सभी प्रचारकों और सुधारकों ने इसके विरुद्ध आवाज उठाई और उन सब में जोरदार आवाज रही भगवान् बुद्ध, संत कबीर और महात्मा गांधी की।

वर्णों के कर्तव्य-धर्मशास्त्र में वर्णों के कर्तव्यों एवं अधिकारों का वर्णन मिलता है। वेदाध्ययन करना, यज्ञ करना और दान देना ब्राह्मणों, क्षत्रियों तथा वैश्यों के आवश्यक कर्तव्य माने गए हैं। वेदाध्ययन, यज्ञ कराना, दान लेना आदि पर ब्राह्मणों का विशेषाधिकार है। कृषि, पशुपालन, व्यापार आदि वैश्यों के कर्तव्य हैं। ब्राह्मण, क्षत्रिय तथा वैश्यों को 'द्विज' कहा गया है। प्राचीन आचार्यों के अनुसार शूद्रों का विशिष्ट कर्तव्य द्विजों की सेवा करना था। बदले में उन्हें उनसे भरण-पोषण मिलता था। शूद्रों में चांडालों को सबसे निम्न माना जाता था और उन्हें गाँव से बाहर रहना पड़ता था। शूद्र जीवन के चारों आश्रमों में से केवल गृहस्थ आश्रम ग्रहण कर सकता था। वेदाध्ययन उसके लिए निषिद्ध था। शूद्र जीवन क्षुद्र माना जाता था। फिर भी उन्हें अन्य व्यवसाय करने की छूट थी। कुछ शूद्र राजा भी हुए।

वसिष्ठ-वसिष्ठ की वरीयता उनके प्रखर पांडित्य, असीम आध्यात्मिक शक्ति, कुशल सामाजिक समुद्धारक आदि आदर्शों के कारण है। वे ऋग्वेद के ऋषियों में भी अग्रगण्य माने जाते हैं। प्राचीन इतिहास में वसिष्ठ की गरिमा का बहुत अधिक गुणगान किया गया है; जबकि ऋग्वेद के सातवें मंडल के वे प्रमुख ऋषि हैं। तत्कालीन राजनीति के कर्णधारों में भी वे अग्रगण्य माने जाते हैं। महर्षि वसिष्ठ के पूर्व वृत्तांत की पर्याप्त जानकारी का अभाव अखरने वाला है; जबकि ऋग्वेद में भी उन्होंने अपने कुल के विषय में कुछ नहीं बताया है। हाँ, पुरोहित के रूप में उन्हें अवश्य संबोधित किया गया है। ऋग्वेद के मंत्रद्रष्टा ऋषि त्र्यारुणि से उनके घनिष्ठ संबंधों के उल्लेख मिलते हैं। सूर्यवंशी राजाओं की समृद्धि में महर्षि वसिष्ठ का विशिष्टतम योगदान था। महर्षि वसिष्ठ ही राजा दशरथ के गुरु एवं पथ-प्रदर्शक थे तथा श्रीराम के भी गुरु थे। विश्वामित्र ने उन्हें बहुत मानसिक पीड़ा दी; पर वसिष्ठ ने अपनी उदारता का परिचय दे दिया।

वसिष्ठ आश्रम-यह स्थान मनाली के निकट

रोहतांग में है। यहाँ वसिष्ठ ऋषि ने तपस्या की थी। यहीं वसिष्ठ के सौ पुत्रों को कल्माषपाद नामक राक्षस ने मार दिया था, तब आहत वसिष्ठ ने पर्वत से कूदकर प्राण त्यागने का निश्चय किया; लेकिन वे बच गए। तदनंतर वे स्वयं को रस्सी से बाँधकर नदी में कूद पड़े, लेकिन नदी ने भी उन्हें पाप-मुक्त करके किनारे लगा दिया। तब से इस नदी का नाम वसिष्ठ ने विपासा (पापों से तारनेवाली) रख दिया। इसे व्यास भी कहते हैं। वसिष्ठ ने इसी नदी के किनारे आश्रम की स्थापना कर तपस्या की।

वाग्देवी–'ऋग्वेद' में सरस्वती देवी रूप में कल्पित हैं। ये पवित्रता, शुद्धि, समृद्धि और शक्ति प्रदान करनेवाली हैं। इनका संबंध इड़ा और भारती से भी जोड़ा गया। कालांतर में भारती को ही सरस्वती मान लिया गया। परवर्ती काल में सरस्वती विद्या और कला की अधिष्ठात्री देवी बन गईं। सरस्वती को शुभ्र वस्त्रों से आवृत हंसारूढ़, वीणा धारण करनेवालीं, श्वेत पद्मासना तथा पुस्तकधारिणी के रूप में वर्णित एक अंकित किया जाता रहा है। ये कवियों की आराध्या हैं। पुराणों के अनुसार, ये ब्रह्मा की पुत्री हैं। प्रायः सभी शैक्षिक अनुष्ठानों के प्रारंभ में सरस्वती की वंदना की जाती है। वसंत पंचमी के दिन सरस्वती-पूजन का विधान है।

वायव्य बाण–इस बाण से भयंकर तूफान आता है और अंधकार छा जाता है।

वायु–(क) प्राण, अपान, उदान, व्यान, समान (मुख्य वायु)। (ख) नाग वायु, कूर्म वायु, कृकर वायु, देवदत्त वायु, धनंजय वायु (गौण वायु)।

वाराणसी–एक प्रमुख तीर्थ। काशी का प्राचीन तथा आधुनिक नाम। वरुणा और असी के बीच बसे रहने के कारण काशी का यह नाम पड़ा। यहाँ कपिल नामक जलाशय में स्नान कर भगवान् शंकर की पूजा करने से राजसूय यज्ञ का फल प्राप्त होता है। इसका मध्यक्षेत्र अविमुक्त कहलाता

है। यहाँ प्राण-त्याग करनेवालों को मुक्ति प्राप्त होती है।

वाल्मीकि–महर्षि वाल्मीकि संस्कृत महाकाव्य 'रामायण' के रचयिता और आदिकवि कहे जाते हैं। इनका आश्रम तमसा नदी के तट पर था। किंवदंती है कि एक दिन

एक बहेलिए ने क्रौंच पक्षी के जोड़े में से एक को अपने बाण का लक्ष्य बनाया, जिसे देखकर इनके मुख से एक श्लोक फूट पड़ा–'मा निषाद प्रतिष्ठां त्वमगमः शाश्वती समाः। यत्क्रौञ्च मिथुनादेकमवधीः काममोहितम्।।' यह छंद अनुष्टुप् था, जिसमें इन्होंने संपूर्ण 'रामायण' की रचना की। महर्षि वाल्मीकि ने अपने दिव्य ज्ञान के बल पर रामावतार से पहले ही 'रामायण' की रचना कर डाली थी। जब श्रीरामचंद्रजी ने लोकापवाद के कारण सीताजी को वनवास की आज्ञा दी तो वे वाल्मीकि के आश्रम में रहीं। इसी आश्रम में लव तथा कुश का जन्म हुआ। वाल्मीकि ने उन दोनों को 'रामायण' कंठस्थ कराई। वाल्मीकि के संबंध में यह कथा प्रचलित है कि पूर्व में ये प्रसिद्ध डाकू तथा लुटेरे थे। अत्रि ऋषि की कृपा से राम नाम का जप कर इन्होंने सिद्धि प्राप्त की। गोस्वामी तुलसीदास ने लिखा है–'उलटा नाम जपत जग जाना। बाल्मीकि भए ब्रह्म समाना।।'

वासुकि–कश्यप और कद्रु का नागपुत्र। इसे स्वयं देवताओं ने नागराज के पद पर

आसीन किया था। परम शिवभक्त होने के कारण यह उनके गले में भी सुशोभित होता है। इसकी बहन जरत्कारु के पुत्र आस्तीक ने जनमेजय के सर्पयज्ञ के समय सर्पों की रक्षा की थी और नाग कुल का नाश होने से बचा लिया था। समुद्र-मंथन के समय वासुकि ही मथनी बने मंदराचल की रस्सी बना था। त्रिपुर-दाह के समय वही शिवजी के धनुष की प्रत्यंचा बना था।

वासुपूज्य–बारहवें जैन तीर्थंकर वासुपूज्य बाल ब्रह्मचारी थे। इन्होंने बचपन में ही सांसारिक जीवन त्याग दिया और मुनि दीक्षा लेकर तप में संलग्न हो गए। इनकी तपश्चर्या इतनी कठोर थी कि एक वर्ष में ही इन्हें कैवल्यज्ञान प्राप्त हो गया। ये सर्वज्ञ, सर्वदर्शी तीर्थंकर बन गए। इनकी आयु 72 लाख वर्ष कही गई है। इनके अनुयायियों की संख्या 10 लाख से अधिक

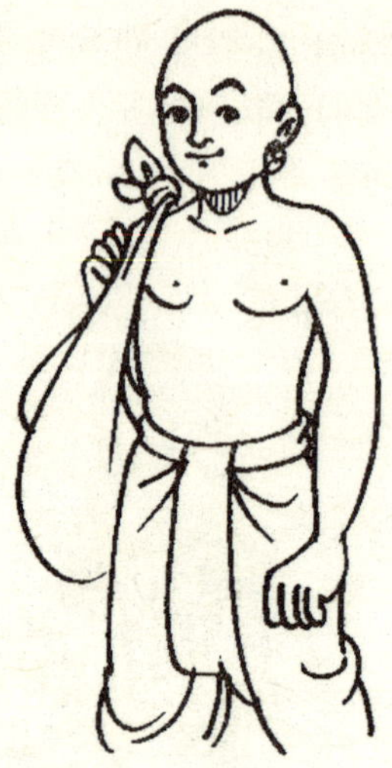

थी। भाद्रपद शुक्ल चतुर्दशी को चंपापुर में इन्हें निर्वाण प्राप्त हुआ। यह जैन धर्मावलंबियों की एक पावन तीर्थ-स्थली है।

विग्रह—वह मूर्ति है, जिसमें देवता की पूजा की जाती है।

विज्ञानमय कोश—यह कोश मनोमय कोश से भी सूक्ष्मतम होता है। इसका केंद्र मस्तिष्क होता है। यह विवेक या बुद्धि द्वारा कार्य करता है। बुद्धि द्वारा किसी कार्य के परिणाम आदि का ज्ञान होता है। यही सांसारिक मोह-माया को त्याग करने के लिए प्रेरित करता है अर्थात् ब्रह्म-ज्ञान के लिए एक योगी को विज्ञानमय कोश को भी जीतना पड़ता है। तभी एक योगी बुद्धि, तर्क आदि से पार पाता है और ब्रह्म मार्ग की ओर अग्रसर होता है। अतः तभी किसी उचित कार्य के लिए मन में श्रद्धा भाव उत्पन्न होता है।

विदुर—राजा विचित्रवीर्य की रानी अंबिका की दासी एवं वेदव्यास के पुत्र। ये बड़े विद्वान् और नीतिज्ञ थे। इनकी रचित 'विदुर

नीति' आज भी लोकप्रिय है।

विद्या—चार वेद, छह वेदांग, मीमांसा, न्याय, पुराण, धर्मशास्त्र तथा चार उपवेद। कुल अठारह विद्याएँ।

विद्यापति—आधुनिक भारतीय भाषाओं में कृष्णकाव्य का प्रारंभ मैथिल-कोकिल विद्यापति से स्वीकार किया जाता है। जयदेव तथा चंडीदास की परंपरा में इन्होंने चौदहवीं-पंद्रहवीं शताब्दी में राधा-कृष्ण प्रेम की जैसी सरस व कोमल अवतारणा की, उसके फलस्वरूप मूलतः शैव होते हुए भी इन्हें कृष्ण-भक्तों की पंक्ति में स्थान दिया जाता है। विद्यापति को बिहार तथा बंगाल में ही नहीं, संपूर्ण हिंदी क्षेत्र

में असाधारण लोकप्रियता प्राप्त हुई। विद्यापति का जन्म बिहार के दरभंगा जिले के विसपी ग्राम में एक विद्यानुरागी मैथिल ब्राह्मण परिवार में 1350-60 ई. के आस-पास हुआ था। इनकी प्रमुख रचनाएँ हैं–'कीर्तिलता', 'कीर्ति पताका', 'भू-परिक्रमा', 'पुरुष परीक्षा', 'लिखनावली', 'शैव सर्वस्वसार', 'गंगा वाक्यावली', 'विभागसार', 'दानवाक्यावली' तथा 'दुर्गाभक्ति तरंगिणी'। विद्यापति की मृत्यु 1447 ई. में हुई मानी जाती है।

विनता-पुत्र–तार्क्ष्य, अरिष्टनेमि, गरुड, अरुण, आरुणि, वारुणि।

विभीषण–रावण का अनुज। रावण की मृत्यु के बाद यह लंका का राजा बना।

विमलनाथ–तेरहवें तीर्थंकर विमलनाथ कांपिल्य (फर्रुखाबाद, उत्तर प्रदेश) के राजा थे। विमलनाथ की आयु 60 लाख वर्ष कही गई है। एक दिन सर्दी की ऋतु में रुई जैसी सुकोमल बर्फ की वर्षा हो रही थी। विमलनाथ राजप्रासाद के बगीचे में टहलते हुए प्रकृति की उस शोभा का रसास्वादन कर रहे थे। थोड़ी देर में सूर्य निकल आया और सारी बर्फ गायब हो गई। विमलनाथ सोचने लगे कि बर्फ की भाँति सभी सांसारिक सुख नश्वर हैं, इंद्रिय-भोग भी क्षण-भंगुर हैं। इस प्रकार के मोह में फँसना मूर्खता और समय की बरबादी है। मेरा जन्म स्थायी सुख पाने और जन-कल्याण के लिए हुआ है। वे दीक्षा लेकर वन को निकल पड़े। तीन वर्ष की कठोर तपस्या के बाद उन्हें कैवल्यज्ञान प्राप्त हुआ और वे तीर्थंकर बन गए। सम्मेद शिखर पर उन्हें निर्वाण प्राप्त हुआ। विमलनाथ को भगवान् विष्णु का वराहावतार भी माना जाता है।

विवाह–विवाह मानव समाज को बनानेवाली सबसे छोटी इकाई और परिवार का मूल

है। मानव जाति का अस्तित्व बनाए रखनेवाला यह प्रधान साधन है। परिवार की स्थापना करनेवाली पद्धति ही विवाह है। यह दांपत्य संबंध पारिवारिक जीवन भी है। यह पति-पत्नी को काम-सुख का उपयोग करने का अधिकार देता है तो साथ ही पति को पत्नी तथा संतान के पालन-पोषण के लिए भी बाध्य करता है। विवाह का प्रमुख उद्देश्य स्त्री और पुरुष के यौन संबंध को नियमित करना तथा संतानोत्पत्ति के सामाजिक कार्य में सहयोग करना है।

विवाह के प्रकार–हिंदू धर्मशास्त्रकारों ने हिंदू विवाह के आठ प्रकार बताए हैं–ब्राह्म, दैव, आर्ष, प्राजापत्य, आसुर, गांधर्व, राक्षस और पैशाच। इनमें प्रथम चार विवाह के भेद सम्मान की दृष्टि से देखे जाते थे और अंतिम चार निंदित थे।

1. ब्राह्म–पिता सच्चरित्र और वेदज्ञ वर को आमंत्रित करके कन्या को

वस्त्र-आभूषण से सज्जित करके दान करता था। 2. दैव-पिता कन्या के विवाह के लिए यज्ञ का आयोजन करता था और उस यज्ञ को विधिपूर्वक संपन्न करनेवाले से कन्या का विवाह कर दिया जाता था। 3. आर्ष-कन्या का पिता वर से एक बैल और एक गाय लेकर सविधि कन्यादान करता था। 4. प्राजापत्य-वर की विधिवत् पूजा करके कन्या का दान किया जाता था। उपर्युक्त चारों प्रकार के विवाहों में माता-पिता द्वारा कन्या का दान दिया जाता था। 5. आसुर-कन्या के माता-पिता कन्या के बदले वर से धन लेते हैं। 6. गांधर्व-युवक-युवती प्रेमवश अपने माता-पिता की उपेक्षा करके विवाह कर लेते हैं। यह प्रणय या प्रेम विवाह है। वैदिक काल में भी इसका प्रचलन था। पुरूरवा-उर्वशी का प्रणय विख्यात है। माधव-मालती या कादंबरी और चंद्रापीड के विवाह भी गांधर्व विवाह हैं। 7. राक्षस-शक्ति या बल-प्रयोग द्वारा कन्या का अपहरण करके विवाह करना। आदिम जातियों में इसका प्रचलन अब भी है। अर्जुन-सुभद्रा का विवाह, कृष्ण-रुक्मिणी का विवाह इसके उदाहरण हैं। 8. पैशाच-सोती हुई, उन्मत्त, मदिरापान की हुई या मार्ग में जाती हुई कन्या से कामयुक्त होकर विवाह करना। यह अत्यंत निंदनीय विवाह है। इनके अतिरिक्त एक अन्य प्रकार का भी विवाह प्रचलित था-स्वयंवर। इसमें कन्या अपना वर स्वयं चुनती थी। राजाओं की पुत्रियाँ ऐसा करती थीं। यह गांधर्व विवाह जैसा ही था।

विवेकचूड़ामणि-अद्वैत वेदांत दर्शन का एक अनूठा ग्रंथ, जिसके रचनाकार हैं आदि शंकराचार्य।

विवेकानंद-स्वामी विवेकानंद प्रसिद्ध संन्यासी, उपदेशक तथा अंतरराष्ट्रीय ख्यातिप्राप्त महापुरुष थे। इनका मूल नाम नरेंद्रनाथ दत्त था। इनका जन्म 12 जनवरी, 1863

को कलकत्ता में एक मध्य वर्गीय क्षत्रिय परिवार में हुआ था। इन्होंने कलकत्ता विश्वविद्यालय से बी.ए. की उपाधि प्राप्त की और फिर कानून पढ़ने लगे। इसी दौरान वे रामकृष्ण परमहंस के शिष्य बने और संन्यासी होकर हिमालय से कन्याकुमारी तक समग्र भारत का भ्रमण किया। 1893 ई. में ये अमेरिका के शिकागो शहर में विश्व धर्म सम्मेलन में भाग लेने गए। वहाँ इन्होंने जो भाषण दिया, उससे वहाँ उपस्थित सभी लोग अत्यधिक प्रभावित हुए। अनेक नर-नारी इनके शिष्य बन गए और रामकृष्ण परमहंस की शिक्षा का अध्ययन करने के लिए अमेरिका में अनेक केंद्र स्थापित हुए। 1902 ई. में अल्पायु में ही इनकी मृत्यु हो गई। रवींद्रनाथ ने कहा है कि 'यदि कोई भारत को समझना चाहता है तो उसे विवेकानंद को पढ़ना चाहिए।' श्रीअरविंद ने कहा कि 'पश्चिमी जगत् में विवेकानंद को जो सफलता मिली, वह इस बात का प्रमाण है कि भारत केवल मृत्यु से बचने के लिए नहीं जगा

है वरन् वह विश्व-विजय करके दम लेगा।'

विशिष्टाद्वैत—विशिष्टाद्वैत का अर्थ है विशिष्ट अद्वैत। यह एक प्रकार के द्वैत जैसे वेदांत का संप्रदाय है। इसके प्रवर्तक रामानुजाचार्य थे। उनका जन्म 1016 ई. में दक्षिण भारत में हुआ था। वे द्रविड़ ब्राह्मण थे। जीव, जगत् और ब्रह्म पर उपनिषदों में विस्तार से विचार हुआ है, अतः उन्हीं के आधार पर रामानुज ने अपना सिद्धांत प्रतिपादित किया। उपनिषदों के ज्ञान तत्त्व में रामानुज का अटूट विश्वास था। उनके अनुसार ब्रह्म में चित और अचित दोनों तत्त्व हैं। चित आत्मा के रूप में है और अचित भौतिक जगत् के रूप में। अचित तत्त्व प्रारंभ में अविभक्त रहता है, किंतु बाद में तेज, जल और पृथ्वी इन तीन भागों में बँट जाता है। इनके क्रमशः सत्, रज और तम तीन गुण हो जाते हैं। धीरे-धीरे मिलकर ये स्थूल वस्तुओं का रूप धारण कर लेते हैं। यह त्रिवृत्तकरण के नाम से जाना जाता है, जिससे भौतिक जगत् का उदय होता है। रामानुज शंकर के ज्ञानमार्ग तथा मायावाद का खंडन करके विशिष्टाद्वैत का प्रतिपादन करते हैं।

विश्रवा—हविर्भू एवं पुलस्त्य मुनि के पुत्र। इनकी दो पत्नियाँ थीं—इलबिड़ा एवं कैकसी। कुबेर, रावण, कुंभकर्ण तथा विभीषण इनके पुत्र थे।

विश्वकर्मा—ये देवताओं के शिल्पी कहलाते हैं। देवताओं के विमान, अस्त्र-शस्त्र, द्वारिकाधाम, स्वर्णपुरी लंका आदि के ये ही रचयिता हैं। प्रभास नामक वसु इनके पिता हैं, योगसिद्धा माता, रचना पत्नी और सूर्य की पत्नी संज्ञा इनकी पुत्री हैं। इनका एक नाम त्वष्टा है। इनके पुत्र विश्वरूप और वृत्र हुए। विश्वरूप को जब इंद्र ने मार दिया तो इन्होंने वृत्रासुर को उत्पन्न

किया। अति बलशाली वृत्र ने इंद्र का राजपाट छीन लिया। उसके नाश के लिए इंद्र ने दधीच की अस्थियाँ दान में लीं और उससे निर्मित वज्र से वृत्र का वध किया। राम की वानर सेना में शामिल नल वानर इनके अंशावतार थे, जिसने समुद्र पर सेतु-निर्माण में भगवान् राम की सहायता की थी।

विश्वामित्र—महर्षि विश्वामित्र को सप्तर्षियों में मान्यता दी गई है। वैसे भी ये प्रमुख ऋषियों में अद्वितीय स्थान रखते हैं। रामायण में इनका प्रसंग विशेष महत्त्वपूर्ण है। महर्षि वसिष्ठ के प्रतिद्वंद्वी के रूप में इन्हें उद्धृत किया गया है। अपनी कठोर साधना से इन्होंने अनेक अद्भुत कार्य करके सबको

चकित कर दिया। विश्वामित्र ने अपने बहनोई ऋचीक ऋषि से समस्त शास्त्रों की शिक्षा ली। असीम क्षमता का अनुभव कर विश्वामित्र ने गंगा पार करके सूर्यवंशी राजा त्रय्यारुणि के राज्य पर आक्रमण कर दिया, जहाँ महर्षि वसिष्ठ का वर्चस्व था। वसिष्ठ की श्रेष्ठता के आगे विश्वामित्र न टिक सके। अंततः वसिष्ठ द्वारा दर्प-दलन किए जाने पर विश्वामित्र वन में चले गए और वनवासियों के बीच रहकर साधना में तल्लीन हो गए।

विषकन्या–प्राचीन समय में राजा अपने शत्रुओं का छलपूर्वक अंत करने के लिए विषकन्याओं का इस्तेमाल करते थे।

विषकन्या बनाने के लिए किसी सुंदर कन्या को बचपन से अल्प मात्रा में विष चटाना आरंभ कर दिया जाता था। उसे विषैले सर्पों के बीच पाला जाता था। उसे संगीत और नृत्य के साथ-साथ छल की सारी विधियाँ सिखाई जाती थीं। अवसर देखकर इस विषकन्या को शत्रु के पास भेज दिया जाता था। इसके संसर्ग से शत्रु मर जाता था।

विष्णु–विष्णु हिंदुओं के प्रधान तीन देवताओं (ब्रह्मा, विष्णु, महेश) में से एक हैं, जिन पर सृष्टि के पालन का भार है। वैदिक काल में विष्णु धन, बल तथा वीर्य के देवता थे। प्रजापति कश्यप के औरस और अदिति के गर्भ से इनकी उत्पत्ति हुई। इनकी पत्नी लक्ष्मीजी हैं। पुराणों में विष्णु के दस अवतार माने गए हैं। इनके एक हजार नाम हैं। ये चतुर्भुज हैं। इनका रंग श्याम है। ये शंख, चक्र, गदा तथा पद्म धारण करते हैं। इनका वाहन गरुड़ है। इनका निवास-स्थान क्षीरसागर है, जहाँ शेषनाग की शय्या पर ये लक्ष्मीजी के साथ शयन करते हैं। विष्णु के उपासक 'वैष्णव' कहलाते हैं।

विष्णु-आयुध–शंख, चक्र, गदा, धनुष, खड्ग।

विष्णुजी के चौबीस अवतार–1. सनतकुमार 2. वराह 3. नारद 4. नर-नारायण 5. कपिल 6. दत्तात्रेय 7. यज्ञपुरुष 8. ऋषभदेव 9. महाराजा पृथु 10. भगवान् हंस 11. मत्स्य 12. कच्छप 13. धन्वंतरि 14. विश्वमोहिनी 15. नृसिंह 16. वामन 17. हयग्रीव 18. श्रीहरि 19. परशुराम 20. वेदव्यास 21. श्रीराम 22. श्रीकृष्ण 23. बुद्ध 24. कल्कि (होना है)।

विष्णु प्रयाग–उत्तराखंड में जोशीमठ-बदरीनाथ

सड़क मार्ग पर स्थित एक प्रसिद्ध हिंदू तीर्थ। यह नगर धौलीगंगा तथा अलकनंदा नदियों के संगम पर बसा है। यहाँ प्राचीन विष्णु मंदिर और विष्णु कुंड दर्शनीय हैं।

विष्णु शर्मा–दक्षिण भारत के महिलारोप्य नगरवासी और नीतिकथा ग्रंथ 'पंचतंत्र' के रचनाकार। इन्होंने 80 वर्ष की वय में इस ग्रंथ की रचना पूरी की थी।

वृंदावन–वृंदावन यमुना नदी के तट पर बसा हुआ नगर है। यह मथुरा जिले का एक प्रसिद्ध व प्राचीन तीर्थ रहा है। द्वापर युग में श्रीकृष्ण की अधिकतर बाल-लीलाएँ यहीं संपन्न हुई थीं। महमूद गजनवी ने इस स्थान को ध्वंस कर डाला था, किंतु श्री चैतन्य महाप्रभु ने यमुना-तट पर दूसरे वृंदावन की स्थापना की। यहाँ अनेक मंदिर हैं। इनमें रंगजी का मंदिर और राधामाधव के मंदिर मुख्य हैं। श्रीप्रभुपाद ने भी रमण रेती पर एक भव्य मंदिर (श्रीकृष्ण-बलराम मंदिर) का निर्माण कराया है।

वृक्ष-प्रकार–वृक्ष, लता (जो वृक्षों के सहारे फैलती है), वल्ली (जो पृथ्वी पर फैलती

है), गुल्म (झाड़ियाँ), त्वक्सार (बाँस आदि) घास।

वेद–'वेद' शब्द 'विद्' धातु से निकला है, जिसका अर्थ है–'जानना'। अत: वेद का अर्थ है ज्ञान; किंतु यह ज्ञान सामान्य ज्ञान नहीं है। पूर्वकाल में 'वेद' शब्द संपूर्ण वैदिक वाङ्मय का सूचक था, जिसमें संहिता, ब्राह्मण, आरण्यक तथा उपनिषद्–सभी सम्मिलित थे। किंतु आगे चलकर 'वेद' शब्द केवल चार संहिताओं 'ऋग्वेद', 'यजुर्वेद', 'सामवेद' तथा 'अथर्ववेद' का ही द्योतन करने लगा। चारों वेदों का सम्यक् विभाजन और संपादन महर्षि वेदव्यास ने किया। प्रत्येक वेद से जो वाङ्मय विकसित हुआ, उसके चार विभाग किए गए हैं–संहिता, ब्राह्मण, आरण्यक तथा उपनिषद्। संहिता में वैदिक स्तुतियाँ हैं, ब्राह्मण में मंत्रों की व्याख्या है, आरण्यक में वानप्रस्थियों के लिए अरण्यगान तथा विधि-विधान हैं और उपनिषदों में दार्शनिक व्याख्याएँ। वेदों की उत्पत्ति के बारे में 'शतपथ ब्राह्मण' में वर्णन आता है कि अग्नि से 'ऋग्वेद', वायु से 'यजुर्वेद' और सूर्य से 'सामवेद' प्राप्त हुए। मनुष्य द्वारा रचित न होने तथा ईश्वर कृत होने से वेदों को 'अपौरुषेय' भी कहा गया है। ऋषियों को वेदों का द्रष्टा माना गया है। वेद नित्य हैं, इसलिए समाधिस्थ ऋषियों के अंत:करण में ही उनका प्रकाश होता है। वेदों में आध्यात्मिक, आधिदैविक तथा आधिभौतिक–तीनों अर्थों का सन्निवेश है। वेदों को समझने के लिए शिक्षा, कल्प, व्याकरण, निरुक्त, छंद और ज्योतिष नामक छह शास्त्रों के अंगों का अध्ययन आवश्यक है। पुराणों में से 'महाभारत' को पंचमवेद की संज्ञा प्रदान की जाती है। वेदों के सहायक शास्त्र 'वेदांग' कहलाते हैं।

वेदत्रय–ऋक्, यजुः, साम।

वेदव्यास–व्यास का अर्थ है 'संपादक'। अतः 'वेदव्यास' उपाधि वेदों को व्यवस्थित रूप प्रदान करनेवाले उन महर्षि को दी गई, जो चिरंजीव होने के कारण 'शाश्वत' कहलाते हैं। यही नाम 'महाभारत' के संकलनकर्ता, वेदांत दर्शन के संस्थापक तथा पुराणों के व्यवस्थापक को भी दिया गया है। किंतु भारतीय परंपरा इन सबको एक ही व्यक्ति मानती है। 'महाभारत' के रचयिता ऋषि पराशर एवं सत्यवती के पुत्र महर्षि व्यास थे। साँवले रंग के होने से 'कृष्ण' और यमुना के बीच स्थित द्वीप में उत्पन्न होने के कारण 'द्वैपायन' कहलाए। इस तरह वेदव्यास को 'कृष्ण द्वैपायन' भी कहते हैं। अपनी माता के आग्रह पर वेदव्यास ने विचित्रवीर्य की रानियों से नियोग द्वारा दो पुत्रों का जन्म कराया। पुराणों में अठारह व्यासों का उल्लेख मिलता है, जो ब्रह्मा और विष्णु के अवतार कहलाते हैं और विभिन्न युगों में वेदों की संख्या तथा प्रचार-हेतु पृथ्वी पर अवतार लेते हैं।

वेदांग–वेदों के छह अंग माने गए हैं। ये अंग वेदाध्ययन के लिए आवश्यक हैं। उनके नाम इस प्रकार हैं–शिक्षा (उच्चारण आदि विज्ञान), कल्प, व्याकरण, छंद, ज्योतिष, निरुक्त। वेदों के शुद्ध उच्चारण का विशेष महत्त्व था। उच्चारण के गड़बड़ हो जाने से बड़े अनिष्ट की संभावना रहती है। वृत्रासुर ने इंद्र पर विजय पाने के लिए एक यज्ञ कराया था। उसमें 'इंद्रशत्रो वर्द्धस्व' मंत्र से आहुतियाँ दी गईं। स्वर के अंतर से इसके दो अर्थ हो जाते थे। एक तो यह कि इंद्र के शत्रु वृत्रासुर की वृद्धि (यही अर्थ वृत्रासुर को अभीष्ट था)। आहुति देने में ऐसा उच्चारण किया गया, जिसका अर्थ होता था–इंद्र, जो शत्रु है, उसकी वृद्धि हो। अंत में उसके फलस्वरूप वृत्रासुर की मृत्यु हो गई।

वेदांत–उपनिषदों पर आधारित सारे मत वेदांत कहलाते हैं, क्योंकि उपनिषदें वेदों का अंत होती हैं। वेदांत वैदिक विद्या का सार है। वैदिक साहित्य की व्याख्या करने के लिए मीमांसा शास्त्र बने। मीमांसा का अर्थ है पुनः-पुनः मनन। ब्रह्मसूत्र उत्तर मीमांसापरक वेदांत है। व्यास ने 'अथाऽतो ब्रह्म जिज्ञासा' कहकर ब्रह्म के अध्ययन को वेदांत का विषय माना है। विभिन्न संप्रदाय अपने-अपने मत के अनुसार अपने मत को ही 'वेदांत' कहते हैं। अद्वैत को छोड़कर शेष सभी वेदांत संप्रदाय भक्ति को मोक्ष का सर्वोत्कृष्ट मार्ग मानते हैं। वेदांत के सभी संप्रदाय दक्षिण भारत में उत्पन्न हुए। दक्षिण भारत वैष्णवों तथा शैवों का गढ़ रहा है। कहा जाता है कि रामानंद सगुण भक्ति को दक्षिण से ही लाए थे। अद्वैत वेदांत ज्ञानमूलक होने के कारण विद्वानों में काफी लोकप्रिय हुआ, जबकि भक्तिमूलक वेदांत ने सामान्य जनता के बीच जगह बनाई। भारत का जन-जन वेदांत से अभिभूत हुआ है।

वैतरणी–पुराणों में आए वर्णन के अनुसार, नरकलोक की एक दुःखदायी नदी। यह सौ योजन की कही गई है, जिसमें उबलता जल रक्त व पीपयुक्त होता है। पापी प्राणियों को इस नदी में भयानक पीड़ा भोगनी पड़ती है।

वैदिक काल–भारत में वेदों की रचना के

कालखंड को 'वैदिक काल' कहा जाता है। इस कालखंड को ऋग्वैदिक काल (1500-1000 ई.पू.) तथा उत्तर-वैदिक काल (1000-700 ई.पू.)–दो भागों में बाँटा गया है। हड़प्पा संस्कृति के पतन के बाद जनमी इस सभ्यता की जानकारी के स्रोत वेदों के आधार पर इसे वैदिक सभ्यता कहा गया। उत्तर-वैदिक काल की महत्त्वपूर्ण विशेषता कृषि-प्रधान अर्थव्यवस्था थी, जबकि ऋग्वैदिक काल में पशुपालन का ज्यादा महत्त्व था। वर्ण-व्यवस्था का जन्म इसी समय होता है। इसी समय उत्तर भारत में लौह युग का आरंभ हुआ।

वैदिक धर्म–वेदों के नियम पर आधारित और अनुसरित धर्म वैदिक धर्म था। इसमें दिव्य और अलौकिक सत्ता की व्यंजना है, जिससे प्रकृति और सृष्टि भी संपृक्त है। वैदिक धर्म में आकाशवासी, अंतरिक्ष स्थानीय और पृथ्वी स्थानीय देवताओं को माना गया है। ये हैं सूर्य, सविता, विष्णु, वरुण, उषा, इंद्र, पर्जन्य, रुद्र, अग्नि, बृहस्पति तथा सोम। वैदिक ऋषियों ने अंतस की शुचिता के लिए सदाचरण की व्याख्या की तथा पाप को समाप्त करने के लिए अग्नि, सविता, पूषन, मरुत और विश्वेदेव आदि का आह्वान किया। इसी तरह देव-स्तुति और प्रार्थना के लिए आचार की शुचिता अनिवार्य थी। परम तत्त्व की प्राप्ति के लिए पवित्र भोजन, शुद्ध पान और निष्कपट विचार की अपेक्षा की जाती थी। आर्यों ने कर्मतत्त्व को प्रधानता दी थी और निष्ठापूर्वक सत्कर्म पर चलने का निर्देश दिया था। उनका विश्वास था कि अच्छे कर्मों से पुण्य व सुख की प्राप्ति होती है और बुरे कर्मों से पाप व दुःख की।

वैदिक साहित्य–वैदिक साहित्य के अंतर्गत चारों वेद (ऋक्, साम, यजुः, अथर्व–जिन्हें संहिताएँ भी कहते हैं), विभिन्न ब्राह्मण, आरण्यक तथा उपनिषद् आते हैं। इन सभी को 'श्रुति साहित्य' कहा जाता है, जो अपौरुषेय है। (इसके विपरीत स्मृति साहित्य है, जो मनुष्य रचित है और जिसमें वेदांत, धर्मशास्त्र व सूत्र ग्रंथ आते हैं।) प्रत्येक वेद के साथ ब्राह्मण ग्रंथ, आरण्यक और उपनिषद् वर्गीकृत हैं। कुछ लोग वेदांगों को भी वैदिक साहित्य में सम्मिलित करते हैं। वेदांग छह हैं–शिक्षा, कल्प, व्याकरण, निरुक्त, छंद और ज्योतिष। वैदिक साहित्य का अध्ययन हिंदुओं के दर्शनशास्त्रों के बिना अधूरा माना जाता है। दर्शनशास्त्र भी छह प्रकार के हैं–कपिल का सांख्यदर्शन, पतंजलि का योगदर्शन, गौतम का न्यायदर्शन, कणाद का वैशेषिक, जैमिनी का पूर्व मीमांसा तथा व्यास का उत्तर मीमांसा दर्शन।

वैद्यनाथ–शिवपुराण में 'वैद्यनाथ चिताभूमौ' ऐसा पाठ है। इसके अनुसार (झारखंड) राज्य के संथाल परगना क्षेत्र में जसिडीह स्टेशन के पास देवघर (वैद्यनाथ धाम) नामक स्थान पर श्रीवैद्यनाथ ज्योतिर्लिंग सिद्ध होता है, क्योंकि यही चिताभूमि है। महाराष्ट्र में परभणी नामक जंक्शन है, वहाँ से थोड़ी दूर परली ग्राम के निकट श्रीवैद्यनाथ को भी ज्योतिर्लिंग माना जाता है। परंपरा और पौराणिक कथाओं से देवघर स्थित श्रीवैद्यनाथ ज्योतिर्लिंग की ही प्रामाणिक मान्यता है।

वैभव लक्ष्मी–घर में सुख-समृद्धि के लिए

शुक्रवार को यह व्रत रखा जाता है। इस दिन व्रती श्वेत पुष्प तथा श्वेत चंदन से लक्ष्मीजी की पूजा करते हैं, तदनंतर उन्हें अक्षत और खीर का भोग लगाते हैं। व्रती दिन में एक समय भोजन करते हैं, जिसमें खीर अवश्य खाई जाती है।

वैवस्वत मनु–हिंदू मतानुसार हरेक मन्वंतर में एक प्रथम पुरुष होता है, जिसे मनु कहते हैं। इसी आधार पर वैवस्वत को सातवाँ मनु कहा गया है। इस समय वैवस्वत मन्वंतर ही चल रहा है। वैवस्वत मनु भगवान् सूर्य और संज्ञा के पुत्र हैं।

वैशाली–वैशाली लिच्छवियों की राजधानी थी, जो 600 ई.पू. भारत के महान् शक्तिशाली राजा थे। क्षेत्र के विशाल होने से ही इसका नाम वैशाली पड़ा। 'रामायण' के अनुसार इसकी स्थापना इक्ष्वाकु एवं अलंबुषा के पुत्र विशाल ने की थी, जिसके नाम पर यह शहर 'विशाला' कहलाया। पाँचवीं शताब्दी में चीनीयात्री फाहियान वैशाली आया था। उसके अनुसार, इसके उत्तर में एक विशाल वन था, जिसमें एक विहार में बुद्ध रहते थे। चीनीयात्री ह्वेनसांग ने इस नगर की परिधि को 5,000 मील से अधिक बताया है। यह आम, केला तथा अन्य फलदार वृक्षों से युक्त उपजाऊ क्षेत्र था। यह नगर जैन एवं बौद्ध दोनों धर्मों के आरंभिक इतिहास से जुड़ा रहा है। जैन धर्म के प्रवर्तक महावीर को वैशाली अपना नागरिक मानती है, किंतु बुद्ध का संबंध भी इससे कम नहीं था। बुद्ध निर्वाण के बाद संपूर्ण संघों के प्रतिनिधि यहीं पर मिले थे। अब बिहार के इस नगर को पर्यटन केंद्र के रूप में विकसित किया जा रहा है।

वैष्णव–भक्ति-भावना वैष्णवों की विशेष देन है। उन्होंने भक्ति और शरणागति पर विशेष बल दिया है। उन्होंने नियम की अपेक्षा प्रेम को अधिक महत्त्व दिया है। यह बात कृष्ण-भक्त कवियों में अधिक रही है। 'वैष्णव लोग बड़ी कोमल प्रकृति के होते हैं। शूद्रों के प्रति भी उनका उदार-भाव रहा है। उनकी भक्ति में जाति-पाँति का बंधन नहीं है। वे सबके लिए सुलभ हैं।'

वैष्णो देवी–ये देवी जम्मू और कश्मीर प्रांत के वैष्णो देवी मंदिर में आसीन एक सर्वपूज्य देवी हैं। इन्हें वैष्णो रानी, माता रानी और वैष्णवी भी कहा जाता है। त्रेतायुग में जनमीं वैष्णवी भगवान् राम से विवाह की इच्छुक थीं, लेकिन एकपत्नीव्रती राम ने उन्हें उनके कल्कि अवतार की प्रतीक्षा करने को कहा, जिसमें वे उनका वरण करेंगे।

व्यूह–युद्ध के समय सेनाएँ कई प्रकार की मोर्चाबंदी करती थीं। कुछ व्यूहों के नाम हैं–गरुड व्यूह, शकट व्यूह, श्येन व्यूह, चक्र व्यूह, मकर व्यूह, अर्द्धचंद्र व्यूह, क्रौंच व्यूह, मंडल व्यूह, मंडलार्द्ध व्यूह, वज्र व्यूह आदि।

व्रत–1. तप, संतोष, आस्तिकता, दान,

भगवद्-आराधन, वेदांत-श्रवण, ह्वी (लज्जा) तथा जप। 2. अपनी किसी इच्छा की प्रतिपूर्ति हेतु दिन भर या कुछ दिनों के लिए अन्न, जल या अन्य भोज्य पदार्थों का त्याग व्रत कहलाता है। व्रत में व्रती का अवश्य ही कोई-न-कोई स्वार्थ निहित होता है। कतिपय कार्य को पूरा करने का संकल्प उठाना भी व्रत कहलाता है।

व्रत-उपवास-तप–आध्यात्मिक उत्थान, नैतिक निखार के लिए हमारी संस्कृति में विविध विधि-विधान बनाए गए हैं। तप, साधना तथा उग्र तपस्या करके मानवीय सद्गुणों का विकास किया जाना हमारी संस्कृति का मेरुदंड है। इससे आत्मशुद्धि होती है, आत्मबल बढ़ता है तथा असीम आध्यात्मिक आनंद की अनुभूति होती है। प्रत्येक धर्म के लोग व्रत, उपवास, ध्यान इत्यादि तप आत्मिक शुद्धि एवं मानसिक शांति के लिए करते हैं। इंद्रियों पर संयम के लिए ही व्रत, उपवास, तपस्या, साधना आदि के विधान हैं। व्रत-उपवास, तप-साधना से जहाँ आत्मसंयम की शक्ति मिलती है वहीं ब्रह्मचर्य का पालन होता है, जिससे ओजस्विता में वृद्धि होती है।

□

शंकर गुफा–लेह की यह गुफा अपनी अनूठी बुद्ध प्रतिमा के लिए प्रसिद्ध है। यहाँ बुद्ध की प्रतिमा अनोखी इसलिए है, क्योंकि इसके 11 सिर, 1000 नेत्र, 1000 हाथ और 1000 पैर हैं।

शंकराचार्य–आचार्य शंकर का जन्म 788 ई. में मलाबार में नंबूदरि ब्राह्मण कुल में हुआ था। शंकर अत्यंत प्रखर बुद्धि के

थे। यह वह समय था जब बौद्ध, ब्राह्मण, जैन–सभी धर्म अधिक-से-अधिक लोगों को साधु बनाने की होड़ लगाए हुए थे। अभी शंकर आठ वर्ष के थे कि गोविंद नामक संन्यासी ने उन्हें अपना शिष्य बना लिया। गुरु ने उन्हें 'परमहंस' की उपाधि दी। उन्होंने ज्ञान की पिपासा के कारण कश्मीर से कन्याकुमारी तक के तीर्थस्थलों का भ्रमण किया। बौद्ध, जैन, कापालिक तथा स्मार्त संप्रदायों के आचार्यों के साथ उनका शास्त्रार्थ हुआ। नर्मदा तट पर माहिष्मती में मंडन मिश्र तथा उनकी पत्नी के साथ भी उनका शास्त्रार्थ हुआ। उनके द्वारा हिंदू धर्म के प्रचार-प्रसार से बौद्ध धर्म को धक्का लगा, जिससे वह विलुप्त हो गया। शंकर संस्कृत के प्रकांड विद्वान् थे। उनका मत 'अद्वैतवाद' के नाम से प्रसिद्ध है। भारतीय दर्शनों में उनका दर्शन शिरोमणि है। उन्होंने वेदांत और दस प्रधान उपनिषदों पर विचारपूर्ण भाष्य लिखकर अपनी प्रतिभा का परिचय दिया। अपने कार्यों को मूर्त रूप देने के लिए उन्होंने चारों दिशाओं में प्रसिद्ध मठों की स्थापना की। ये हैं उत्तर में केदारनाथ, दक्षिण में शृंगेरी, पूर्व में पुरी और पश्चिम में द्वारिका। शंकर ने बंधन से छूटने के चार उपाय बताए हैं–नित्यानित्य वस्तु विवेक, लोक-परलोक के फलभोग से विराग, शम, दम, उपरति, तितिक्षा, श्रद्धा, समाधि तथा मुमुक्षत्व (मुक्ति पाने की लालसा)।

शंख–वाद्यों और ध्वनियों का हमारे शरीर पर व्यापक प्रभाव पड़ता है। इस संदर्भ में अतीत के शंखनाद की सराहना जहाँ युद्धकाल में उत्साह बढ़ाने में उपयोगी

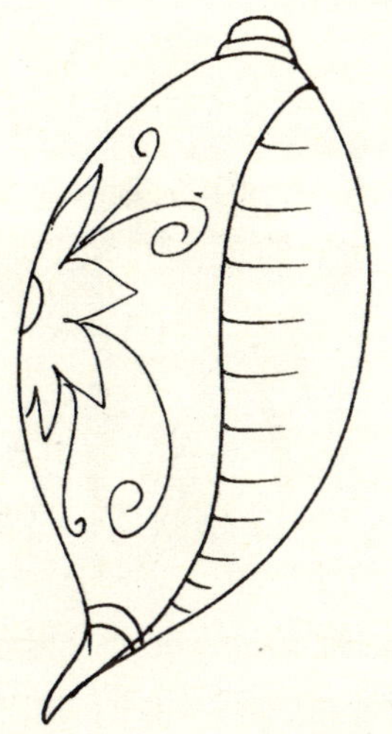

सिद्ध होती थी वहीं मांगलिक कार्यों में भी शंख की ध्वनि का विशेष महत्त्व है। आज भी पूजा-पाठ, मांगलिक कार्यों में जब शंख बजाया जाता है तो तन-मन पुलकित हो जाता है। शंख की उत्पत्ति के विषय में बताया जाता है कि समुद्र-मंथन के समय चौदह रत्नों में शंख भी निकला। वैसे भी शंख की उत्पत्ति जल से ही होती है। शंख-ध्वनि को निरंतर सुनने से हृदयावरोध नहीं होता। शंख फूँकनेवाले व्यक्ति के फेफड़े शक्तिशाली हो जाते हैं। इससे आँत, श्वास नली एवं फेफड़ों को एक साथ काम करना पड़ता है। यह प्रक्रिया यदि निरंतर की जाए तो दमा, खाँसी, प्लीहा, यकृत आदि रोग समूल नष्ट हो जाते हैं। शंख दो प्रकार के होते हैं—दक्षिणावर्ती एवं वामावर्ती। दक्षिणावर्ती शंख पुण्य के ही योग से प्राप्त होता है। यह शंख जिस घर में रहता है, वहाँ लक्ष्मी की वृद्धि होती है। इसका प्रयोग अर्घ्य आदि देने के लिए विशेषत: होता है। वामावर्ती शंख का पेट बाईं ओर खुला होता है। इसको बजाने के लिए एक छिद्र होता है। इसकी ध्वनि से रोगोत्पादक कीटाणु कमजोर पड़ जाते हैं।

शकुंतला—मेनका एवं विश्वामित्र की पुत्री तथा राजा भरत की माता। मेनका जन्म

के बाद इसे वन में छोड़कर स्वर्ग लौट गई थी। शकुंत पक्षियों ने वन में इसकी रक्षा की थी, इसीलिए इसे 'शकुंतला' नाम मिला।

शकुन—हिंदू धर्मग्रंथों एवं शास्त्रों के अनुसार 'शकुंति', 'पक्षी', 'शकुनि', 'शकुनी', 'शकुत्र' तथा 'द्विज' पक्षी के पर्यायवाची शब्द हैं। इसके आधार पर 'शकुन' को इसी श्रृंखला का एक शब्द माना गया है। कहा जाता है कि भारतीय मनीषियों ने सर्वप्रथम पक्षियों की विभिन्न क्रियाओं, कार्यकलाप एवं चेष्टाओं का सूक्ष्मता से गहन अध्ययन किया और इससे प्राप्त होनेवाले ज्ञान को एक शास्त्र के रूप में संकलित किया। बाद में पशुओं, जलचर, मनुष्यों एवं वनस्पतियों से संबंधित घटनाओं को सम्मिलित कर इस शास्त्र को विस्तार प्रदान किया। कालांतर में यही शास्त्र 'शकुन शास्त्र' के नाम से प्रसिद्ध हुआ। इसी का अनुसरण करते हुए शकुन-अपशकुन एवं मंगल-अमंगल का विवेचन किया गया।

शकुन-अपशकुन–किसी कार्य के पूर्ण होने के शुभ लक्षण को शकुन कहा जाता है। ये वे लक्षण होते हैं, जो मनुष्य द्वारा भविष्य में किए जानेवाले कार्यों की सफलता को निर्धारित करते हैं। इससे न केवल व्यक्ति के अंतर्मन में आत्मविश्वास पैदा होता है, बल्कि वह भविष्य की अनेक योजनाओं को कार्यान्वित कर सकता है। जिन लक्षणों द्वारा कार्य में असफलता का अनुमान लगा लिया जाता है, उसे अपशकुन कहते हैं। ये वे लक्षण होते हैं जिनसे कार्य में सफलता को लेकर असंदिग्धता की स्थिति उत्पन्न होती है। परंतु शकुन की भाँति मनुष्य के लिए अपशकुन भी अत्यंत महत्त्वपूर्ण हैं।

शकुनि--सुबलराज का पुत्र, गांधारी का भाई और दुर्योधन आदि कौरवों का मामा एक

दुष्ट प्रकृति का व्यक्ति। यह दुर्योधन का मंत्री भी था, जो उसे हमेशा पांडवों के विरुद्ध भड़काता रहता था। महाभारत के युद्ध में सहदेव ने इसका वध किया था।

शक्ति–1. भारत में शक्ति यानी देवी की पूजा प्राचीन काल से होती आ रही है। शक्ति को नारी रूप में व्यक्त उसके दिव्य स्वरूप को सर्वाधिक महत्त्व प्रदान किया गया है। शक्ति का प्रारंभिक रूप

शिव की पत्नी उमा या पार्वती हैं, जिन्हें जगज्जननी कहा गया है। कालांतर में यही उमा या पार्वती काली, सिंहवाहिनी दुर्गा और महाकाली बनीं। शिव भी महाकाल कहलाए। शक्ति की पूजा और उपासना के कारण संप्रदाय चल पड़ा। शक्ति के काली, चामुंडा, देवी शिवानी, रुद्राणी, भवानी आदि नाम उनके शैव संबंध को बताते हैं। शक्ति-पूजा के तीन केंद्र हैं–कश्मीर, कांची तथा कामाख्या (असम)। कामाख्या में कौल मत का प्रधान केंद्र है। कश्मीर तथा कांची में श्रीविद्या के प्रधान पीठ हैं। शाक्तों के दो वर्ग हैं–कौल मार्गी तथा समयाचारी। पूर्णरूपेण अद्वैतवादी साधक कौल कहे जाते हैं। समयाचारी शाक्त अंतरसाधना में अधिक समय बिताते हैं। 2. एक आयुध। यह लंबाई में गज भर होती है। इसका हत्था बड़ा होता है, मुँह सिंह के समान होता है और इसमें बड़ी तेज जीभ व पंजे होते हैं। इसका रंग नीला होता है और इसमें छोटी-छोटी घंटियाँ लगी होती हैं। यह बड़ी भारी होती है और दोनों हाथों से फेंकी जाती है।

शत्रुघ्न–अयोध्या के राजा दशरथ की तीन

पत्नियाँ थीं—कौशल्या, कैकेयी और सुमित्रा। इनमें सुमित्रा से लक्ष्मण एवं शत्रुघ्न पुत्र थे। शत्रुघ्न ने मधुपुरी मथुरा के राजा लवणासुर को मारकर मधुपुरी को फिर से बसाया और वहाँ पर राज्य किया।

शनिदेव—शनिदेव को नव-ग्रहों में विशेष स्थान प्राप्त है। शनिदेव न्यायप्रिय और सभी को समान रूप से उनके अच्छे-बुरे कर्मों का फल प्रदान करनेवाले देवता हैं। ये सूर्य और छाया के पुत्र हैं। इनका वर्ण श्याम तथा वाहन गिद्ध है। इनके सिर पर स्वर्णमुकुट, गले में माला तथा शरीर पर नीले रंग के वस्त्र सुसज्जित होते हैं। ये हाथों में धनुष, बाण, त्रिशूल और वर-मुद्रा धारण करते हैं। कालभैरव, हनुमान, बुध और राहु इनके प्रिय मित्र हैं। शनिदेव मकर और कुंभ राशि के स्वामी ग्रह हैं। इनके प्रभाव में आनेवाला मनुष्य गंभीर, त्यागी, तपस्वी और क्रोधी स्वभाव का हो जाता है। यह प्रत्येक राशि में तीस-तीस महीने रहते हैं।

शबरी—शबरी के पिता भीलों के सरदार थे। इनके विवाह में हजारों पशु बलि चढ़ाने के लिए लाए गए। यह देख इनका मन बड़ा विचलित हुआ और ये आधी रात को घर से भाग खड़ी हुईं। ये मतंग मुनि

के आश्रम में पहुँचीं और वहीं कुटिया बनाकर रहने लगीं। ये अछूत थीं, इसलिए रात में छुपकर जिस रास्ते से ऋषि आते थे, उसे साफ करके गोबर से लीप देती थीं। अपनी सच्ची भक्ति से इन्होंने भगवान् राम की कृपा प्राप्त की।

शब्द प्रमाण—स्वजन, ऋषि-मुनियों आदि द्वारा जो ज्ञान हमें प्राप्त होता है, वह शब्द प्रमाण कहा जाता है; जैसे वेद, पुराण आदि।

शरीरमल—चरबी, वीर्य, रक्त, मज्जा, पेशाब, विष्ठा, नाक का मल, कान का मल, कफ, आँसू, आँखों का कीच और पसीना—ये बारह दैहिक मल हैं।

शरीरस्थ वायु—गुदा में अपान वायु, नाभि में समान वायु, हृदय में प्राणवायु, कंठ में उदान वायु तथा समस्त शरीर में व्यान वायु।

शरीरांग—हृदय, शिरः, शिखा, बाहुमूल (स्कंध) तथा मस्तक। (मंत्रन्यास-क्रम) में इन्हीं अंगों पर न्यास का विधान है। उपनिषद् के अनुसार अनुष्ट्प पाँच अंगोंवाला होता है। शरीरांग भी पाँच हैं। इसलिए विधान है हृदयायनमः, शिरसे स्वाहा, शिखायै वषट्, कवचाय हुम्, अस्त्राय फट्।)

शांतनु—हस्तिनापुर के राजा प्रतीप के पुत्र। इन्होंने गंगा से विवाह किया, जिससे देवव्रत

का जन्म हुआ, जो कालांतर में भीष्म के नाम से लोकप्रिय हुए। सत्यवती या योजनगंधा से इनका दूसरा विवाह हुआ। इस विवाह की खातिर देवव्रत ने आजीवन कुँवारे रहते हुए राजसिंहासन पर न बैठने की भीष्म प्रतिज्ञा की थी, जिसके कारण उनका नाम 'भीष्म' पड़ गया। सत्यवती से शांतनु के चित्रांगद और विचित्रवीर्य नामक दो पुत्र हुए।

शांतिनाथ–सोलहवें तीर्थंकर शांतिनाथ चक्रवर्ती राजा थे। उनकी 96 हजार रानियाँ थीं। उनके पास 84 लाख हाथी, 360 रसोइए, 84 करोड़ सैनिक, 28 हजार वन, 18 हजार मंडलिक राज्य, 360 राजवैद्य, 32 हजार अंगरक्षक देव, 32 चँवर डुलानेवाले, 32 हजार मुकुटबंध राजा, 32 हजार सेवक देव, 16 हजार खेत, 56 हजार अंतर्द्वीप, 4 हजार मठ, 32 हजार देश, 96 करोड़ ग्राम, 1 करोड़ हंडे, 3 करोड़ गायें, 3 करोड़ थाल, 3 करोड़ 50 लाख बंधु-बांधव, 10 प्रकार के दिव्य भोग, 9 निधियाँ और 24 रत्न आदि की अकूत संपदा थी। सैकड़ों वर्षों तक इन्होंने न्यायपूर्वक शासन किया। एक दिन दर्पण में अपना मुख देखकर इन्हें जीवन से विरक्ति हो गई और ये दिगंबर मुनि बन गए। इन्हें सोलह वर्ष के घोर तप के बाद कैवल्यज्ञान प्राप्त हुआ और ये तीर्थंकर बने।

शांतिनिकेतन–शांतिनिकेतन 'बोलपुर' की उस पावन भूमि पर स्थापित है, जहाँ का वर्णन मार्कंडेय पुराण में भी आया है। इसके अनुसार तत्कालीन स्वपुर के महाराज सुरथ ने जब अपना सारा राजपाट खो दिया तो वे काली माँ की शरण में पहुँचे और पूजा-अर्चना करते हुए एक लाख बलि चढ़ाईं। तभी से स्वपुर को 'बलिपुर' कहा जाने लगा। और यही नाम अपभ्रंश होते-होते 'बोलपुर' हो गया। यहीं पर है शांति निकेतन। वर्ष 1861 में रवींद्रनाथ टैगोर के पिता देवेंद्रनाथ ठाकुर ने कुछ भूखंड खरीदा और शांतिनिकेतन की स्थापना की। बाद में रवींद्रनाथ ने वर्ष 1901 में पाँच छात्रों के साथ यहाँ ब्रह्मचर्य आश्रम स्थापित किया।

शास्त्र–शास्त्र दो प्रकार के हैं–अपौरुषेय (ईश्वर-निर्मित) तथा पौरुषेय (मानव-निर्मित)।

शिखंडी–काशी-नरेश की तीन पुत्रियों में से एक, जो मन-ही-मन राजा शाल्व को अपना पति मान चुकी थी। देवव्रत भीष्म

ने अपने सौतेले भाई विचित्रवीर्य की पत्नी बनाने के लिए उसका हरण कर लिया। जब भीष्म को पता चला कि अंबा शाल्व से प्रेम करती है तो उन्होंने उसे मुक्त कर दिया, परंतु शाल्वराज ने उसे अपनाने से इनकार कर दिया। विचित्रवीर्य ने भी अंबा को त्याग दिया। भीष्म ने भी अपने व्रत के कारण उससे विवाह करने में असमर्थता जताई। ठुकराई व अपमान से पीड़ित अंबा ने भीष्म-वध का व्रत लेकर वन की राह ली और कालांतर में राजा द्रुपद के यहाँ शिखंडी के रूप में जन्म लेकर भीष्म-वध का अपना व्रत पूर्ण किया।

शिखा—हिंदुत्व का प्रतीक 'शिखा' का हमारे सांस्कृतिक एवं सामाजिक जीवन में अतीत से ही इतना महत्त्व रहा है कि श्रद्धालु अपने सिर के पिछले भाग में लंबी-लंबी शिखा (चोटी) रखकर गौरवान्वित होते

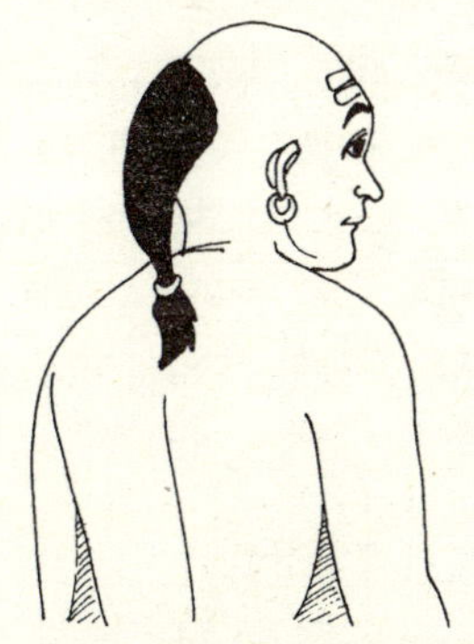

थे। चाणक्य का शिखा-प्रसंग तो सर्वविदित ही है, जिससे असंभव कार्य भी संभव हो गया। श्रीकृष्ण के सखा सुदामा की चोटी का अपना ही महत्त्व था, जिसके अनेक प्रसंग हैं। वैदिक काल में तो सर्वप्रथम विद्यार्थी जब अपने गुरु के आश्रम में शिक्षा लेने जाते थे, तब विधि-विधान के साथ उनके तत्संबंधी संस्कार कराए जाते थे तथा लंबी-लंबी शिखा रखकर वे विविध विषयों के प्रकांड पंडित बन जाते। सिर के जिस भाग में शिखा रखी जाती है, उसका अन्य शारीरिक इंद्रियों पर अनुकूल प्रभाव पड़ता है। हमारे तत्त्वदर्शी-दूरदर्शी ऋषि-मुनियों द्वारा जो भी कार्य यथासमय लोकमंगल के लिए किए गए, उनमें कोई-न-कोई रहस्य अवश्य रहा है। इसी क्रम में शिखा की उपादेयता भी प्रतिभा के, संस्कार के परिप्रेक्ष्य में श्रेयस्कर प्रतीत होती है।

शिल्पी—मालाकार (माली), कर्मकार (बढ़ई), शंखकार (शंख बनानेवाला), कुविंदक (जुलाहा), कुंभकार (कुम्हार), कांस्यकार

(ठठेरा) ये छह श्रेष्ठ शिल्पी कहे गए; सूत्रधार (दर्जी, बढ़ई, कठपुतली नचानेवाला, नाटक मंचित करनेवाला), चित्रकार (मूर्ति, चित्र आदि बनानेवाला), स्वर्णकार (सोनार) (ये तीनों अयाज्य तथा वर्णसंकर कहे गए)—ये नौ शिल्पी विश्वकर्मा-पुत्र हैं।

शिव—शिव त्रिमूर्तियों (ब्रह्मा, विष्णु तथा शिव) में से एक हैं, जिनपर सृष्टि के संहार का दायित्व है। इनका निवास-स्थान कैलास पर्वत माना जाता है। वैदिक काल के

'रुद्र' पौराणिक काल में शंकर, महादेव, शिव आदि नामों से विख्यात हुए। इनके सिर पर गंगा, भाल पर चंद्रमा और तीसरा नेत्र, गले में सर्प कि माला, सारे शरीर में भस्म का लेप तथा व्याघ्र चर्म लपेटा है। इनकी अर्द्धांगिनी पार्वतीजी हैं। इनके पुत्र गणेश तथा कार्तिकेय हैं। भूत-प्रेतादि इनके गण हैं। ये नंदी बैल पर सवार होते हैं। इनके हाथ में डमरू और त्रिशूल रहता है। इनके पास 'पाशुपत' नामक प्रसिद्ध अस्त्र भी था। इन्होंने कामदेव को जलाकर भस्म कर डाला था और अपने श्वसुर दक्ष के यज्ञ का विध्वंस किया था। समुद्र-मंथन से निकले विष का इन्होंने पान किया था, जिससे इनका कंठ नीला पड़ गया, इसीलिए ये 'नीलकंठ' कहलाते हैं। ये संगीत और नृत्य के भी प्रधान आचार्य माने जाते हैं। इनका 'शिवतांडव नृत्य' विख्यात है। इनके नाम का 'शिवपुराण' प्रसिद्ध है। इनके उपासक 'शैव' कहलाते हैं। ये बहुत जल्दी प्रसन्न होनेवाले देवता हैं, इसलिए इन्हें 'आशुतोष' और 'अवढरदानी' कहा जाता है। प्रतिवर्ष फाल्गुन मास कृष्ण चतुर्दशी को शिवरात्रि को सारे शिवभक्त उपवास करते हैं। कहते हैं कि इस दिन शिवजी का विवाह पार्वतीजी के साथ संपन्न हुआ था। इसी दिन इन्होंने तांडव नृत्य भी किया था।

शिवरात्रि–कहते हैं कि फाल्गुन कृष्ण चतुर्दशी की घनघोर रात्रि को शिवजी अवतरित हुए थे। इसी दिन भगवान् शिव और आदि शक्ति पार्वती का विवाह हुआ था। इसलिए इस रात्रि को 'महाशिवरात्रि' कहा जाता है। इस दिन शिव-पूजन और व्रत से शिवजी की कृपा प्राप्त होती है और सभी मनोकामनाओं की पूर्ति होती है।

शिवलिंग–शिव और शक्ति दोनों का संयोगात्मक प्रतीक ही शिवलिंग है तथा यही इनकी माया का चिह्न है। संभवत: इन्हीं कारणों से द्वादश ज्योतिर्लिंग असीम श्रद्धा और भक्ति के पावन तीर्थस्थल हैं, जिनकी महत्ता के मान में जितना भी कहा जाए, थोड़ा है। शिवलिंग की पूजा करने पर ब्रह्मा, विष्णु, शिव तथा शक्ति की पूजा के फल का लाभ आराधक को मिलता है। इस प्रकार शिवलिंग समस्त दैवी शक्ति के प्रतीक रूप में पूज्य है। पुराणानुसार लिंग से ही सृष्टि का सर्जन होता है तथा सबकुछ इसमें लय भी हो जाता

है–अर्थात् संसार ईश्वर की रचना है, जो समाप्त होकर उसी में समा जाती

है। इन सब में शिव-शक्ति और पुरुष-नारी ही सबकुछ हैं। इन्हीं का द्योतक शिवलिंग एवं जलहरी (योनि) है, जो सांसारिक सर्जन का प्रतीक है। पुरुष अवयव एवं नारी अवयव के प्रतीक रूप में पूज्य लिंग और योनि शिव-शक्ति का संयोगात्मक स्वरूप है। शिवलिंग का आकृतियों के आधार पर वर्गीकरण भी किया गया है; जैसे—ऊर्ध्वलिंग, स्वयंभूलिंग, दैविकलिंग, आर्षकलिंग, मानुषलिंग, बाणलिंग, सहसलिंग, धारालिंग, मुखलिंग, चंद्रभाललिंग तथा कैलासलिंग।

शिवावतार—शरभ, गृहपति, नीलकंठ (यक्षेश्वर), एकादशरुद्र, दुर्वासा, महेश, हनुमान, वृषभ, पिप्पलाद, वैश्यनाथ, द्विजेश्वर, यतिनाथ, कृष्णदर्शन, अवधूतेश्वर, भिक्षुवर्ण, सुरेश्वर, ब्रह्मचारी, सुनटनर्तक, साधु, विभु अश्वत्थामा तथा किरात।

शिशुपाल—श्रीकृष्ण की बुआ का पुत्र। जन्म के समय इसके तीन नेत्र तथा चार भुजाएँ थीं। यह गधे की तरह रो रहा था। माता-पिता इसे त्यागना चाहते थे, तभी आकाशवाणी हुई कि बालक बहुत वीर होगा तथा उसकी मृत्यु का कारण वह व्यक्ति होगा, जिसकी गोद में जाने पर यह ठीक हो जाएगा। श्रीकृष्ण की गोद में जाते ही इसकी दो भुजाएँ जमीन पर गिर गईं तथा तीसरा नेत्र लुप्त हो गया। बालक की माता ने दुखी होकर श्रीकृष्ण से उसके प्राणों की भीख माँगी। श्रीकृष्ण ने उसके 100 अपराध क्षमा करने का वचन दिया। कालांतर में शिशुपाल ने अनेक अपराध किए तथा गोविंद ने उसे क्षमा किया। युधिष्ठिर के राजसूय यज्ञ में श्रीकृष्ण की अग्रपूजा देख शिशुपाल को बहुत क्रोध आया। उसने कहा कि कृष्ण कहीं के राजा नहीं। सर्वप्रथम उन्हें अर्घ्य अर्पित करने पर सबका अपमान होता है। सबके समझाने पर भी शिशुपाल अपनी बात पर अड़ा रहा तथा कुछ राजाओं के साथ वहाँ से चले जाने की धमकी भी देने लगा। अंत में उसने श्रीकृष्ण को युद्ध के लिए ललकारा। श्रीकृष्ण ने सबके सम्मुख, यह स्पष्ट करते हुए कि वे शिशुपाल के 100 अपराध पहले ही क्षमा कर चुके हैं और यह उसका 101वाँ अपराध है, उसे सुदर्शन चक्र से मार डाला।

शिष्य—बुद्धिमान तथा आहार्य बुद्धि। जिसकी बुद्धि शास्त्र तथा सूक्ष्म तत्त्व की ओर

झुकती है। जो शास्त्र तथा गुरु-उपदेश से परिष्कृत होकर तत्त्वज्ञान की ओर झुकता है।

शीतलनाथ—दसवें तीर्थंकर शीतलनाथ भद्रपुर (वर्तमान में हजारीबाग, बिहार के निकटस्थ भोंदल गाँव) के राजा थे। एक दिन शीतलनाथ ब्राह्म मुहूर्त में उठकर वन-विहार को निकले। उस समय वन में कुहरा छाया हुआ था। जैसे ही सूर्योदय हुआ, कुहरा गायब हो गया। शीतलनाथ के हृदय में बिजली सी कौंधी। वे सोचने लगे,

'जैसे ये कुहरा नष्ट हुआ वैसे ही ये राजसी सुख, वैभव, पत्नी, पुत्र, संसार आदि सभी नश्वर हैं।' वे उसी क्षण राजपाट छोड़कर वन को चल पड़े। तीन वर्ष तक उन्होंने कठोर तप किया और कैवल्यज्ञान प्राप्त किया।

शुक्रदेव–भृगु-पुत्र दैत्यगुरु शुक्राचार्य ही आकाश-मंडल में शुक्र ग्रह के रूप में विद्यमान हैं। जिस प्रकार बृहस्पति देव देवताओं के देवगुरु हैं, उसी प्रकार शुक्र देव दैत्यों के गुरु-पद पर आसीन हैं। ये

दैत्यों के पुरोहित और मार्गदर्शक हैं। दैत्यों पर इनकी कृपा-दृष्टि सदैव रहती है। श्वेत कमल-पुष्प पर विराजमान दैत्य गुरु शुक्राचार्य श्वेत वर्ण के हैं। इनके सिर पर स्वर्ण-मुकुट और गले में माला सुशोभित होती है। भगवान् विष्णु के समान इनके चार हाथ हैं, जिनमें दंड, रुद्राक्ष की माला, पात्र और वर-मुद्रा सुशोभित हैं। इनके रथ में आठ अश्व जुते होते हैं। ब्रह्माजी ने इन्हें ग्रह के रूप में स्थापित करके तीनों लोकों का उद्धार करने का परामर्श दिया। तभी से शुक्राचार्य वृष्टि, अवृष्टि, भय, अभय उत्पन्न करके प्राणियों के उद्धार का कार्य करते हैं। इन्हें ब्रह्माजी की सभा में उपस्थित रहने का अधिकार प्राप्त है। इन्होंने अपनी समस्त धन-संपदा दैत्यों को प्रदान करके तपस्वी की भाँति जीवन व्यतीत करना स्वीकार किया।

शुद्धीकरणोपकरण–नारी रजस्वला होने से शुद्ध होती है, नदी वेग से शुद्ध होती है, कांस्य धातु भस्म (राख) से शुद्ध होती है और ताँबा अम्ल (खटाई) से शुद्ध होता है।

शुल्ब सूत्र–भारतीय ज्यामिति ज्ञान के प्राचीनतम ग्रंथ। 'शुल्ब' शब्द का अर्थ नापने की रस्सी या डोरी होता है। इनमें स्रौत कर्मों से संबंधित सूत्रग्रंथ दिए गए हैं। शुल्ब सूत्रों में यज्ञ-वेदियों को नापना, उनके लिए स्थान का चुनना तथा उनके निर्माण आदि विषयों का विस्तृत वर्णन है।

शूर–दानशूर (कर्ण), स्वधर्मशूर (वसिष्ठ), प्रस्थशूर (श्रीपाल), सभाशूर (बृहस्पति), भक्तशूर (प्रह्लाद), सत्यशूर (हरिश्चंद्र), कलहशूर (दुर्योधन), क्षमाशूर (पृथ्वी), रतिशूर (कृष्ण), रणशूर (अर्जुन)।

शूर्पणखा–रावण की बहन। जबरन विवाह की रट के कारण लक्ष्मण ने इसके नाक-कान काट लिये थे।

शूल–इसका एक सिर नुकीला, तीखा होता है। शरीर में घुसते ही प्राण हर लेता है।

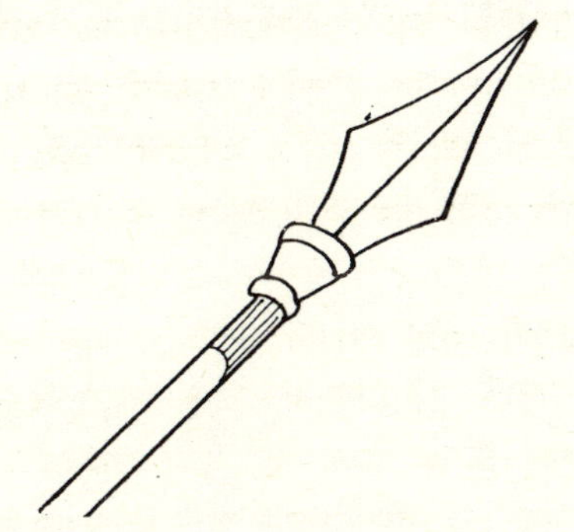

शेषनाग–ये दक्ष प्रजापति की पुत्री और कश्यप की पत्नी कद्रू के पुत्र हैं, जो नागमाता

कहलाती हैं। पुराणों के अनुसार ये भगवान् विष्णु के अनन्य सेवक हैं। इनका निवास स्वर्ण पर्वत पर बताया गया है। इनके 1,000 फन हैं। ये नीले वस्त्र धारण करते हैं और समस्त देवी-देवता इनकी पूजा करते हैं। इन्होंने गंधमादन पर्वत पर तपस्या की और ब्रह्माजी के आदेश पर पृथ्वी को अपने फन पर धारण किया।

शैव–भगवान् शिव के उपासक एवं उन्हें सृष्टि का नियंता माननेवालों का संप्रदाय। इस परंपरा में भक्त शिव-परंपरा से बँधे होते हैं। प्राचीन काल में यह परंपरा दक्षिण भारत में व्याप्त थी।

शौरसेनी–मध्यकाल में यह उत्तर भारत की एक प्रमुख प्राकृत भाषा थी। संस्कृत नाटकों के विशिष्ट प्रसंगों में इसका खूब प्रयोग होता था । बाद में इससे कई हिंदी भाषाएँ विकसित हुईं। जैन मुनियों ने अपनी रचनाओं का सृजन शौरसेनी में ही किया, जो जैनियों के आदरणीय ग्रंथ हैं।

श्रवणवेलगोल–कर्नाटक का यह स्थान एक प्रसिद्ध जैन तीर्थ है। यही वह स्थान है, जहाँ पर तृतीय शताब्दी ई.पू. में चंद्रगुप्त मौर्य ने जैन धर्म अपनाया था और अपना सर्वस्व त्याग दिया था। यहाँ चंद्रगिरि व इंद्रगिरि नामक दो पहाड़ियाँ हैं। ये एक सीधी उँचाई पर हैं। इनमें इंद्रगिरि पहाड़ी पर 183 ईसवी में जैन तीर्थंकर बाहुबली की 175 मीटर ऊँची पाषाण प्रतिमा स्थापित की गई थी। इस विशाल प्रतिमा के दर्शन दूर से ही हो जाते हैं। प्रत्येक 12 से 14 वर्ष के अंतराल में इस प्रतिमा का महामस्तकाभिषेक उत्सव मनाया जाता है।

श्राद्ध–हमारी संस्कृति समन्वयात्मक मानवीय गुणों की समष्टि है, जिसमें सृष्टि के समस्त प्राणियों के प्रति कृतज्ञता के अद्‌भुत कीर्तिमान स्थापित करते हुए देवत्व प्रदान कर पूजने और आदर-सम्मान देने की प्रथा प्रचलित है। इसी क्रम में पितृ-पूजा को रखना समीचीन होगा, जिसका विशेष प्रावधान पितृपक्ष अर्थात् भाद्रपद शुक्लपक्ष की पूर्णिमा से आश्विन कृष्णपक्ष की अमावस्या तक किया गया है। इस अवधि को 'पितृपक्ष' या 'श्राद्धपक्ष' कहा जाता है। अपने पूर्वजों एवं दिवंगत माता-पिता का स्मरण श्राद्धपक्ष में करके उनके प्रति असीम श्रद्धा के साथ तर्पण, पिंडदान, यज्ञ तथा भोजन का विशेष प्रावधान किया जाता है। वर्ष में जिस भी तिथि को वे

दिवंगत होते हैं, पितृपक्ष की उसी तिथि को उन्हें उक्त विधि से पूजने की प्रथा है। इस अवधि में गया, गंगा, यमुना, नर्मदा, क्षिप्रा, प्रयाग, काशी, पुष्कर, कुरुक्षेत्र आदि धार्मिक स्थलों पर अथवा किसी भी सर-सरिता के तट पर श्राद्धकर्म करने की प्रथा है। पितृपक्ष की अवधि में ऐसी मान्यता है कि पितृगणों की सूक्ष्म आत्मा तर्पण, पिंडदान आदि ग्रहण करने अवश्य आती है तथा श्राद्धकर्म से संतुष्ट होकर आशीर्वाद देती है।

श्रावक–जैनियों में जो गृहस्थ मर्यादा में रहकर अहिंसा आदि व्रतों का पालन करता है, वह श्रावक कहलाता है।

श्रावस्ती–उत्तर प्रदेश में गोंडा जिलांतर्गत एक बौद्ध तीर्थ स्थल। पहले यह कौशल देश की राजधानी थी। श्रीराम के पुत्र लव ने इसे अपनी राजधानी बनाया। यह बौद्धों और जैनों का तीर्थ-स्थल है। बुद्ध श्रावस्ती में रहे थे। यहाँ के श्रेष्ठी अनाथपिंडिक ने उनके लिए जैतवन विहार बनवाया था। यहाँ कई बौद्ध धर्मशालाएँ, मठ और मंदिर हैं।

श्री–1. समृद्धि-सौंदर्य एवं आदर-सम्मान देने का प्रतीक 'श्री' शब्द समाज में इतना अधिक प्रचलित है कि प्रत्येक पुरुष-स्त्री अपने नाम के आगे इसके प्रयुक्त होने पर जहाँ श्रीवृद्धि की अनुभूति करते हैं वहीं अन्य लोगों को भी 'श्री' शब्द से समलंकृत कर आत्मीयता प्रदान करते हैं, 2. 'श्री' अथवा 'लक्ष्मी' संपदा की देवी हैं और संपदा की इच्छा सारा संसार करता है। अत: इनकी पूजा-अर्चना श्रद्धालुजन नियमित तो करते ही हैं, दीपावली पर इनकी पूजा-अर्चना का उत्साह विशेष रहता है। उद्योगपति-व्यापारी जहाँ अपने-अपने बहीखातों पर 'श्री' या 'लक्ष्मी' शब्द अंकित कर संपदा की देवी की आकृति बनाकर सुख-समृद्धि की आकांक्षा करते हैं वहीं धनवान् से लेकर गरीब तक सभी वर्ग के लोग धन-धान्य की देवी को अत्यधिक श्रद्धा-भक्ति के साथ पूजते हैं।

श्रीकृष्ण–श्रीकृष्ण को साक्षात् भगवान् माना गया है। श्रीकृष्ण का जन्म मथुरा में हुआ था। उनके पिता का नाम वसुदेव और माता का नाम देवकी था। यह माता-पिता की आठवीं संतान थे। इनके नाना (माता देवकी के ज्येष्ठ पिता) उग्रसेन मथुरा के राजा थे। उनका पुत्र कंस उन्हें हटाकर स्वयं राजा बन बैठा। ऐसी भविष्यवाणी हुई थी कि देवकी के गर्भ से उत्पन्न आठवीं संतान के द्वारा कंस का वध होगा, अत: कंस ने कृष्ण को मारने की अनेक चेष्टाएँ कीं; किंतु कृष्ण ने अपने अद्‌भुत पुरुषार्थ से बाधाओं को पार करके अंत में कंस का वध किया। कृष्ण पांडवों के सहायक थे। कौरवों के दुराग्रह से महाभारत युद्ध हुआ। युद्ध के प्रारंभ में अर्जुन को मोह उत्पन्न हुआ तो श्रीकृष्ण ने उसे 'श्रीमद्‌भगवद्‌गीता' का उपदेश दिया। श्रीकृष्ण को योगेश्वर तथा जगद्‌गुरु भी कहा जाता है। 'भगवद्‌गीता' में 18 अध्याय और 700 श्लोक हैं। इसे प्राय: 'गीता' नाम से पुकारते हैं।

श्रीमद्‌भागवत–'श्रीमद्‌भागवत' का अर्थ है वैष्णव भागवत। यह अष्टादश पुराणों में अत्यंत महत्त्वपूर्ण माना जाता है। इसे पंचम वेद का दर्जा दिया गया है। इसे महापुराण भी कहा गया है। यह भक्ति-रस तथा अध्यात्म-ज्ञान का समन्वय उपस्थित करता

है। भागवत में 12 स्कंध, 335 अध्याय तथा 18,000 श्लोक हैं। इसके विभिन्न स्कंधों में विष्णु के लीलावतारों का वर्णन बड़ी सुकुमार भाषा में किया गया है। परंतु भगवान् कृष्ण की ललित लीलाओं का विशद विवरण प्रस्तुत करनेवाला दशम स्कंध भागवत का हृदय है।

श्रीरंगपट्टन–यह भारतवर्ष के कर्नाटक प्रदेश का प्रसिद्ध वैष्णव तीर्थ है। कावेरी नदी की धारा में तीन द्वीप हैं–आदिरंगम, मध्यरंगम और अंतरंगम; श्रीरंगपट्टन ही आदिरंगम है। यहाँ भगवान् विष्णु की शेषनाग पर शयन मूर्ति है। कहते हैं कि यहाँ महर्षि गौतम ने तपस्या की थी और श्रीरंगमूर्ति की स्थापना की थी। रंगपट्टन कर्नाटक का एक ऐतिहासिक स्थान भी है। यह मैसूर-बंगलुरु हाईवे पर मैसूर से 15 कि.मी. दूर स्थित है। इसे द्वीपीय दुर्ग–श्रीरंगपट्टन भी कहा जाता है।

श्रील प्रभुपाद–श्री श्रीमद् ए.सी. भक्ति वेदांत स्वामी प्रभुपाद का जन्म 1896 ई. में कलकत्ता में हुआ था। अपने गुरु महाराज श्रील भक्ति सिद्धांत सरस्वती गोस्वामी से 1922 ई. में कलकत्ता में ही इनकी प्रथम भेंट हुई। एक सुप्रसिद्ध धर्मतत्त्ववेत्ता, अनुपम प्रचारक, विद्वान्-भक्त, आचार्य एवं चौंसठ गौड़ीय मठों के संस्थापक श्रील भक्ति सिद्धांत सरस्वती को यह सुशिक्षित नवयुवक प्रिय लगा और उन्होंने उसे वैदिक ज्ञान के प्रचार के लिए अपना जीवन उत्सर्ग करने की प्रेरणा दी। श्रील प्रभुपाद पहले उनके छात्र बने और ग्यारह वर्ष बाद (1933 ई.) प्रयाग में उनके विधिवत् दीक्षा-प्राप्त शिष्य बन गए। श्रील प्रभुपाद ने भारतवर्ष के श्रेष्ठ दार्शनिक और धार्मिक ग्रंथों के प्रामाणिक अनुवाद, टीकाएँ एवं संक्षिप्त अध्ययन-सार के रूप में साठ से अधिक ग्रंथ-रत्न प्रस्तुत किए। जुलाई 1966 में इन्होंने 'अंतरराष्ट्रीय कृष्णभावनामृत संघ' की स्थापना की। अपनी वृद्धावस्था की चिंता न करते हुए परिव्राजक (व्याख्यान पर्यटन) के रूप में श्रील प्रभुपाद ने बारह वर्षों में विश्व के छहों महाद्वीपों की चौदह परिक्रमाएँ कीं। इतने व्यस्त कार्यक्रम के बावजूद श्रील प्रभुपाद की उर्वरा लेखनी अविरत चलती रहती थी। उनकी रचनाएँ वैदिक दर्शन, धर्म, साहित्य और संस्कृति के एक यथार्थ पुस्तकालय का निर्माण करती हैं।

श्रुति–चारों वेदों को श्रुति कहते हैं। ये वेद हैं–ऋग्वेद, सामवेद, यजुर्वेद और अथर्ववेद। प्रत्येक वेद के चार भाग हैं–संहिता, ब्राह्मण ग्रंथ, आरण्यक और उपनिषद्। इनके अतिरिक्त शेष सभी हिंदू धर्मग्रंथ स्मृति के अंतर्गत आते हैं। श्रुति और स्मृति में कोई विवाद उत्पन्न होने पर श्रुति को ही मान्यता मिलती है, स्मृति को नहीं।

श्रेयांसनाथ–ग्यारहवें तीर्थंकर श्रेयांसनाथ सिंहपुर (वर्तमान में वाराणसी के निकट सारनाथ) के राजा थे। एक दिन वसंत ऋतु की समाप्ति के बाद श्रेयांसनाथ विचार करने लगे कि ऋतुएँ आती-जाती हैं, मौसम बदलते हैं। कहा जाता है कि काल बड़ा बलवान है, लेकिन यह भी पल-पल बीतकर क्षीण हो रहा है, केवल हमारी आत्मा ही शाश्वत और अनश्वर है। तब इस शरीर से इतना मोह क्यों? और वे तत्क्षण तप करने वन को चले गए। दो वर्ष के कठोर तप के पश्चात् इन्हें कैवल्यज्ञान प्राप्त हुआ और ये तीर्थंकर बन गए। □

षडानन–शिवपुत्र कुमार।

षड्दर्शन–मीमांसा (जैमिनी), न्याय (गौतम), वैशेषिक (कणाद), योग (पतंजलि), सांख्य (कपिल), वेदांत (व्यास)।

षष्ठिदेवी–ब्रह्माजी की सभा की एक देवी, जो उनकी सेविका भी हैं।

षाटकौशिक–(मानव-शरीर में षट्कोश माता-पिता से प्राप्त होते हैं। शरीरधारी को इन्हीं षट्कोशों के कारण 'षाटकौशिक' कहा जाता है। तीन कोश पिता से तथा तीन कोश माता से प्राप्त होते हैं।) पिता के शुक्र से–स्नायु, अस्थि तथा मज्जा, माता के शोणित से–त्वक्, मांस तथा रक्त। (ये छह कोश हैं।)

षोडश महाजनपद–प्राचीन भारत के ऐतिहासिक भूगोल के अंतर्गत जंबूद्वीप के सोलह जनपदों का महत्त्वपूर्ण स्थान है। पालि 'सुत्तपिटक' के अनुसार निकाय में जंबूद्वीप के जिन सोलह जनपदों का उल्लेख हुआ है, वे हैं–अंग, मगध, काशी, कोसल, वज्जि, मल्ल, चेदि, वत्स, कुरु, पंचाल, मच्छ, शूरसेन, अस्सक, अवंती, गांधार तथा कंबोज। इनमें से प्रत्येक का नामकरण उनमें बसनेवाले जनों के आधार पर किया गया था। इनमें से चौदह महाजनपद मध्यदेश में और शेष दो गांधार तथा कंबोज उत्तरापथ में स्थित बतलाए गए हैं।

षोडश मातृका–गौरी, शची, पद्मा, मेधा, देवसेना, शांति, मातर, धृति, सावित्री, विजया, जया, स्वधा, स्वाहा, पुष्टि, तुष्टि और आत्मकुल देवता।

षोडश संस्कार–जीवधारियों में मानव जीवन सर्वोत्तम माना गया है। अत: ऐसे अनुपलब्ध जीवन को जीने के लिए अत्यधिक सावधानी, सतर्कता तथा संस्कारित होने की आवश्यकता सदैव ही महसूस की गई। हिंदू समाज में प्रचलित सोलह संस्कार ये हैं, जो महर्षि व्यास द्वारा बताए गए हैं–1. गर्भाधान संस्कार; 2. पुंसवन संस्कार : गर्भस्थ शिशु के कल्याण के लिए गर्भवती माँ को पौष्टिक व सात्त्विक आहार के साथ सुसंस्कारक साहित्य, शास्त्रोक्त

सदुपयोग, चरित्र, आचरण के निखार विषयक कथाएँ सुनानी चाहिए। 3. सीमंतोन्नयन संस्कार : गर्भस्थ शिशु को किसी प्रकार की क्षति न हो। बाह्य आपदाएँ, पैशाचिक प्रकोप अथवा इसी प्रकार की अन्य आकस्मिक शिशु-घातक घटनाओं से बचाने के प्रयास के क्रम में इस संस्कार की महत्ता है। 4. जातकर्म संस्कार : इस संस्कार में प्राय: लोग नवजात शिशु के मुख से घी-मधु का स्पर्श कराते हैं। 5. नामकरण संस्कार : जन्म के ग्यारहवें दिन नवजात शिशु का नामकरण होना चाहिए। 6. निष्क्रमण संस्कार : नवजात शिशु को अच्छे मुहूर्त में अनुष्ठान के साथ घर से प्रथम बार निकालने को 'निष्क्रमण संस्कार' कहते हैं। 7. अन्नप्राशन संस्कार: शिशु के मुख में सर्वप्रथम अन्न का स्पर्श कराने को 'अन्नप्राशन संस्कार' कहा जाता है। 8. चूडाकर्म संस्कार: बच्चे के जन्म के प्रथम वर्ष के अंत में अथवा तृतीय वर्ष के अंत में मुंडन संस्कार कराया जाता है, जिसमें बच्चे के सिर के बाल उतारे जाते हैं। 9. कर्णवेध संस्कार : इस संस्कार में कानों को छेदने की प्रथा है। 10. विद्यारंभ संस्कार : बच्चे के विद्याध्ययन के लिए प्रारंभ किए जानेवाले इस संस्कार को 'अक्षरारंभ संस्कार' भी कहते हैं। 11. उपनयन संस्कार : इस संस्कार को यज्ञोपवीत अथवा 'जनेऊ संस्कार' भी कहते हैं। 12. वेदारंभ संस्कार : प्राचीनकाल में उपनयन संस्कार के साथ ही अध्ययन का संस्कार कराया जाता था; किंतु परवर्ती काल में जब संस्कृत बोलचाल की भाषा नहीं रही तो इसका प्रचलन बहुत कम हो गया। 13. केशांत अथवा गोदान संस्कार : प्राचीन काल में इस संस्कार के अंतर्गत गोदान कराया जाता था। 14. समावर्तन संस्कार : प्राचीनकाल में वेदाध्ययन के पश्चात् गुरुकुल से अपने घर लौटने को 'समावर्तन संस्कार' कहा जाता था। 15. विवाह संस्कार। 16. अंत्येष्टि संस्कार।

षोडशोपचार–पूजन-अर्चन की सोलह विधियाँ–आवाहन, आसन, अर्घ्यपाद्य, आचमन, मधुपर्क, स्नान, वस्त्राभरण, यज्ञोपवीत, गंध, पुष्प, धूप, दीप, नैवेद्य, तांबूल, परिक्रमा और वंदना।

षोडषगण–पाँच ज्ञानेंद्रियाँ, पाँच कर्मेंद्रियाँ, पंच भूत और एक मन।

□

संकल्प–किसी कार्य को करने के लिए प्रतिज्ञा या शपथ 'संकल्प' कहलाता है। संकल्प में मनुष्य किसी कार्य को श्रद्धा, आत्मविश्वास और लगनपूर्वक करने के लिए प्रेरित होता है। 'मनुस्मृति' के अनुसार मनुष्य जो कामना करता है, वह संकल्प का ही मूल है। सारे यज्ञ संकल्प के अनुसार ही संभव होते हैं। व्रत, संध्या जैसे सभी धार्मिक अनुष्ठान भी संकल्प से संपन्न होते हैं।

संगम–दो या अधिक चीजों के मिलन को संगम कहते हैं। इलाहाबाद में गंगा, यमुना और सरस्वती (अब लुप्तप्राय) नदियों का मिलन हुआ है, इसलिए यह स्थान संगम कहलाता है।

संजीवनी विद्या–मृत व्यक्ति को पुनर्जीवित करने की विद्या। दैत्य गुरु शुक्राचार्य यह विद्या जानते थे।

संत ज्ञानेश्वर–महाराष्ट्र के एक महान् संत,

मराठी के शीर्ष कवि और 'ज्ञानेश्वरी' के रचयिता। इनकी गणना भारत के महान् संतों में होती है।

संपाती–जटायु का बड़ा भाई, एक गिद्ध।

संभवनाथ–तीसरे तीर्थंकर संभवनाथ बचपन से ही कुशाग्र बुद्धि के स्वामी थे। इनका लालन-पालन बड़े वैभवपूर्ण ढंग से हुआ; लेकिन इस जीवन में उनकी बचपन से ही अरुचि रही। एक दिन वे अपने महल की छत पर बैठे आत्मचिंतन कर रहे थे कि एकाएक आसमान में बादल घिर आए और अगले ही क्षण बादल न जाने कहाँ विलीन हो गए। संभवनाथ को बोध हुआ कि जीवन इन बादलों की भाँति ही क्षण-भंगुर है। वे अब इस अनमोल जीवन को यूँ बरबाद नहीं करेंगे। उसी पल वे दीक्षा लेकर तप करने वन में चले गए। चौदह वर्षों तक वे घोर तप करते रहे। अंत में कार्तिक कृष्ण चतुर्थी के दिन उन्हें कैवल्यज्ञान प्राप्त हुआ और वे तीर्थंकर बन गए। सम्मेद शिखर में उन्हें निर्वाण प्राप्त हुआ।

संवत्–संवत् या सन् किसी काल सारणी (पंचांग) का सूचक है। प्राचीन भारत में शक तथा विक्रम संवतों का प्रचलन रहा है। प्राचीन काल में 13 मुख्य संवत्

थे–कलियुग या युधिष्ठिर संवत्, विक्रम संवत्, आनंद विक्रम संवत्, शक संवत्, लिच्छवि संवत्, चेदि या कल्चुरि संवत्, गुप्त संवत्, हूण संवत्, कालम् या मलाबार संवत्, नेपाल संवत्, विक्रमांक, चालुक्य संवत्, लक्ष्मण संवत्।

संवत्सर–ज्योतिष-शास्त्रों के अनुसार संवत्सरों के प्रकार की संख्या 60 है। प्रथम 20 ब्रह्मविंशति संवत्सर, द्वितीय 20 विष्णु विंशति संवत्सर तथा अंतिम 20 रुद्रविंशति संवत्सर के नाम से अभिहित हैं। वे 60 संवत्सर क्रमानुसार इस प्रकार हैं–प्रभव, विभव, शुक्ल, प्रमोद, प्रजापति, अंगिरा, श्रीमुख, भाव, युवा, धाता, ईश्वर, बहुधान्य, प्रमाथी, विक्रम, वृष, चित्रभान, सुभानु, तारण, पार्थिक, व्यय, सर्वजित, सर्वधारी, विरोधी, विकृति, खर, नंदन, विजय, जय, मन्मथ, दुर्मुख, हेमलंब, विलंब, विकारी, शार्वरी, प्लव, शुभकृत, शोभन, क्रोधी, विश्वावसु, पराभव, प्लवंग, कालक, सौम्य, साधारण, विरोधीकृत, परिधावी, प्रमादी, आनंद, राक्षस, नल, पिंगल, कालयुक्त, सिद्धार्थी, रौद्र, दुर्भित, दुंदुभि, रुयिरोद्गारी, रक्ताक्ष, क्रोधन, क्षय।

संस्कार–संस्कार वह है, जिसके होने से कोई पदार्थ या व्यक्ति किसी कार्य को करने के योग्य बन जाता है। संस्कार से नवीन गुणों की प्राप्ति होती है, अतः शरीर एवं वस्तुओं की शुद्धि के लिए उनके विकास के साथ-साथ जो कर्म किए जाते हैं, वे संस्कार कहलाते हैं। संस्कारों की संख्या को लेकर स्मृतिकारों में मतभेद रहा है। गौतम ने 40 संस्कार बताए हैं तो अंगिरा ने 25; किंतु व्यास ने 16 संस्कार गिनाए हैं। यही सर्वग्राह्य संख्या भी है। ये सोलह संस्कार हैं–गर्भाधान, पुंसवन, सीमंतोन्नयन, जातकर्म, नामकरण, निष्क्रमण, अन्नप्राशन, चूडाकरण, कर्णवेध, विद्यारंभ, उपनयन, वेदारंभ, केशांत, समावर्तन, विवाह और अंत्येष्टि। आधुनिक काल में गर्भाधान, नामकरण, अन्नप्राशन, उपनयन एवं विवाह संस्कारों को छोड़कर अन्य संस्कार नहीं किए जाते।

संस्कृत–संस्कृत एक ऐसी भाषा है, जिसमें मनुष्य के कंठ, दंत, जिह्वा, ओष्ठ व तालू से निकलनेवाली सभी ध्वनियों को ज्यों-का-त्यों शब्दों में लिखा जा सकता है। विश्व की अन्य किसी और भाषा में ऐसा करना संभव नहीं है। संस्कृत भाषा में 49 वर्ण हैं, जिन्हें ब्राह्मी लिपि में लिखा जाता है। अन्य भाषाओं की अपेक्षा संस्कृत में यह क्षमता है कि इसमें जैसा बोला जाता है वैसा ही उसे लिखा जाता है। यह क्षमता इस भाषा की वैज्ञानिक आधार पर बनी वर्णमाला के कारण है। इसे देव भाषा भी कहते हैं। इसमें विपुल साहित्य की रचना हुई है। हमारे प्राचीन पौराणिक ग्रंथ संस्कृत भाषा में ही हैं। साहित्य की दृष्टि से यह बड़ी समृद्ध भाषा रही है। अधिकतर भारतीय भाषाएँ इसकी संतानें ही हैं।

संस्कृत ग्रंथ और रचयिता–रामायण : महर्षि वाल्मीकि; महाभारत : वेदव्यास; चौरपंचाशिका : बिल्हण; योगसूत्र : पतंजलि; न्यायसूत्र : महर्षि गौतम; वैशेषिकसूत्र : कणाद; सांख्यसूत्र : कपिलमुनि; मीमांसाः जैमिनी; ब्रह्मसूत्र : बादरायण; मनुस्मृति : मनु; आर्यभटीयम् : आर्यभट; अर्थशास्त्र : कौटिल्य; कामसूत्र : वात्स्यायन; आर्या-सप्तशती : गोवर्धनाचार्य;

अष्टाध्यायी : महर्षि पाणिनि; व्याकरणमहाभाष्य : पतंजलि; वाक्यपदीयम्: भर्तृहरि; चरकसंहिता: चरक; रसरत्नसमुच्चय : वाग्भट्ट; रसमंजरी : शालिनाथ; नाट्यशास्त्र : भरतमुनि; ब्रह्मस्फोटसिद्धांत : ब्रह्मगुप्त; योगयात्रा : वराहमिहिर; बृहद्यात्रा : वराहमिहिर; काव्यप्रकाश : मम्मट; काव्यमीमांसा : राजशेखर; साहित्य दर्पण : विश्वनाथ कविराज; समय-मातृका : क्षेमेंद्र; कालविलासः क्षेमेंद्र; दशकुमारचरितम् : दंडी; अभिज्ञान शाकुंतलम् : महाकवि कालिदास; कादंबरी : बाणभट्ट।

संस्कृत साहित्य–प्राचीन काल में संस्कृत उत्तर-पश्चिमी भारत में बोलचाल की भाषा तो थी ही, साथ ही काफी समय तक भारत की राष्ट्रभाषा भी रही। सामान्यतया संस्कृत साहित्य के अंतर्गत वैदिक तथा लौकिक दोनों प्रकार का साहित्य आता है। वैदिक संस्कृत का समय 500 ई.पू. तक है। उसके बाद लौकिक संस्कृत का युग आता है। यह संस्कृत पाणिनीय व्याकरण के नियमों का अनुसरण करती है। इसमें काव्य के अतिरिक्त पुराण, इतिहास, व्याकरण, ज्योतिष, दर्शन, आयुर्वेद, धर्मशास्त्र, अलंकार, गणित, संगीत तथा अन्य वैज्ञानिक विषयों के ग्रंथ रचे गए। संस्कृत साहित्य के अंतर्गत महाकाव्य, खंडकाव्य, गीतिकाव्य, गद्यकाव्य, नाटक, चंपू तथा साहित्य का परिगणन होता है। संस्कृत काव्यों का उद्‌गम वीर काव्यों से हुआ, जिनमें 'रामायण' तथा 'महाभारत' मुख्य हैं। व्यासरचित 'महाभारत' में केवल कौरव-पांडव युद्ध का ही वर्णन नहीं है अपितु हिंदू धर्म का समस्त स्वरूप भी निरूपित है। इसीलिए इसे 'पंचम वेद' भी कहा गया है। पुराणों में विष्णु तथा शिव का महत्त्व गाया गया है। 'भर्तृहरि-शतक' और 'अमरुकशतक' मुक्तक खंडकाव्य तथा 'मेघदूत', 'ऋतुसंहार' और 'गीतगोविंद' प्रबंध काव्य के उदाहरण हैं। बाणभट्ट कृत 'कादंबरी' का कथा साहित्य में विशिष्ट स्थान है। दंडीकृत 'दशकुमारचरित' भी गद्य रचना है। नाटकों में भास, शूद्रक, कालिदास, अश्वघोष, श्रीहर्ष, भवभूति के नाटक बहुत प्रसिद्ध हैं। कालिदास का 'अभिज्ञानशाकुंतलम्' विश्वप्रसिद्ध नाटक है। भवभूति का 'उत्तररामचरित' भी काफी प्रसिद्ध है। संस्कृत में गणित, ज्योतिष और आयुर्वेद विषयक साहित्य भी प्रचुर मात्रा में उपलब्ध है।

संस्कृति–'संस्कृति' शब्द का संबंध संस्कार से है, जिसका अर्थ है–संशोधन करना, उत्तम बनाना, परिष्कार करना। विद्वानों ने अपने-अपने ढंग से संस्कृति की परिभाषा दी है। कुछ विद्वान् संस्कृति का अर्थ नैतिक, आध्यात्मिक और बौद्धिक उन्नति मानते हैं। 'संस्कृति' शब्द संस्कार का रूपांतर है। हिंदुओं को अपने जीवन को परिमार्जित करने के लिए अनेक प्रकार के संस्कार करने पड़ते हैं। उसी के बाद वे संस्कृत यानी परिमार्जित कहे जाते हैं। इस तरह जन्म से लेकर मृत्यु तक शुद्धि के लिए आवश्यक कृत्यों या संस्कारों की योजना को 'संस्कृति' मान लिया गया है। संस्कृति और सभ्यता में अंतर है। संस्कृति सभ्यता की अपेक्षा महान् है। यह सभ्यता के भीतर उसी तरह व्याप्त रहती है जैसे दूध में मक्खन या फूलों में सुगंध।

संस्कृति जीवन की शैली है, जिसमें हम जन्म लेते हैं। संस्कृति आदान-प्रदान से बढ़ती है। कूपमंडूकता और संसार से अलग रहने का भाव संस्कृति को पतन की ओर ले जाता है। भारत देश और भारतीय जाति इसीलिए संसार में सबसे महान् है, क्योंकि यहाँ के समाज में अधिक-से-अधिक जातियों की संस्कृतियाँ रची-बसी हैं। टायलर के अनुसार, 'संस्कृति वह जटिल समग्रता है, जिसमें ज्ञान, विश्वास, कला, आचार, कानून, प्रथा तथा ऐसी ही अन्य क्षमताओं और आदतों का समावेश रहता है, जिन्हें मनुष्य समाज का सदस्य होने के नाते प्राप्त करता है। संस्कृति की विशेषताएँ हैं–1. संस्कृति सीखी जाती है, 2. संस्कृति में संचारित या हस्तांतरित होने का गुण निहित है, 3. संस्कृति प्रत्येक समाज की अपनी विशेषता है, 4. संस्कृति में समाज के गुण निहित होते हैं, 5. संस्कृति किसी समूह के लिए आदर्श होती है, 6. संस्कृति मानव आवश्यकताओं की पूर्ति करती है, 7. संस्कृति में अनुकूलन का गुण होता है तथा 8. संस्कृति में संतुलन एवं संगठन होता है।

संस्कृतीकरण–जब सांस्कृतिक तत्त्व एक समूह से दूसरे समूह में फैल जाते हैं तो उसे प्रविसरण या प्रसरण कहते हैं; किंतु जब दूसरी संस्कृति के प्रभाव से एक संस्कृति की संपूर्ण जीवन-शैली ही बदल जाती है तो उसे संस्कृतीकरण कहते हैं। जीवन की नवीन अवस्थाओं में स्वयं को ढालने की प्रक्रिया संस्कृतीकरण और स्वात्मीकरण में अंतर है। यह अंतर केवल मात्रा का है। संस्कृतीकरण में मिश्रण के बावजूद दोनों संस्कृतियों का मूल स्वरूप बना रहता है। संस्कृतीकरण की प्रक्रिया का रहस्य मानव के विशिष्ट स्वभाव में निहित है।

संहिता–वेदों का आरंभिक मंत्रवाला खंड संहिता कहलाता है। इसमें यज्ञ के लिए देवताओं की काव्यमय स्तुति की गई है। इसकी भाषा वैदिक संस्कृत है। संहिताएँ चार हैं–चारों वेदों की एक-एक।

सतयुग–चार प्रसिद्ध युगों में सतयुग पहला है। इसे कृतयुग भी कहते हैं। इसका आरंभ अक्षय तृतीया से हुआ था। इसका परिमाण 17,28,000 वर्ष है। इस युग में भगवान् के मत्स्य अवतार, कूर्म अवतार, वराह अवतार और नृसिंह अवतार हुए। उस समय पुण्य-ही-पुण्य था, पाप का नाम भी न था। कुरुक्षेत्र मुख्य तीर्थ था। लोग अति दीर्घ आयुवाले होते थे। ज्ञान-ध्यान और तप का प्राधान्य था। बलि, मांधाता, पुरूरवा, धुंधुमार और कार्तवीर्य आदि सत्ययुग के चक्रवर्ती राजा थे। महाभारत के अनुसार कलियुग के बाद कल्कि अवतार द्वारा पुनः सतयुग की स्थापना होगी।

सती प्रथा–पति की मृत्यु के उपरांत उसकी चिता के साथ पत्नी का जिंदा जल मरना या जला देना। यह प्रथा प्राचीन भारत में काफी प्रचलित थी और ब्रिटिश काल तक किसी-न-किसी रूप में बनी रही। राजा राममोहन राय के प्रयत्नों से लॉर्ड विलियम बेंटिक के शासनकाल में 1829 ई. में सती प्रथा पर प्रतिबंध लगा दिया गया; किंतु स्त्रियों के सती होने के छिटपुट समाचार अब भी प्राप्त होते रहते हैं। वैदिक साहित्य में सती होने का कोई उल्लेख नहीं मिलता। 'मनुस्मृति' भी इस विषय में मौन है। 'महाभारत' में पांडु की

रानी माद्री, वसुदेव की चार पत्नियों और 'विष्णुपुराण' में कृष्ण की आठ रानियों द्वारा अग्नि में प्रवेश करने का उल्लेख है। किंतु धर्मशास्त्र के टीकाकारों ने सती प्रथा का सदैव विरोध किया है।

सत्य–तीनों कालों में जो एक समान रहे, वह सत्य है। 'पद्मपुराण' में सत्य का यह लक्षण दिया गया है–'यथार्थकथनं यच्च सर्वलोकसुखप्रदम्। तत्सत्यमिति विज्ञेयमसत्यं तद्विपर्ययम्।' 'गरुडपुराण' में सत्य की प्रशंसा इस प्रकार की गई है–'न सा सभा यत्र न सन्ति वृद्धा न ते वृद्धा ये न वदन्ति सत्यम्। नाऽसौ धर्मो यत्र न सत्यमस्ति न तत्सत्यं यच्छलेनानुविद्धम्।।' सारे शास्त्रों में सत्य भाषण का आदेश है। सत्य कड़वा होता है, इसलिए सत्यवादियों को कष्ट सहने पड़ते हैं। सत्यवादी हरिश्चंद्र तथा राजा नल को सत्य बोलने के कारण घोर कष्ट सहने पड़े; किंतु विजय सदा सत्य की होती है–सत्यमेव जयते नानृतम्।

सत्यभामा–सत्राजित् की पुत्री और श्रीकृष्ण की पटरानियों में से एक।

सत्यार्थप्रकाश–स्वामी दयानंद सरस्वती की एक कालजयी कृति। इसमें बालशिक्षा, अध्ययन-अध्यापन, विवाह एवं गृहस्थ, वानप्रस्थ, संन्यास, राजधर्म, ईश्वर, सृष्टि उत्पत्ति, बंधन, मोक्ष, आचार-अनाचार, मत-मतांतर आदि विषयों पर चर्चा है।

सत्त्व-रज-तम–सांख्य के अनुसार सत्त्व, रज, तम मूल प्रकृति के तीन गुण हैं, जो किसी समय साम्यावस्था में रहते हैं और कभी विषम अवस्था में। जब ये गुण साम्यावस्था में होते हैं, उस समय को प्रलय कहा जाता है। मूल प्रकृति एवं पुरुष के अतिरिक्त और नहीं होता, फिर जब प्रकृति में संक्षोभ होता है तो तीनों गुणों में न्यूनाधिकता होने लगती है और सर्वप्रथम सत्त्वगुण की प्रधानता से महत् अथवा बुद्धि-तत्त्व की उत्पत्ति होती है। जब बुद्धि-तत्त्व में रजोगुणों की प्रबलता होती है तो अहंकार की उत्पत्ति होती है। अहंकार में जब तमोगुण की प्रबलता होने लगती है तो शब्द, स्पर्श, रूप, रस तथा गंध इन पाँच सूक्ष्म तन्मात्राओं की उत्पत्ति होती है। जब तम की मात्रा बढ़ती है तब इन सूक्ष्म तन्मात्राओं से पाँच स्थूल भूतों अर्थात्–आकाश, वायु, अग्नि, जल और पृथ्वी की उत्पत्ति होती है। इन्हीं पाँच महाभूतों के मिलने और तीनों गुणों की न्यूनाधिकता के फलस्वरूप बाद में भाँति-भाँति की स्थावर-जंगम सृष्टि प्रकट होती है। इस प्रकार यह क्रम चलता रहता है।

सदाचार–सदाचार या आचार को धर्मसूत्रों में शील अथवा शिष्टाचार कहा गया है। हारीत ने सदाचार की परिभाषा इस प्रकार दी है–'सत् यानी साधु तथा ऐसे लोगों का आचरण सदाचार है।' श्रुति स्मृतिः सदाचार स्वस्य च प्रियमात्मनः। (श्रुति, स्मृति, सदाचार तथा अपनी आत्मा को प्रिय–ये चार धर्म के लक्षण हैं।) इनमें सदाचार का स्थान तीसरा है। बृहस्पति का कथन है कि देशाचार, जात्याचार तथा कुलाचार का, जहाँ भी वे प्राचीनकाल से प्रचलित हों, आदर करते रहना चाहिए, नहीं तो पूजा में क्षोभ उत्पन्न होता है और राजा के बल व कोष का नाश होता है। शिष्ट वह है, जो स्वार्थमयी कामनाओं से रहित हो। मनु ने शील और आचार में थोड़ा भेद किया है। शील नैतिक गुण है,

यथा–विद्या-प्रेम, देवभक्ति, पितृभक्ति आदि; जबकि आचार अनुबंध अथवा परंपरा पर आधारित होता है। श्रुति तथा स्मृति धर्म के मौलिक प्रमाण हैं, जबकि सदाचार सहायक प्रमाण। प्राचीन काल से आज तक बहुत से जाति-आचारों और प्रचलनों की मान्यता मिलती रही है। राजा द्वारा उन्हें रक्षित और शासित किया जाता रहा है।

सप्तचक्र परिवार–शरीर में सर्वाधिक महत्त्वपूर्ण नाड़ी सुषुम्ना है। सुषुम्ना के भीतर वज्रनाड़ी है। वज्रनाड़ी के भीतर चित्रिणी और चित्रिणी के भीतर ब्रह्मनाड़ी है। ये सभी नाड़ियाँ मकड़ी के जाले की तरह सूक्ष्मातिसूक्ष्म हैं। इनका ज्ञान योगियों को ही होता है। ये नाड़ियाँ सत्त्वप्रधान, प्रकाशमय तथा अद्‌भुत शक्ति-संपन्न हैं। यही सूक्ष्म शरीर और सूक्ष्म प्राण का स्थान एवं अधिवास है। यहाँ अनेक सूक्ष्म शक्तियों का केंद्र है। यहीं कुंडलिनी शक्ति है। यहाँ जन्मांतरों की स्मृतियों का संग्रहालय भी है। कुंडलिनी शक्ति का उज्जागरण समस्त शक्तियों की सिद्धि है। इन शक्ति-केंद्रों में सात प्रस्थान-स्थल हैं, जिन्हें पद्‌म, कमल तथा चक्र कहते हैं। हठयोग, योग, अध्यात्म साधना सभी क्षेत्रों में इन चक्रों का वैशिष्ट्य वर्णित है। प्रत्येक चक्र का अपना स्वरूप तथा विविध परिवार-संरचना है। सप्तचक्र परिवार में प्रत्येक चक्र के परिमंडल का उल्लेख किया गया है। प्रत्येक चक्र के अंतर्गत 15 या 11 संख्यात वर्णन है। मूल तो सप्तचक्र हैं। इसलिए शेष विस्तार को उनका अंगीभूत मानकर अंक-प्रतीक सात में ही व्यवस्थित रखा गया है।) 1. मूलाधार-चक्र। क. चक्र स्थान : गुदा मूल से दो अंगुलि ऊपर तथा उपस्थ से दो अंगुलि नीचे। ख. आकृति–रक्त रंग के प्रकाश से प्रफुल्लित चतुर्दल कमल सदृश। 2. स्वाधिष्ठान चक्र। क. चक्र स्थान : मूलाधार चक्र से दो अंगुलि ऊपर लिंग या योनि के पीछे। ख. आकृति–पीत रंग के प्रकाश से प्रफुल्लित षट्‌दल कमल सदृश। 3. मणिपूर चक्र। क. चक्र स्थान: नाभिमूल। ख. आकृति–नील वर्ण 4. अनाहत चक्र। क. चक्र स्थान: हृदय के पास। ख. आकृति–सिंदूरी रंग-भासित द्वादश दल कमल सदृश। 5. विशुद्ध चक्र। क. चक्र स्थान : कंठदेश। ख. आकृति–धूम रंग से भासित षोडश दल कमल सदृश। 6. आज्ञा-चक्र। क. चक्र स्थान : दोनों भौंहों के मध्य मस्तक पर भृकुटि के भीतर। ख. आकृति–श्वेत प्रकाशयुत द्विदल-कमल सदृश। 7. सहस्रार चक्र। क. चक्र स्थान : तालु के ऊपर मस्तिष्क में, जहाँ सभी शक्तियों का केंद्र है। ख. आकृति–नाना रंग का प्रकाशयुक्त सहस्रदल कमल सदृश।

सप्तद्वीप–जंबूद्वीप, कुशद्वीप, प्लक्षद्वीप, शाल्मलिद्वीप, क्रौंचद्वीप, शाकद्वीप और पुष्करद्वीप।

सप्त पुरियाँ–हिंदू पुराणानुसार अयोध्या, मथुरा, माया (हरिद्वार), काशी, कांची, अवंतिका (उज्जयिनी) और द्वारका–ये सात नगर या तीर्थ मोक्षदायक कहे गए हैं।

सप्त नदी–हिंदू धर्म में गंगा, यमुना, गोदावरी, सरस्वती, कावेरी, सिंधु और नर्मदा नदियों की गिनती सात पवित्र नदियों में होती है। इनकी वैदिक कालीन दिव्य नदियों के रूप में पूजा होती है। पौराणिक

विवरणानुसार इन नदी-तटों पर ही अनेक शीर्ष ऋषि-मुनियों ने दैव-स्तुति की थी। यहीं उनके तप से प्रसन्न हो अनेक देवता उन्हें वर देने के लिए अवतीर्ण हुए थे। अतः उनका तेज इनके जल में समाहित है।

सप्त भूषण—सूर्य (दिनभूषण), चंद्र (रात्रिभूषण), भक्ति (दासभूषण), ज्ञान (भक्तिभूषण), ध्यान (ज्ञानभूषण), त्याग (ध्यानभूषण) तथा शांत (त्यागभूषण)।

सप्त मातृका—1. वैष्णवी : भगवान् विष्णु की शक्ति से उद्‌भूत वैष्णवी देवी की महत्ता इसी से स्पष्ट होती है कि देश के कोने-कोने में इनकी प्रतिमाएँ विराजमान हैं और लोग असीम आस्था एवं भक्ति से इनकी पूजा-आराधना करते हैं। 2. ब्रह्माणी: ब्रह्मा की शक्ति ब्रह्माणी रूप में देवी सर्वत्र पूजी जाती हैं। 3. इंद्राणी: इंद्र की शक्ति इंद्राणी नाम से पूज्य है। 4. वाराही : वाराह की शक्ति से वाराही सप्त मातृका पूज्य हैं। 5. कौमारी : कुमार स्कंद की शक्ति 'कौमारी' नाम से पूज्य है। 6. माहेश्वरी : सप्त मातृकाओं में माहेश्वरी देवी का विशिष्ट स्थान है। महेश की शक्ति से माहेश्वरी देवी की महत्ता सर्वविदित है। 7. चामुंडा : यम की शक्ति चामुंडा नाम से सप्त मातृकाओं में पूज्य हैं।

सप्तर्षि—भारतीय संस्कृति में ऋषियों का विशिष्टतम स्थान है, जो अपनी साधना, ज्ञान और आध्यात्मिक शक्ति के कारण वंदनीय हैं। वैसे ऋषियों को कहा जाता है, जो वेदमंत्रों के द्रष्टा एवं प्रबुद्ध महापुरुष होते थे। 'यस्य मन्त्रः स ऋषिः—जिसके मंत्र हैं वही ऋषि है। इनकी संख्या 'सात' मानकर 'सप्तर्षि' नाम दिया गया है, जो प्रतीकात्मक रूप से ध्रुव तारे की परिक्रमा करते हैं। इन सप्तर्षियों को प्रजापति तथा ब्रह्मा का मानस पुत्र भी कहा गया है। विभिन्न धर्मग्रंथों में इनके नाम भिन्न-भिन्न दिए गए हैं। महाभारत के अनुसार इनके नाम क्रमशः इस प्रकार हैं—मरीचि, अत्रि, अंगिरा, पुलह, क्रतु, पुलस्त्य तथा वसिष्ठ। वायुपुराण में सप्तर्षियों में 'भृगु' का नाम भी सम्मिलित है। विष्णुपुराण में 'भृगु' तथा 'दक्ष' को मिलाकर 'नव ब्रह्मर्षि' कहा गया है। शतपथ ब्राह्मण में सप्तर्षियों के नाम इस प्रकार हैं—गौतम, भरद्वाज, विश्वामित्र, जमदग्नि, कश्यप तथा अत्रि। कुछ अन्य ग्रंथों में कण्व, वाल्मीकि, व्यास तथा मनु का समावेश भी किया गया है।

सप्त सागर—पुराणानुसार पृथ्वी सात द्वीपों में बँटी है। जंबूद्वीप (भारत) इन सबके बीचोबीच स्थित है। इन द्वीपों को सात सागर घेरे हुए हैं।

समर्थ गुरु रामदास—समर्थ गुरु रामदास शिवाजी महाराज के गुरु थे। इनके पिता का नाम सूर्याजी पंत तथा माता का नाम रेणुका देवी था। कहा जाता है कि जब

ये आठ वर्ष के थे, तभी इन्हें भगवान् राम के दर्शन हुए, जिन्होंने स्वयं इन्हें दीक्षा दी और इनका नाम 'रामदास' रखा।

जब ये बारह वर्ष के हुए तो इनका विवाह हुआ, किंतु ये विवाह मंडप से उठकर भाग गए। बारह वर्ष की तपस्या के बाद इन्होंने तीर्थयात्रा आरंभ की और बदरीनाथ से रामेश्वरम् तथा भारत के सभी तीर्थों में गए। जहाँ भी गए वहाँ मठों की स्थापना की। इसके बाद गोदावरी परिक्रमा को निकले। पूरे चौबीस वर्षों के पश्चात् माता-पुत्र का मिलन हुआ। इन्होंने माता को 'कपिल गीता' का उपदेश किया। तीर्थयात्रा पूरी करके ये माहुली में रहने लगे, जहाँ अनेक संत आते रहते थे। यहीं श्री तुकारामजी मिलने आए थे। जब इन्होंने श्रीरामनवमी महोत्सव का शुभारंभ किया तो शिवाजी महाराज इनके दर्शनार्थ आए और इन्हें अपना गुरु बना लिया। शिवाजी ने इन्हीं की आज्ञा से शासन करना स्वीकार किया और महाराष्ट्र की ध्वजा को गैरिक रंग प्रदान किया। यही नहीं, राजमुद्रा पर गुरुदेव का प्रतीक भी अंकित कराया। माघ कृष्ण नवमी संवत् 1739 को इक्कीस बार 'हर' का उच्चारण करके गुरुजी भगवान् के श्रीविग्रह में विलीन हो गए। इनके अनेक ग्रंथ हैं, जिनमें 'दासबोध' सबसे महत्त्वपूर्ण है। समर्थ गुरु रामदास ने औरंगजेब तथा दक्षिण के मुसलमान सूबेदारों के अत्याचारों से हिंदू धर्म की रक्षा की।

समाधि–जब साधक लक्षित वस्तु के ध्यान में पूर्णत: लीन हो जाता है और अपने अस्तित्व तक को विस्मृत कर देता है, साधक की यह स्थिति समाधि कहलाती है।

समुद्र-मंथन–समुद्र-मंथन की कथा का विस्तृत वर्णन 'भागवत' के अष्टम स्कंध में दिया गया है। देवताओं तथा असुरों में वैर-भाव होने से वे परस्पर लड़ते रहते थे। फलस्वरूप कई देवासुर संग्राम हुए। अंत में सारे देवता ब्रह्माजी के पास गए। ब्रह्माजी ने सबको भगवान् विष्णु के पास जाने को कहा, जो वैकुंठ में निवास करते हैं। भगवान् विष्णु प्रार्थनाओं से प्रसन्न हो उठे और बोले, 'तुम लोग अमृत निकालने का प्रयत्न करो, जिसे पीने से प्राणी अमर हो जाता है।' तदनंतर इंद्र समेत सारे देवता राजा बलि के पास गए और भगवान् द्वारा बताए गए समुद्र-मंथन का प्रस्ताव रखा। असुरों को यह प्रस्ताव अच्छा लगा और वे समुद्र-मंथन के लिए उद्योगशील हो उठे। उन्होंने मंदराचल पर्वत उखाड़ लिया। भगवान् विष्णु उसे गरुड पर रखकर समुद्र-तट पर ले गए। असुरों तथा देवताओं ने वासुकि नाग को यह कहकर फुसलाया कि तुम्हें भी अमृत में भाग मिलेगा। जब वह तैयार हो गया तो नाग को रस्सी के समान मंदराचल में लपेटकर अमृत के लिए समुद्र-मंथन की तैयारी की। देवताओं ने नाग की पूँछ पकड़ी और असुरों ने मुख भाग को पकड़ा। मंथन शुरू हो गया; किंतु कोई आधार न होने से मंदराचल समुद्र में डूबने लगा। अत: भगवान् ने कच्छप रूप धारण कर मंदराचल को अपनी पीठ पर उठा लिया। किंतु मंथन से जब अमृत न निकला तो स्वयं भगवान् मंथन करने लगे। सर्वप्रथम हलाहल विष निकला (जिसे शंकरजी पी गए)। क्रमश: कुल चौदह रत्न निकले। पुराणों के अनुसार समुद्र-मंथन से जो चौदह रत्न निकले वे थे–श्री (लक्ष्मी), मणि, रंभा, वारुणी, अमृत, शंख, गजराज, कल्पद्रुम, शशि, धेनु, धनुष, धन्वंतरि, विष, वाजि (घोड़ा)।

इनमें से अमृत मुख्य था।

सम्यक् ज्ञान–तत्त्वों के यथार्थ ज्ञान का नाम सम्यक् ज्ञान है। इसके पाँच भेद हैं–मतिज्ञान, श्रुतज्ञान, अवधिज्ञान, मन:पर्यय, कैवल्यज्ञान।

सरस्वती–सरस्वती विद्या, ज्ञान और विज्ञान की देवी हैं। एक पौराणिक कथा के अनुसार सर्वप्रथम सरस्वती श्रीविष्णु की पत्नी थीं, लेकिन बाद में इनका एक

अंश नदी रूप में पृथ्वी पर और शेष अंश ब्रह्माजी के पास प्रतिष्ठित हुआ। श्वेत कमल पर विराजमान देवी सरस्वती वीणा-वादन करते हुए संसार में ज्ञान का प्रकाश फैलाती हैं। पौराणिक कथा के अनुसार पूर्व काल में जब शुंभ-निशुंभ आदि दैत्यों ने इंद्र आदि देवताओं के सारे अधिकार छीन लिये, तब देवताओं ने उन दैत्यों के अत्याचारों से मुक्ति पाने के लिए हिमालय पर जाकर भगवती पार्वती की अनेक प्रकार से स्तुति की। देवताओं की प्रार्थना पर भगवती सरस्वती प्रकट हुईं।

सरस्वती नदी–यह मूलत: सतलुज की सहायक नदी थी। आजकल यह घग्घर के नाम से जानी जाती है। प्रयाग में गंगा और यमुना के साथ सरस्वती का संगम बतलाया गया है। फलत: इसका नाम त्रिवेणी भी है। कहते हैं कि वहाँ यह गुप्त रूप से प्रवाहित है। ऐसा प्रतीत होता है कि राजस्थान में लुप्तप्राय होने के बाद इसकी कल्पना प्रयाग की सरस्वती के रूप में हुई।

सर्प–कुछ लोग सर्प को मार डालते हैं, वहीं साँप हमारे लिए देवता तुल्य है। हमारी संस्कृति में 'नाग देवता' कहकर प्रतिवर्ष मनाई जानेवाली 'नागपंचमी' नाग-पूजा के लिए प्रसिद्ध है। भगवान् भोलेनाथ शिव भी सर्प की माला गले में धारण करके मानो नाग देवता के प्रति आदर करने का उपदेश देते हैं। इन्हीं सब कारणों से हमाारी संस्कृति में सर्प की बड़ी आदर-श्रद्धा के साथ पूजा-उपासना की जाती है। नागपंचमी के दिन सर्प को दूध पिलाने एवं दर्शन करने की आतुरता भरी श्रद्धा घर-घर में देखी जाती है। गाँवों में तो नागपंचमी के अवसर पर अनेक आकर्षक आयोजन किए जाते हैं। नागलोक, नागदेवता, नागपूजा, नागकन्या आदि कथानक हमारी साहित्यिक थाती में विविध रूपों में समाहित हैं।

सव्यसाची–अर्जुन का एक नाम। दोनों हाथों से तीर चला लेने के कारण यह नाम पड़ा।

साँईं बाबा–शिरडी के साँईं बाबा का मंदिर महाराष्ट्र में स्थित है, जो देश-विदेश के करोड़ों भक्तों की श्रद्धा का केंद्र है। यह साँईं बाबा की समाधि स्थल पर निर्मित है। 18वीं सदी के आरंभ में एक फकीर युवक ने शिरडी गाँव की एक मसजिद में आकर शरण ली। वह लोगों के बीच साँईं बाबा के नाम से जाना गया। धीरे-धीरे घर-घर साँईं की पूजा होने लगी। चढ़ावे

में आई सारी वस्तुएँ साँईं जरूरतमंदों में बाँट देते थे। साँईं बाबा साधारण व्यक्ति नहीं, बल्कि असाधारण दैव पुरुष थे। बाबा अपने सभी अनुयायियों को प्रेम, विश्वास और मानवता का संदेश देते थे। साँईं का एक वाक्य 'सबका मालिक एक' यह संदेश देता है कि वे जाति, संप्रदाय और धर्म में यकीन नहीं करते थे। वे सभी मनुष्यों को एक ईश्वर की संतान मानते थे और लोगों को भी यही संदेश देते थे। 15 अक्तूबर, 1918 को बाबा का निधन हो गया। उनकी काया को समाधि मंदिर में रख दिया गया, जिसे 'बूटी' कहते हैं।

सांख्य–सांख्यशास्त्र में समस्त विश्व 25 तत्त्वों का रूप माना गया है। इनके दो मुख्य विभाग हैं–पुरुष और प्रकृति। इनमें से 'पुरुष' अथवा आत्मा चैतन्य स्वरूप है। वह न किसी तत्त्व से बनता है और न उससे कुछ बनता है। प्रकृति के आठ विभाग माने गए हैं और उसमें से सोलह विकारों की (विकृति) उत्पत्ति कही गई है। आठ प्रकृतियाँ इस प्रकार हैं– 1. मूल प्रकृति, 2. महत्त्व (बुद्धि), 3. अहंकार, 4. शब्द, 5. स्पर्श, 6. रूप, 7. रस, 8. गंध। शब्द से लेकर रस तक पाँच तन्मात्राएँ कही जाती हैं। सांख्य में प्रकृति उसको कहते हैं, जिसमें आगे चलकर कोई अन्य तत्त्व उत्पन्न हो। इसलिए बुद्धि और अहंकार के साथ पाँचों तन्मात्राओं को भी प्रकृति माना गया है, क्योंकि उनसे ही सोलह विकृतियों की उत्पत्ति होती है। सोलह विकृतियाँ इस प्रकार हैं–पाँच स्थूल भूत–आकाश, वायु, अग्नि, जल और पृथ्वी; पाँच ज्ञानेंद्रिय–श्रोत, त्वचा, नेत्र, रसना और घ्राण; पाँच कर्मेंद्रिय–वाणी, हाथ, पैर, उपस्थ और गुदा तथा ग्यारहवाँ मन कहा गया है। ये पाँच स्थूल भूत तथा मन सहित ग्यारह इंद्रियाँ प्रत्यक्ष हैं और इनसे आगे चलकर किसी अन्य की उत्पत्ति नहीं होती, इसलिए इन्हें विकृत कहा गया है।

साँची–सम्राट् अशोक से जुड़ा एक ऐतिहासिक शहर। जब सम्राट् अशोक ने कलिंग के युद्ध में भयानक रक्तपात देखा तब उनका मन युद्ध से हट गया और उसने इसी साँची में 257 ई. में बौद्ध धर्म अपनाया। बौद्ध धर्म के प्रचार-प्रसार का बीड़ा भी उठाया। उसने भारतवर्ष में लगभग 85,000 बौद्ध स्तूपों का निर्माण कराया।

सांदीपनि–श्रीकृष्ण और बलराम के गुरु एक प्रसिद्ध मुनि, जो प्रख्यात धनुर्धर तथा शास्त्रज्ञ थे।

सांस्कृतिक तत्त्व–संस्कृति में अनेक विधियों या तरीकों का एक संतुलित संगठन होता है। एक-एक विधि संस्कृति की एक-एक इकाई या तत्त्व है। संस्कृति की इन इकाइयों या तत्त्वों को सांस्कृतिक तत्त्व कहते हैं। ये तत्त्व भौतिक तथा अभौतिक दोनों तरह के हो सकते हैं; जैसे एक बरतन या एक मेज अथवा एक कहावत या एक जनरीति। अतः सांस्कृतिक तत्त्व संपूर्ण सांस्कृतिक

व्यवस्था की वह सबसे छोटी इकाई है, जिसका और विभाजन नहीं हो सकता। सांस्कृतिक तत्त्व की तीन प्रमुख विशेषताएँ हैं–1. प्रत्येक सांस्कृतिक तत्त्व का अपना इतिहास होता है। 2. सांस्कृतिक तत्त्व स्थिर नहीं होता, वरन् वह गतिशील होता है। 3. सांस्कृतिक तत्त्व पृथक्-पृथक् नहीं रह सकते। वे फूलों के गुलदस्ते के समान एक साथ घुल-मिलकर रहते हैं। यही संस्कृति संकुल है।

सायण–चौदहवीं शताब्दी के एक महान् राजनीतिज्ञ और वेदों के सर्वमान्य भाष्यकर्ता। ये दक्षिण भारत के निवासी थे। कुछ समय ये विजयनगर राज्य के मंत्री रहे, फिर संन्यास लेकर शृंगेरी मठ का कार्यभार सँभाल लिया। अपने जीवन के पच्चीस वर्ष इन्होंने वेदों का भाष्य करने में व्यतीत किए और वेदों की सटीक व्याख्या की। वेदों पर इनकी टीका से विद्वानों के साथ-साथ आम लोग भी लाभान्वित हुए।

सारनाथ–वाराणसी के निकट स्थित सारनाथ भगवान् बुद्ध से संबंधित होने के साथ-साथ सम्राट् अशोक की स्मृतियों से भी जुड़ा है। यहीं सम्राट् अशोक द्वारा निर्मित 20 मीटर ऊँचा अशोक स्तंभ स्थित है। इस स्तंभ के ऊपरी भाग में बना अशोक चक्र भारत का राष्ट्रीय प्रतीक है। ज्ञान-प्राप्ति के बाद महात्मा बुद्ध ने अपना प्रथम उपदेश यहीं दिया था। यहीं से उन्होंने 'धर्म चक्र प्रवर्तन' आरंभ किया था। यहीं से बौद्ध धर्म का प्रचार-प्रसार आरंभ हुआ था। यह एक जैन तीर्थ भी है। जैन ग्रंथों में इसे सिंहपुर कहा गया है। यहाँ के दर्शनीय स्थल हैं–अशोक की लाट, राजकीय संग्रहालय, जैन मंदिर, बुद्ध मंदिर, धामेख स्तूप, चौखंडी स्तूप, चीनी मंदिर, मूलंगधकुटी और नवीन विहार। यहाँ हिंदुओं का श्रद्धास्थल सारंगनाथ महादेव का मंदिर है, जहाँ सावन के महीने में मेला लगता है।

सावन–पाँचवाँ हिंदी महीना। इसे वर्षा या पावस ऋतु का माह भी कहते हैं। भीषण गरमी के बाद आनेवाले इस सुहाने महीने में अनेक महत्त्वपूर्ण हिंदू त्योहार मनाए जाते हैं, जिनमें प्रमुख हैं–रक्षाबंधन, नागपंचमी, जन्माष्टमी, हरियाली तीज आदि। ईसवी कैलेंडर के अनुसार यह महीना जुलाई या अगस्त में आता है।

सिंदूर–नारी के सुहाग एवं सौभाग्य का सूचक सिंदूर उसके सुखी दांपत्य जीवन का परिचायक होता है। दांपत्य सूत्र में बँधने अथवा पाणिग्रहण संस्कार के समय अग्निदेव को साक्षी मानकर वर द्वारा वधू की माँग में सिंदूर लगाने की परंपरा है। वैवाहिक विधि-विधान में पूजा-पाठ एवं धार्मिक अनुष्ठानों के क्रम में सिंदूर लगाने के बाद विवाह विच्छेद संभव नहीं होता। विवाह की पावन पुष्टि सिंदूर द्वारा ही मानी जाती है। माँग में सिंदूर पड़ते ही वधू का सौंदर्य, स्निग्धता, शालीनता, सौम्यता आदि नारी-सुलभ सद्‌गुण मानो शतधा हो उसकी आभा को द्विगुणित करने लगते हैं। भारतीय शास्त्रों में सिंदूर के अन्य गुणों को भी बताया गया है। सिंदूर से सिर से पैर तक की इंद्रियों पर विविध सुखद प्रभाव पड़ते हैं। सिंदूर में प्रयुक्त सामग्री भी उसके लिए अनुकूल होती है। इन्हीं सब कारणों से हमारे तत्त्वदर्शी ऋषि-मुनियों ने नारी के सोलह शृंगारों में

इसे सर्वोच्च प्राथमिकता देते हुए प्रतिदिन नहाने-धोने के बाद सिंदूर लगाने का प्रावधान किया है। कुछ देवताओं (जैसे-हनुमानजी) को भी इतना प्रिय है कि सिंदूर से उनके पूरे शरीर को समलंकृत कर अनेक मनोकामनाओं की पूर्ति हेतु प्रार्थना की जाती है।

सिद्ध-दिव्य शक्ति प्राप्त व्यक्ति को सिद्ध कहते हैं। शैवों का एक संप्रदाय भी सिद्ध कहलाता है।

सिद्धि-अणिमा, महिमा, गरिमा, लघिमा, प्राप्ति, प्राकाम्य, ईशित्व और वशित्व।

सीता-वेदों के अनुसार सीता कृषि की अधिष्ठात्री देवी थीं। त्रेतायुग में अवध-नरेश श्रीरामचंद्रजी की पत्नी सीताजी राजा जनक की पुत्री थीं। इन्हें लक्ष्मी का अवतार माना जाता है। राजा जनक के हल जोतते समय ये पृथ्वी से उत्पन्न हुई थीं। इसीलिए इन्हें 'भूमिजा' भी कहा जाता है। राजा जनक ने धनुष-यज्ञ करके स्वयंवर में शिवजी का धनुष तोड़नेवाले श्रीरामचंद्र के साथ सीता का विवाह कर दिया। विवाह के कुछ दिनों बाद इन्हें श्रीरामचंद्रजी के साथ वन जाना पड़ा, क्योंकि ये बिना राम के क्षण भर भी नहीं रह सकती थीं। इन्होंने वन में नाना संकट सहते हुए पातिव्रत्य धर्म का निर्वाह किया। जब रावण ने इनका हरण किया तो लंका में अशोक वाटिका में इन्हें रखकर अनेक यातनाएँ दीं, किंतु इन्होंने रावण की ओर ताका भी नहीं। जब श्रीराम रावण को मारकर अयोध्या पहुँचे तो लोकापवाद के फलस्वरूप श्रीराम ने इन्हें वन में भेज दिया, जहाँ वाल्मीकि आश्रम में इनके दो पुत्र लव तथा कुश हुए। जब श्रीराम सीताजी को लेने आश्रम में गए तो वे संताप करती हुई पृथ्वी में विलीन हो गईं। सीताजी की गणना आदर्श पत्नियों एवं रानियों में की जाती है। इनके समान पतिपरायणा स्त्री का वर्णन मिलना दुर्लभ है। ये स्त्री-रत्न थीं।

सुग्रीव-बालि का भाई। यह श्रीराम का मित्र भी था। इसे सूर्यपुत्र कहा जाता है।

सुत्तपिटक-एक बौद्ध धर्म ग्रंथ, जो त्रिपिटक के तीन भागों में से एक है। इसमें संवाद, छंद तथा कहानियों के माध्यम से भगवान् बुद्ध के तार्किक सिद्धांत संगृहीत हैं।

सुपारी-सुपारी दो प्रकार की होती है-एक लाल, जो गोल सी होती है और दूसरी श्वेत, जो अंडाकार होती है। अंडाकार श्वेत सुपारी पूजा के लिए अधिक उपयुक्त

है। सुपारी में पृथ्वी व आप (जल) तत्त्वों के कणों का सुंदर संयोग होता है। सुपारी में विद्यमान आप तत्त्व (जल तत्त्व) के कण उसमें विद्यमान देव कणों को प्रवाही बनाते हैं। लाल सुपारी की अपेक्षा श्वेत सुपारी का प्रयोग अधिक फलदायक माना गया है, क्योंकि श्वेत सुपारी में देवताओं के तत्त्व आकृष्ट करने की और सात्त्विक तरंगों को प्रक्षेपित करने की अधिक क्षमता होती है। पान-सुपारी के इन्हीं विशेष गुणों के कारण ये दोनों पूजा-पाठ के अभिन्न अंग हैं।

सुपार्श्वनाथ–सातवें तीर्थंकर सुपार्श्वनाथ वाराणसी के शासक थे। एक दिन वे महल में टहल रहे थे, तभी उनकी दृष्टि वृक्षों से गिरते पत्तों और मुरझाए फूलों पर पड़ी। तत्क्षण उन्हें जीवन की नश्वरता का बोध हो आया और उन्होंने मुनि-दीक्षा ले ली। नौ वर्ष की तपश्चर्या के पश्चात् कैवल्यज्ञान प्राप्त हुआ।

सुमतिनाथ–पाँचवें तीर्थंकर सुमतिनाथ के पिता का नाम मेघप्रभ था। वे अयोध्या के राजा थे। चैत्र शुक्ल एकादशी को मघा नक्षत्र में सुमतिनाथ के जन्म के साथ ही अयोध्या की प्रजा में बुद्धि और विवेक का संचार हो गया था। अत: उनका यह नाम रखा गया। सुमतिनाथ बचपन से ही बड़े कोमल स्वभाव के थे। एक चींटी का दु:ख देखकर भी उनकी आँखों से आँसू चू पड़ते थे। चैत्र शुक्ल एकादशी के दिन उन्हें कैवल्य ज्ञान प्राप्त हुआ और वे जिनेंद्र या तीर्थंकर बन गए। उनके अनुयायियों की संख्या 20 लाख से अधिक थी, जिनमें गृहस्थ, मुनि, सिद्ध, कैवल्यज्ञानी आदि शामिल थे। वे सैकड़ों वर्षों तक घूम-घूमकर धर्मोपदेश देते रहे। सम्मेद शिखर पर एक हजार मुनियों के साथ चैत्र शुक्ल एकादशी को उन्हें निर्वाण प्राप्त हुआ।

सूक्ष्म शरीर–सांख्य में सूक्ष्म शरीर को अन्नमय माना गया है। छांदोग्य उपनिषद् में मन को अन्नमय कहा गया है। प्राण जलमय है और वाणी तेजमयी है, क्योंकि सूक्ष्म शरीर इन्हीं सब तत्त्वों से बना है, इसलिए उसे भी अन्नमय कहना उचित होगा। स्थूल शरीर को पंचभूतों से बना हुआ मानते हैं। 1. पृथ्वी : शरीर का भीतरी भाग। 2. जल : रक्त। 3. वायु : मल आदि की गति। 4. आकाश : शरीर के अवकाश स्थान। 5. अग्नि : तेज।

सूरदास–सगुण भक्ति के उपासक सूरदास ब्रजभाषा के अप्रतिम कवि और 'अष्टछाप' के कवियों में सिरमौर हैं। उनका जन्म दिल्ली के समीप सीही ग्राम में 1478 ई. में एक ब्राह्मण परिवार में हुआ था। बचपन

में ही वैराग्य उत्पन्न हो जाने के कारण यह निकटवर्ती एक अन्य गाँव में चले गए, जहाँ अठारह वर्ष की आयु तक रहे। वहीं इन्होंने संगीत की शिक्षा ली। बाद में यह मथुरा और आगरा के बीच स्थित रुनकता स्थान में और फिर स्थायी रूप से गऊघाट पर रहने लगे। वहीं इन्होंने शास्त्र, पुराण आदि का गंभीर अध्ययन किया और विनय के पदों की रचना की। भक्तों के बीच इनका सम्मान बढ़ता गया। गऊघाट में ही 1509-10 ई. में श्री वल्लभाचार्य से इनकी भेंट हुई और यह उनके शिष्य बन गए। उनके साथ वह गोकुल गए और फिर उनके आदेशानुसार भक्तिपूर्ण पदों की रचना करने लगे। बाद में इन्होंने पारसोली नामक स्थान को अपना निवास-स्थान बनाया और वहीं संवत् 1640 में इनका देहांत हुआ। कहा जाता है कि संगीत-सम्राट् तानसेन के कहने पर सम्राट्

अकबर ने सूरदास से भेंट की और उनके प्रति सम्मान जताया। कुछ लोगों का कथन है कि सूरदास जन्मांध थे; किंतु इन्होंने जिस सूक्ष्मतापूर्वक काव्य की रचना की है, उससे नहीं लगता कि वे जन्मांध होंगे। सूर काव्य का मुख्य विषय कृष्ण-भक्ति है। सूरदास की सर्वोत्कृष्ट रचना 'सूरसागर' है, जिसमें सवा लाख पद थे; किंतु दस हजार पद ही अब तक मिल सके हैं। यह 'श्रीमद्‌भागवत' के दशम स्कंध की कथा का विस्तृत वर्णन है।

सूरसागर–सूरदास द्वारा रचित कृष्ण-भक्तिरस में डूबा एक ऐतिहासिक महाकाव्य। ब्रजभाषा में लिखे गए इस ग्रंथ में कृष्ण की बाल-लीलाओं का मार्मिक वर्णन है।

सूर्य–वैदिक और पौराणिक ग्रंथों में सूर्य को ब्रह्मस्वरूप और संपूर्ण सृष्टि का आदि कारण कहा गया है। ब्रह्मांड में सबसे पहले सूर्य देव ही ओंकार परब्रह्म के रूप

में उत्पन्न हुए। इस कारण जगत् की उत्पत्ति सूर्यदेव से ही मानी जाती है और उन्हीं के अधीन सृष्टि का कार्य संपन्न होता है। भगवान् सूर्य ही ब्रह्मा, विष्णु और शिव के रूप में सृष्टि का सृजन, पालन और संहार करते हैं। नव-ग्रहों में ये सबसे प्रमुख देव-ग्रह हैं। सूर्यदेव का वर्ण लाल है। ये कमल-पुष्प पर आसीन होते हैं। सूर्य की दो भुजाएँ हैं। इनके हाथों में कमल-पुष्प, सिर पर स्वर्ण-मुकुट और गले में रत्नों की माला सुशोभित होती है। इनका वाहन रथ है, जिसे सात घोड़े खींचते हैं। इनके प्रमुख अस्त्र-शस्त्र चक्र, शक्ति, पाश और अंकुश हैं। इनके रथ के आगे समस्त देवगण, ऋषि-मुनि, गंधर्व, नाग, यक्ष आदि इनकी स्तुति करते हुए चलते हैं। अदिति व कश्यप को इनके माता-पिता बताया जाता है।

सेवा भाव–सेवा मानवीय जीवन-मूल्यों को स्थापित करने वाली एक अनिवार्य वृत्ति है, जो परिवेश, परिस्थिति और संस्कारों के अनुसार समय-समय पर प्रकट होती रहती है। महाकवि कालिदास ने 'रघुवंश' में सेवा के महत्त्व को बताने के लिए अनेक अलौकिक कल्पनाएँ प्रस्तुत की हैं। महाराज दिलीप गो-सेवा में इतने लीन हैं कि जब वह चलती है तो वे भी चलते हैं, जब वह खाती है तो वे भी खाते हैं, जब वह आराम करती है तो वे भी आराम करते हैं। सेवा मानव का नैतिक कर्तव्य है। हनुमान अपार बलशाली थे, लेकिन सदा ही अभिमान से दूर रहे और भगवान् राम के प्रति अपनी सेवा-भावना, विनम्रता और समर्पणशीलता से स्वयं को सबसे ऊँचा उठा लिया।

सोम–देव-दानवों का एक प्रिय मादक पेय।

सोमनाथ–श्री सोमनाथ ज्योतिर्लिंग सौराष्ट्र (गुजरात) के प्रभास क्षेत्र में विराजमान हं। इस प्रसिद्ध मंदिर को अतीत में छह बार ध्वस्त एवं निर्मित किया गया। 1022 ईसवी में इसकी समृद्धि को महमूद गजनवी के हमले से सर्वाधिक नुकसान पहुँचा था।

सोमलता–वैदिककाल की अद्‌भुत, अद्वितीय

सोमलता की भरपूर सराहना वैदिक वाङ्मय में की गई है। सोमलता के आविर्भाव कथा में बताया गया है कि इसे श्येन पक्षी द्वारा इंद्र के लिए देवलोक से लाया गया था। सोमलता से सोमरस बनाने में उसकी पत्तियाँ और ऊपर-नीचे के भाग आवश्यकतानुसार प्रयुक्त किए जाते थे। अत्यधिक स्फूर्तिदायक इस पेय को अमृत माना जाता था, जिससे कायाकल्प हो जाता था। रोम-रोम में नव-शक्ति का संचार होने लगता था। ब्रह्मचर्य का पालन सोमरस पीनेवाले के लिए आवश्यक रहता। इस प्रक्रिया में ध्यान, समाधि और सात्त्विक सर्जनात्मक चिंतन को असीम बल मिलता था। बुद्धि-विकास में भी सोमरस का अद्भुत प्रभाव परिलक्षित होता था। दीर्घ जीवन, बुद्धि-विकास, सर्जनात्मक श्रेष्ठ कार्यों के लिए सोमपान समारोहपूर्वक किया जाता था, जिसके लिए विशेष सोमस्थल का चयन होता था।

सोलह शृंगार–सोलह शृंगार हैं–1. उबटन, 2. स्नान, 3. स्वच्छ वस्त्र धारण करना, 4. महावर लगाना, 5. बाल सँवारना, 6. माँग भरना, 5. तिलक लगाना, 8. ठोढ़ी पर तिल बनाना, 9. आभूषण धारण करना, 10. मेहँदी रचाना, 11. दाँतों में मिस्सी, 12. आँखों में काजल लगाना, 13. सुगंधित द्रव्यों का प्रयोग, 14. पान खाना, 15. माला पहनना और 16. नीला कमल धारण करना।

सौभाग्यलक्ष्मी उपनिषद्–ऋग्वेद के इस उपनिषद् में लक्ष्मी-प्राप्ति के लिए वैदिक कर्मकांड के प्रावधानों का वर्णन है। यह उपनिषद् तीन खंडों में विभक्त है। इन खंडों में पंद्रह ऋचाओं से युक्त श्रीसूक्त का वर्णन किया गया है। इन पंद्रह ऋचाओं को यदि कोई पंद्रह दिनों तक अग्नि कुंड में घृतादि की आहुतियों द्वारा आहूत करता है तो वह लक्ष्मी-प्राप्ति का भागी होता है, ऐसी मान्यता है।

स्तूप–स्तूप बुद्ध तथा अन्य अर्हतों के शारीरिक अवशेषों के ऊपर बनाई गई समाधियाँ हैं। यद्यपि ऐसा माना जाता है कि इनका निर्माण बुद्ध परिनिर्वाण के बाद से प्रारंभ हुआ, किंतु स्तूप की परंपरा उससे पहले से ही रही है। 'शतपथ ब्रह्मण' में मृत व्यक्ति के अस्थि अवशेषों के ऊपर मिट्टी का थूहा बनाने के प्रचलन का वर्णन है। 'स्तूप' शब्द बिगड़कर पालि में 'थूप' तथा हिंदी 'थूहा' बन गया। स्तूप के चार प्रकार बताए गए हैं–शारीरिक, पारिभौगिक, उद्देशिक तथा संकल्पित स्तूप। वे स्तूप जिनमें महात्मा बुद्ध अथवा उनके प्रमुख शिष्यों की अस्थियाँ, केश, नख, दाँत आदि संगृहीत थे, उन्हें शारीरिक कहा गया; जिन स्तूपों में बुद्ध द्वारा काम में लाई जानेवाली वस्तुओं को संचित किया गया, यथा–पादुकाएँ, छड़ी, आसन, वे पारिभौगिक कहलाए। गौतम बुद्ध के जीवन की घटना से संबद्ध स्थान पर बने स्तूप उद्देशिक कहे गए और बौद्ध तीर्थों पर अनुयायियों द्वारा बनवाए गए छोटे आकार के स्तूप संकल्पित या वोटिव स्तूप कहलाए। किसी भी बौद्ध स्तूप के आठ अंग होते थे–1. वेदिका, 2. तोरण, 3. प्रदक्षिणा पथ, 4. मेधि, 5. अंड, 6. हर्मिका, 7. छत्र तथा 8. सोपान। अशोक द्वारा बनवाए गए स्तूपों की संख्या 84,000 बताई जाती है; किंतु मुख्य स्तूप साँची, सारनाथ तथा तक्षशिला में हैं। कला की दृष्टि से साँची के स्तूप के चारों ओर के

तोरण सर्वाधिक आकर्षक हैं। वेदिका स्तंभों तथा तोरणों पर उत्कीर्ण कला अकथनीय है। इनमें जातक कथाओं के दृश्य हैं। इसके अलावा प्राकृतिक चित्र, राजा-रानी, मंत्री, सैनिक स्त्री-पुरुष के चित्र भी उत्कीर्ण हैं।

स्तोत्र–किसी देवी-देवता की स्तुति या प्रसन्नता हेतु लिखित काव्यमय रचना को स्तोत्र कहते हैं। स्तोत्र प्राय: संस्कृत भाषा में लिखे गए हैं। कहा गया है कि स्तोत्रों से देवी-देवता शीघ्र प्रसन्न होते हैं, इसलिए विभिन्न देवी-देवताओं को प्रसन्न करने के लिए वेदों, पुराणों तथा अन्य धर्मग्रंथों में स्तोत्र भरे पड़े हैं। शिव महिम्न स्तोत्र, गायत्री स्तोत्र, रामरक्षा स्तोत्र आदि कुछ ऐसे ही स्तोत्र हैं।

स्थूल एवं सूक्ष्म–आध्यात्मिक दृष्टि से देखा जाए तो जो वस्तुएँ दृश्यमान हैं, वे स्थूल हैं और जो केवल आभासी हैं, वे सूक्ष्म हैं। मानव देह स्थूल है और उसमें जो चेतन तत्त्व है–आत्मा, वह सूक्ष्म है। मिष्टान्न, बरफी, लड्डू आदि स्थूल हैं और उनका स्वाद सूक्ष्म है। अत: स्थूल वस्तुओं में भी सूक्ष्म तत्त्व उपस्थित होते हैं।

स्थूल शरीर–स्थूल शरीर को पंचभूतों से बना हुआ मानते हैं–1. पृथ्वी : शरीर का भीतरी भाग। 2. जल : रक्त। 3. वायु : मल आदि की गति। 4. आकाश : शरीर के अवकाश स्थान। 5. अग्नि : तेज। इस प्रकार स्थूल शरीर की रचना पंचभूत से मानी गई है और यहीं पर कहा जाना चाहिए कि ये सारे करण जीवात्मा के लिए ही प्रवृत्त होते हैं।

स्नान–हमारी संस्कृति के सूत्रधारों ने स्नान के विविध प्रावधान कराए हैं। ब्राह्म मुहूर्त का स्नान तो सर्वोत्तम है ही, इसके अतिरिक्त पावन नदियों, सरोवरों, झरनों, कुंडों आदि के स्नान के साथ ही गंगासागर के स्नान की गरिमा का गान करते हुए स्नान की अनिवार्यता प्रतिपादित की गई है। कश्मीर से कन्याकुमारी तक तथा पूर्व से पश्चिम तक असंख्य तीर्थस्थल स्नान के लिए महत्त्वपूर्ण बताए गए हैं, जहाँ अमावस्या पर स्नान, एकादशी पर स्नान, संक्रांति पर स्नान आदि पाक्षिक, मासिक, वार्षिक स्नान के पश्चात् द्वादश वार्षिक कुंभ स्नान प्रसिद्ध है। तीर्थस्थलों पर स्नान करने से पुण्य मिलता है, पाप नष्ट हो जाते हैं, पुनर्जन्म नहीं लेना पड़ता, स्वर्ग की प्राप्ति होती है आदि-आदि। ब्रह्म मुहूर्त में उठना और कुएँ, तालाब या नदी में स्नान करना अत्यधिक लाभकारी होता है। इससे शारीरिक व मानसिक शांति भी मिलती है तथा आत्मिक बल बढ़ता है। इन सभी सद्गुणों का समन्वित संबल हमें उच्चादर्शों के पालन करने की प्रेरणा देता है।

स्पिटक गुफा–लेह का यह गुफा मंदिर पंद्रहवीं शताब्दी का बना है। यहाँ स्थित तंत्र देवी की प्रतिमा अत्यंत भयभीत करनेवाली है। एक विशाल चट्टान पर काले रंग की यह प्रतिमा लगभग 15 फीट ऊँची है। इस प्रतिमा को प्राय: ढककर रखा जाता है और वार्षिक मेले के समय पर ही सार्वजनिक किया जाता है।

स्मृतियाँ–स्मृतियाँ, जिन्हें धर्मशास्त्र भी कहते हैं, मनुष्य के कर्तव्य, अधिकार तथा समाज के शासन के नियम, मुकदमे-मामले, जिन्हें 'व्यवहार' कहा गया है और वर्ण तथा आश्रमों के धर्म एवं मानव-जीवन और

समाज को व्यवस्थित रखने के लिए अन्य आवश्यक विषयों का विवेचन करती हैं। इनका आदर श्रुतियों अर्थात् वेदों से कुछ ही कम है। ये वेदों की अनुगामिनी हैं।

स्यमंतक मणि–द्वापर युग में महाराज यदु की वंश परंपरा में निघ्न नामक एक प्रतापी राजा हुए, जिनके सत्राजित् और प्रसेनजित् नाम के दो पुत्र हुए। राजा सत्राजित् भगवान् सूर्य के परम भक्त थे। उन्होंने भगवान् सूर्यदेव को प्रसन्न करने के लिए कठोर तप किया। सत्राजित् की भक्ति से प्रसन्न होकर भगवान् सूर्यदेव ने उन्हें अपने लोक के दर्शन कराए और उन्हें स्यमंतक नाम की अपनी प्रिय सूर्यमणि उपहार में दी। वह मणि प्रतिदिन अपने भार से आठ गुना अधिक स्वर्ण प्रदान करती थी। उसके प्रभाव से राज्य में निर्धनता, बीमारी, भय, कष्ट आदि समस्त विकारों का नाश हो गया था और चारों ओर सुख, वैभवता व धन-संपन्नता की वर्षा होने लगी थी।

स्वर्ग–स्वर्ग सात लोकों में से एक है, जो सूर्यलोक से लेकर ध्रुवलोक तक विस्तृत माना जाता है। यहाँ पर देवताओं का निवास बताया जाता है और सारे पुण्यात्मा मृत्यु के बाद यहीं आते हैं। यहाँ पर रोग, शोक, मृत्यु का नाम भी नहीं होता। पुण्यों की अवधि पूरी होने पर जीव को पुनः कर्मानुसार जन्म लेना होता है। स्वर्ग सुंदर वृक्षों, मनोहर वाटिकाओं और अप्सराओं का निवास-स्थान माना जाता है, किंतु ज्योतिर्विद् स्वर्ग को नहीं मानते। ईसाइयों में स्वर्ग ईश्वर का निवास-स्थान है। मुसलमान इसे 'विहिस्त' कहते हैं, जो खुदा और फरिश्तों के रहने की जगह है। यहूदियों में तीन स्वर्गों की कल्पना की गई है। सूफियों में स्वर्ग के सात स्तर माने जाते हैं, जिनमें से सबसे ऊपरवाले स्तर (कैलास) में ईश्वर निवास करते हैं।

स्वर्गमणि–चिंतामणि (गुण–चिंताहरण, वर्ण–ब्राह्मण, रंग–श्वेत, स्वामी–ब्रह्मदेव। इसे ब्रह्मदेव ने धारण किया। उत्तर दिशा में हिमालय पर मणिदेश में उत्पन्न। मानव के लिए मणिदर्शन दुर्लभ।)

स्वस्तिक–भारतीय संस्कृति के मांगलिक प्रतीकों में स्वस्तिक का सर्वोच्च स्थान है। जीवन के प्रायः प्रत्येक शुभ कार्य में स्वस्तिक की आकृति उकेरकर कल्याण

की कामना की जाती है। 'स्वस्ति' शब्द कल्याण का द्योतक है। इसकी शाब्दिक विवेचना करने पर स्पष्ट होता है कि 'स्वस्ति' 'सु-अस्' धातु से बना है। 'सु' का अर्थ है 'सुंदर' अथवा 'मंगल' तथा 'अस्' का अर्थ है 'अस्तित्व' या 'उपस्थिति'। तात्पर्य यह है कि सर्वमंगल, कल्याण की दृष्टि से, सृष्टि में सर्वव्यापकता ही स्वस्तिक की गूढ़तम रहस्यमयता है। सौभाग्य के प्रतीक 'स्वस्तिक' की निरुक्ति में कहा गया है–'स्वस्ति-क्षेमं कायति कथयति इति स्वस्तिकः।' अर्थात् स्वस्तिक 'स्वस्ति' अथवा कल्याण का सूचक है। महर्षि यास्क के अनुसार स्वस्तिक अविनाशी ब्रह्म का नाम है। ऋग्वेद में

'स्वस्ति' के देवता 'सवितृ' देव–अर्थात् सूर्य का उल्लेख सविस्तार किया गया है, जो चारों दिशाओं को आलोकित करते हैं। संभवत: इसी परिप्रेक्ष्य में 'स्वस्तिक' की चारों भुजाएँ चारों दिशाओं के कल्याण के प्रतीक रूप में मानी गई हैं। भगवान् विष्णु की चार भुजाओं के प्रतीक रूप में भी स्वस्तिक को माना गया है, जो जगत् के कल्याण का कार्य करती हैं। 'स्वस्तिक' को सुदर्शन चक्र का प्रतीक भी माना जाता है, जो जगत् के सर्जन और संचालन के लिए स्तुत्य है। सनातन शास्त्रीय दृष्टि से स्वस्तिक 'प्रणव' का स्वरूप है। विघ्न-बाधाओं का हरण कर सब प्रकार से मंगल करने की अद्भुत क्षमता वाला है। इसमें निराकार परमपिता परमात्मा के वास की मान्यता है, जो जगत् का कल्याण करते हैं। 'स्वस्तिक' की चारों भुजाएँ सृष्टिकर्ता ब्रह्मा के चतुर्मुख के प्रतीक रूप में सर्जन का बोध कराती हैं; जबकि चारों वेदों के प्रतीक की भी परिचायक हैं।

□

हनुमान–श्रीरामभक्त हनुमान अंजनी के गर्भ से उत्पन्न वायु या मरुत के पुत्र हैं। बाल्यकाल में इन्होंने सूर्य को फल समझकर

निगल लिया था। अपने को छुड़ाने के लिए जब सूर्य ने इंद्र से प्रार्थना की तो उन्होंने अपने वज्र से हनुमान की ठोड़ी (हनु) पर आघात किया, जिससे वह टेढ़ी हो गई, फलतः वे 'हनुमान' कहलाए। प्राचीन साहित्य में हनुमान को कपि रूप में अंकित किया गया है। जब सुग्रीव अपने बड़े भाई बालि से हारकर किष्किंधा पर्वत पर रह रहे थे तो हनुमान भी उनके साथ थे। यहीं पर उन्हें रामचंद्रजी के दर्शन हुए। इन्होंने सुग्रीव से उनकी मैत्री कराई और सीता की खोज करने में अभूतपूर्व योगदान किया। इन्होंने समुद्र लाँघकर रावण की लंका जलाई। जब राम-रावण युद्ध में लक्ष्मणजी मूर्च्छित हुए तो इन्होंने ही संजीवनी बूटी लाकर लक्ष्मण के प्राण बचाए थे। रावण-वध के बाद ये श्रीरामचंद्रजी के साथ अयोध्या गए। हनुमान ने सदैव अपने को श्रीरामचंद्रजी का सेवक माना। वे राम के भक्तों में सर्वोपरि हैं। उनकी पूजा देश भर में होती है। वे संकट से उबारनेवाले, विद्यावान् और गुणी हैं। वे मच्छर के समान लघु रूप धारण कर सकते थे और पर्वताकार भी हो सकते थे। वे बाल ब्रह्मचारी थे। उन्हें सारी सिद्धियाँ प्राप्त थीं। वे मरुत और मन के समान वेगवान् थे। तुलसीदासजी ने 'हनुमान चालीसा' तथा 'हनुमान बाहुक' कृतियों के द्वारा जन-सामान्य को श्रीहनुमान की शक्ति से अवगत कराया है। 'महाभारत' में इन्हें अर्जुन की ध्वजा धारण किए दिखाया गया है। ये महावीर थे और परशुराम, अश्वत्थामा, विभीषण के साथ आज भी जीवित माने जाते हैं। 'हनुमत् कल्प' में इनके ध्यान और पूजा का विधान दिया हुआ है। हनुमान की धीरता, वीरता, बल, पौरुष, विद्या एवं साहस अनुकरणीय है।

हर की पौड़ी–यह परम पावन तीर्थ हरिद्वार में प्रवाहित गंगा में स्थित है। पौराणिक मान्यताओं के अनुसार समुद्र-मंथन से

निकले अमृत की कुछ बूँदें देव-दानवों के झगड़े में इस स्थान पर भी गिर गई थीं। इसलिए इस स्थान पर स्नान का पावन महत्त्व है। हरिद्वार आए प्रत्येक श्रद्धालु की महती इच्छा होती है कि वह हर की पौड़ी में स्नान करे।

हरगोविंद सिंहजी—सिखों के छठे गुरु ने सिख धर्म, संस्कृति एवं इसकी आचार-संहिता में अनेक ऐसे परिवर्तनों को अपनी आँखों से देखा, जिनके कारण

सिक्खों का महान् बूटा अपनी जड़ें मजबूत कर रहा था। बदलते हालातों के मुताबिक गुरु हरगोविंद ने शस्त्र एवं शास्त्र की शिक्षा भी ग्रहण की। गुरु-गद्दी सँभालते ही उन्होंने मीरी एवं पीरी की दो तलवारें ग्रहण कीं। उनके पास इतनी बड़ी सैन्य शक्ति थी कि मुगल सिपाही भयभीत रहते थे। गुरुजी ने मुगल सेना को कई बार कड़ी पराजय दी। गुरु हरगोविंद ने अपने व्यक्तित्व और कृतित्व से एक ऐसी उमंग पैदा की, जिसने आगे चलकर सिख संगत में भक्ति और शक्ति की नई चेतना पैदा हुई। अकाल तख्त साहिब, सिख समाज के लिए ऐसी सर्वोच्च संस्था के रूप में उभरा, जिसने भविष्य में सिख शक्ति को केंद्रित किया तथा उसे अलग सामाजिक व ऐतिहासिक पहचान प्रदान की। इसका श्रेय गुरु हरगोविंद साहिब को ही जाता है।

हरिकृष्णजी—सिखों के आठवें गुरु गुरु हरकिशन साहिबजी का जन्म कीरतपुर साहिब में हुआ। वे गुरु हरराय साहिब के दूसरे पुत्र थे। रामरायजी गुरु हरकिशन साहिब के बड़े भाई थे। रामरायजी को उनके गुरु-विरोधी क्रियाकलापों एवं मुगल सल्तनत के पक्ष में खड़े होने की वजह से सिख पंथ से निष्कासित कर दिया गया था। 8 वर्ष की अल्प आयु में ही गुरु हरकिशन को आठवें नानक के रूप में गुरु-पद प्रदान कर दिया गया था। उन्होंने अपना जीवन दिल्ली के महामारी से पीड़ित लोगों की सेवा-शुश्रूषा में बिताया। दिल्ली में जिस स्थान पर उन्होंने अंतिम साँस ली, उसे गुरुद्वारा बँगला साहिब कहा जाता है।

हरिद्वार—उत्तराखंड में गंगा नदी के किनारे बसा पवित्र तीर्थ हरिद्वार हिंदुओं की सप्तपुरियों में से एक है। इसे हरि तक पहुँचने का द्वार कहा जाता है। जो यहाँ

आया, वह तर गया। मोक्ष की आस में हजारों लोग रोज यहाँ आते हैं। साल भर यहाँ श्रद्धालुओं का मेला लगा रहता है

जो पवित्र, जीवनदायिनी गंगा में डुबकी लगाकर अपने पापों से मुक्ति पाने की कामना करते हैं। यह आस्था की बात है, जिसमें सबकी आस्था है। यही वह स्थान है, जहाँ पवित्र गंगा पर्वत-पहाड़ों को पीछे छोड़कर मैदानी इलाके में प्रवेश करती है। हरिद्वार मंदिरों की नगरी है। यहाँ हर गली में सिद्धपीठ, शक्तिपीठ और अनेक नए-पुराने मंदिर हैं। यह नगर ही उत्तराखंड के बदरीनाथ, केदारनाथ, यमुनोतरी, गंगोतरी जैसे पुनीत तीर्थों का प्रवेशद्वार है।

हरिरायजी–सिखों के सातवें गुरु गुरु हरिरायजी महान् आध्यात्मिक व राष्ट्रवादी महापुरुष थे। वे एक महान् योद्धा भी थे। गुरु हरगोविंद साहिबजी ने अपने निर्वाण से पहले अपने पोते हरिरायजी को 14 वर्ष की छोटी आयु में 'सप्तम् नानक' के रूप में स्थापित कर दिया था। गुरु हरिराय साहिब का शांत व्यक्तित्व लोगों को प्रभावित करता था। उन्होंने अपने दादा गुरु हरगोविंद साहिब के सिख योद्धाओं के दल को पुनर्गठित किया। सिख योद्धाओं में नवीन प्राण संचारित किए। वे एक आध्यात्मिक पुरुष होने के साथ-साथ एक राजनीतिज्ञ भी थे।

हलदी–शायद ही कोई ऐसा घर हो, जिसमें हलदी का उपयोग न किया जाता हो।

पूजा-अर्चना से लेकर पारिवारिक संबंधों की पावनता में हलदी का उपयोग किया जाता है। माता-पिता बेटी के बड़ी होते ही उसके हाथ पीले करने के लिए प्रयत्नशील हो जाते हैं। यह प्रतीकात्मक शुभ प्रयोग हलदी के पीलेपन के परिप्रेक्ष्य में ही किया जाता है। कुछ समय पूर्व जब मुद्रण का पर्याप्त प्रचार गाँव में नहीं हुआ था, तब ग्रामीण जीवन में विशेष अवसरों पर सुपारी या हलदी की गाँठ दिखाकर आसपास के लोगों को भोजन कराने या विशेष कार्यक्रम में सम्मिलित होने का न्योता दिया जाता था। आज भी जब कागज पर विवाह का निमंत्रण छपवाकर भेजा जाता है, तब निमंत्रण-पत्र के किनारों को हलदी के रंग से स्पर्श करा दिया जाता है। जनेऊ तो बिना हलदी के रँगे पहना ही नहीं जाता। जब भी जनेऊ बदला जाता है तो हलदी से रँगे जनेऊ को ही पहनने की प्रथा है। इसमें सब प्रकार के कल्याण की भावना समाहित रहती है। स्वास्थ्य के लिए तो हलदी रामबाण है ही, स्वाद के लिए रसोई की रानी है। इस प्रकार हलदी हमारी संस्कृति की, स्वास्थ्य की तथा सौंदर्य की थाती है, सँवारक है, शुभकारक है।

हवनीय द्रव्य–इक्षु (ईख), सक्तु (सत्तू), मोचाफल (केला), चिपिटान्न (चिउड़ा), तिल, मोदक (मिठाई), नारिकेल (नारियल) तथा लाजा (लावा)। (इन्हें 'अष्टद्रव्य' कहते हैं।)

हस्तिनापुर–यह नगर उत्तर प्रदेश के मेरठ जिले में गंगातट पर स्थित कौरवों की राजधानी था। हस्तिनापुर को राजा हस्तिन् ने बसाया था। यहाँ दुष्यंत, भरत, प्रतीप, शांतनु, पांडु और धृतराष्ट्र आदि अनेक

राजाओं ने शासन किया। वृद्ध धृतराष्ट्र से समझौता करके पंद्रह वर्षों तक हस्तिनापुर में रहने के बाद पांडु वन को चले गए। वहाँ वे एक मुनि के शापवश मृत्यु को प्राप्त हुए। महाभारत युद्ध के पश्चात् युधिष्ठिर और फिर अर्जुन का पौत्र परीक्षित् हस्तिनापुर का शासक बना। वह मेधावी और वीर पुरुष था, साथ ही धनुर्धर भी। अधिसोम कृष्ण के पुत्र निचक्षु के शासन काल में यह नगर गंगा की बाढ़ से नष्ट हो गया तो इस राजा ने कौशांबी को अपनी राजधानी बनाया। 'भागवत पुराण' के अनुसार इस नगर का नाम 'गजाह्वय' भी था। प्रथम तीर्थंकर ऋषभ हस्तिनापुर निवासी थे। इसके खँडहर इसी स्थान पर अब भी विद्यमान हैं।

हाथी–शुभ, शक्ति, ऐश्वर्य, समृद्धि और प्रतिष्ठा के प्रतीक हाथी का हमारी संस्कृति में विशिष्ट स्थान है। यह समुद्र-मंथन से निकले चौदह रत्नों में से एक है। जीवन

के विकास-क्रम में हाथी की उपयोगिता अतीतकाल से ही महत्त्वपूर्ण रही है। हाथी ऐसा शुभकारी पशु है कि हम संपदा की देवी लक्ष्मी के दोनों ओर खड़े हाथियों द्वारा उन्हें स्नान कराते तथा माल्यार्पण करते चित्र एवं मूर्ति देखकर पुलकित हो जाते हैं। ऐरावत हाथी अपने श्वेत वर्ण के कारण इंद्र का वाहन बना, वहीं आज भी हाथी विविध प्रकार से वाहन के रूप में प्रयुक्त किए जाते हैं। राजा-महाराज अपने महलों के प्रवेशद्वारों पर जहाँ हाथी की आकृति बनवाना पसंद करते थे, वहीं युद्धक्षेत्र में हाथी का भरपूर उपयोग किया जाता था। मूर्तिकला में हाथी का अंकन आज भी प्राचीन देवालयों में देखा जा सकता है। भगवान् को स्वयं ग्राह से गज की रक्षा के लिए आना पड़ा। 'श्रीमद्‌भागवतपुराण' में गजेंद्र मोक्ष का स्रोत उपलब्ध है। हमारी संस्कृति में हस्तिपूजा, गजवंदना की प्राचीन परंपरा रही है। आज भी साधु लोग प्रायः हाथी पर बैठकर गाँव-गाँव में भ्रमण करते हैं तथा ग्रामीण श्रद्धालु हाथियों की पूजा करते हैं और साधु को दान-दक्षिणा देते हैं। दक्षिण भारत में तो हाथियों को अच्छे वस्त्रों से सजाकर, चाँदी की तथा अन्य कीमती धातुओं, मालाओं से सुसज्जित कर, माथे पर रंग-बिरंगे तिलक एवं आकृतियों को आकर्षक बनाकर झुंड-के-झुंड हाथी सांस्कृतिक-धार्मिक उत्सवों में लाए जाते हैं। इन अवसरों पर आरती उतारने एवं पूजने की परंपरा है। अच्छे भोज्य पदार्थ भी इस अवसर पर हाथियों को खिलाए जाते हैं। इस प्रकार गज की गरिमा हमारी संस्कृति में, साहित्य में, शिल्प में विविध रूपों में समाई हुई है।

हास–1. स्मित (जिस हँसी में दाँत न दिखें), 2. हसित (जिस हँसी में दंताग्र की हलकी झलक मिले), 3. विहसित (जिस हँसी में शब्द भी शामिल हों) तथा 4. अपहसित (जिस हँसी में मुख खुल जाए।)

हिंदुत्व–हिंदुत्व एक जीवन-पद्धति है, एक जीवन-दर्शन है जो धर्म, अर्थ, काम, मोक्ष को परम लक्ष्य मानकर व्यक्ति या समाज को नैतिक, भौतिक, मानसिक एवं आध्यात्मिक उन्नति के अवसर प्रदान करता है। आज हम जिस संस्कृति को हिंदू संस्कृति के रूप में जानते हैं और जिसे भारतीय या भारतीय मूल के लोग सनातन धर्म या शाश्वत नियम कहते हैं, वह उस मजहब से बड़ा सिद्धांत है जिसे पश्चिम के लोग समझते हैं। कोई किसी भगवान् में विश्वास करे या किसी ईश्वर में विश्वास नहीं करे, फिर भी वह हिंदू है। यह एक जीवन-पद्धति है। हिंदुत्व एक दर्शन है, जो मनुष्य की भौतिक आवश्यकताओं के अतिरिक्त उसकी मानसिक, बौद्धिक एवं आध्यात्मिक आवश्यकता की भी पूर्ति करता है।

हिंदू–हिंदू धर्म को माननेवाला हिंदू है। हिंदू धर्म की व्याख्या इस प्रकार की गई है–हिंदू धर्म सनातन काल से चला आ रहा है, अतः सनातन धर्म भी वही है। यह एक ब्रह्म में विश्वास करता है, जो सारे ब्रह्मांड में व्याप्त है। यह ईश्वर को निराकार मानता है, लेकिन मूर्तिपूजा को स्वीकार करता है। यह आत्मा को जानता है और मानता है कि कर्म के अनुसार उसका पुनर्जन्म होता रहता है। मोक्ष का अर्थ है आत्मा का परमात्मा में मिल जाना। हिंदू धर्म की विशेषता है अन्य धर्मावलंबियों को अपने में रचा-पचा लेना। यवनों, शकों, गुर्जरों तथा हूणों को हिंदू धर्म में दीक्षित कर लिया गया था। हिंदू धर्म केवल भारत तक ही सीमित नहीं है। इसलाम के आगमन के पूर्व यह पश्चिम में मेडागास्कर तक और पूर्व में मलय, जावा, सुमात्रा, चंपा, कंबोडिया तक फैल चुका था। हिंदू धर्म में कई मत घुले-मिले हैं; यथा–शैव, शाक्त और वैष्णव मत। हिंदू दर्शन का आधार उपनिषदें हैं। 'रामायण' और 'महाभारत' हिंदू धर्म के धार्मिक व सामाजिक विचारों के कोश हैं। इनका हिंदुओं में अतीव आदर है। 'गीता' भी अति पूजनीय ग्रंथ है। हिंदू धर्म की सबसे बड़ी विशेषता है इसकी सहिष्णुता। वह हर धर्म के प्रति सहिष्णुता का भाव रखता है। हिंदू धर्म में प्रत्येक को अपनी विधि से पूजा-उपासना करने की स्वतंत्रता है।

हिंदू आगम–ये हिंदू धर्म के पारंपरिक महत्त्वपूर्ण ग्रंथ हैं। वेद के ये संपूरक हैं। इनके वक्ता प्रायः शिवजी होते हैं।

हिंदू तीर्थ–रामेश्वरम, बदरीनाथ, द्वारिका, जगन्नाथपुरी, कुंभ स्थल, हरिद्वार, प्रयाग उज्जैन, नासिक इत्यादि।

हिंदू त्योहार–होली, गणगौर, तीज, रामनवमी, अक्षय तृतीया, नृसिंह जयंती, गंगा दशहरा, रथयात्रा, देवशयनी एकादशी, व्यास पूर्णिमा, हिंडोला, हरियाली अमावस्या, ठकुरानी तीज, पवित्रा एकादशी, रक्षाबंधन, षष्टी उत्सव, कृष्ण जन्माष्टमी, नंद महोत्सव, राधाष्टमी, दान एकादशी, वामन जयंती, नवरात्र, विजयादशमी, शरद पूर्णिमा, धनतेरस, दीपावली, अन्नकूट, गोपाष्टमी, देव प्रबोधिनी एकादशी, वसंत पंचमी इत्यादि।

हिंदू धर्म–विश्व के सभी धर्मों में प्राचीनतम और विश्व का तीसरा सबसे बड़ा धर्म। इसे किसी व्यक्ति ने नहीं चलाया। यह

एक सनातन धर्म है। वेदों पर आधारित हिंदू धर्म में कई उपासना-पद्धतियाँ, मत, संप्रदाय और दर्शन शामिल हैं। इसके अधिकतर उपासक भारत और नेपाल में हैं। हिंदू धर्म के मूल तत्त्व सत्य, अहिंसा, दया, क्षमा, दान आदि हैं, जिनका शाश्वत महत्त्व है। हिंदू सनातन धर्म के रूप में सभी धर्मों का मूलाधार है, क्योंकि सभी धर्म-सिद्धांतों के सार्वभौम आध्यात्मिक सत्य के विभिन्न पहलुओं का इसमें समावेश है। विनोबाजी के अनुसार हिंदू का मुख्य लक्षण उसकी अहिंसा-प्रियता है। हिंदू समाज किसी एक भगवान् की पूजा नहीं करता, किसी एक मत का अनुयायी नहीं है, किसी एक व्यक्ति द्वारा प्रतिपादित या किसी एक पुस्तक में संकलित विचारों या मान्यताओं से बँधा हुआ नहीं है। यह एक दर्शन है, जो मनुष्य की भौतिक आवश्यकताओं के अतिरिक्त उसकी मानसिक, बौद्धिक एवं आध्यात्मिक आवश्यकता की भी पूर्ति करता है।

हिंदू धर्म ग्रंथ–वेद, संहिताएँ, पुराण, ब्राह्मण, आरण्यक, उपनिषद्, वेदांग, सूत्र-ग्रंथ, आगम ग्रंथ, स्मृति, गीता, रामायण, रामचरितमानस इत्यादि।

हिडिंबा–पांडव भीम की पत्नी। यह हिडिंब नामक राक्षस की बहन थी। महाबली भीम ने हिडिंब का वध कर दिया था। राक्षस भाई की मृत्यु के बाद यह एक सुंदरी में बदल गई थी और भीम से विवाह कर लिया था। हिडिंबा के घटोत्कच नामक बली पुत्र हुआ, जिसने महाभारत युद्ध में कर्ण का सामना किया और मारा गया।

हिरण्यकशिपु–एक आततायी दैत्य। इसे ब्रह्माजी से वर मिला था कि उसकी मृत्यु मनुष्य, देवता, गंधर्व, नाग आदि किसी भी प्राणी के हाथों न हो। उसकी मृत्यु न दिन में हो, न रात में; न आकाश में हो, न पृथ्वी पर; न अस्त्र से हो, न शस्त्र से; न घर के अंदर हो, न घर के बाहर। रात में या दिन में, कोई पशु, पक्षी, जलचर, मनुष्य, देवता इत्यादि कोई भी किसी भी प्रकार के शस्त्र से, घर के बाहर अथवा भीतर उसे नहीं मार पाए। वर पाकर वह सब पर अत्याचार करने लगा। उसने देवताओं पर आक्रमण कर दिया और तीनों लोकों पर अधिकार कर लिया। देवताओं ने विष्णुजी की शरण ली। वे नृसिंह अवतार में प्रकट हुए। उनका सिर सिंह का था और शरीर मनुष्य का, इसलिए वे भगवान् नृसिंह कहलाए। भगवान् नृसिंह हिरण्यकशिपु पर झपटे और देहली पर बैठकर उसे गोद में लिटा लिया। फिर अपने तेज नखों से उसका सीना चीर दिया। भगवान् नृसिंह स्वयं अवतरित हुए थे। उस समय न दिन था, न रात अर्थात् संध्या का समय था। वे न घर के अंदर थे, न बाहर; हिरण्यकशिपु का शरीर न तो आकाश में था, न पृथ्वी पर। इस प्रकार भगवान् नृसिंह ने ब्रह्माजी के वर के अनुसार हिरण्यकशिपु का वध किया।

हृदय-भेद–विशाल हृदय (स्वयं भूखा रहकर दूसरों को खिलानेवाला), उदार हृदय (स्वयं खाते हुए दूसरों को खिलानेवाला), अनुदार हृदय (स्वयं खाता हुआ दूसरों को नहीं खिलानेवाला) तथा कृपण हृदय (जो स्वयं नहीं खाकर दूसरों को भी नहीं खिलानेवाला)।

□

संदर्भ ग्रंथ

इस शब्दकोश के संकलन-सृजन में व्यक्तिगत के अतिरिक्त निम्नलिखित स्रोतों से बहुमूल्य संदर्भ-सामग्री ली गई है। हम उनका हृदय से आभार प्रकट करते हैं–

1. महाभारत, भाग 1 व 2, गीता प्रेस, गोरखपुर।
2. रामायण, भाग 1 व 2, गीता प्रेस, गोरखपुर।
4. श्रीमद्भागवतम्, गीता प्रेस, गोरखपुर।
5. भागवतम्, गीता प्रेस, गोरखपुर।
6. जैन धर्म का प्राचीन इतिहास, बलभद्र जैन, गजेंद्र पब्लिकेशन, दिल्ली।
7. शंका समाधान, स्वामी अड़गड़ानंद, श्रीपरमहंस स्वामी अड़गड़ानंदजी आश्रम ट्रस्ट, मुंबई।
8. योगांक, गीता प्रेस, गोरखपुर।
9. भारत के महान् गणितज्ञ, प्रभात प्रकाशन, दिल्ली।
10. वेब दुनिया (www.webduniya.com)
11. http://hi.brajdiscovery.org/
12. http://www.wikipedia.org/
13. http://www.silvalifesystem.com/lp/meditation
14. नालंदा विशाल शब्द सागर, श्री नवलजी, आदीश बुक डिपो, नई दिल्ली।
15. भ्रमण संगी, गीता दत्त-मृणाल दत्त, एशिया पब्लिशिंग कंपनी, कोलकाता।
16. पौराणिक कोश, राणाप्रसाद शर्मा, ज्ञानमंडल लिमिटेड, वाराणसी।

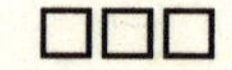